དཀར་ཆག

IOL.Tib.J.VOL.45—47

第九册目録

IOL.Tib.J.VOL.45—47

དཀར་ཆག

IOL.Tib.J.VOL.38—43

第八冊目録

IOL.Tib.J.VOL.38—43

編號更正說明

第8册—第9册

由於IOL.Tib.J.VOL.41館藏闕編，《英國國家圖書館藏敦煌西域藏文文獻》第8、9册(1版1次)出版編號順延致誤。現將出版編號與實際館藏編號對應情況列表如下，並附第8、9兩册正確編號目錄，敬請留意。

分册	現出版編號	實際館藏編號	備注
第8册	英IOL.Tib.J.VOL.38	英IOL.Tib.J.VOL.38	
	英IOL.Tib.J.VOL.39	英IOL.Tib.J.VOL.39	
	英IOL.Tib.J.VOL.40	英IOL.Tib.J.VOL.40	
		英IOL.Tib.J.VOL.41（館藏闕編）	
	英IOL.Tib.J.VOL.41	英IOL.Tib.J.VOL.42	
	英IOL.Tib.J.VOL.42	英IOL.Tib.J.VOL.43	
第9册		英IOL.Tib.J.VOL.44	補排入第10册
	英IOL.Tib.J.VOL.43	英IOL.Tib.J.VOL.45	
	英IOL.Tib.J.VOL.44	英IOL.Tib.J.VOL.46	
	英IOL.Tib.J.VOL.45	英IOL.Tib.J.VOL.47	

俄羅斯科學院東方文獻研究所

中國社會科學院民族學與人類學研究所 編

上 海 古 籍 出 版 社

俄羅斯科學院東方文獻研究所藏黑水城文獻

㉗

西夏文

佛教部分

上 海 古 籍 出 版 社

二〇一八年·上海

圖書在版編目（CIP）數據

俄藏黑水城文獻.27,西夏文佛教部分/俄羅斯科學院
東方文獻研究所,中國社會科學院民族學與人類學研
究所,上海古籍出版社編.—上海：上海古籍出版社,2018.8
（2021.3重印）
ISBN 978-7-5325-8971-5

Ⅰ.①俄… Ⅱ.①俄… ②中… ③上… Ⅲ.①出土文
物-文獻-額濟納旗-西夏-圖録②佛教-文獻-額濟納
旗-西夏-圖録 Ⅳ.①K877.92

中國版本圖書館 CIP 數據核字（2018）第 204857 號

國家古籍整理出版專項經費資助項目
俄藏黑水城文獻自第十五册起受中國社會科學院出版基金資助

俄藏黑水城文獻 ㉗

編者　俄羅斯科學院東方文獻研究所
　　　中國社會科學院民族學與人類學研究所
　　　上海古籍出版社

主編　史金波（中）
　　　魏同賢（中）
　　　E.И.克恰諾夫（俄）

出版　上海古籍出版社
　　　中國上海瑞金二路 272 號郵政編碼 200020

© 俄羅斯科學院東方文獻研究所
　中國社會科學院民族學與人類學研究所
　上海古籍出版社

印製　上海麗佳製版印刷有限公司

開本 787×1092 mm　1/8　印張 43　插頁 23
二○一八年八月第一版　二○二一年三月第二次印刷
ISBN 978-7-5325-8971-5/K·2541
定價：二三○○圓

Памятники письменности из Хара-Хото хранящиеся в Институте восточных рукописей РАН

Коллекции буддийской части тангутского языка

Институт восточных рукописей
Российской академии наук
Институт национальностей и антропологии
Академии общественных наук Китая
Шанхайское издательство "Древняя книга"

Шанхайское издательство
"Древняя книга"
Шанхай 2018

Памятники письменности
нз Хара-Хото хранящиеся в России ㉗

Составвтели
Институт восточных рукописей РАН
Институт национальности и антропологии
АОН Китая
Шанхайское издательство
"Древняя книга"

Главные редакторы
Е. И. Кычанов (Россия)
Ши Цзинь-бо (Китай)
Вэй Тун-сянь (Китай)

Издатель
Шанхайское нздательство
"Древняя книга"
Китай Шанхай ул. Жуйцзиньэр 272
Почтовый индекс 200020

Печать
Шанхайская гравировальная и полиграфическая компания
"Ли Цзя" с ограниченной ответственностью

© Институт восточных рукописей РАН
Институт национальности и антропологии
Академии общественных наук Китая
Шанхайское нздательство "Древняя книга"

Формат 787×1092 mm 1/8
Печатный лист 43
Вкладка 23
Первое издание Ⅷ. 2018г.
Вторая печать Ⅲ. 2021г.

Перепечатка воспрещается
ISBN 978 − 7 − 5325 − 8971 − 5/K・2541
Цена: ￥2200.00

Heishuicheng Manuscripts Collected in the Institute of Oriental Manuscripts of the Russian Academy of Sciences

Tangut Buddhist Manuscripts

The Institute of Oriental Manuscripts of
the Russian Academy of Sciences
Institute of Ethnology and Anthropology of
the Chinese Academy of Social Sciences
Shanghai Chinese Classics Publishing House

Shanghai Chinese Classics Publishing House
Shanghai, 2018

Heishuicheng Manuscripts
Collected in Russia
Volume ㉗

Participating Institutions
The Institute of Oriental Manuscripts of
the Russian Academy of Sciences
Institute of Ethnology and Anthropology of
the Chinese Academy of Social Sciences
Shanghai Chinese Classics Publishing House

Editors-in-Chief
Shi Jinbo (on Chinese part)
Wei Tongxian (on Chinese part)
E. I. Kychanov (on Russian part)

Publisher
Shanghai Chinese Classics Publishing House
(272 Ruijin Second Road, Shanghai 200020, China)

Printer
Shanghai Pica Plate Making & Printing Co. , Ltd

© The Institute of Oriental Manuscripts of
the Russian Academy of Sciences
Institute of Ethnology and Anthropology of
the Chinese Academy of Social Sciences
Shanghai Chinese Classics Publishing House

8 mo 787×1092mm 43 printed sheets 23 insets
First Edition: August 2018   Second Printing: March 2021
ISBN 978 - 7 - 5325 - 8971 - 5/K · 2541
Price: ￥2200.00

俄藏黑水城文獻

主　編　　史金波（中）
　　　　　魏同賢（中）
　　　　　Е.И.克恰諾夫（俄）

編輯委員會（按姓氏筆畫爲序）

中　方　　魏同賢
　　　　　聶鴻音
　　　　　李偉國
　　　　　李國章
　　　　　白　濱
　　　　　史金波

俄　方　　Е.И.克恰諾夫
　　　　　孟列夫
　　　　　К.Б.克平

執行編輯　蔣維崧

俄藏黑水城文獻㉗

本卷主編　史金波
　　　　　Е.И.克恰諾夫

本卷副主編　聶鴻音　蘇航　魏文

責任編輯　蔣維崧

裝幀設計　嚴克勤

攝　影　嚴克勤

技術編輯　耿瑩褘

Памятники письменности
из Хара-Хото хранящиеся в России ㉗

Главный редактор этого тома
Е. И. Қычанов
Ши Цэинь-бо
Заместитель главного редактора этого тома
Не Хун-инь
Су Хан
Вэй Вэнь

Ответственный редактор
Цзян Вэй-сун
Художественный и технический редактор
Янь Кэ-цинь
Фотограф
Янь Кэ-цинь
Технический редактор
Гэн Ин-и

Heishuicheng Manuscripts

Collected in Russia

Volume ㉗

Editor-in-Chief for this Volume
Shi Jinbo
E. L. Kychanov
Deputy Editor-in-Chief for this Volume
Nie Hongyin
Su Hang
Wei Wen
Editor-in-Charge
Jiang Weisong
Cover Designer
Yan Keqin
Photographer
Yan Keqin
Technical Editor
Geng Yingyi

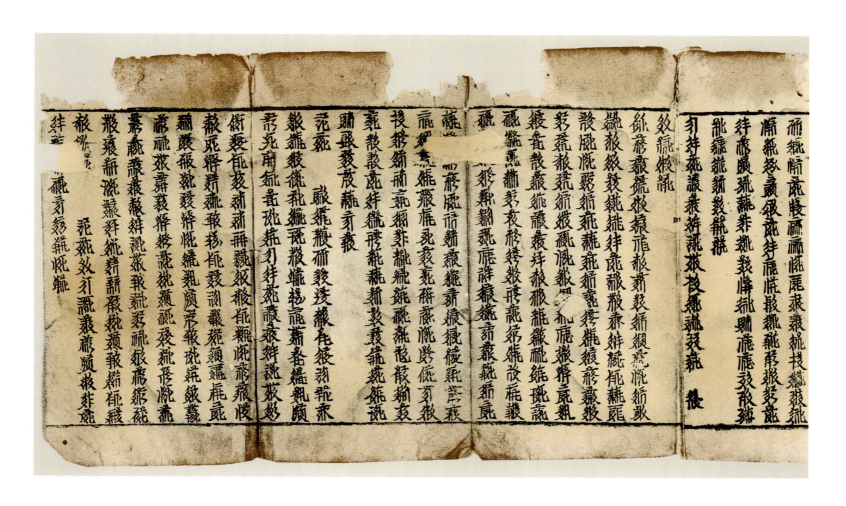

一 **Инв.No.6360** 聖般若佛母心經誦持要門御制後序

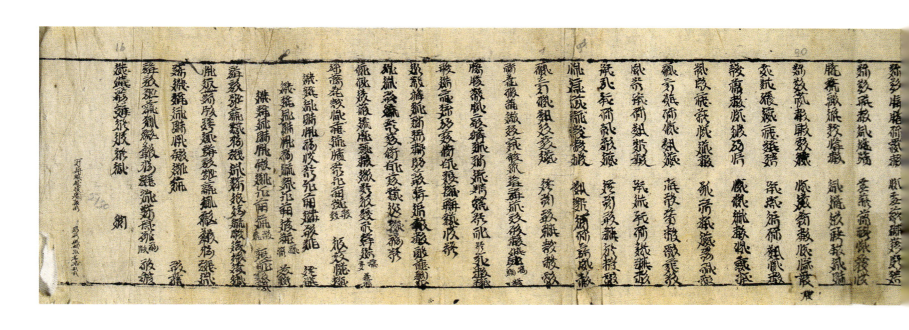

二 **Инв.No.5130** 勝慧到彼岸要門修教現證莊嚴論顯頌卷末題記

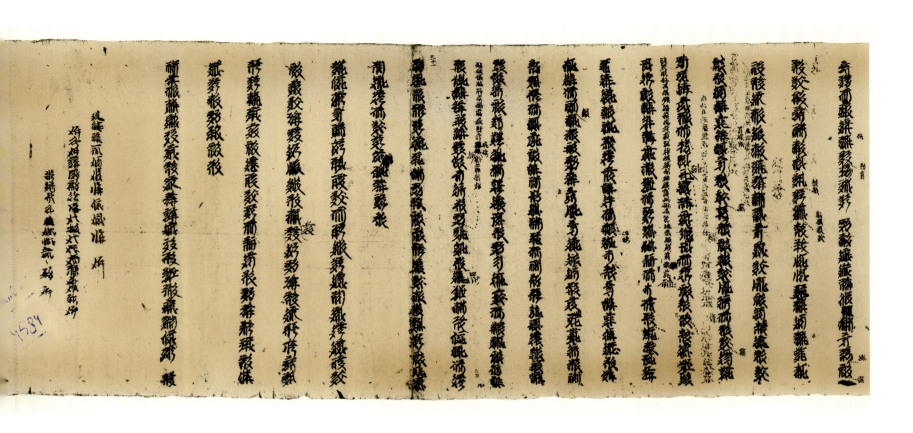

三　Инв.No.4584　勝慧到彼岸要門修教現證莊嚴注疏補卷第五卷末題記

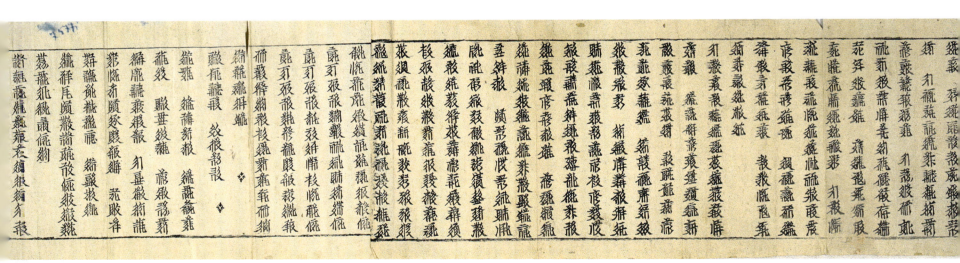

四　Инв.No.7577　佛説聖大乘三皈依經乾祐十五年仁宗御制發願文

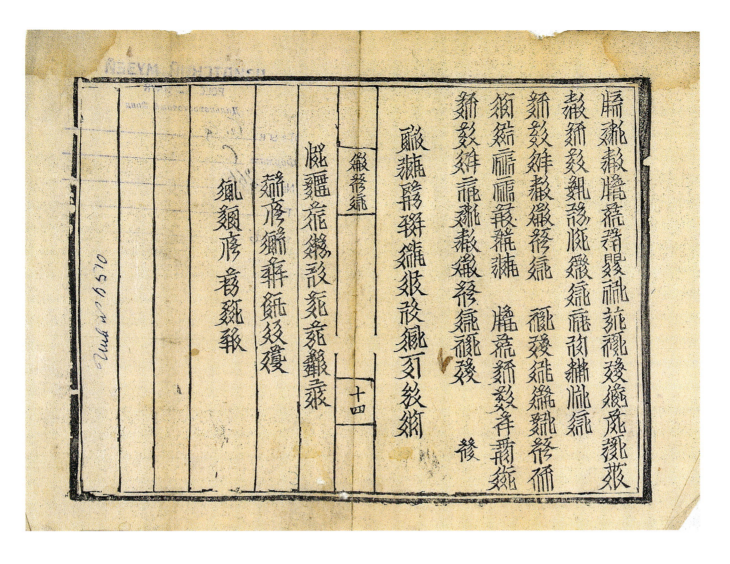

五　Инв.No.6510　菩提心及常所做法事卷末應天丙寅元年題記

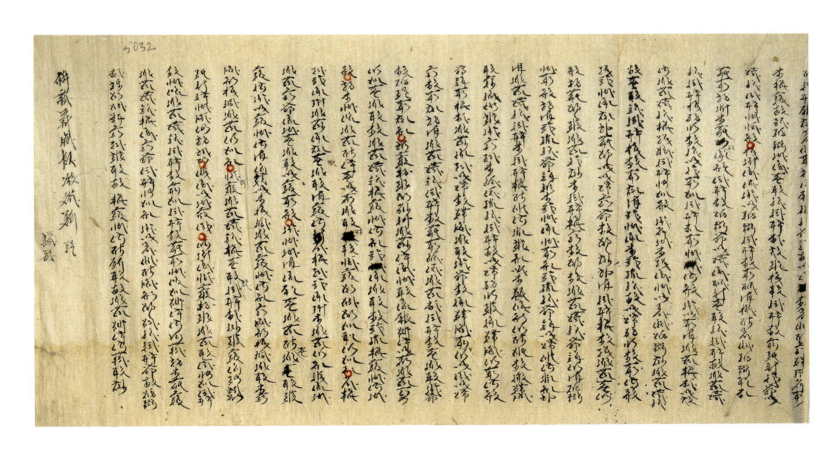

六　Инв.No.5032　中道真性根本釋上卷卷末

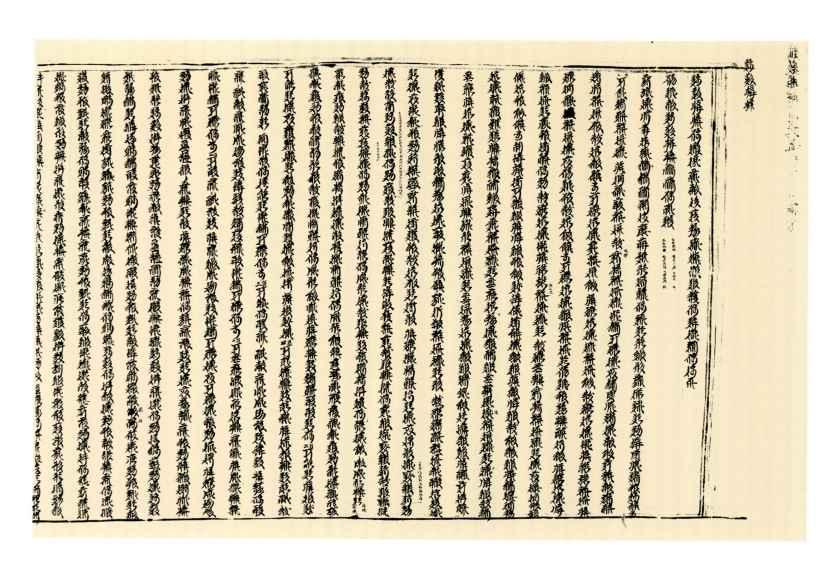

七 Инв.No.2621　菩提勇識之所學道和果同一顯釋寶炬之記上卷之下半卷首

八 Инв.No.4898　菩提勇識道和果一同顯釋明炬第四卷封套

俄藏黑水城文獻第二十七册目録

彩色圖版目録

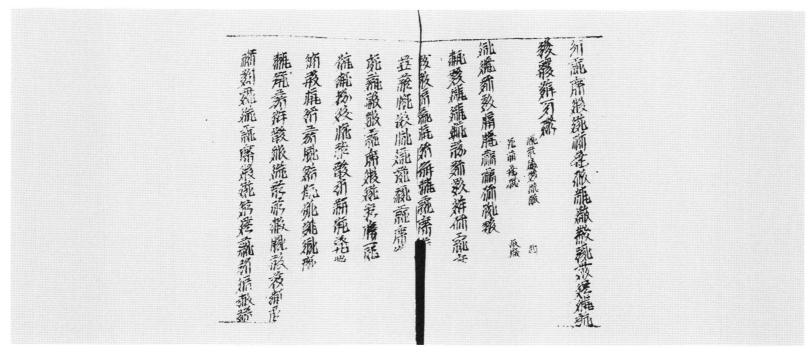

俄 Инв.No.2561　聖金剛能斷聖慧到彼岸大經顯義燈炬記第一　　　(40-1)

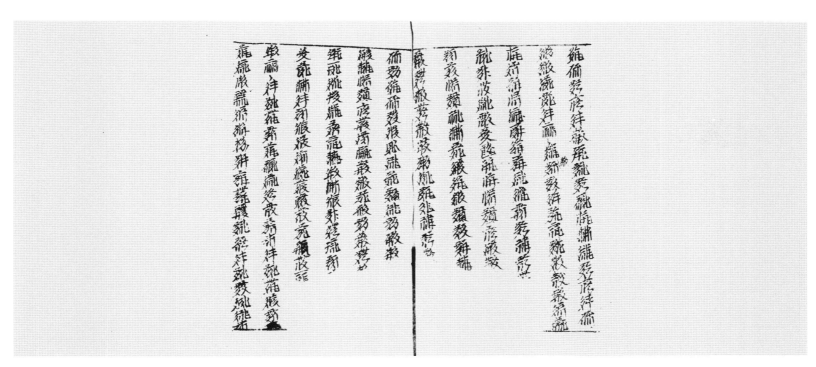

俄 Инв.No.2561　聖金剛能斷聖慧到彼岸大經顯義燈炬記第一　　　(40-2)

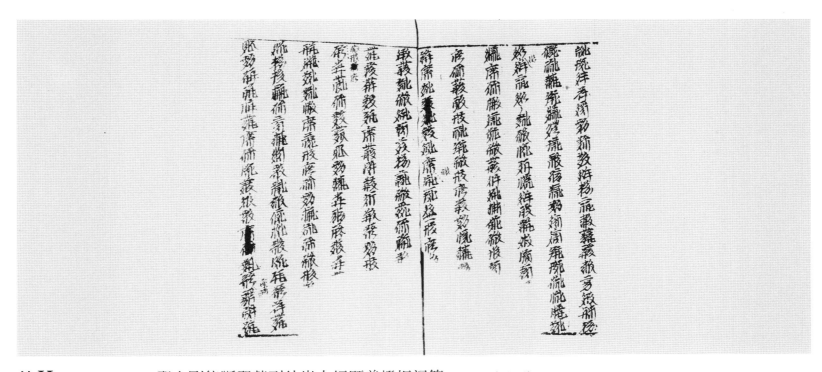

俄 Инв.No.2561　聖金剛能斷聖慧到彼岸大經顯義燈炬記第一　　　(40-3)

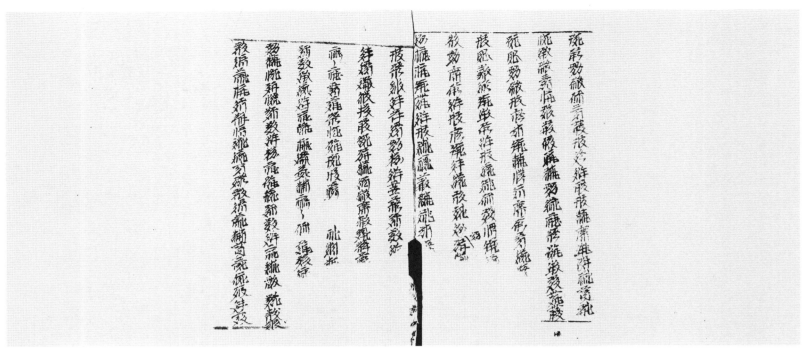

俄 Инв.No.2561　聖金剛能斷聖慧到彼岸大經顯義燈炬記第一　　　(40-4)

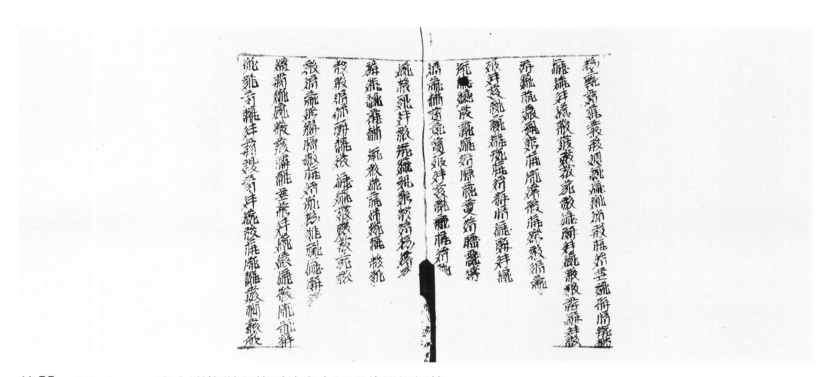

俄 Инв.No.2561　聖金剛能斷聖慧到彼岸大經顯義燈炬記第一　　　(40-5)

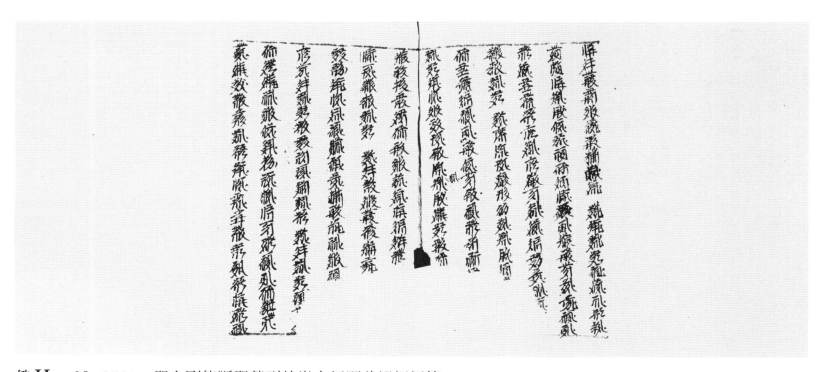

俄 Инв.No.2561　聖金剛能斷聖慧到彼岸大經顯義燈炬記第一　　　(40-6)

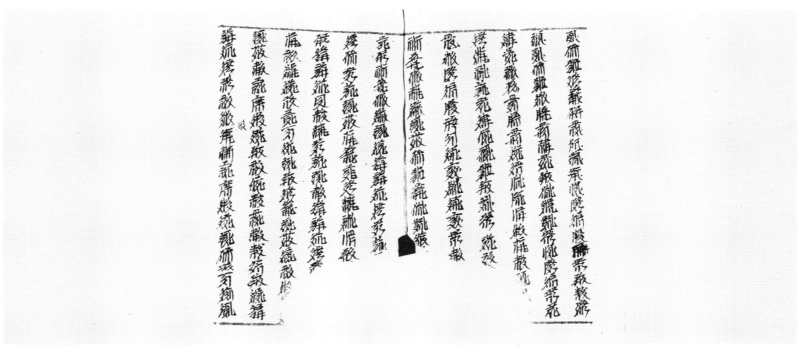

俄 Инв.No.2561　聖金剛能斷聖慧到彼岸大經顯義燈炬記第一　　　　(40-7)

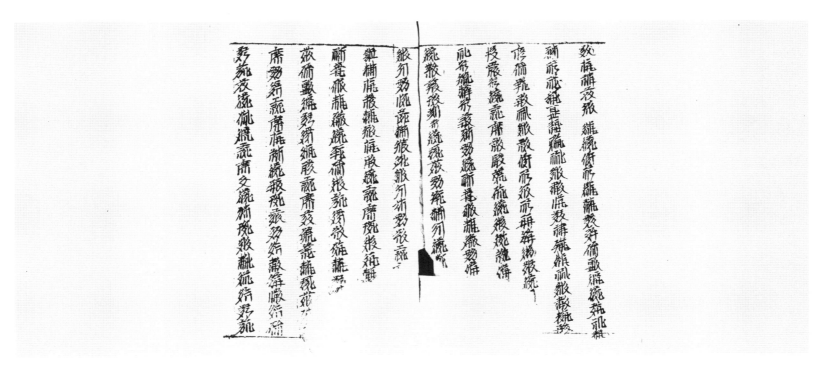

俄 Инв.No.2561　聖金剛能斷聖慧到彼岸大經顯義燈炬記第一　　　　(40-8)

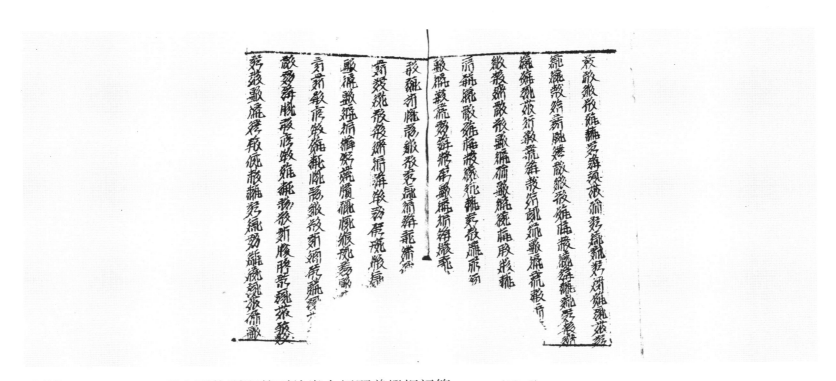

俄 Инв.No.2561　聖金剛能斷聖慧到彼岸大經顯義燈炬記第一　　　　(40-9)

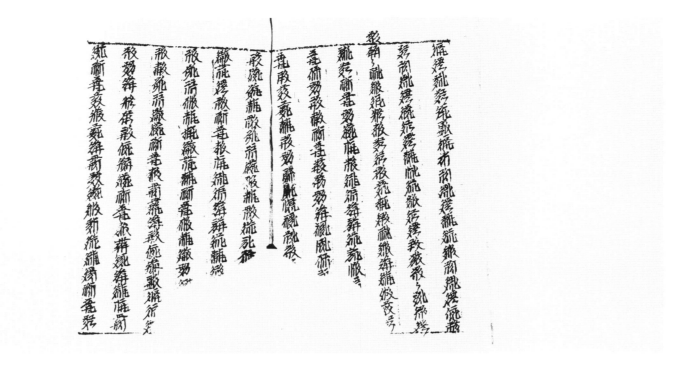

俄 Инв.No.2561　　聖金剛能斷聖慧到彼岸大經顯義燈炬記第一　　　(40-10)

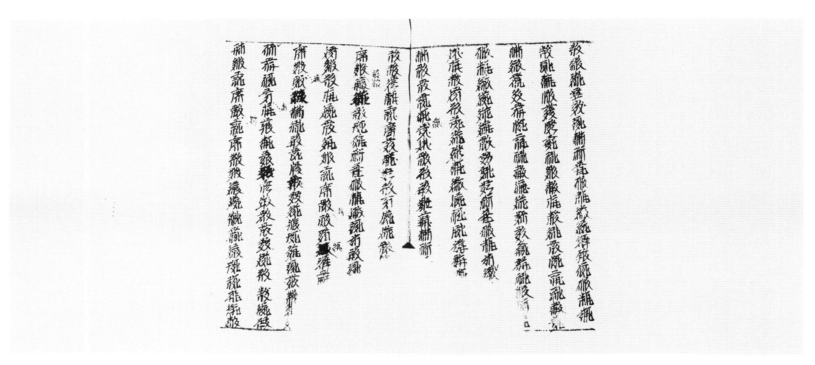

俄 Инв.No.2561　　聖金剛能斷聖慧到彼岸大經顯義燈炬記第一　　　(40-11)

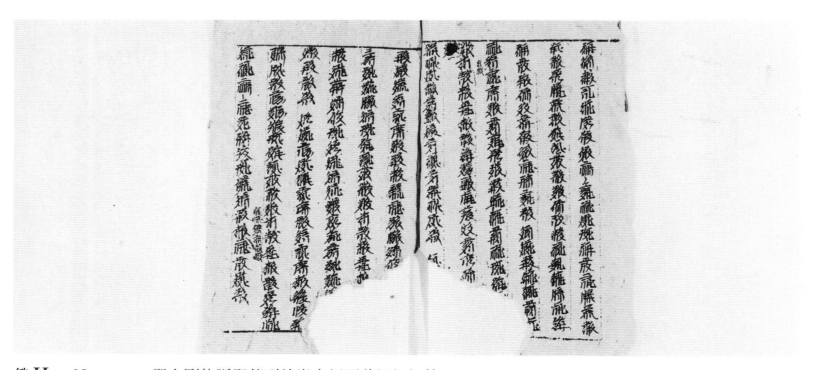

俄 Инв.No.2561　　聖金剛能斷聖慧到彼岸大經顯義燈炬記第一　　　(40-12)

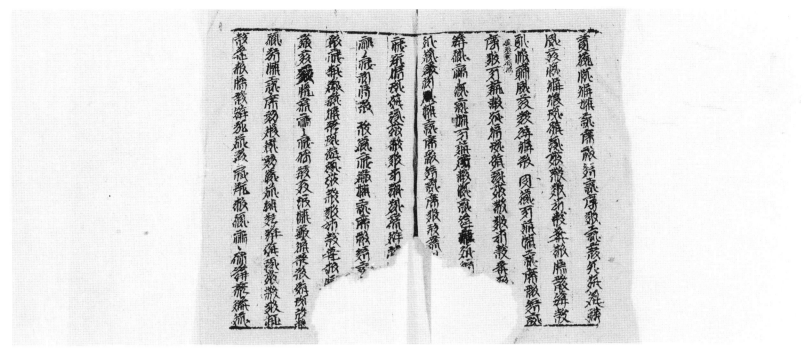

俄 **И**нв.No.2561　　聖金剛能斷聖慧到彼岸大經顯義燈炬記第一　　　　(40-13)

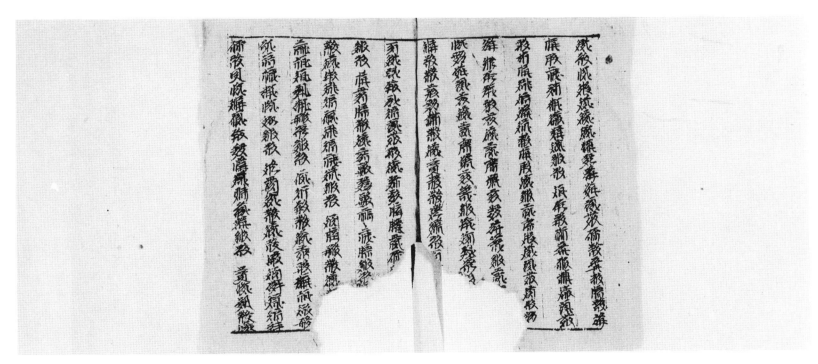

俄 **И**нв.No.2561　　聖金剛能斷聖慧到彼岸大經顯義燈炬記第一　　　　(40-14)

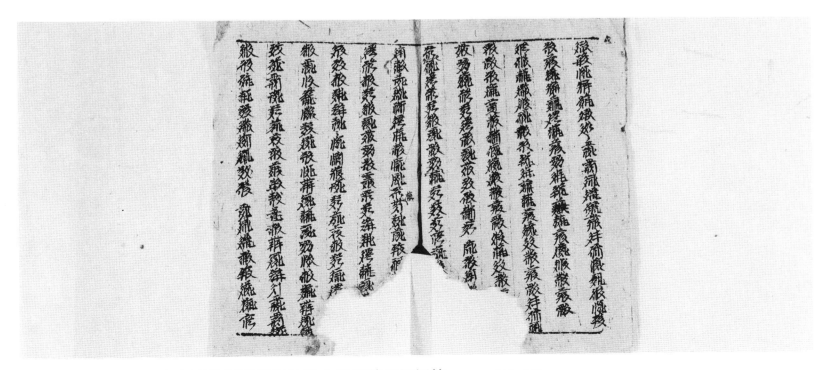

俄 **И**нв.No.2561　　聖金剛能斷聖慧到彼岸大經顯義燈炬記第一　　　　(40-15)

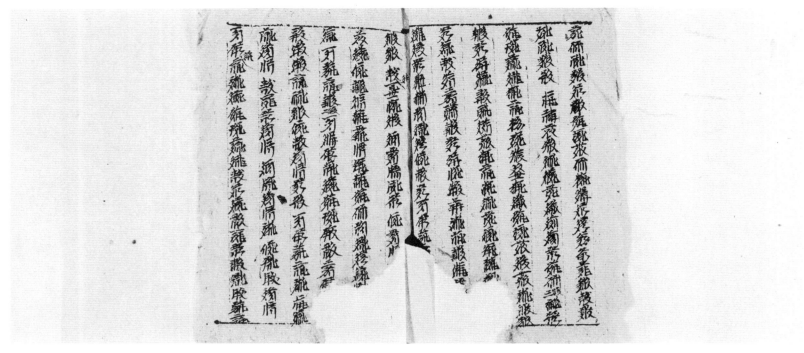

俄 **И**нв.No.2561　聖金剛能斷聖慧到彼岸大經顯義燈炬記第一　　　(40-16)

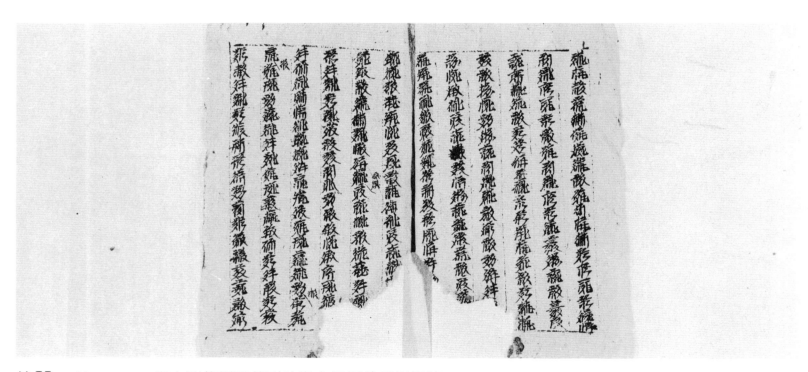

俄 **И**нв.No.2561　聖金剛能斷聖慧到彼岸大經顯義燈炬記第一　　　(40-17)

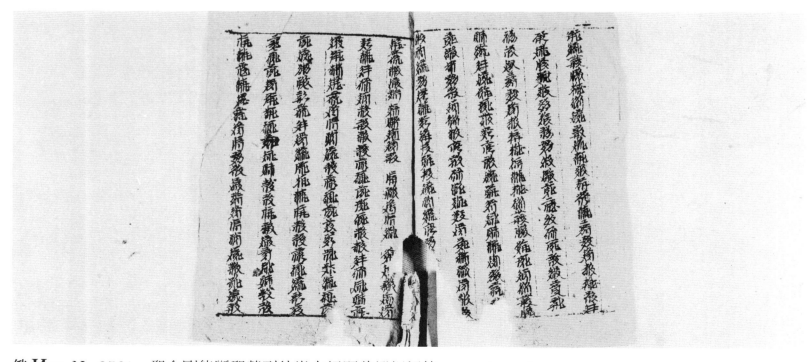

俄 **И**нв.No.2561　聖金剛能斷聖慧到彼岸大經顯義燈炬記第一　　　(40-18)

俄 Ихв.No.2561　　聖金剛能斷聖慧到彼岸大經顯義燈炬記第一　　　　（40–19）

俄 Ихв.No.2561　　聖金剛能斷聖慧到彼岸大經顯義燈炬記第一　　　　（40–20）

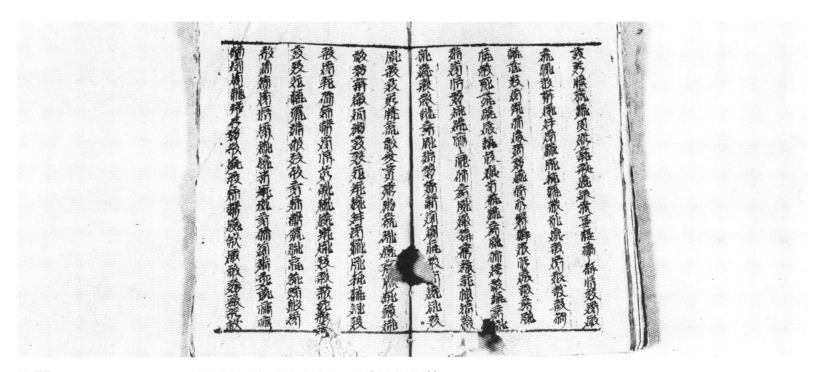

俄 Ихв.No.2561　　聖金剛能斷聖慧到彼岸大經顯義燈炬記第一　　　　（40–21）

俄 **И**нв.No.2561　　聖金剛能斷聖慧到彼岸大經顯義燈炬記第一　　　（40-22）

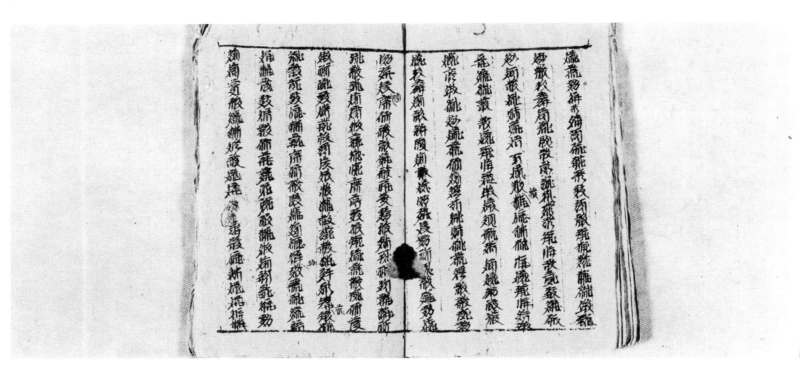

俄 **И**нв.No.2561　　聖金剛能斷聖慧到彼岸大經顯義燈炬記第一　　　（40-23）

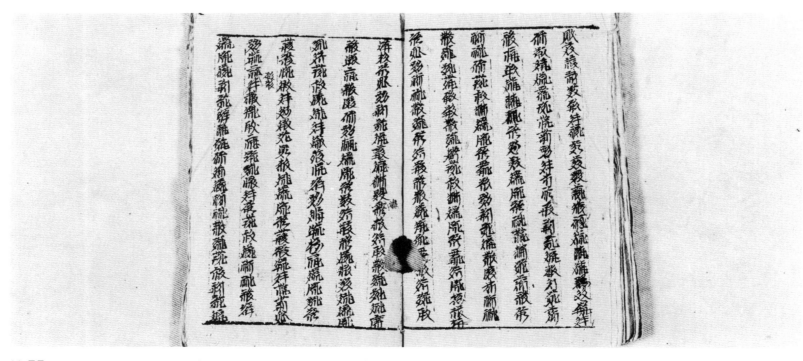

俄 **И**нв.No.2561　　聖金剛能斷聖慧到彼岸大經顯義燈炬記第一　　　（40-24）

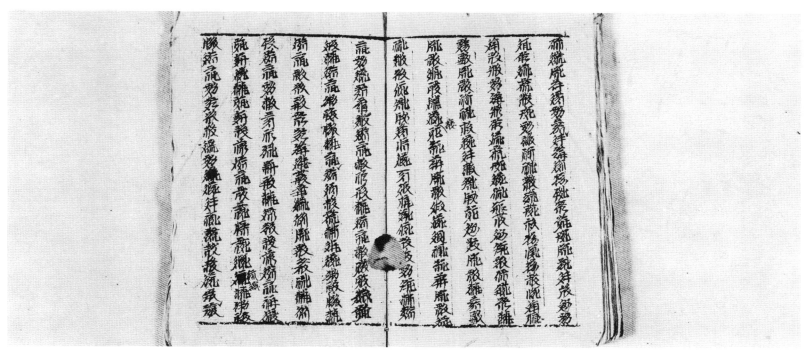

俄 Инв.No.2561　　聖金剛能斷聖慧到彼岸大經顯義燈炬記第一　　　(40-25)

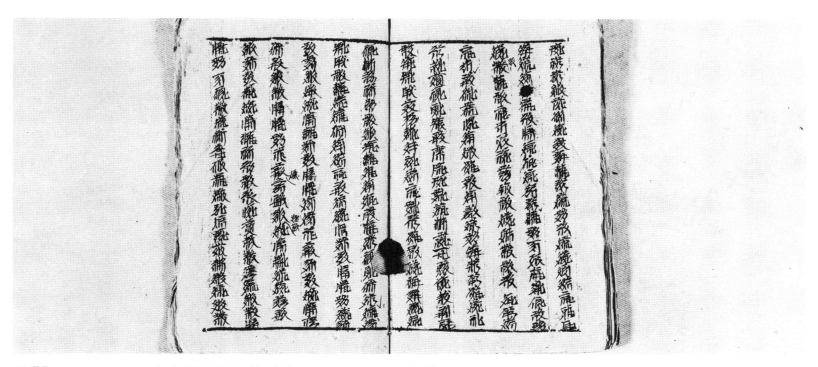

俄 Инв.No.2561　　聖金剛能斷聖慧到彼岸大經顯義燈炬記第一　　　(40-26)

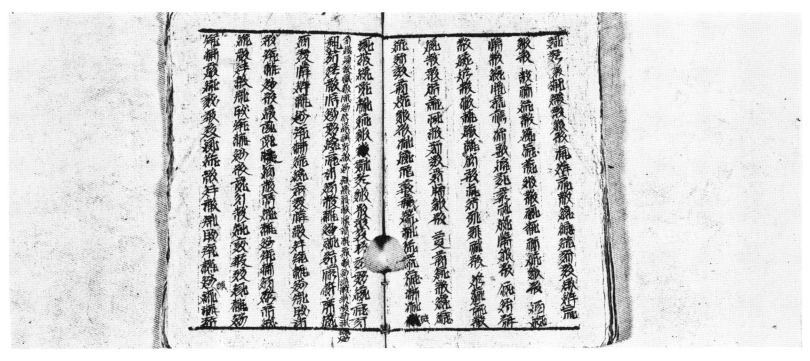

俄 Инв.No.2561　　聖金剛能斷聖慧到彼岸大經顯義燈炬記第一　　　(40-27)

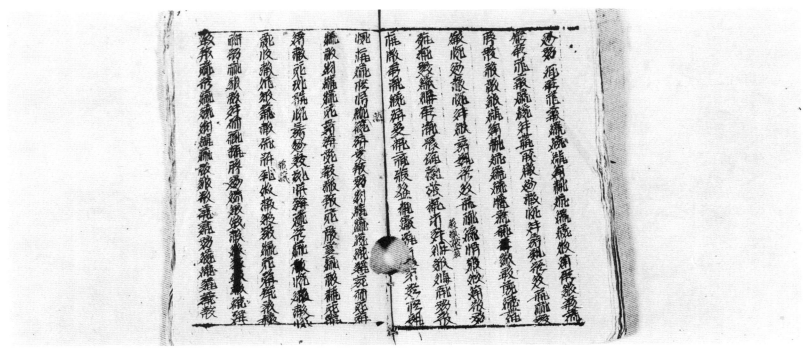

俄 Инв.No.2561　聖金剛能斷聖慧到彼岸大經顯義燈炬記第一　　(40-28)

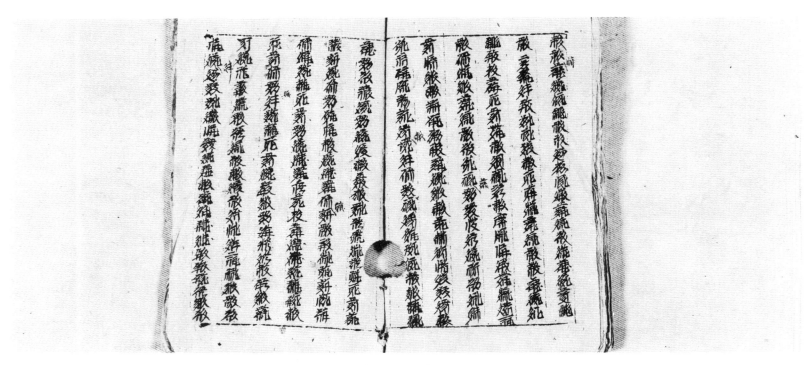

俄 Инв.No.2561　聖金剛能斷聖慧到彼岸大經顯義燈炬記第一　　(40-29)

俄 Инв.No.2561　聖金剛能斷聖慧到彼岸大經顯義燈炬記第一　　(40-30)

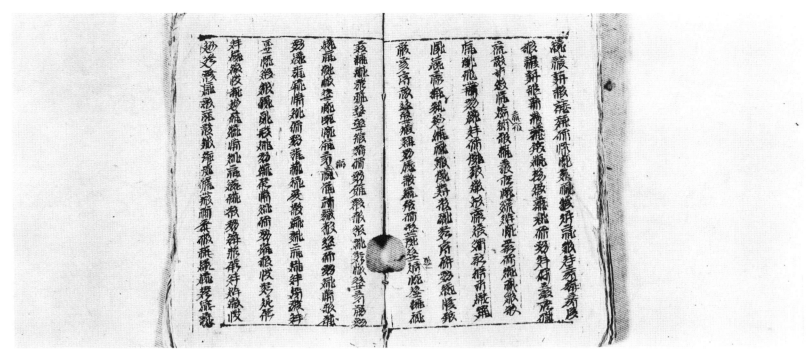

俄ИнВ.No.2561　聖金剛能斷聖慧到彼岸大經顯義燈炬記第一　　　(40-31)

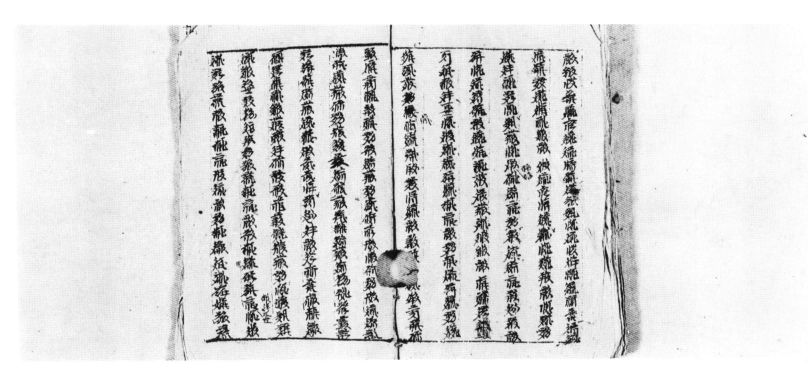

俄ИнВ.No.2561　聖金剛能斷聖慧到彼岸大經顯義燈炬記第一　　　(40-32)

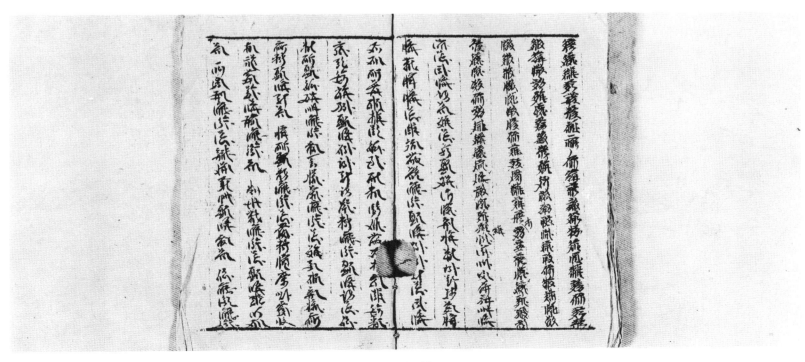

俄ИнВ.No.2561　聖金剛能斷聖慧到彼岸大經顯義燈炬記第一　　　(40-33)

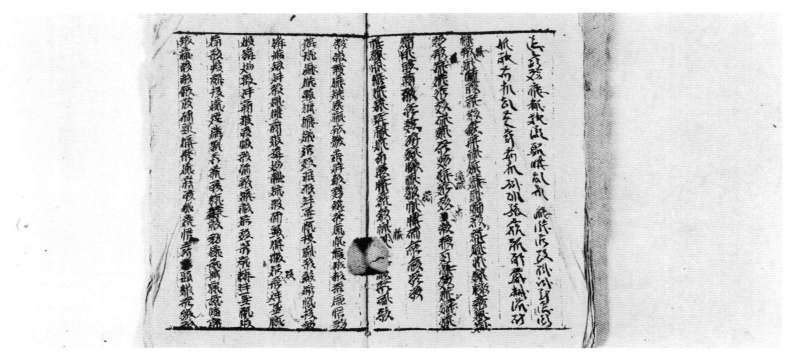

俄 Инв.No.2561　聖金剛能斷聖慧到彼岸大經顯義燈炬記第一　　　(40-34)

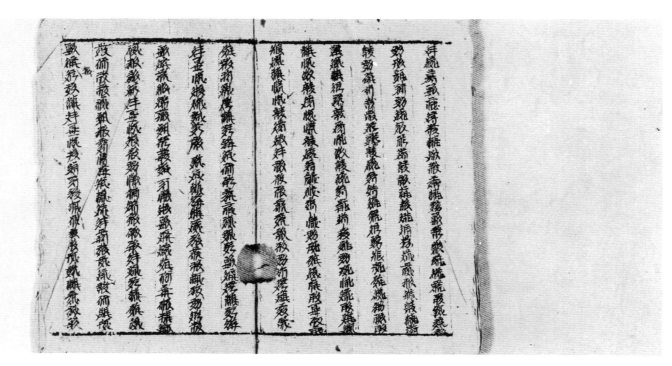

俄 Инв.No.2561　聖金剛能斷聖慧到彼岸大經顯義燈炬記第一　　　(40-35)

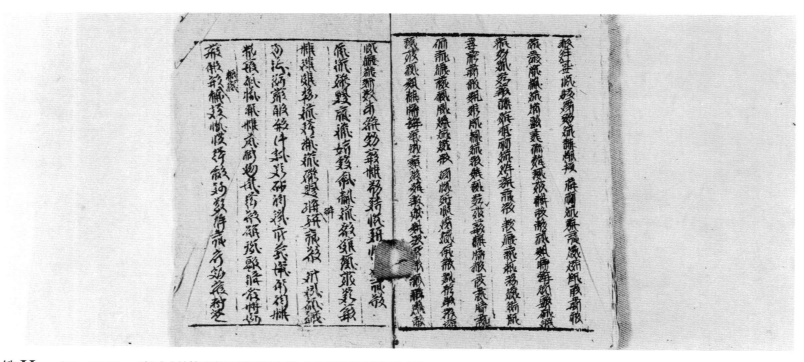

俄 Инв.No.2561　聖金剛能斷聖慧到彼岸大經顯義燈炬記第一　　　(40-36)

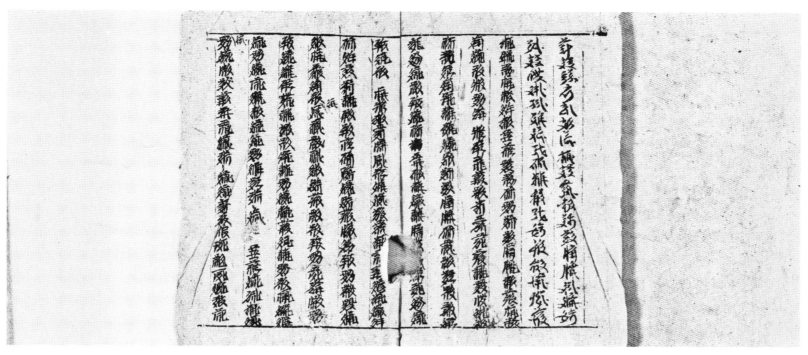

俄 **И**нв.No.2561　　聖金剛能斷聖慧到彼岸大經顯義燈炬記第一　　　　(40-37)

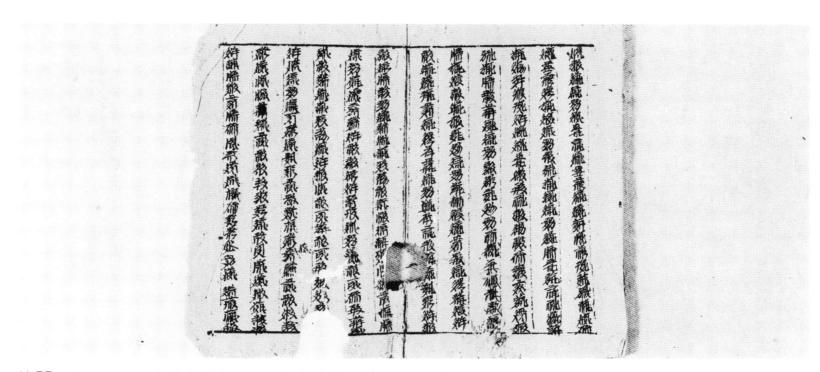

俄 **И**нв.No.2561　　聖金剛能斷聖慧到彼岸大經顯義燈炬記第一　　　　(40-38)

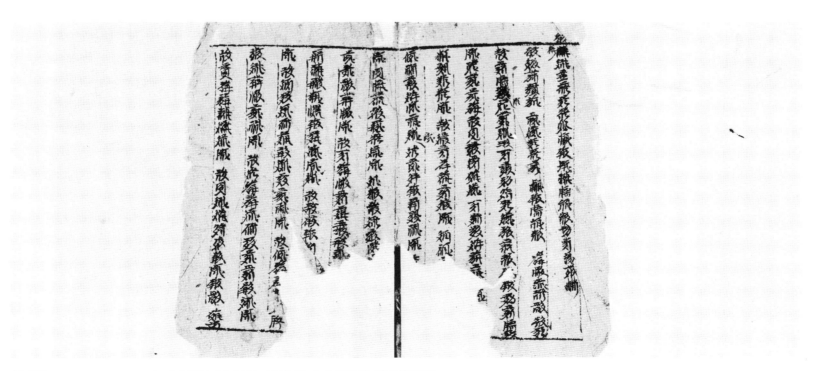

俄 **И**нв.No.2561　　聖金剛能斷聖慧到彼岸大經顯義燈炬記第一　　　　(40-39)

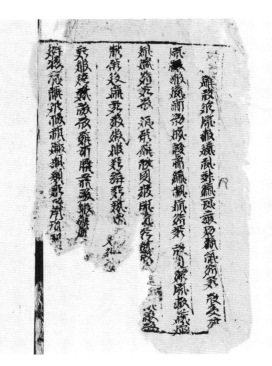

俄 **И**нв.No.2561　聖金剛能斷聖慧到彼岸大經顯義燈炬記第一　　　(40-40)

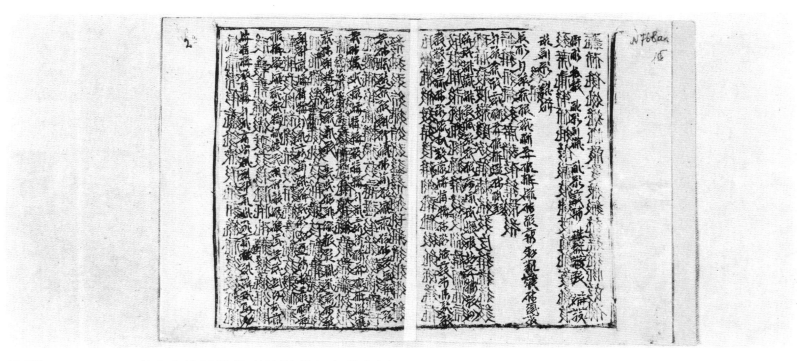

俄 **И**нв.No.768　　聖出有壞母勝慧到彼岸真心大乘之經　　　(4-1)

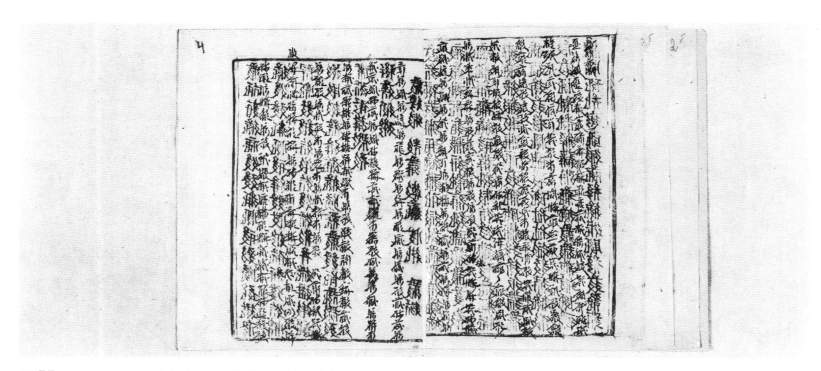

俄 **И**нв.No.768　　聖出有壞母勝慧到彼岸真心大乘之經　　　(4-2)

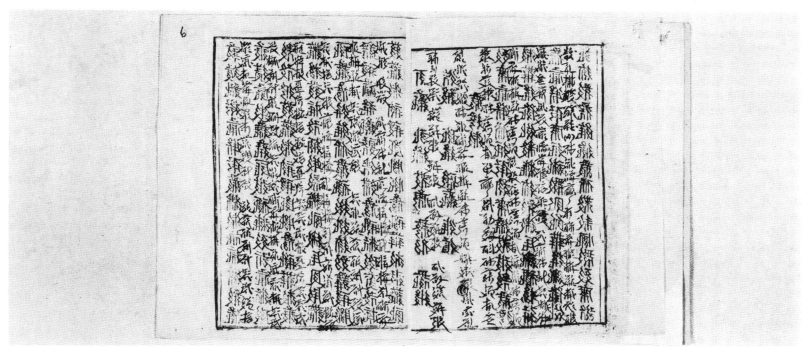

俄 **И**нв.No.768　聖出有壞母勝慧到彼岸真心大乘之經　　　(4-3)

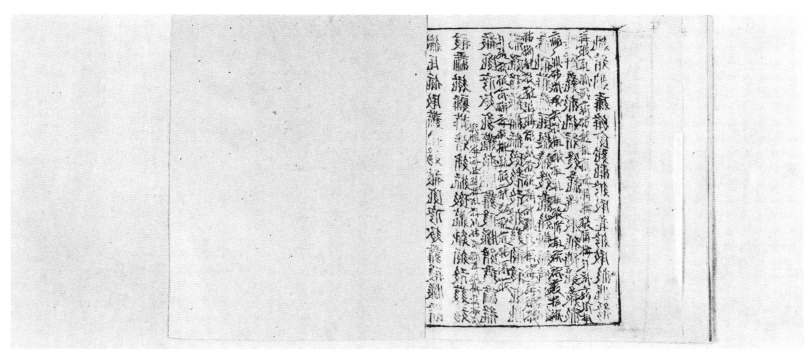

俄 **И**нв.No.768　聖出有壞母勝慧到彼岸真心大乘之經　　　(4-4)

俄 **И**нв.No.804　1.七種功德譚　　(14-1)

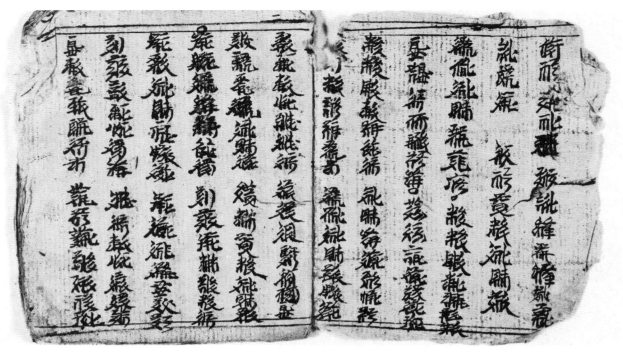

俄 **И**нв.No.804　　1.七種功德譚　　　（14-2）

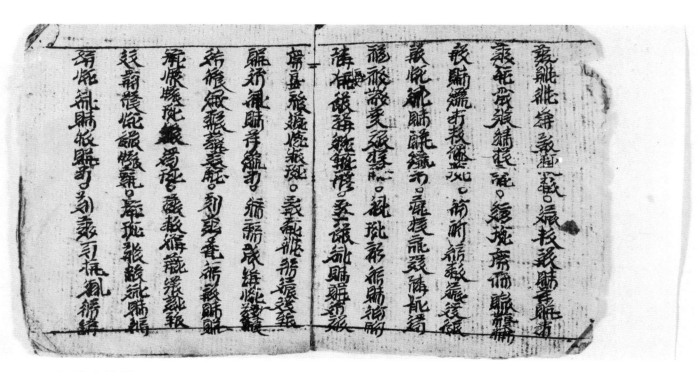

俄 **И**нв.No.804　　1.七種功德譚　　　（14-3）

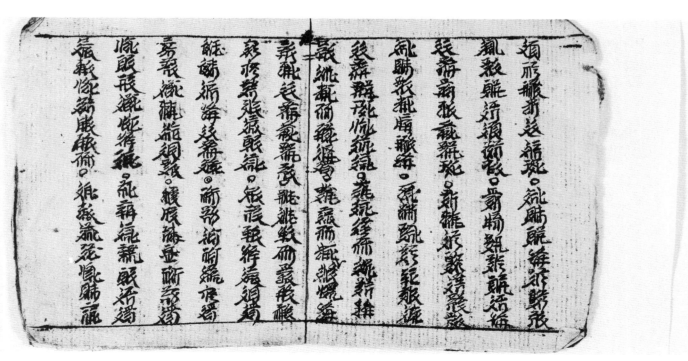

俄 **И**нв.No.804　　1.七種功德譚　　　（14-4）

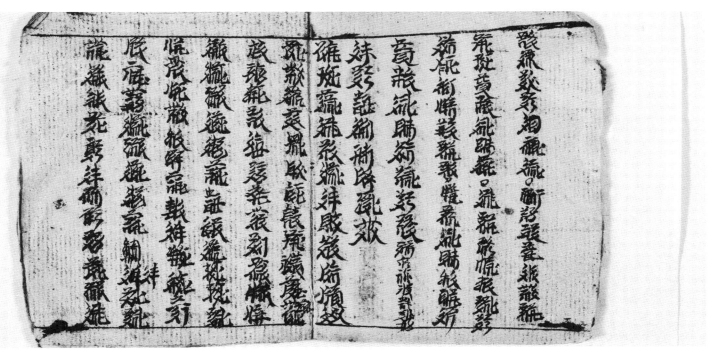

俄 **И**нв.No.804　2.佛說令盜禍息除陀羅尼經　　　　(14-5)

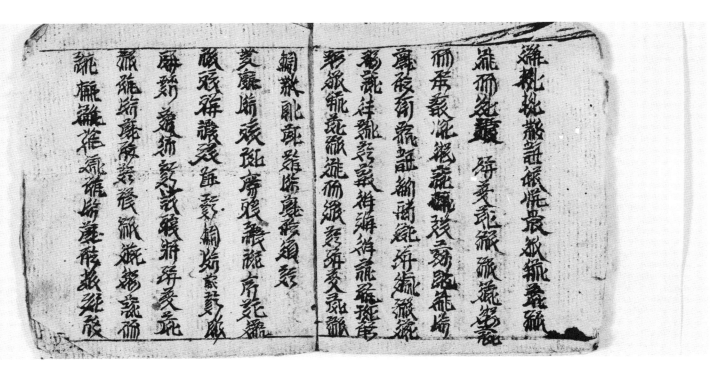

俄 **И**нв.No.804　2.佛說令盜禍息除陀羅尼經　　　　(14-6)

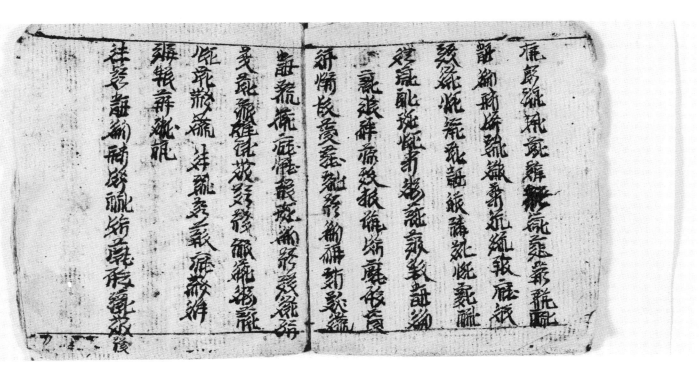

俄 **И**нв.No.804　2.佛說令盜禍息除陀羅尼經　　　　(14-7)

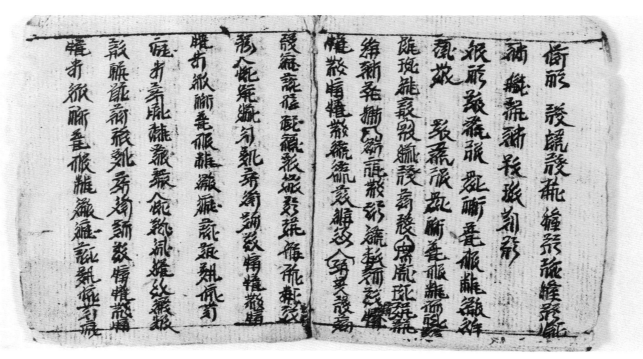

俄 **И**нв.No.804　　3.出有壞母勝慧到彼岸心經　　　（14-8）

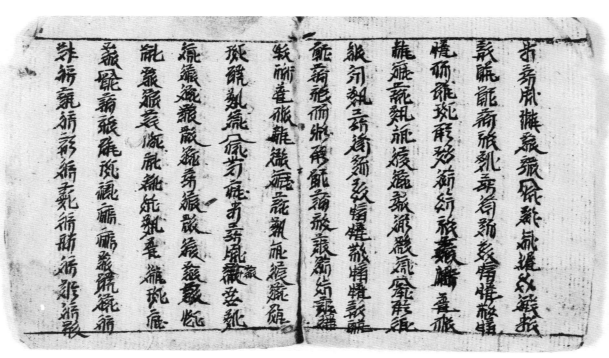

俄 **И**нв.No.804　　3.出有壞母勝慧到彼岸心經　　　（14-9）

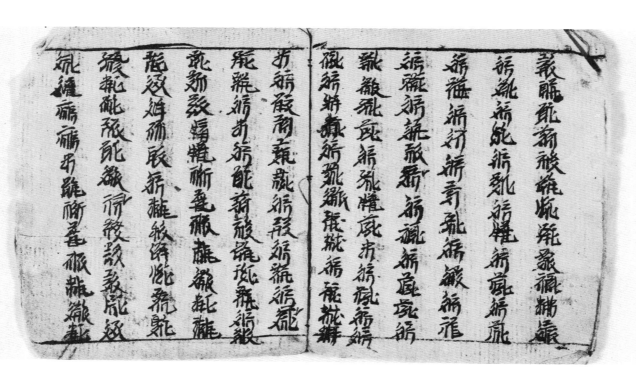

俄 **И**нв.No.804　　3.出有壞母勝慧到彼岸心經　　　（14-10）

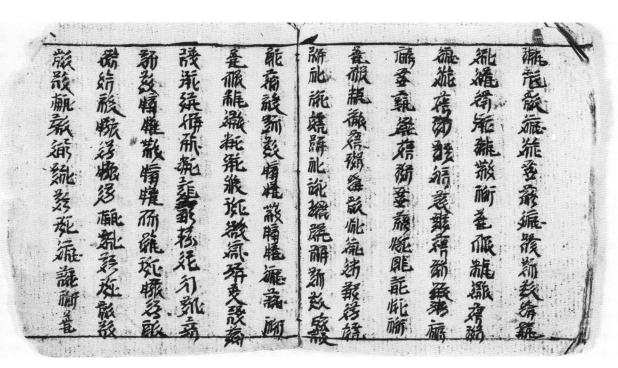

俄ИнвNo.804　3.出有壞母勝慧到彼岸心經　　　(14-11)

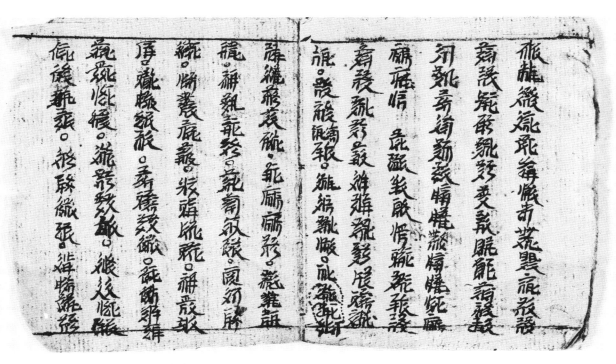

俄ИнвNo.804　3.出有壞母勝慧到彼岸心經　　　(14-12)

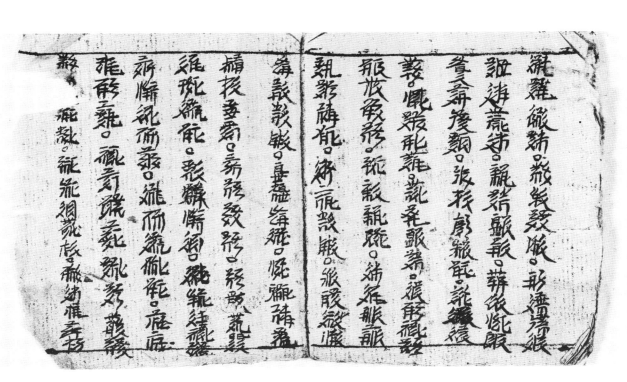

俄ИнвNo.804　3.出有壞母勝慧到彼岸心經　　　(14-13)

俄 **И**нв.No.804　　3.出有壞母勝慧到彼岸心經　　　(14-14)

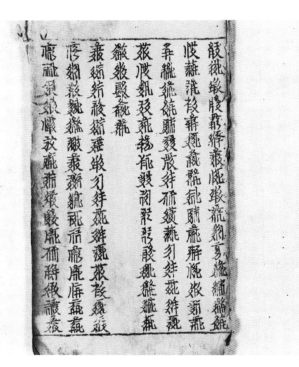

俄 **И**нв.No.2829　　聖般若佛母心經誦持要門　　　(7-1)

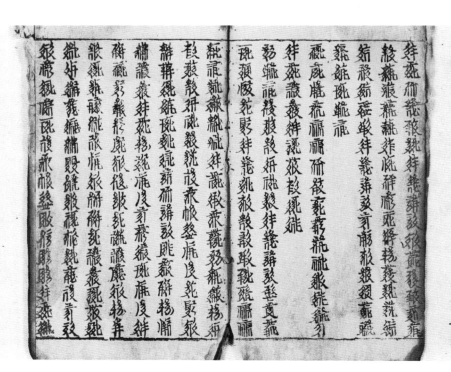

俄 **И**нв.No.2829　　聖般若佛母心經誦持要門　　　(7-2)

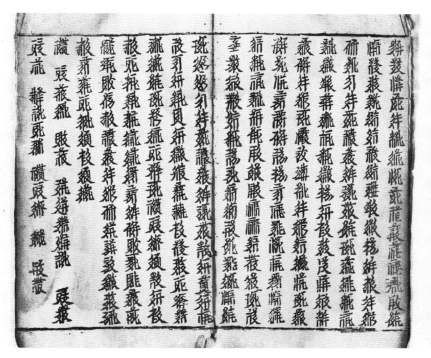

俄 **И**нв.No.2829　　聖般若佛母心經誦持要門　　　　(7-3)

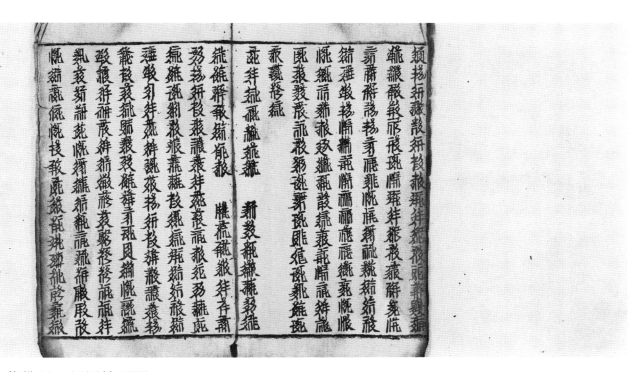

俄 **И**нв.No.2829　　聖般若佛母心經誦持要門　　　　(7-4)

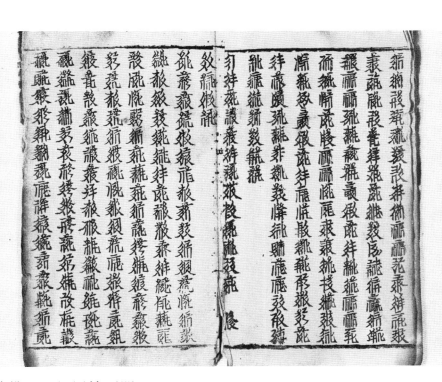

俄 **И**нв.No.2829　　聖般若佛母心經誦持要門　　　　(7-5)

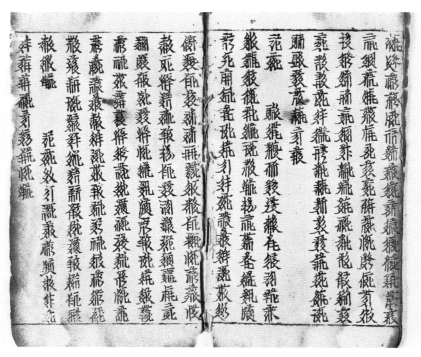

俄 **И**нв.No.2829　聖般若佛母心經誦持要門　　　(7-6)

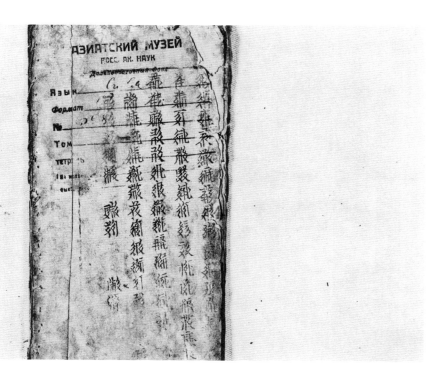

俄 **И**нв.No.2829　聖般若佛母心經誦持要門　　　(7-7)

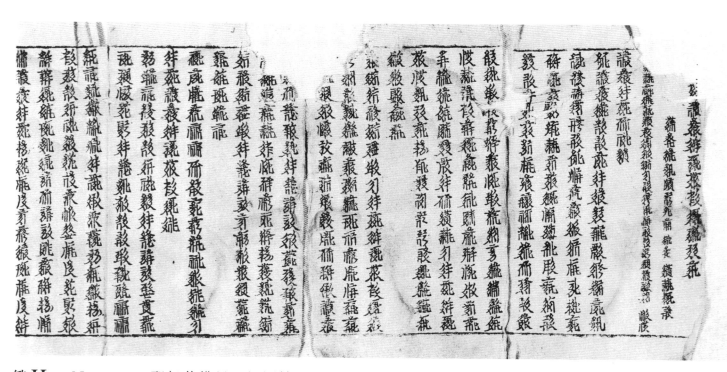

俄 **И**нв.No.6360　聖般若佛母心經誦持要門　　　(5-1)

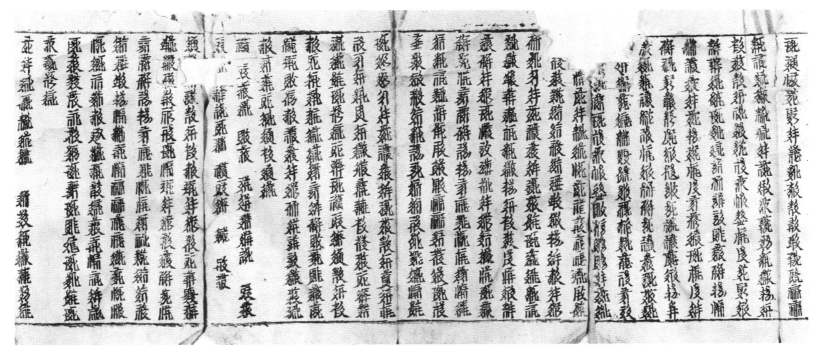

俄 Инв.No.6360　聖般若佛母心經誦持要門　　(5-2)

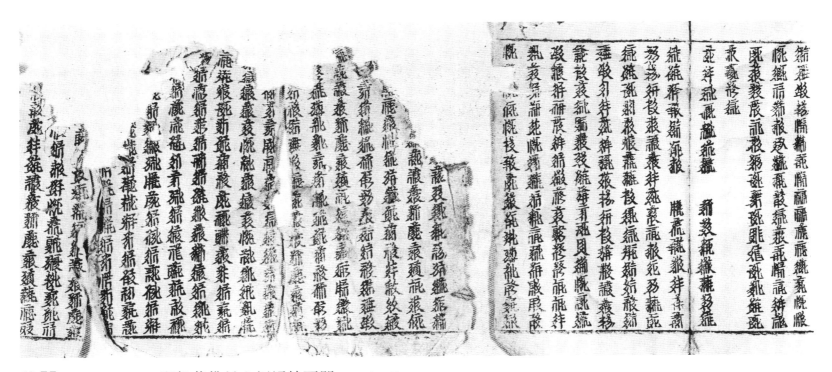

俄 Инв.No.6360　聖般若佛母心經誦持要門　　(5-3)

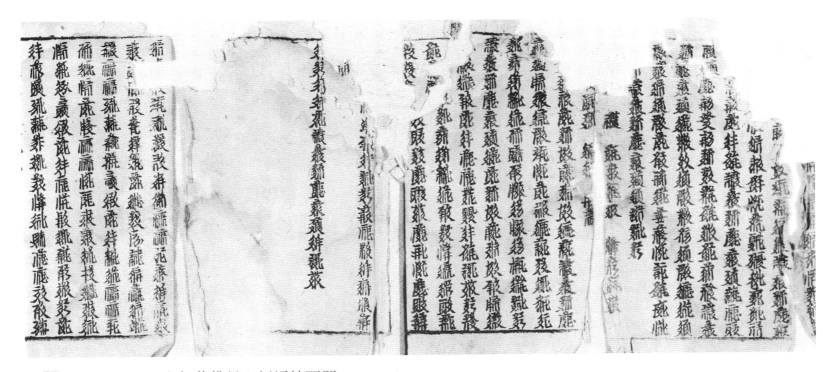

俄 Инв.No.6360　聖般若佛母心經誦持要門　　(5-4)

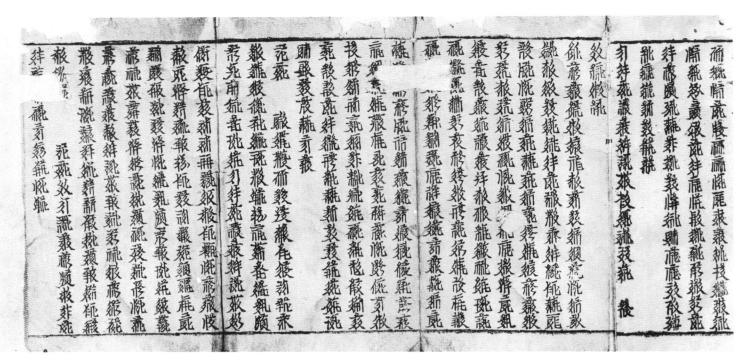

俄 Инв.No.6360　聖般若佛母心經誦持要門　　　(5-5)

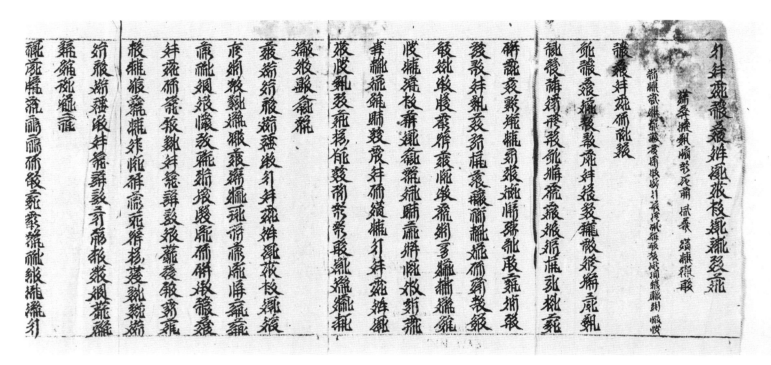

俄 Инв.No.4090　聖般若佛母心經誦持要門　　　(4-1)

俄 Инв.No.4090　聖般若佛母心經誦持要門　　　(4-2)

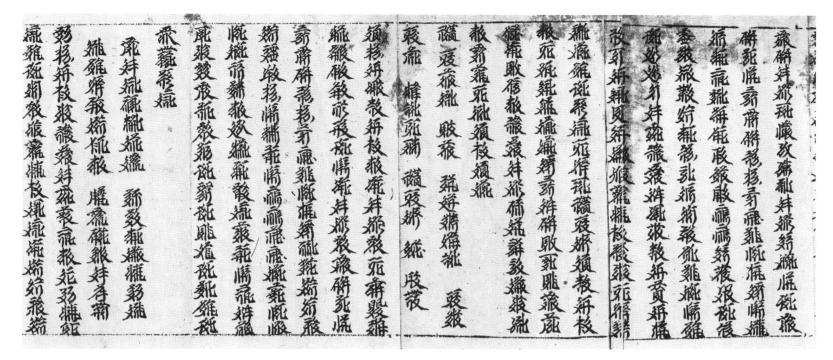

俄Инв.No.4090　聖般若佛母心經誦持要門　　　(4-3)

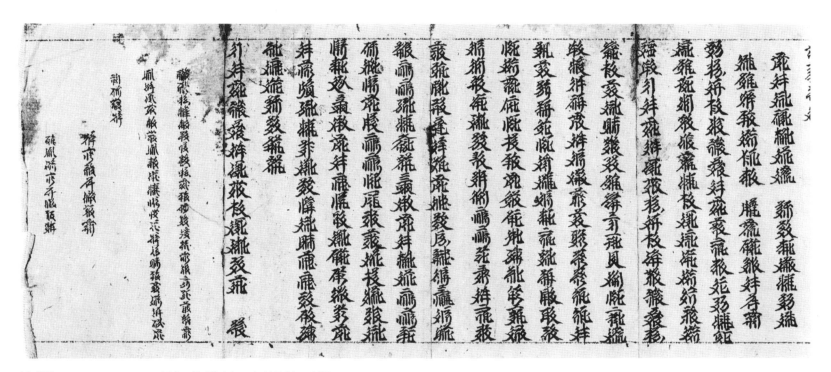

俄Инв.No.4090　聖般若佛母心經誦持要門　　　(4-4)

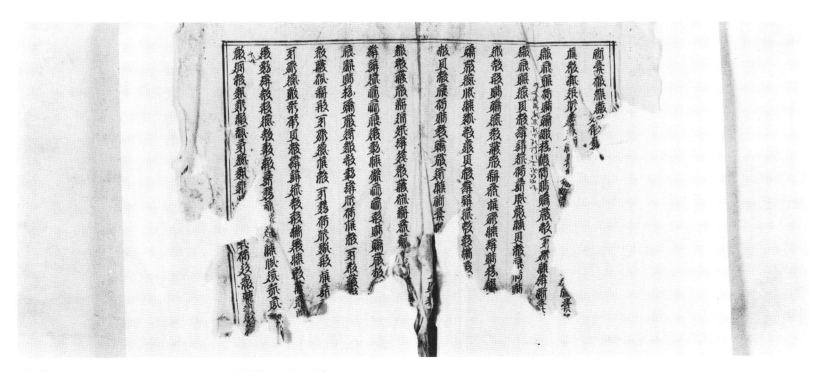

俄Инв.No.2888　勝慧到彼岸莊嚴注疏補第二　　(52-1)

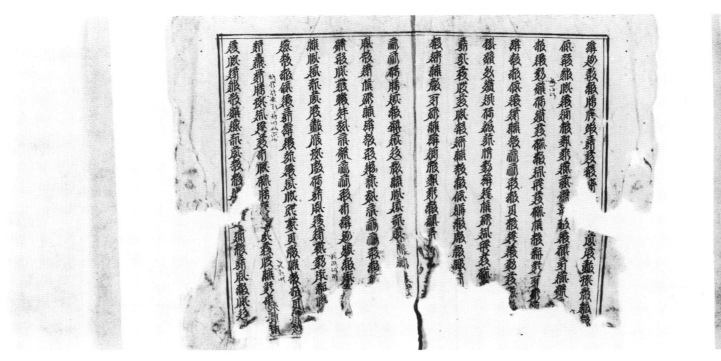

俄Инв.No.2888　勝慧到彼岸莊嚴注疏補第二　　　(52-2)

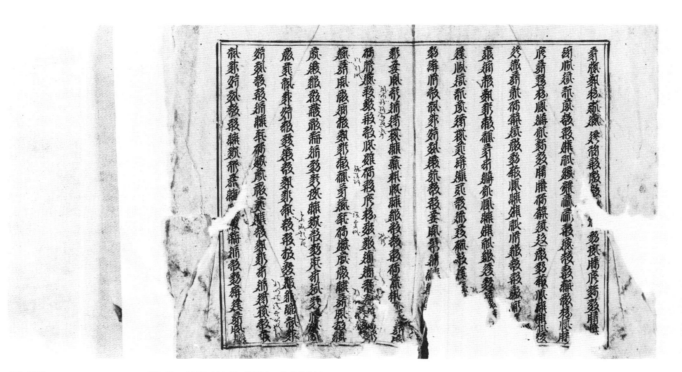

俄Инв.No.2888　勝慧到彼岸莊嚴注疏補第二　　　(52-3)

俄Инв.No.2888　勝慧到彼岸莊嚴注疏補第二　　　(52-4)

俄ИнВ.No.2888　勝慧到彼岸莊嚴注疏補第二　　（52-5）

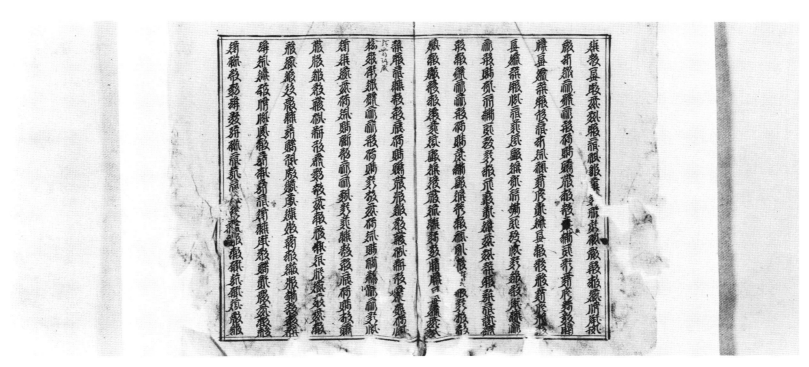

俄ИнВ.No.2888　勝慧到彼岸莊嚴注疏補第二　　（52-6）

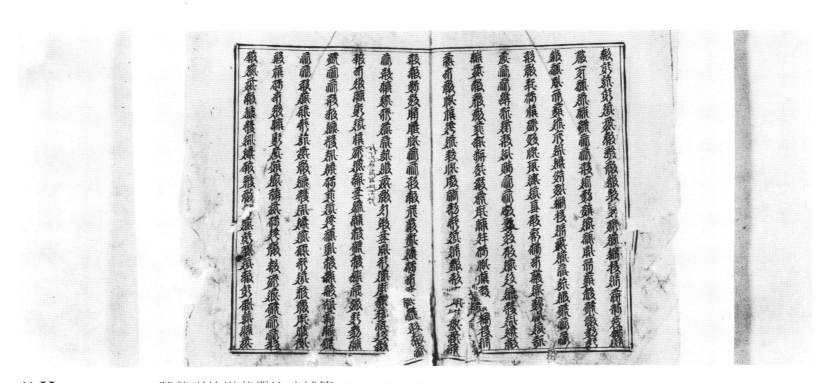

俄ИнВ.No.2888　勝慧到彼岸莊嚴注疏補第二　　（52-7）

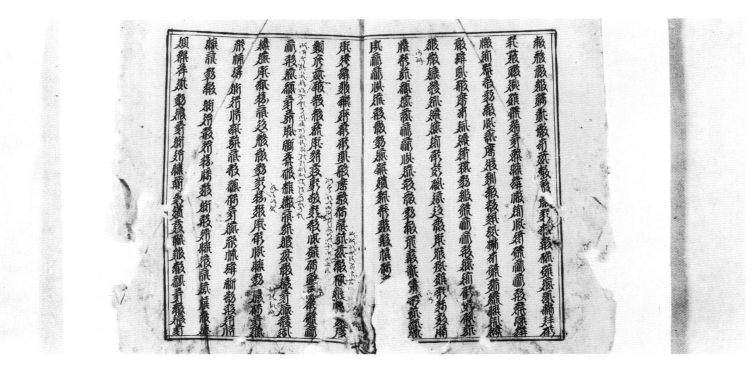

俄 **И**нв.No.2888　勝慧到彼岸莊嚴注疏補第二　　　(52-8)

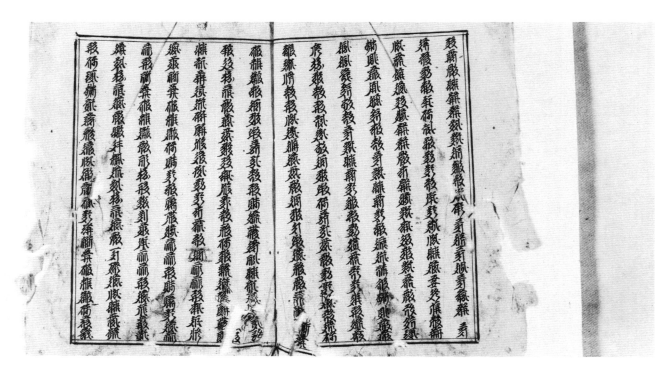

俄 **И**нв.No.2888　勝慧到彼岸莊嚴注疏補第二　　　(52-9)

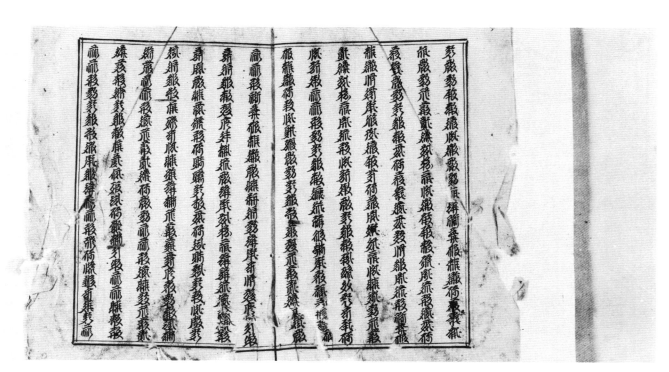

俄 **И**нв.No.2888　勝慧到彼岸莊嚴注疏補第二　　　(52-10)

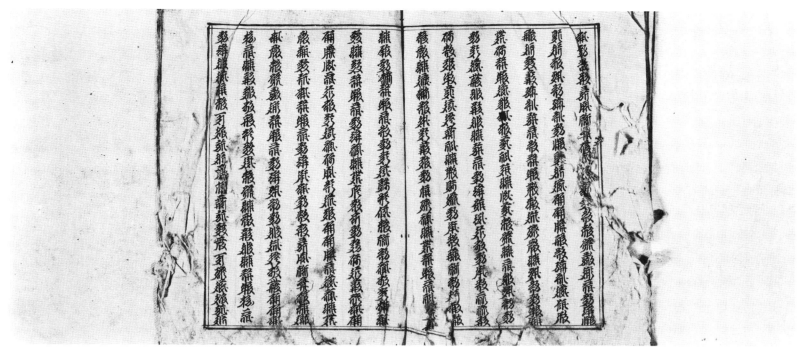

俄 Инв.No.2888　勝慧到彼岸莊嚴注疏補第二　　(52-11)

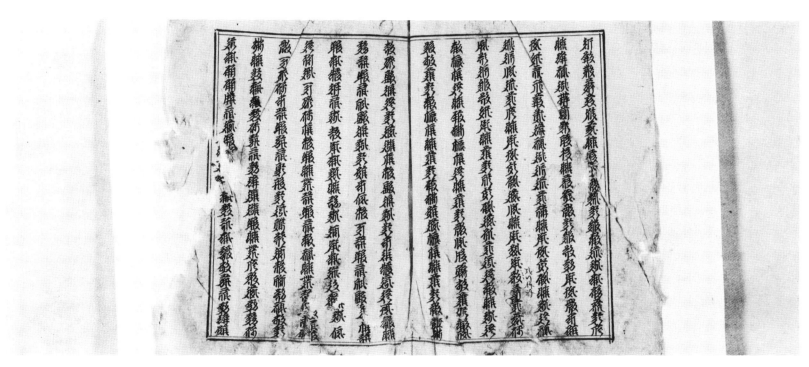

俄 Инв.No.2888　勝慧到彼岸莊嚴注疏補第二　　(52-12)

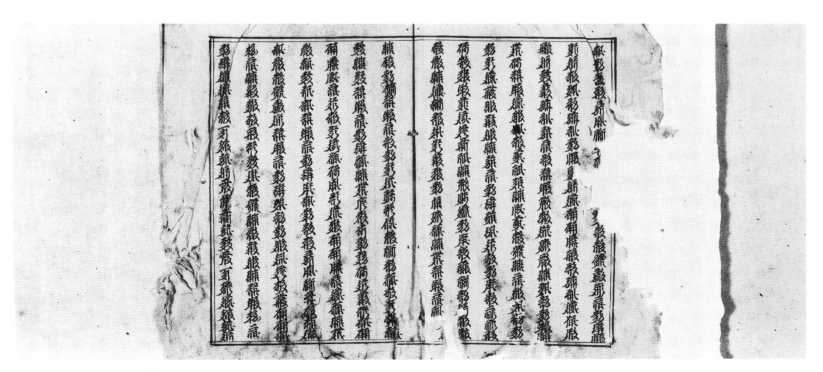

俄 Инв.No.2888　勝慧到彼岸莊嚴注疏補第二　　(52-13)

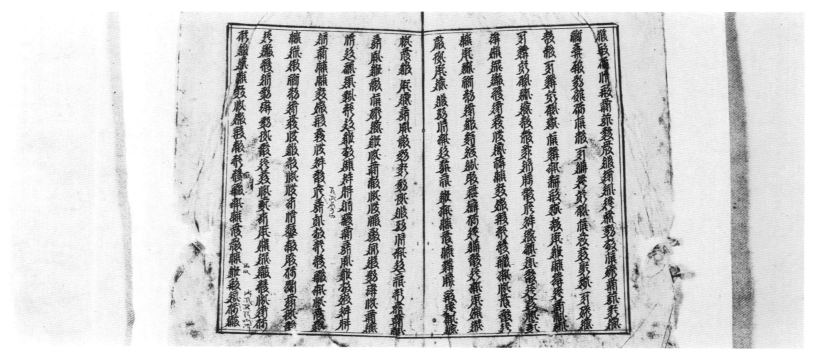

俄Инв.No.2888　勝慧到彼岸莊嚴注疏補第二　　(52-14)

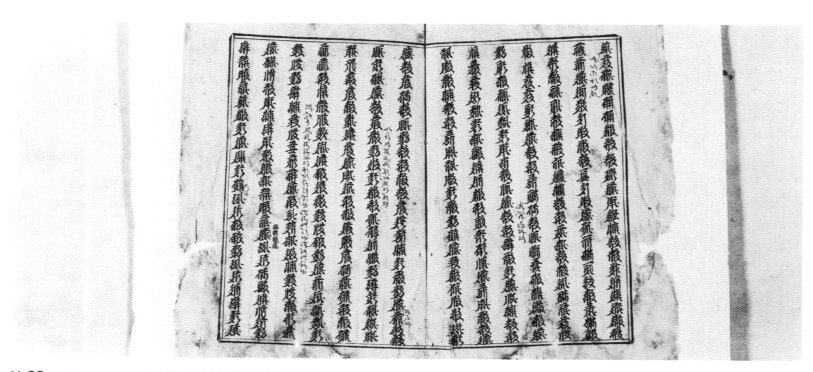

俄Инв.No.2888　勝慧到彼岸莊嚴注疏補第二　　(52-15)

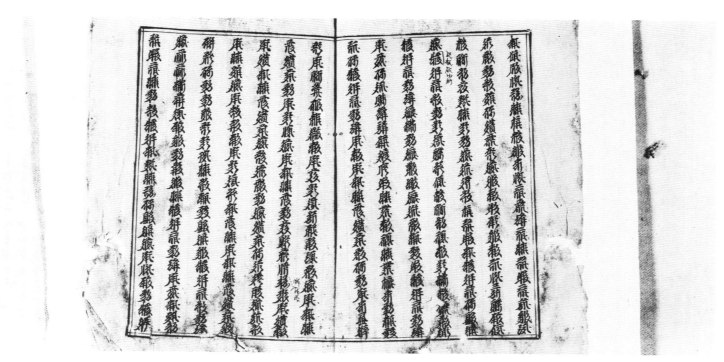

俄Инв.No.2888　勝慧到彼岸莊嚴注疏補第二　　(52-16)

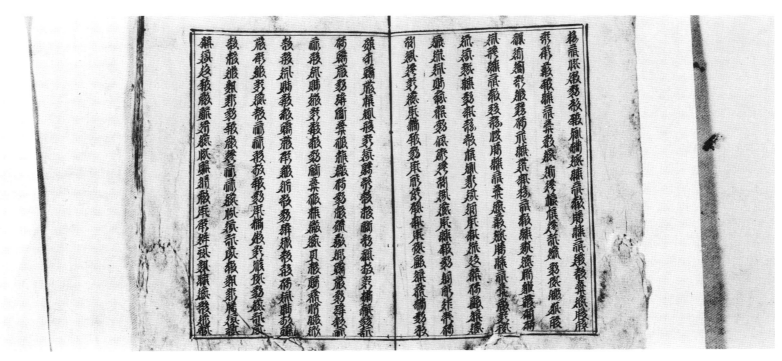

俄Инв.No.2888 勝慧到彼岸莊嚴注疏補第二 （52-17）

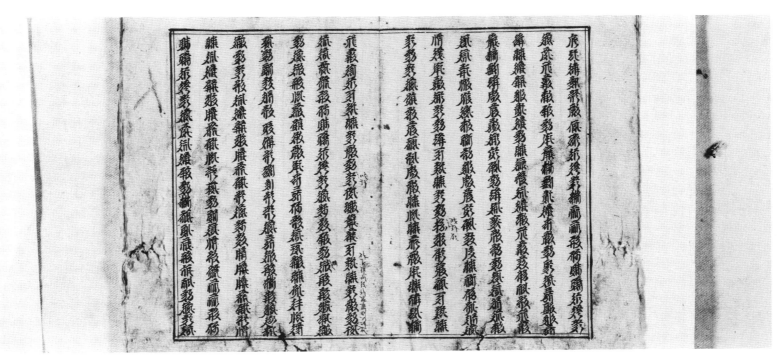

俄Инв.No.2888 勝慧到彼岸莊嚴注疏補第二 （52-18）

俄Инв.No.2888 勝慧到彼岸莊嚴注疏補第二 （52-19）

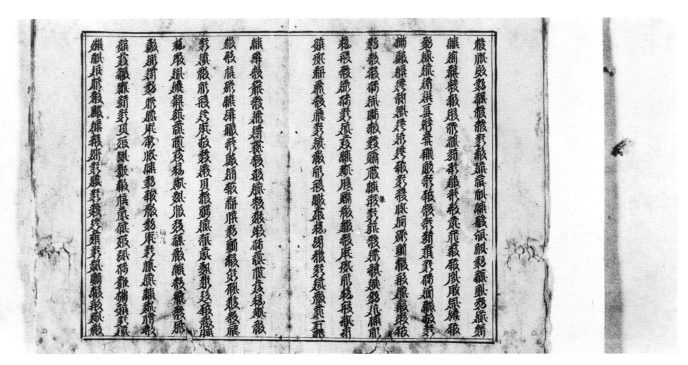

俄ИнВ.No.2888　勝慧到彼岸莊嚴注疏補第二　　　(52-20)

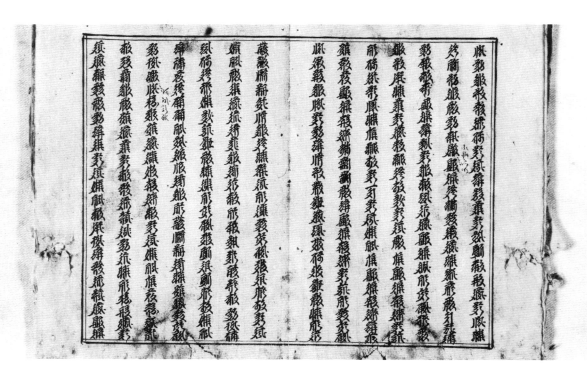

俄ИнВ.No.2888　勝慧到彼岸莊嚴注疏補第二　　　(52-21)

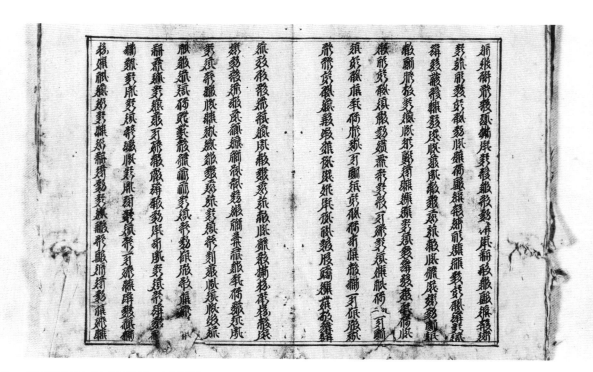

俄ИнВ.No.2888　勝慧到彼岸莊嚴注疏補第二　　　(52-22)

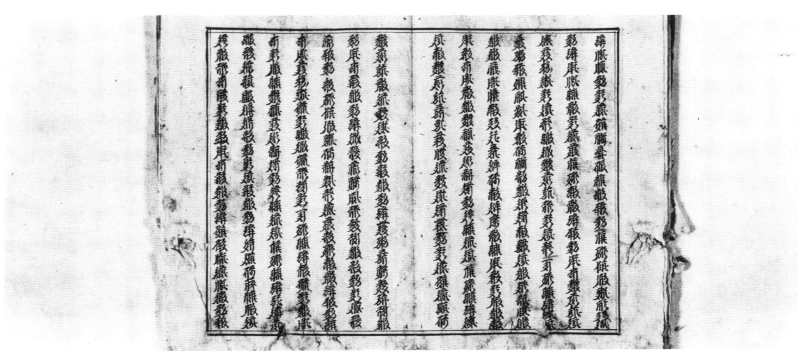

俄 Инв.No.2888　勝慧到彼岸莊嚴注疏補第二　　　(52-23)

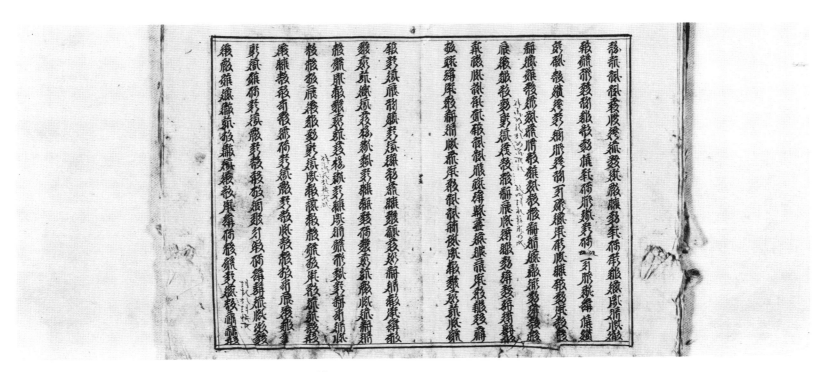

俄 Инв.No.2888　勝慧到彼岸莊嚴注疏補第二　　　(52-24)

俄 Инв.No.2888　勝慧到彼岸莊嚴注疏補第二　　　(52-25)

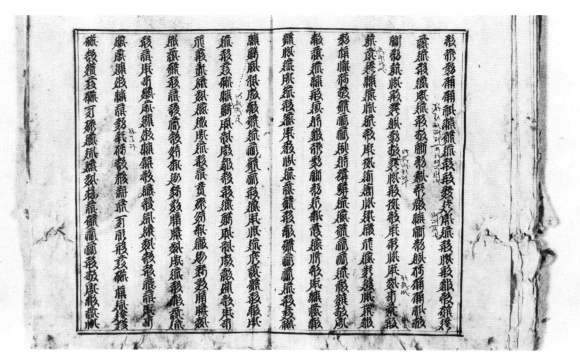

俄 **И**нв.No.2888　勝慧到彼岸莊嚴注疏補第二　　　(52-26)

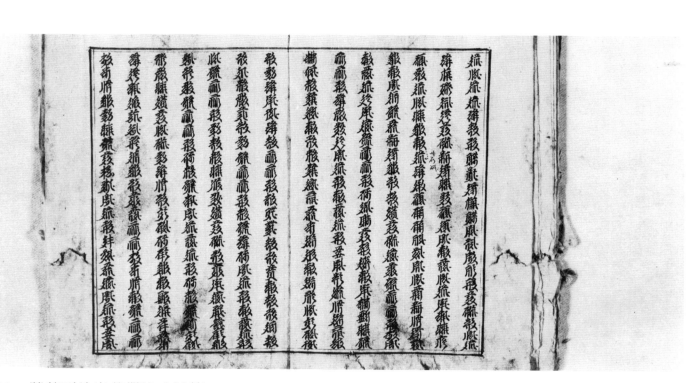

俄 **И**нв.No.2888　勝慧到彼岸莊嚴注疏補第二　　　(52-27)

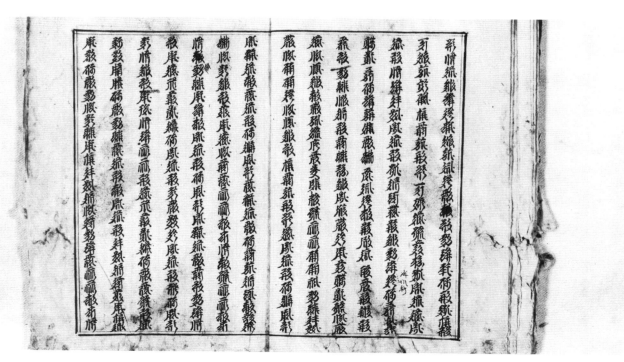

俄 **И**нв.No.2888　勝慧到彼岸莊嚴注疏補第二　　　(52-28)

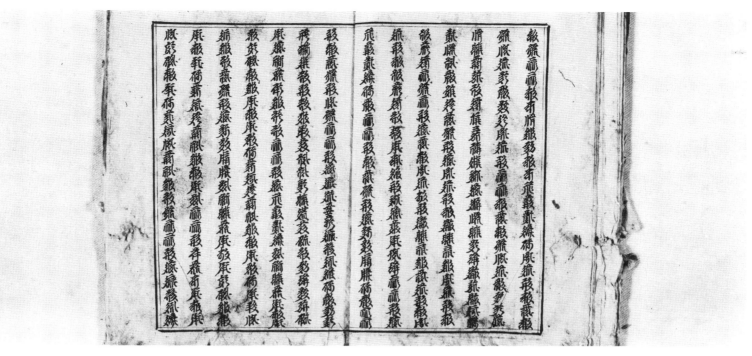

俄 **И**нв.No.2888　勝慧到彼岸莊嚴注疏補第二　　(52-29)

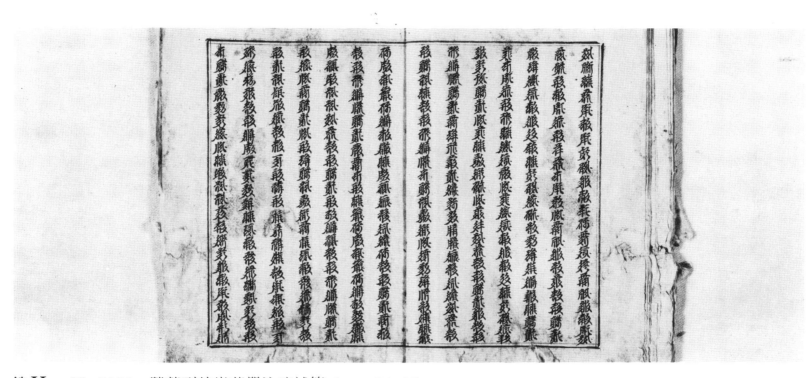

俄 **И**нв.No.2888　勝慧到彼岸莊嚴注疏補第二　　(52-30)

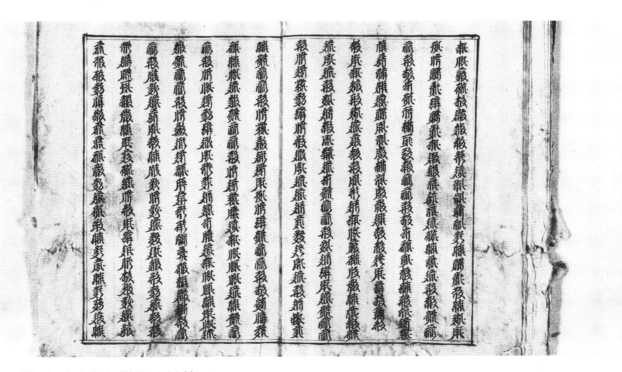

俄 **И**нв.No.2888　勝慧到彼岸莊嚴注疏補第二　　(52-31)

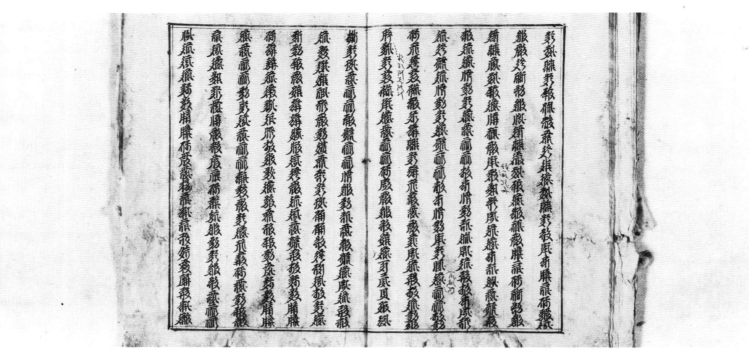

俄Инв.No.2888　勝慧到彼岸莊嚴注疏補第二　　　(52-32)

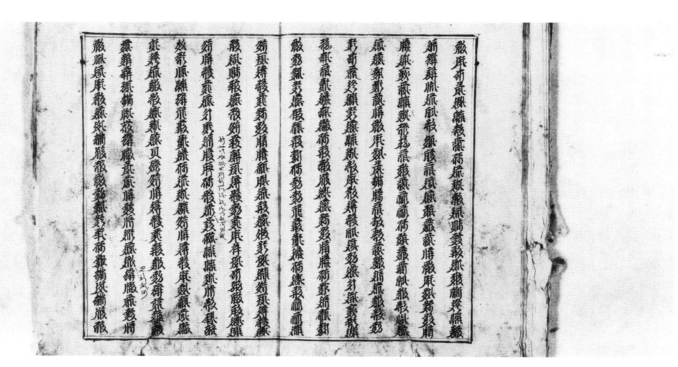

俄Инв.No.2888　勝慧到彼岸莊嚴注疏補第二　　　(52-33)

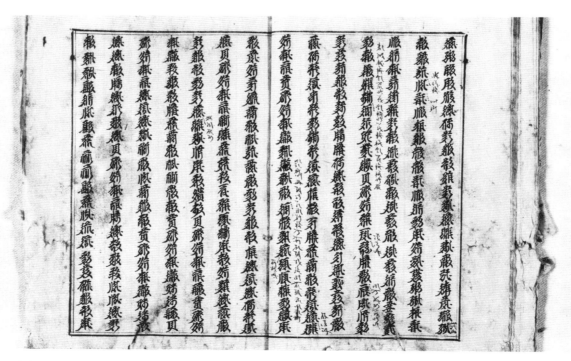

俄Инв.No.2888　勝慧到彼岸莊嚴注疏補第二　　　(52-34)

俄Инв.No.2888　勝慧到彼岸莊嚴注疏補第二　　　(52-35)

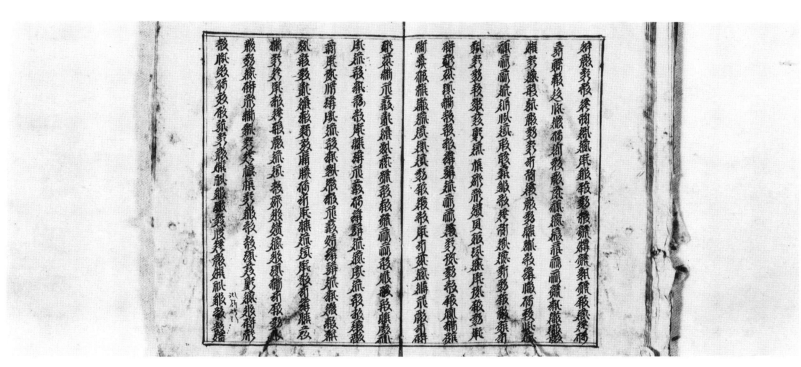

俄Инв.No.2888　勝慧到彼岸莊嚴注疏補第二　　　(52-36)

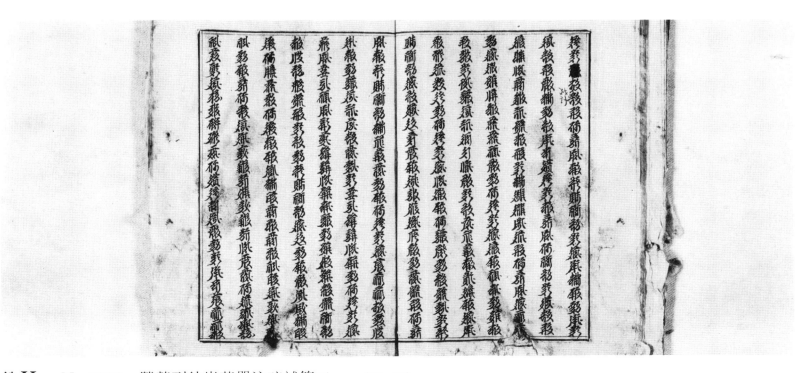

俄Инв.No.2888　勝慧到彼岸莊嚴注疏補第二　　　(52-37)

37

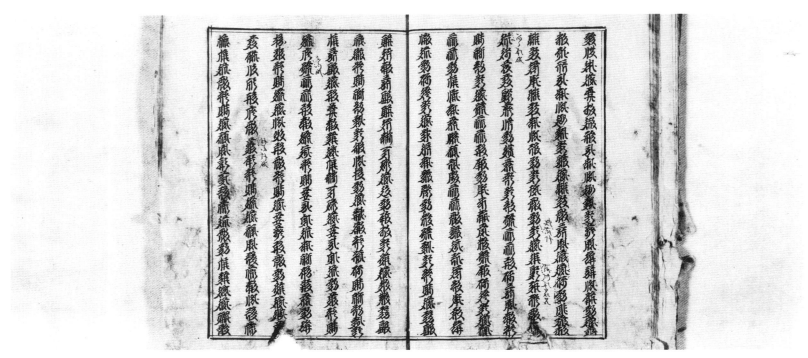

俄ИнВ.No.2888　勝慧到彼岸莊嚴注疏補第二　　　(52-38)

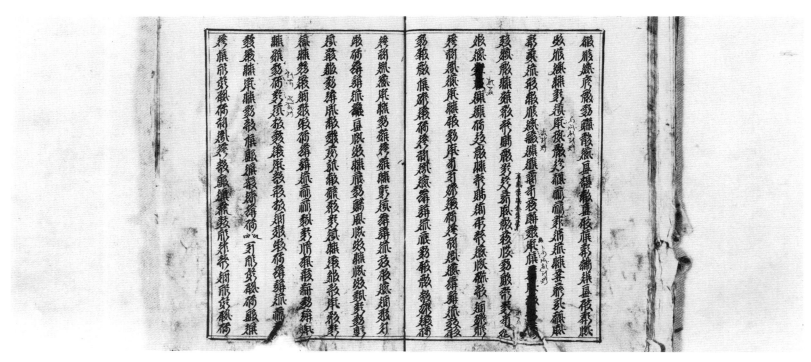

俄ИнВ.No.2888　勝慧到彼岸莊嚴注疏補第二　　　(52-39)

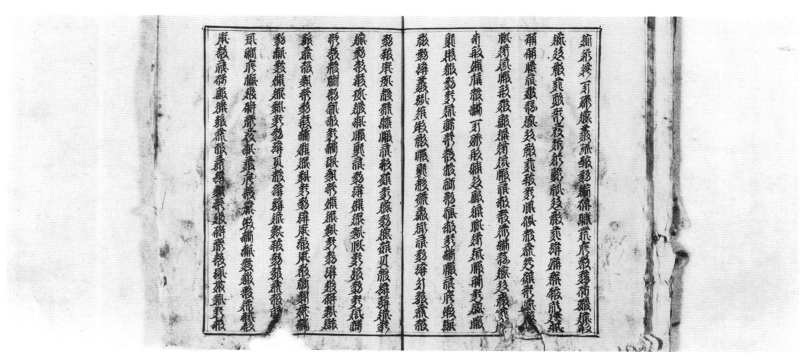

俄ИнВ.No.2888　勝慧到彼岸莊嚴注疏補第二　　　(52-40)

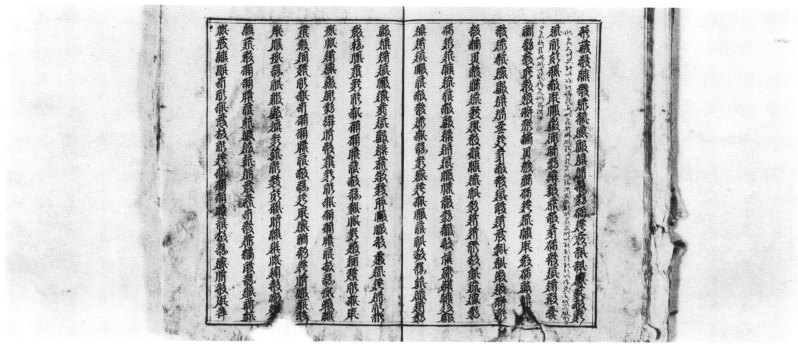

俄ИнB.No.2888　勝慧到彼岸莊嚴注疏補第二　　(52-41)

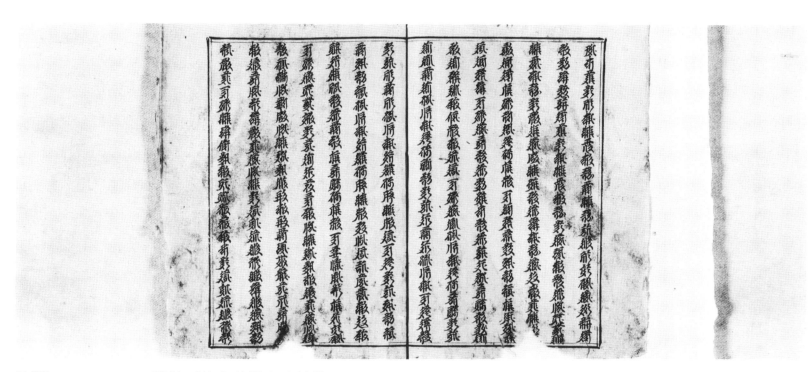

俄ИнB.No.2888　勝慧到彼岸莊嚴注疏補第二　　(52-42)

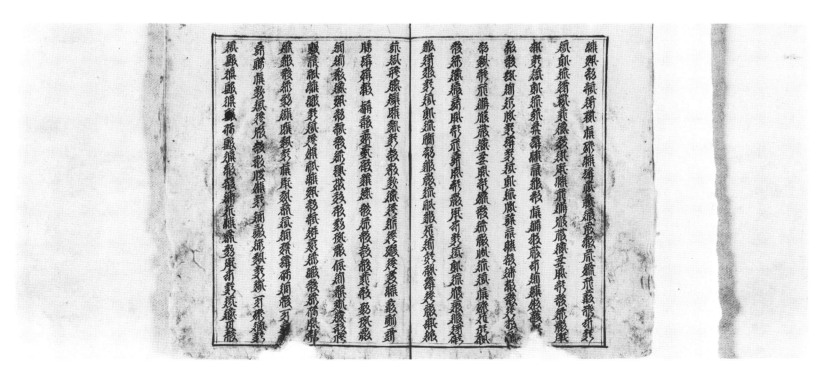

俄ИнB.No.2888　勝慧到彼岸莊嚴注疏補第二　　(52-43)

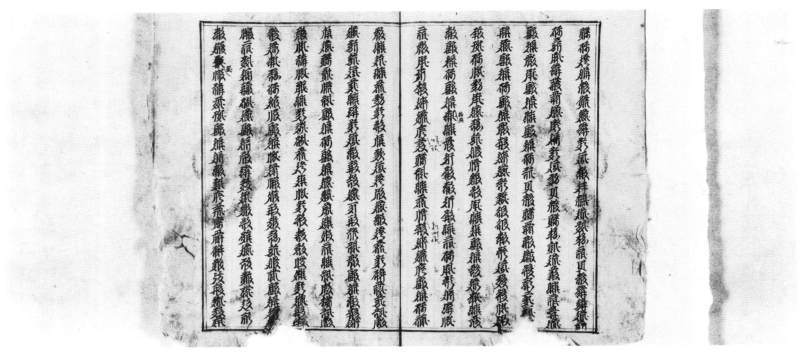

俄 ИнВ.No.2888　勝慧到彼岸莊嚴注疏補第二　　　(52-44)

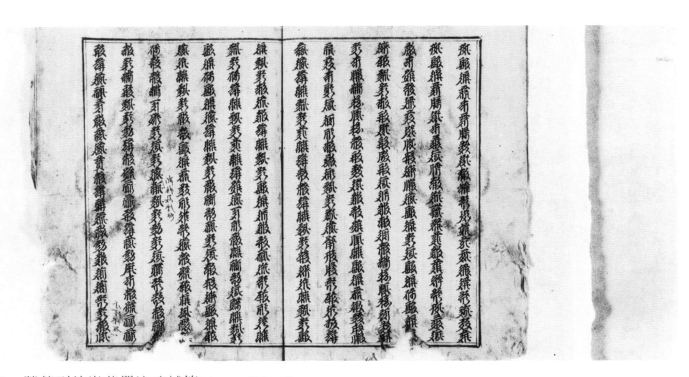

俄 ИнВ.No.2888　勝慧到彼岸莊嚴注疏補第二　　　(52-45)

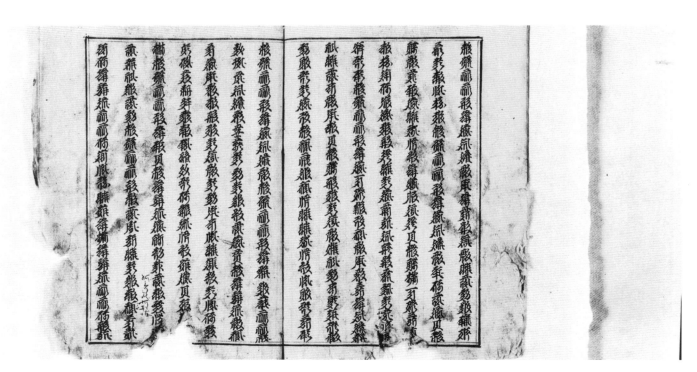

俄 ИнВ.No.2888　勝慧到彼岸莊嚴注疏補第二　　　(52-46)

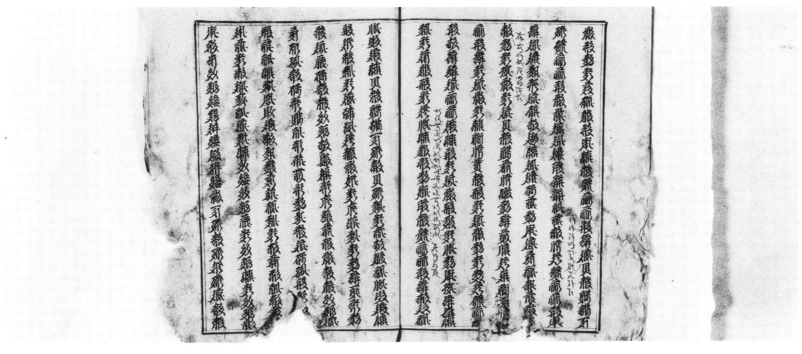

俄 **И**нв.No.2888　　勝慧到彼岸莊嚴注疏補第二　　　(52-47)

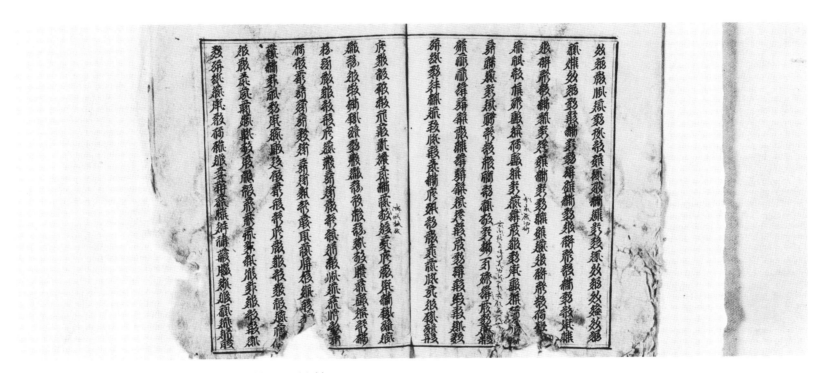

俄 **И**нв.No.2888　　勝慧到彼岸莊嚴注疏補第二　　　(52-48)

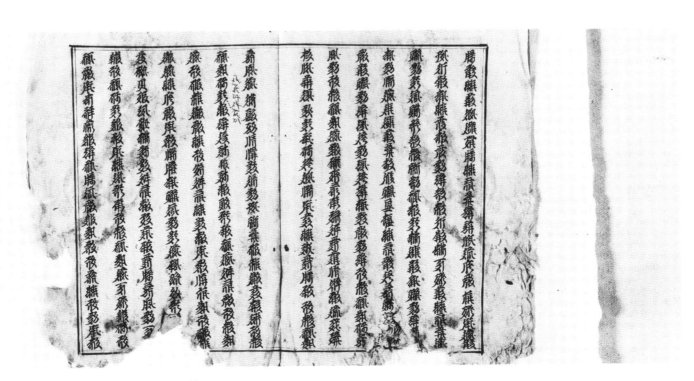

俄 **И**нв.No.2888　　勝慧到彼岸莊嚴注疏補第二　　　(52-49)

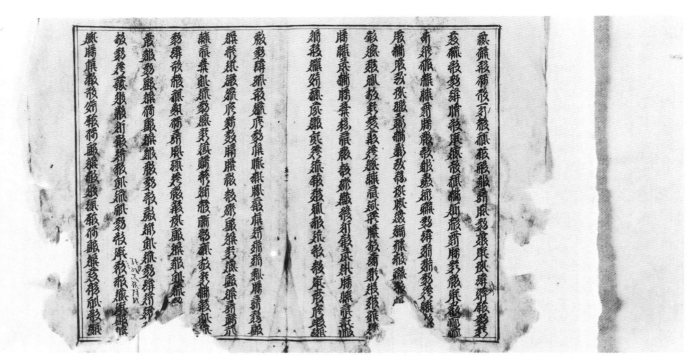

俄 Инв.No.2888　勝慧到彼岸莊嚴注疏補第二　　　(52-50)

俄 Инв.No.2888　勝慧到彼岸莊嚴注疏補第二　　　(52-51)

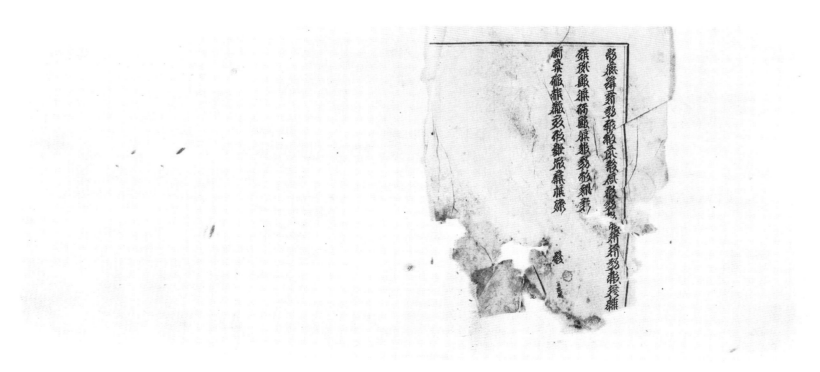

俄 Инв.No.2888　勝慧到彼岸莊嚴注疏補第二　　　(52-52)

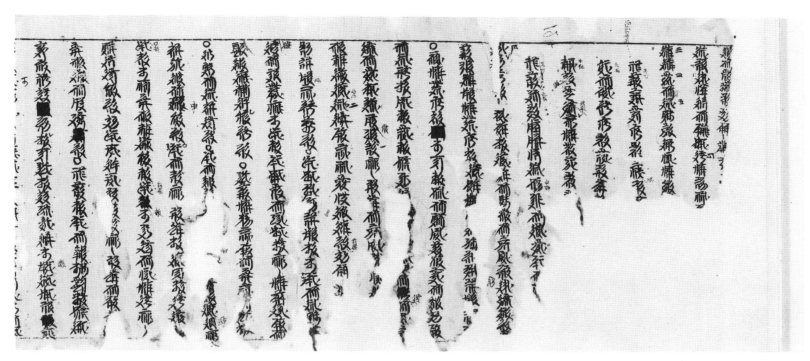

俄 Инв.No.5179 勝慧到彼岸要門修教現證莊嚴之注卷第一 (22-1)

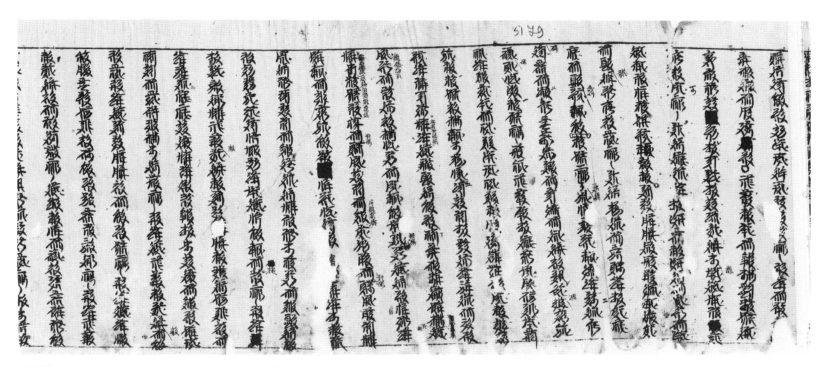

俄 Инв.No.5179 勝慧到彼岸要門修教現證莊嚴之注卷第一 (22-2)

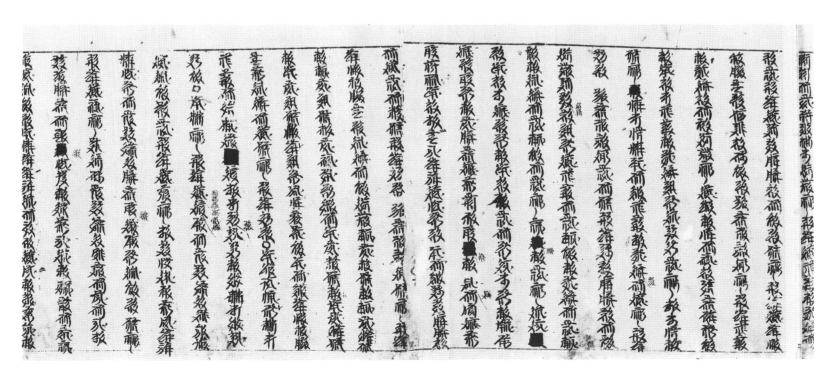

俄 Инв.No.5179 勝慧到彼岸要門修教現證莊嚴之注卷第一 (22-3)

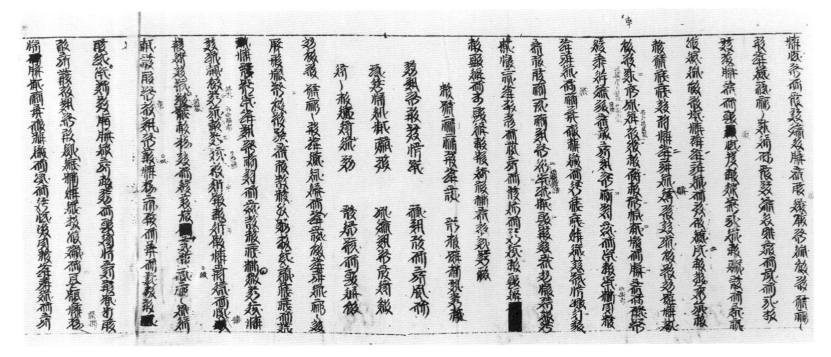

俄 Инв.No.5179　勝慧到彼岸要門修教現證莊嚴之注卷第一　　　(22-4)

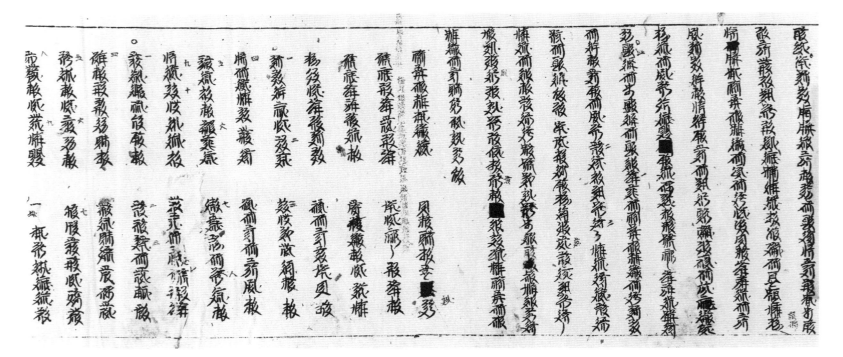

俄 Инв.No.5179　勝慧到彼岸要門修教現證莊嚴之注卷第一　　　(22-5)

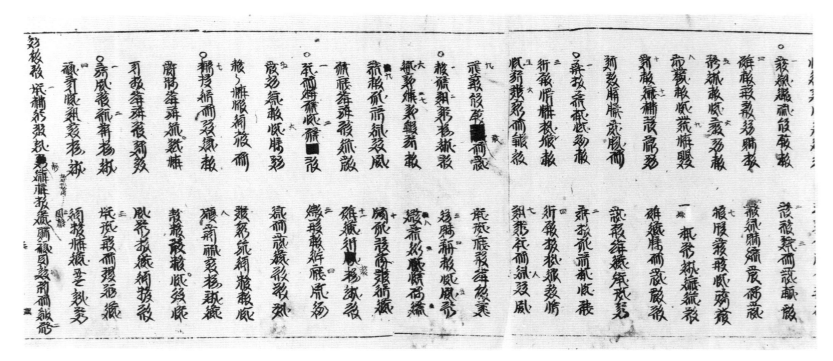

俄 Инв.No.5179　勝慧到彼岸要門修教現證莊嚴之注卷第一　　　(22-6)

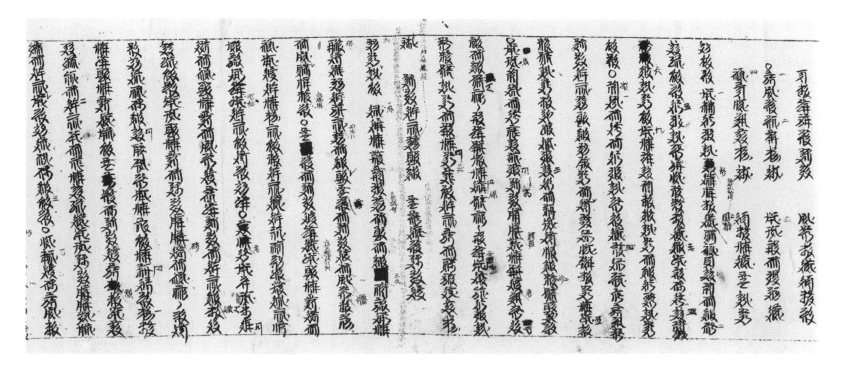

俄 Инв.No.5179　勝慧到彼岸要門修教現證莊嚴之注卷第一　　　(22-7)

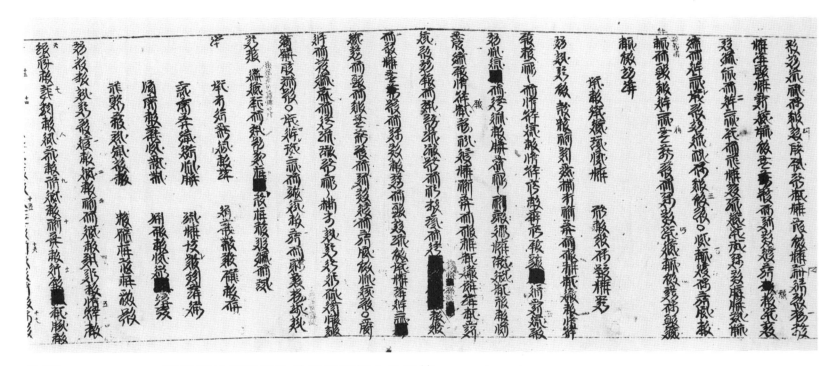

俄 Инв.No.5179　勝慧到彼岸要門修教現證莊嚴之注卷第一　　　(22-8)

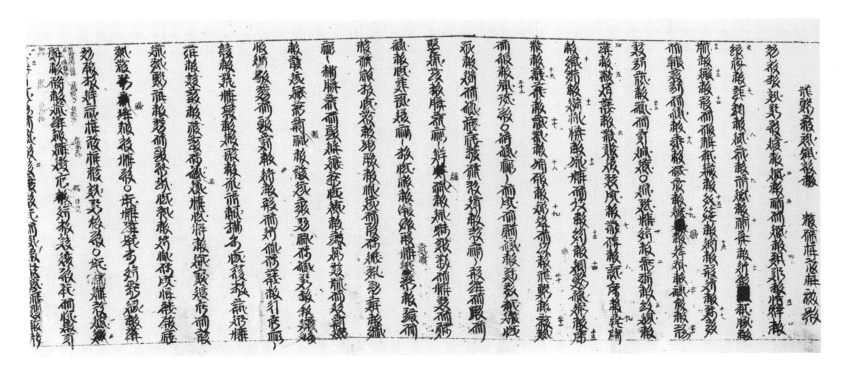

俄 Инв.No.5179　勝慧到彼岸要門修教現證莊嚴之注卷第一　　　(22-9)

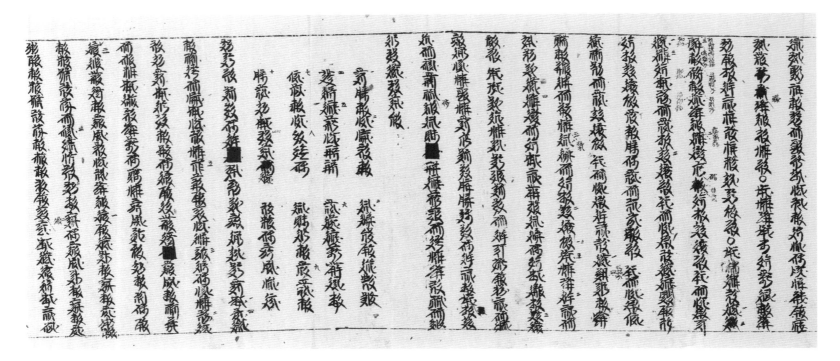

俄 Инв.No.5179　勝慧到彼岸要門修教現證莊嚴之注卷第一　　　(22-10)

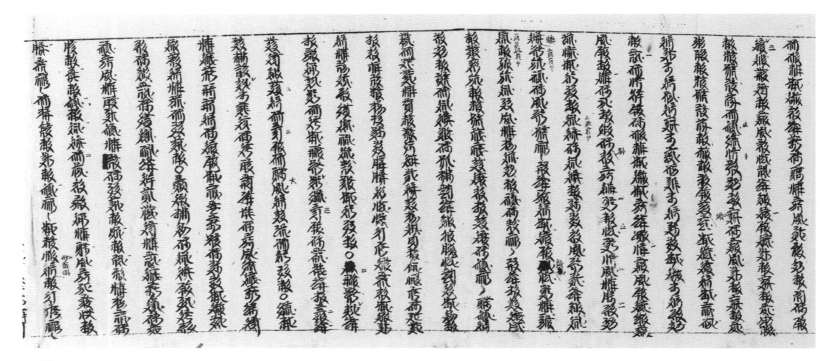

俄 Инв.No.5179　勝慧到彼岸要門修教現證莊嚴之注卷第一　　　(22-11)

俄 Инв.No.5179　勝慧到彼岸要門修教現證莊嚴之注卷第一　　　(22-12)

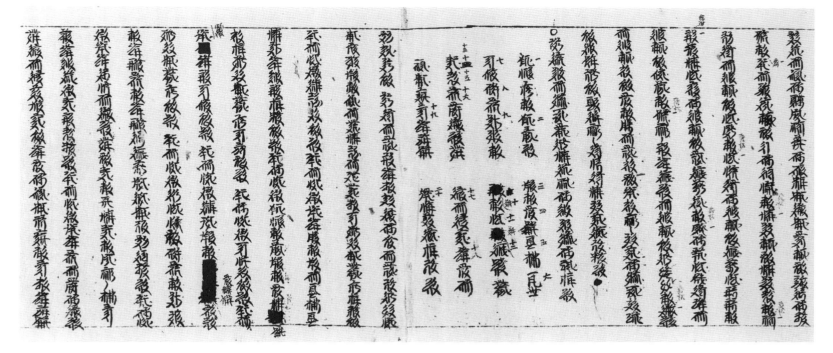

俄 Инв.No.5179　勝慧到彼岸要門修教現證莊嚴之注卷第一　　　（22-13）

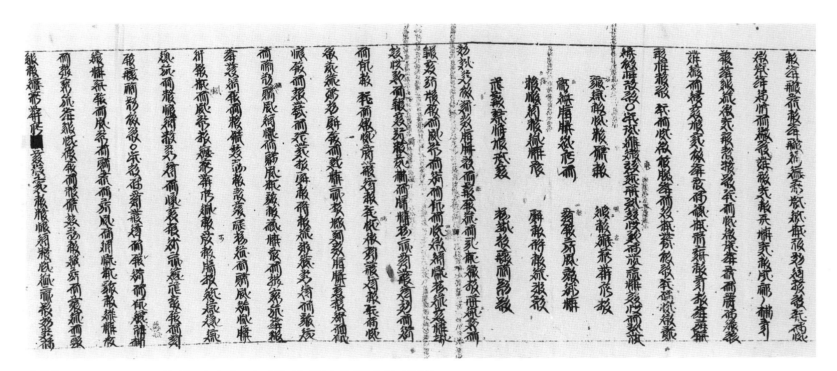

俄 Инв.No.5179　勝慧到彼岸要門修教現證莊嚴之注卷第一　　　（22-14）

俄 Инв.No.5179　勝慧到彼岸要門修教現證莊嚴之注卷第一　　　（22-15）

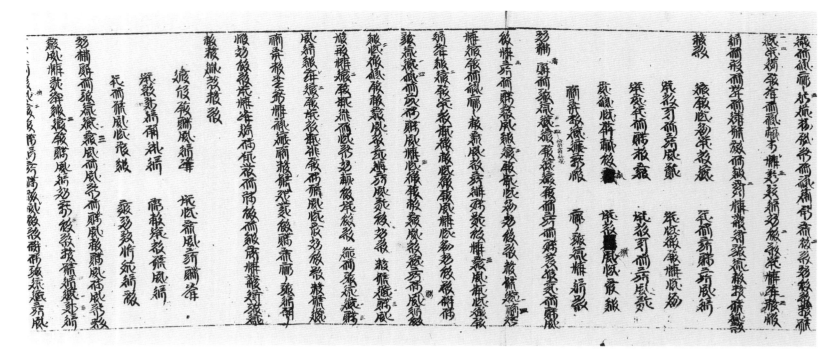

俄 Инв.No.5179　勝慧到彼岸要門修教現證莊嚴之注卷第一　　　（22-16）

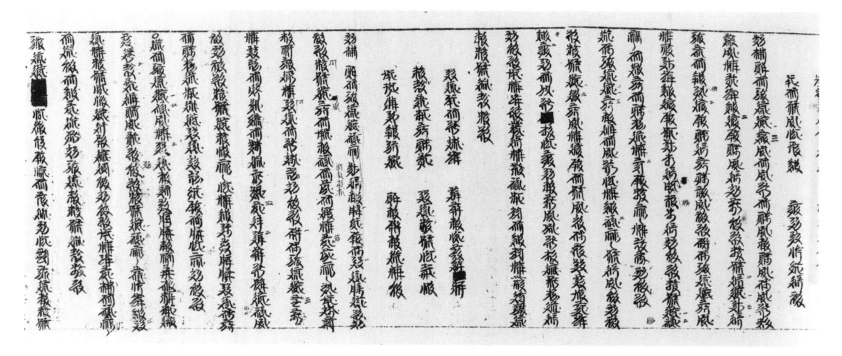

俄 Инв.No.5179　勝慧到彼岸要門修教現證莊嚴之注卷第一　　　（22-17）

俄 Инв.No.5179　勝慧到彼岸要門修教現證莊嚴之注卷第一　　　（22-18）

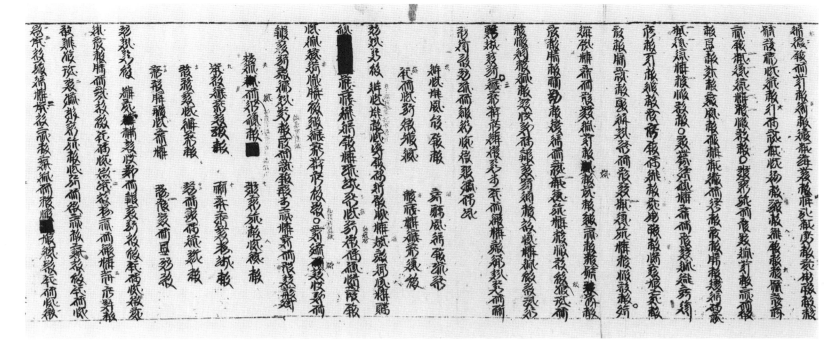

俄 Инв.No.5179　勝慧到彼岸要門修教現證莊嚴之注卷第一　　　(22-19)

俄Инв.No.5179　勝慧到彼岸要門修教現證莊嚴之注卷第一　　　(22-20)

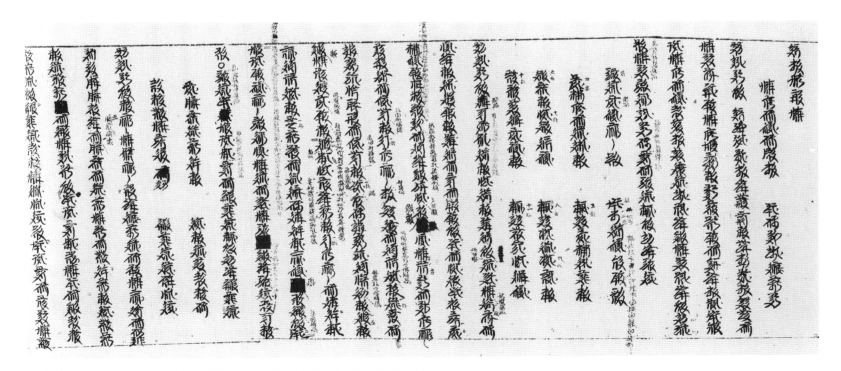

俄 Инв.No.5179　勝慧到彼岸要門修教現證莊嚴之注卷第一　　　(22-21)

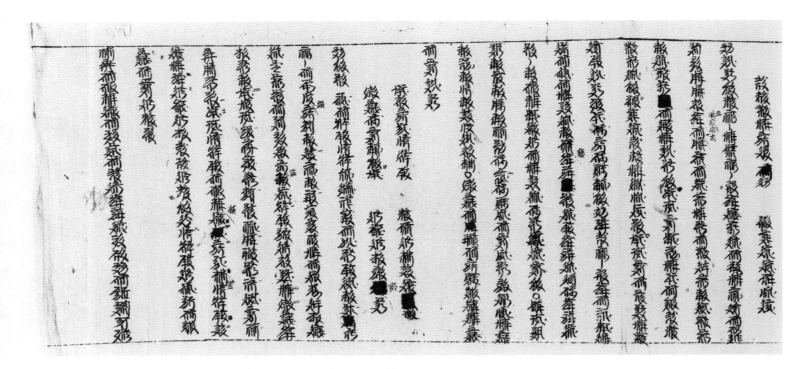

俄 **И**нв.No.5179　勝慧到彼岸要門修教現證莊嚴之注卷第一　　　(22-22)

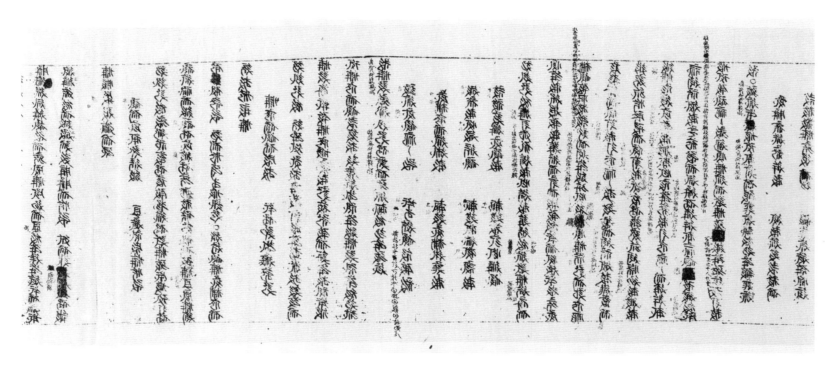

俄 **И**нв.No.5179V　勝慧到彼岸要門修教現證莊嚴之疏卷第一背隱　　(10-1)

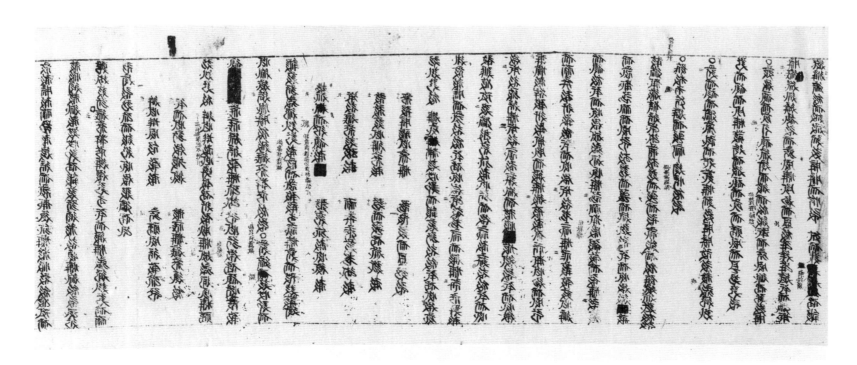

俄 **И**нв.No.5179V　勝慧到彼岸要門修教現證莊嚴之疏卷第一背隱　　(10-2)

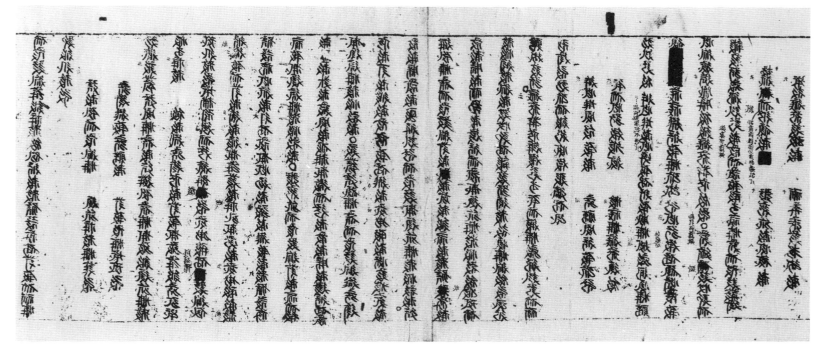

俄 **И**нв.No.5179V　勝慧到彼岸要門修教現證莊嚴之疏卷第一背隱　　(10-3)

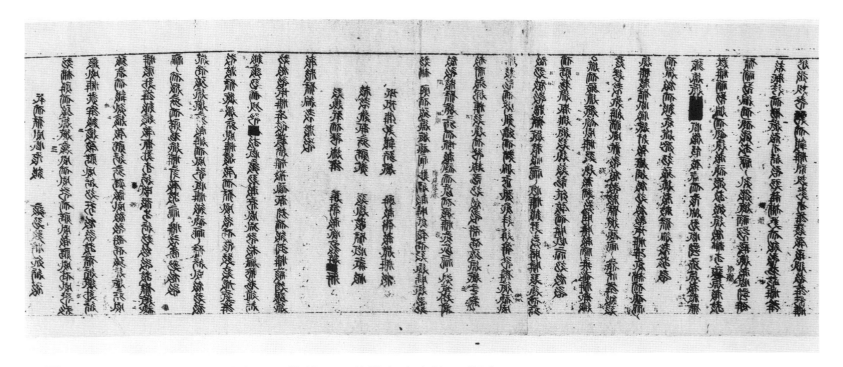

俄 **И**нв.No.5179V　勝慧到彼岸要門修教現證莊嚴之疏卷第一背隱　　(10-4)

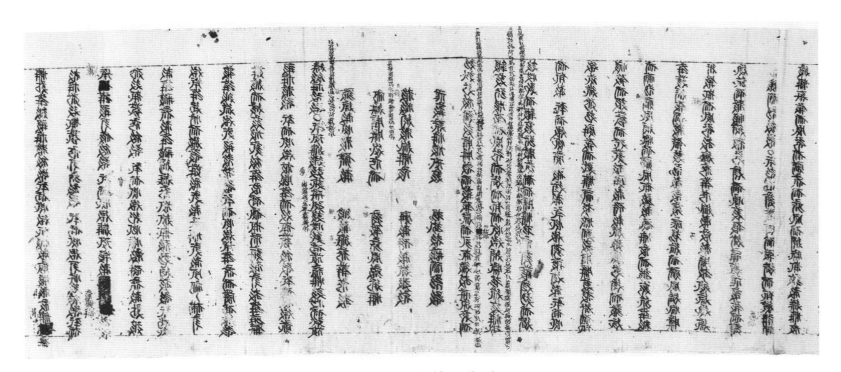

俄 **И**нв.No.5179V　勝慧到彼岸要門修教現證莊嚴之疏卷第一背隱　　(10-5)

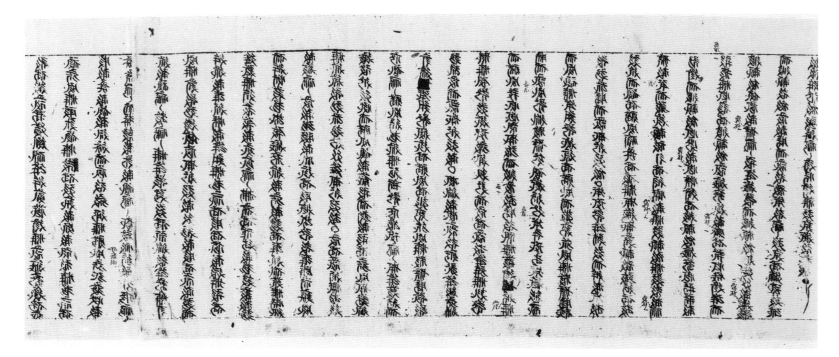

俄Инв.No.5179V 勝慧到彼岸要門修教現證莊嚴之疏卷第一背隱 　　(10-6)

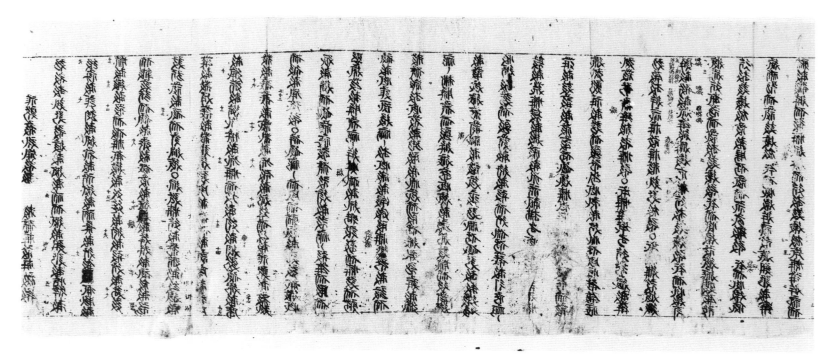

俄Инв.No.5179V 勝慧到彼岸要門修教現證莊嚴之疏卷第一背隱 　　(10-7)

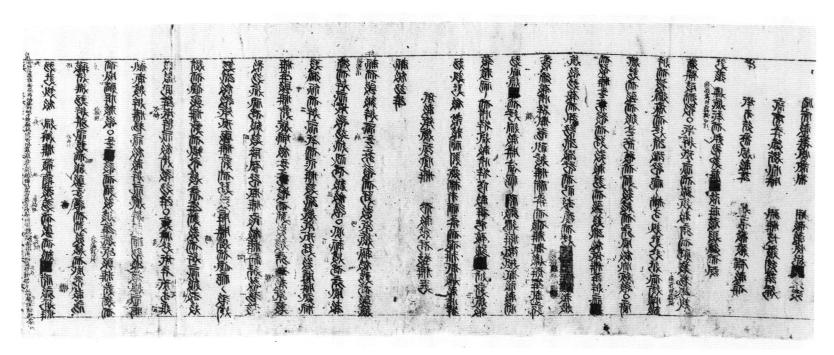

俄Инв.No.5179V 勝慧到彼岸要門修教現證莊嚴之疏卷第一背隱 　　(10-8)

俄Инв.No.5179V　勝慧到彼岸要門修教現證莊嚴之疏卷第一背隱　　(10-9)

俄Инв.No.5179V　勝慧到彼岸要門修教現證莊嚴之疏卷第一背隱　　(10-10)

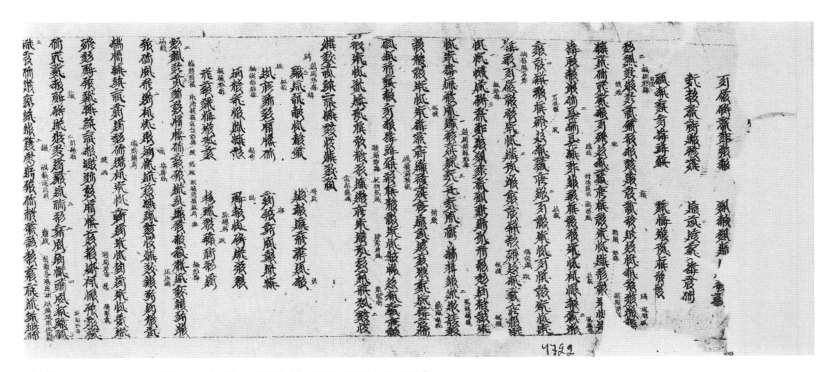

俄Инв.No.4722　勝慧到彼岸要門修教現證莊嚴之注卷第一　　(9-1)

53

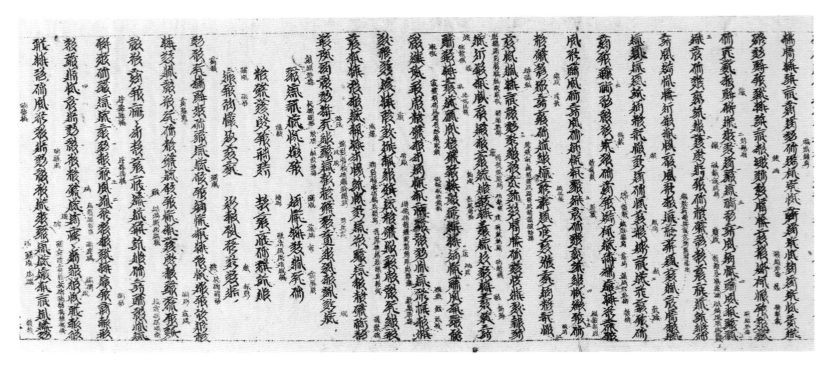

俄 Инв.No.4722　勝慧到彼岸要門修教現證莊嚴之注卷第一　　　　(9-2)

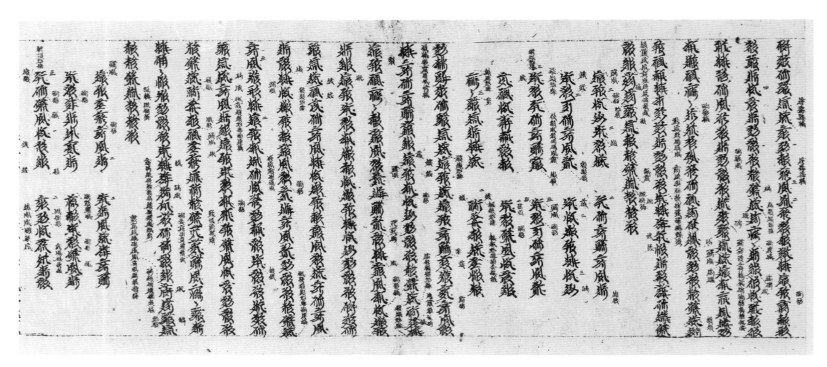

俄 Инв.No.4722　勝慧到彼岸要門修教現證莊嚴之注卷第一　　　　(9-3)

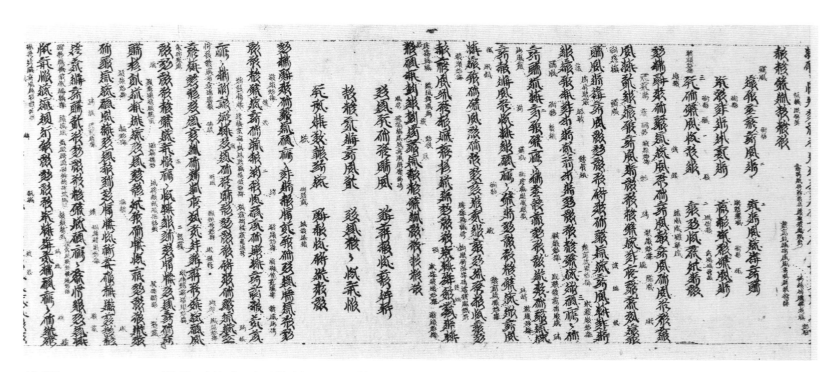

俄 Инв.No.4722　勝慧到彼岸要門修教現證莊嚴之注卷第一　　　　(9-4)

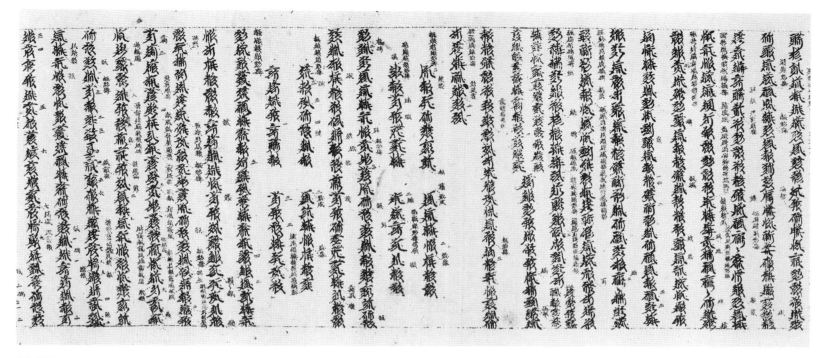

俄 Инв.No.4722　勝慧到彼岸要門修教現證莊嚴之注卷第一　　(9-5)

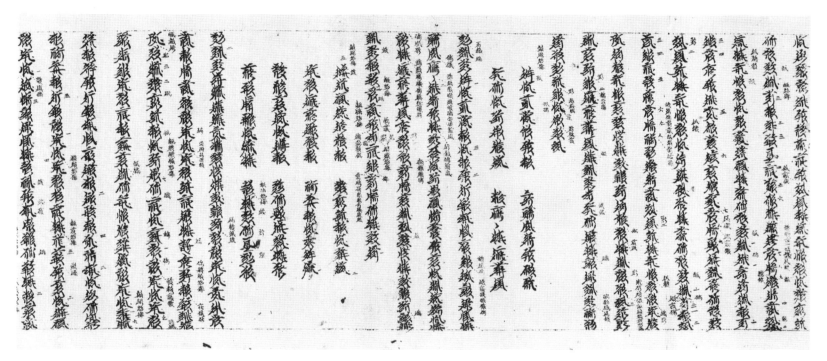

俄 Инв.No.4722　勝慧到彼岸要門修教現證莊嚴之注卷第一　　(9-6)

俄 Инв.No.4722　勝慧到彼岸要門修教現證莊嚴之注卷第一　　(9-7)

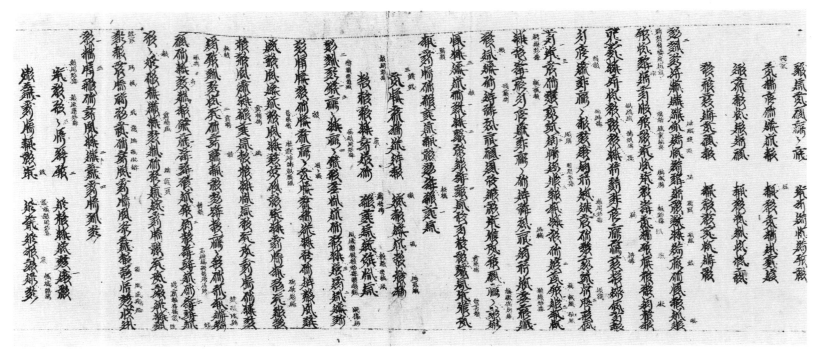

俄ИнВ.No.4722　勝慧到彼岸要門修教現證莊嚴之注卷第一　　　(9-8)

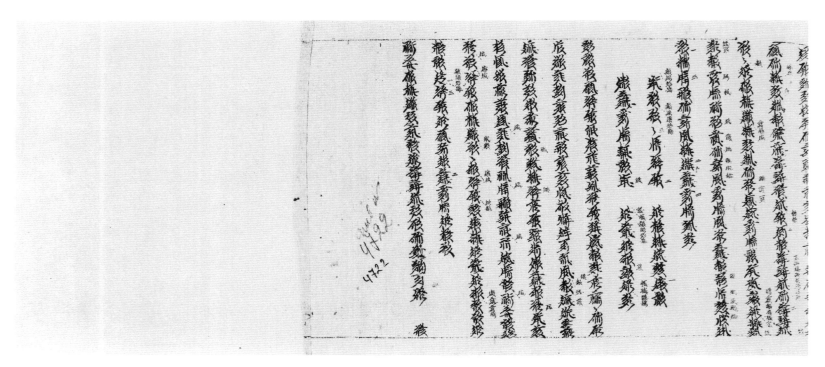

俄ИнВ.No.4722　勝慧到彼岸要門修教現證莊嚴之注卷第一　　　(9-9)

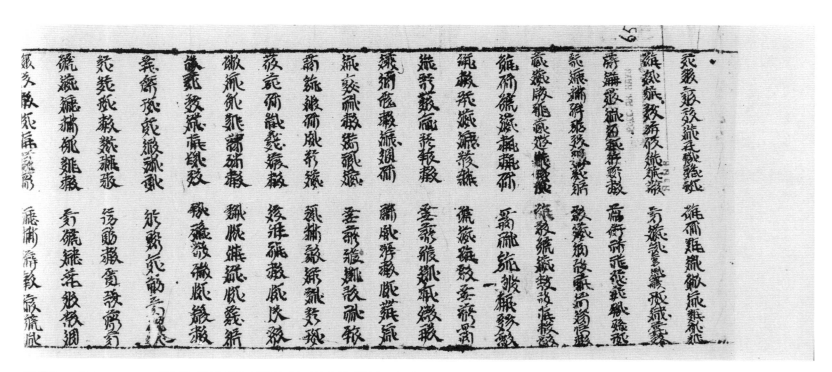

俄ИнВ.No.5130　勝慧到彼岸要門修教現證莊嚴論顯頌　　(6-1)

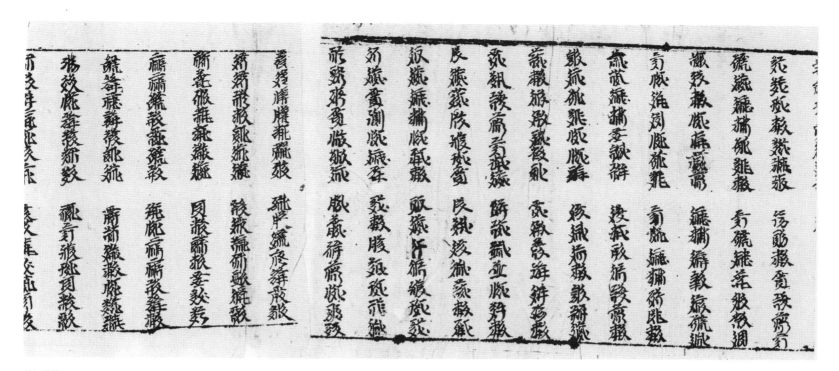

俄 Инв.No.5130　　勝慧到彼岸要門修教現證莊嚴論顯頌　　　(6-2)

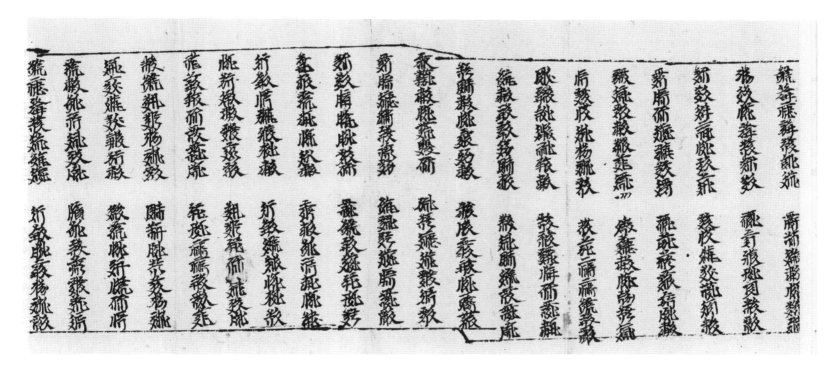

俄 Инв.No.5130　　勝慧到彼岸要門修教現證莊嚴論顯頌　　　(6-3)

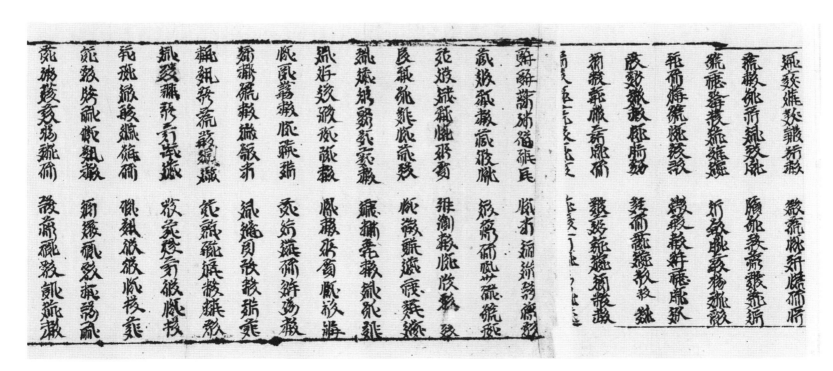

俄 Инв.No.5130　　勝慧到彼岸要門修教現證莊嚴論顯頌　　　(6-4)

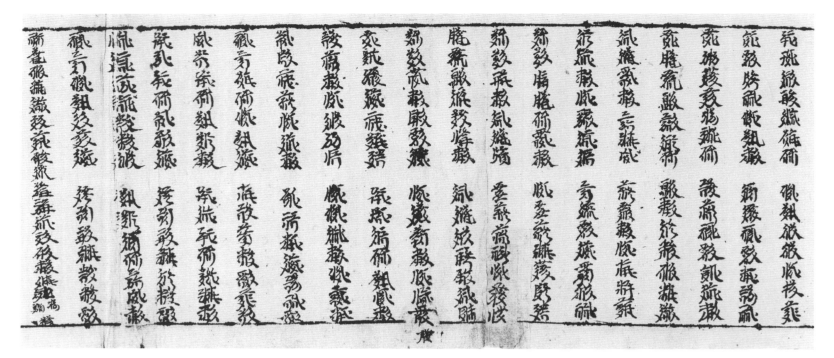

俄 Инв.No.5130　勝慧到彼岸要門修教現證莊嚴論顯頌　　　(6-5)

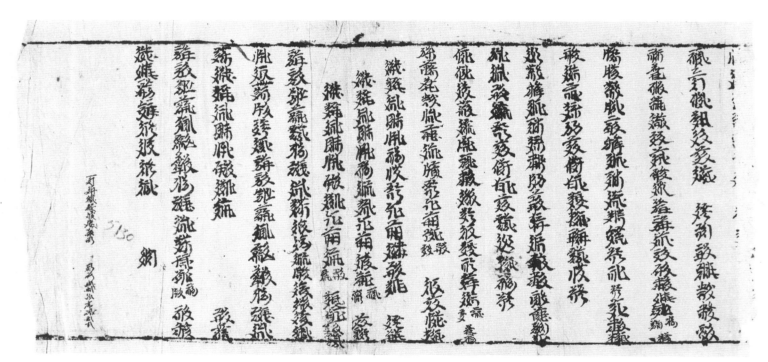

俄 Инв.No.5130　勝慧到彼岸要門修教現證莊嚴論顯頌　　　(6-6)

俄 Инв.No.5164　勝慧到彼岸要門修教現證莊嚴注卷第五　　　(12-1)

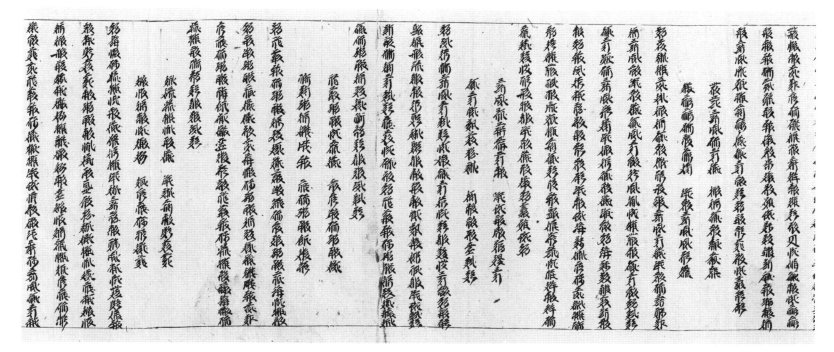

俄 Инв.No.5164　　勝慧到彼岸要門修教現證莊嚴注卷第五　　　(12-2)

俄 Инв.No.5164　　勝慧到彼岸要門修教現證莊嚴注卷第五　　　(12-3)

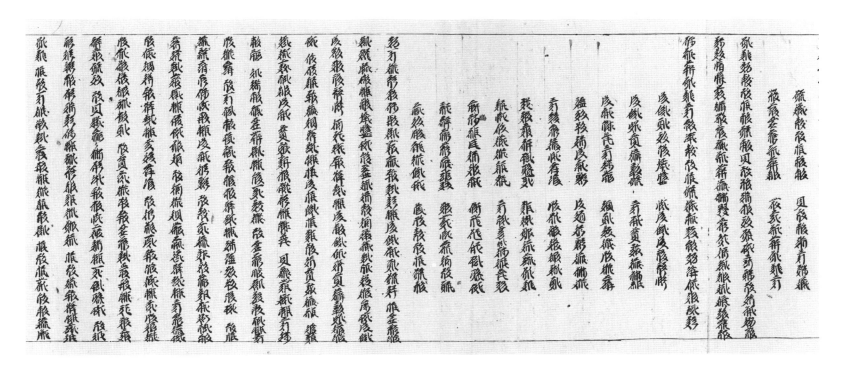

俄 Инв.No.5164　　勝慧到彼岸要門修教現證莊嚴注卷第五　　　(12-4)

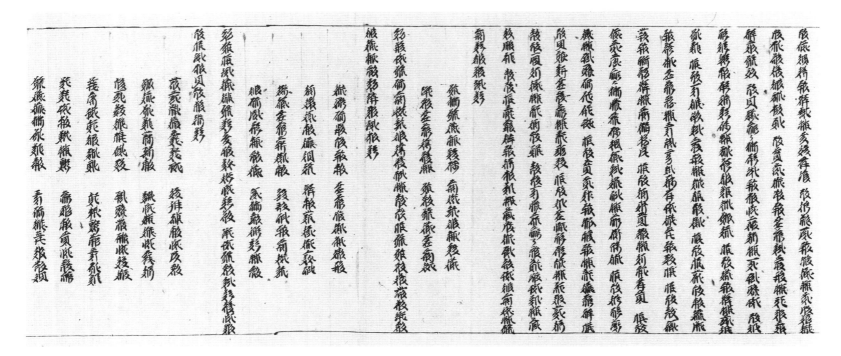

俄 Инв.No.5164　勝慧到彼岸要門修教現證莊嚴注卷第五　　（12-5）

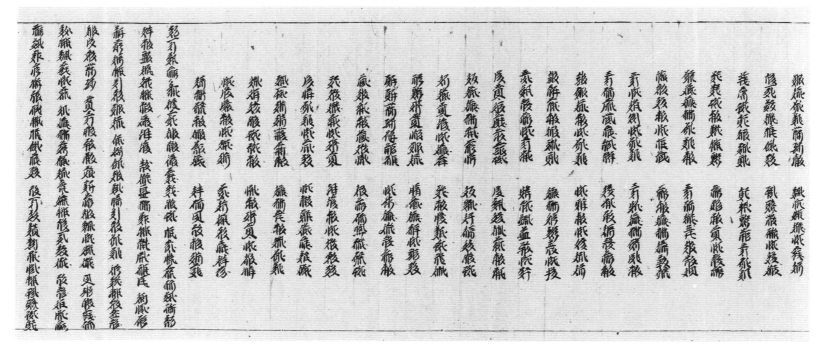

俄 Инв.No.5164　勝慧到彼岸要門修教現證莊嚴注卷第五　　（12-6）

俄 Инв.No.5164　勝慧到彼岸要門修教現證莊嚴注卷第五　　（12-7）

俄 Инв.No.5164　勝慧到彼岸要門修教現證莊嚴注卷第五　　　（12-8）

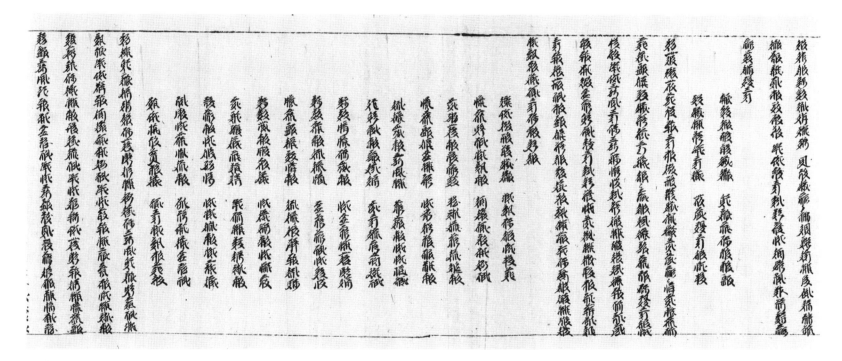

俄 Инв.No.5164　勝慧到彼岸要門修教現證莊嚴注卷第五　　　（12-9）

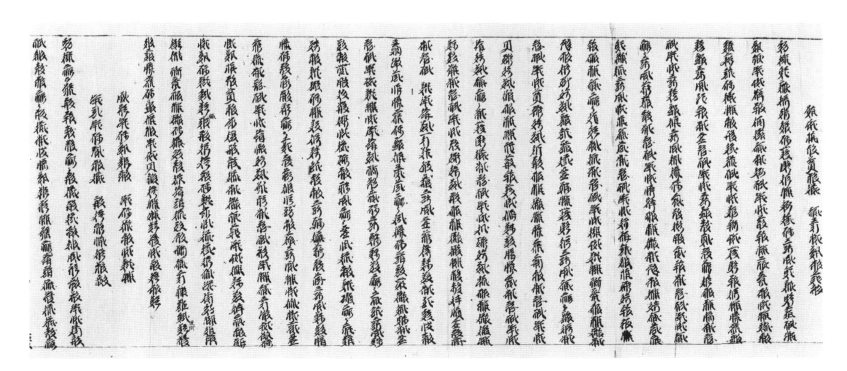

俄 Инв.No.5164　勝慧到彼岸要門修教現證莊嚴注卷第五　　　（12-10）

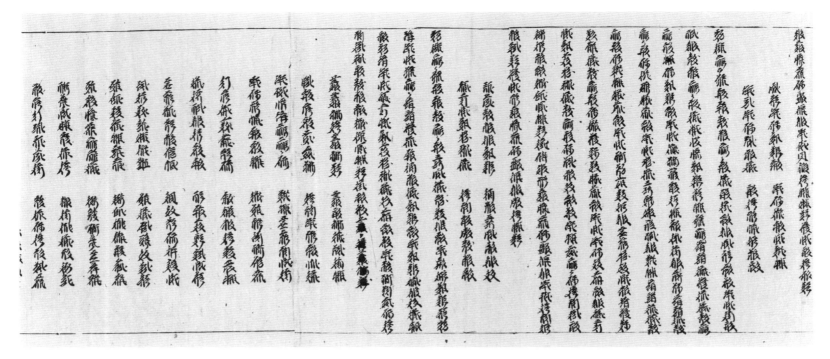

俄 **Инв**.No.5164　勝慧到彼岸要門修教現證莊嚴注卷第五　　　(12-11)

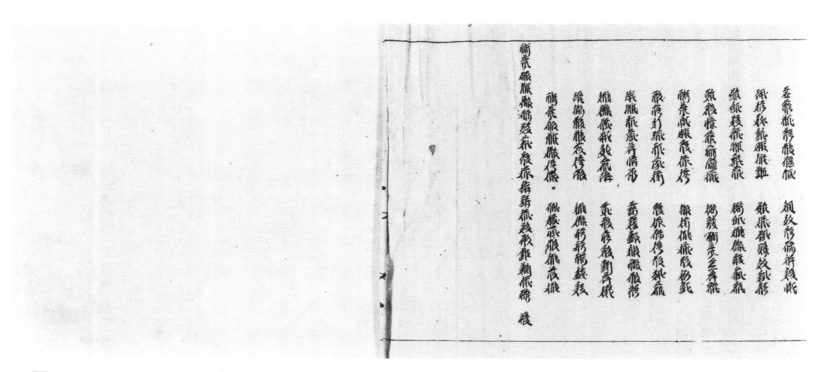

俄 **Инв**.No.5164　勝慧到彼岸要門修教現證莊嚴注卷第五　　　(12-12)

俄 **Инв**.No.4584　勝慧到彼岸要門修教現證莊嚴注疏補卷第五　　　(23-1)

俄 **И**нв.No.4584　勝慧到彼岸要門修教現證莊嚴注疏補卷第五　　　(23-2)

俄 **И**нв.No.4584　勝慧到彼岸要門修教現證莊嚴注疏補卷第五　　　(23-3)

俄 **И**нв.No.4584　勝慧到彼岸要門修教現證莊嚴注疏補卷第五　　　(23-4)

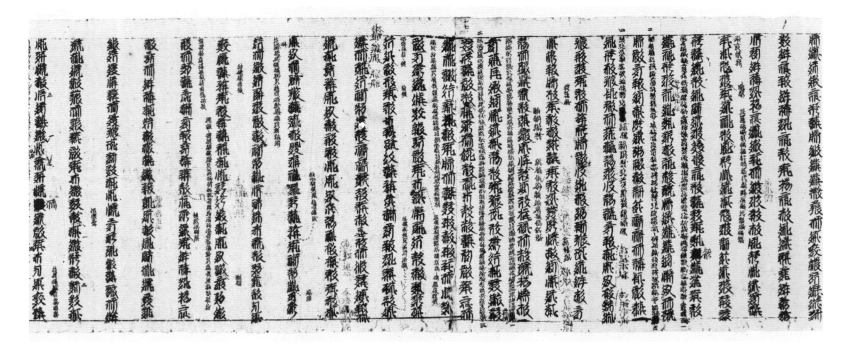

俄 Инв.No.4584　勝慧到彼岸要門修教現證莊嚴注疏補卷第五　　　(23-5)

俄 Инв.No.4584　勝慧到彼岸要門修教現證莊嚴注疏補卷第五　　　(23-6)

俄 Инв.No.4584　勝慧到彼岸要門修教現證莊嚴注疏補卷第五　　　(23-7)

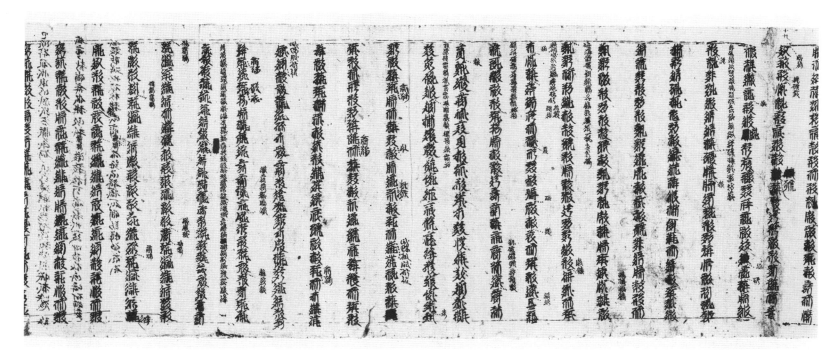

俄 **И**нв.No.4584　勝慧到彼岸要門修教現證莊嚴注疏補卷第五　　　(23-8)

俄 **И**нв.No.4584　勝慧到彼岸要門修教現證莊嚴注疏補卷第五　　　(23-9)

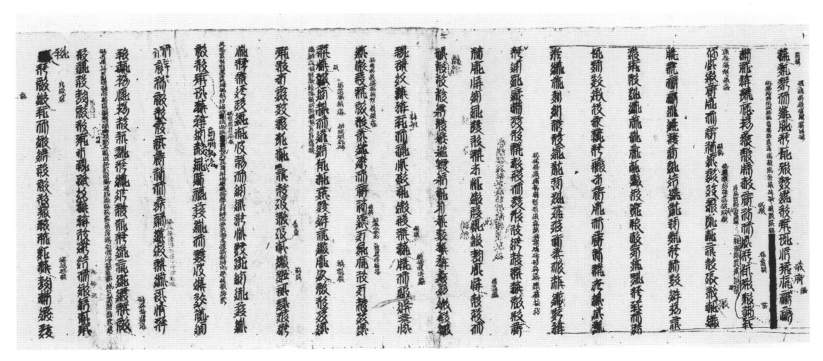

俄 **И**нв.No.4584　勝慧到彼岸要門修教現證莊嚴注疏補卷第五　　　(23-10)

俄 ИHB.No.4584　勝慧到彼岸要門修教現證莊嚴注疏補卷第五　　　(23-11)

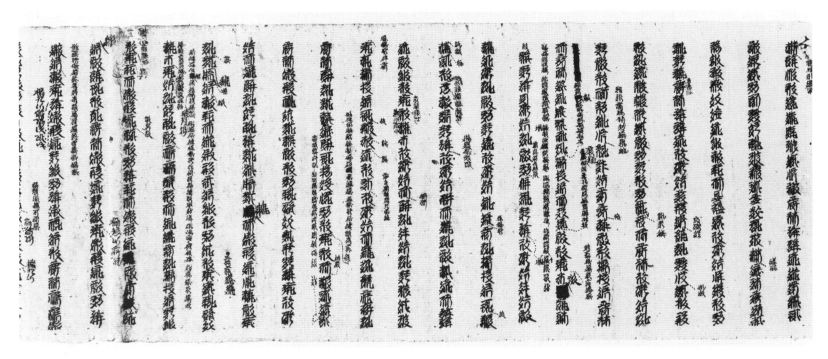

俄 ИHB.No.4584　勝慧到彼岸要門修教現證莊嚴注疏補卷第五　　　(23-12)

俄 ИHB.No.4584　勝慧到彼岸要門修教現證莊嚴注疏補卷第五　　　(23-13)

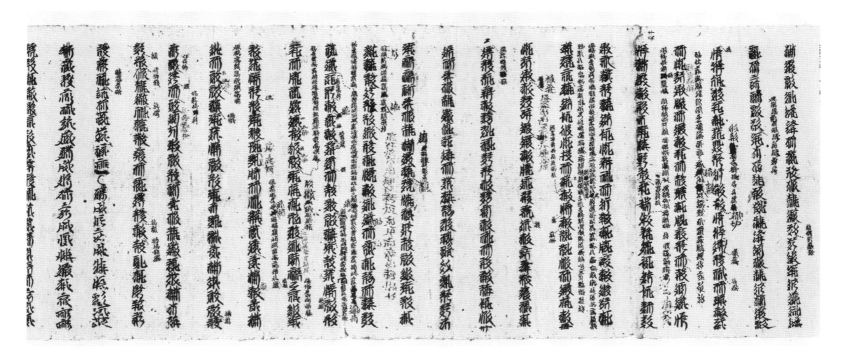

俄 **И**нв.No.4584　勝慧到彼岸要門修教現證莊嚴注疏補卷第五　　　(23-14)

俄 **И**нв.No.4584　勝慧到彼岸要門修教現證莊嚴注疏補卷第五　　　(23-15)

俄 **И**нв.No.4584　勝慧到彼岸要門修教現證莊嚴注疏補卷第五　　　(23-16)

俄Инв.No.4584　勝慧到彼岸要門修教現證莊嚴注疏補卷第五　　　(23-17)

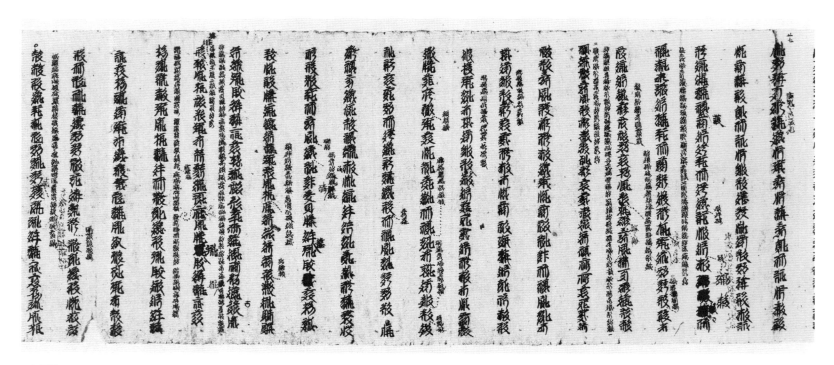

俄Инв.No.4584　勝慧到彼岸要門修教現證莊嚴注疏補卷第五　　　(23-18)

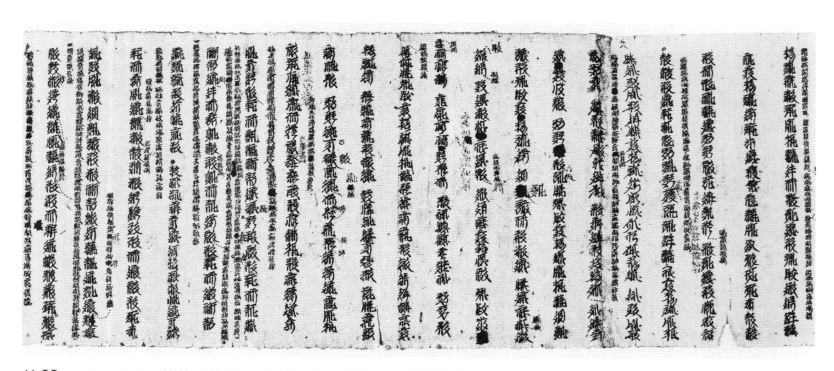

俄Инв.No.4584　勝慧到彼岸要門修教現證莊嚴注疏補卷第五　　　(23-19)

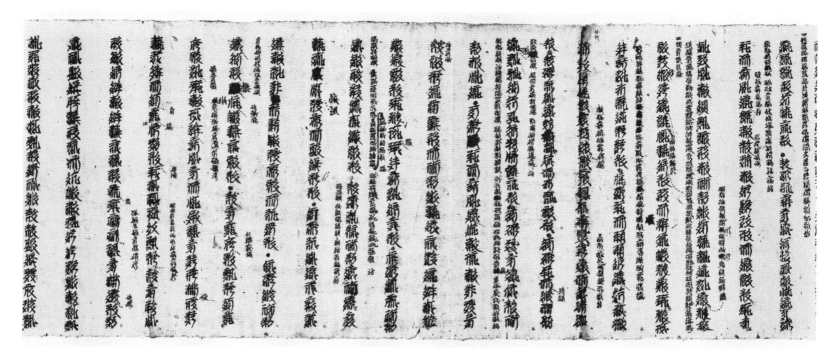

俄 Инв.No.4584　勝慧到彼岸要門修教現證莊嚴注疏補卷第五　　　(23-20)

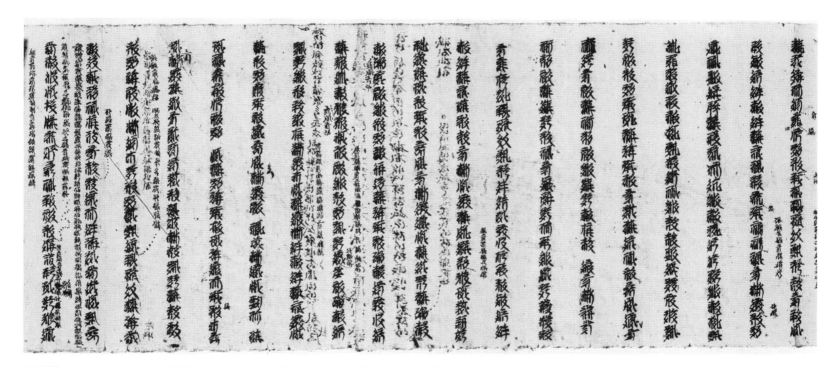

俄 Инв.No.4584　勝慧到彼岸要門修教現證莊嚴注疏補卷第五　　　(23-21)

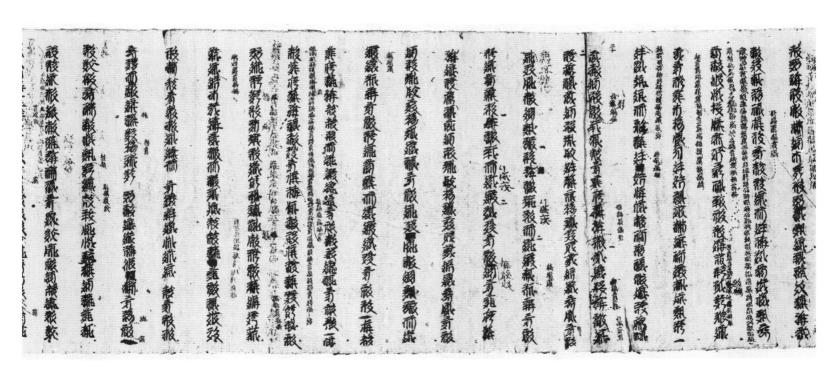

俄 Инв.No.4584　勝慧到彼岸要門修教現證莊嚴注疏補卷第五　　　(23-22)

俄 Инв.No.4584　勝慧到彼岸要門修教現證莊嚴注疏補卷第五　　　　(23-23)

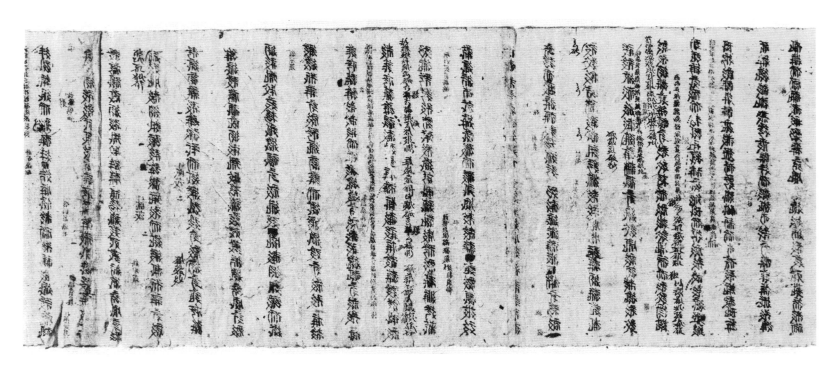

俄 Инв.No.4584V　勝慧到彼岸要門修教現證莊嚴注疏補卷第五背隱　　　(16-1)

俄 Инв.No.4584V　勝慧到彼岸要門修教現證莊嚴注疏補卷第五背隱　　　(16-2)

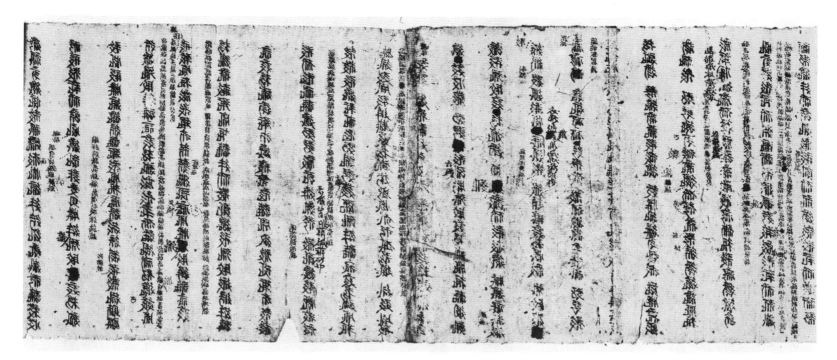

俄 Инв.No.4584V 勝慧到彼岸要門修教現證莊嚴注疏補卷第五背隱 (16-3)

俄 Инв.No.4584V 勝慧到彼岸要門修教現證莊嚴注疏補卷第五背隱 (16-4)

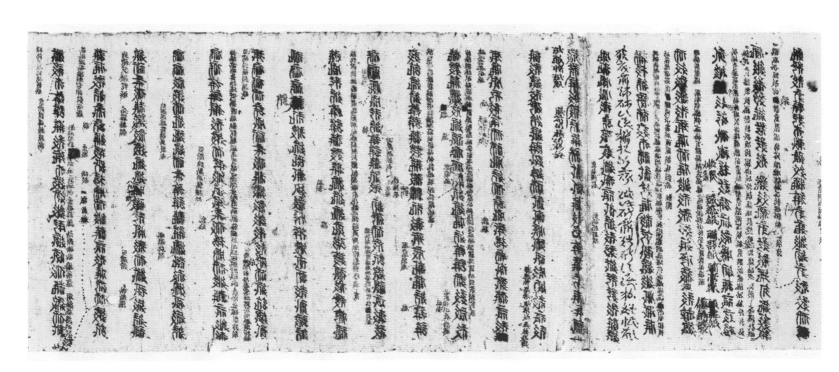

俄 Инв.No.4584V 勝慧到彼岸要門修教現證莊嚴注疏補卷第五背隱 (16-5)

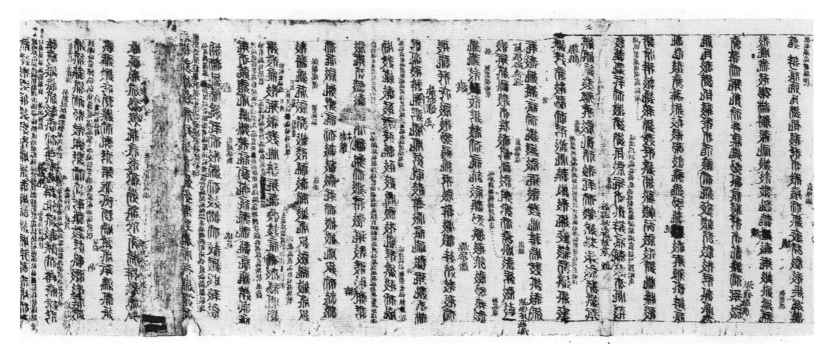

俄 Инв.No.4584V 勝慧到彼岸要門修教現證莊嚴注疏補卷第五背隱 (16-6)

俄 Инв.No.4584V 勝慧到彼岸要門修教現證莊嚴注疏補卷第五背隱 (16-7)

俄 Инв.No.4584V 勝慧到彼岸要門修教現證莊嚴注疏補卷第五背隱 (16-8)

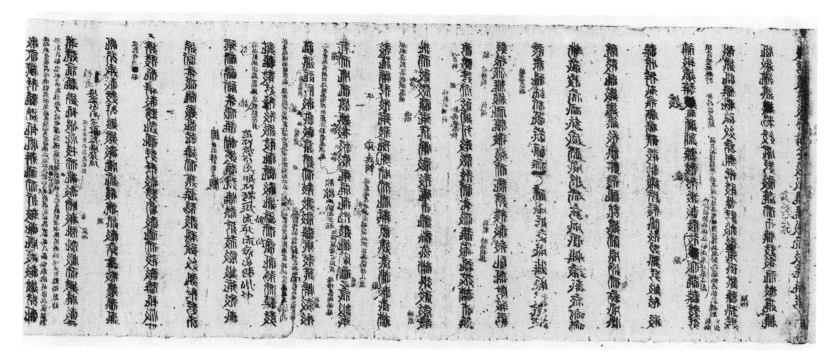

俄 Инв.No.4584V　勝慧到彼岸要門修教現證莊嚴注疏補卷第五背隱　　(16-9)

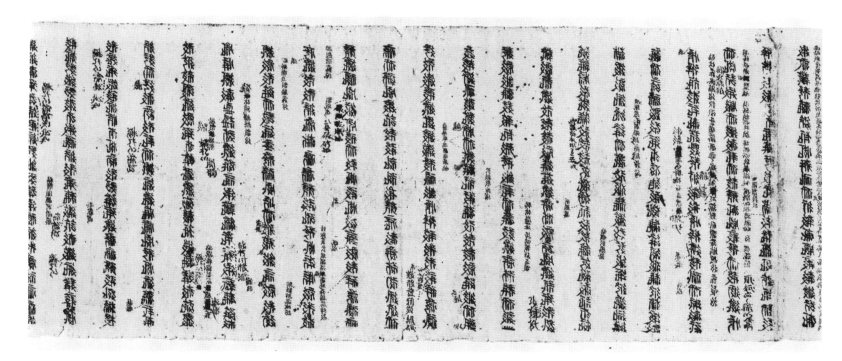

俄 Инв.No.4584V　勝慧到彼岸要門修教現證莊嚴注疏補卷第五背隱　　(16-10)

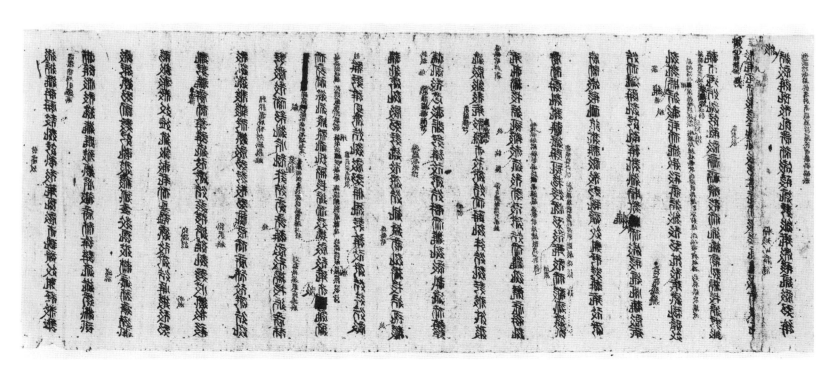

俄 Инв.No.4584V　勝慧到彼岸要門修教現證莊嚴注疏補卷第五背隱　　(16-11)

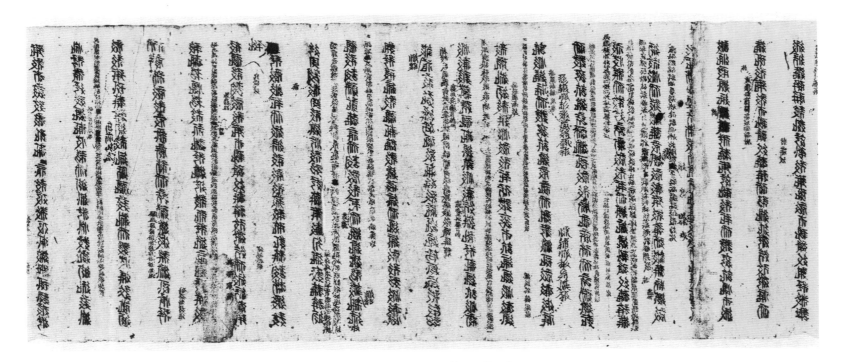

俄 **И**нв.No.4584V　勝慧到彼岸要門修教現證莊嚴注疏補卷第五背隱　　(16-12)

俄 **И**нв.No.4584V　勝慧到彼岸要門修教現證莊嚴注疏補卷第五背隱　　(16-13)

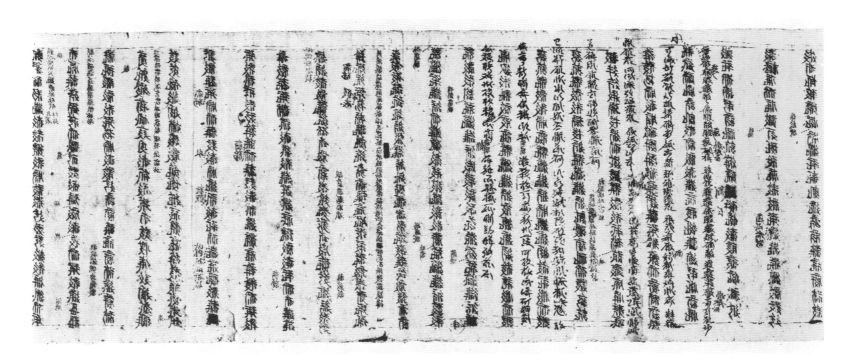

俄 **И**нв.No.4584V　勝慧到彼岸要門修教現證莊嚴注疏補卷第五背隱　　(16-14)

俄 **И**нв.No.4584V　勝慧到彼岸要門修教現證莊嚴注疏補卷第五背隱　　　(16-15)

俄 **И**нв.No.4584V　勝慧到彼岸要門修教現證莊嚴注疏補卷第五背隱　　　(16-16)

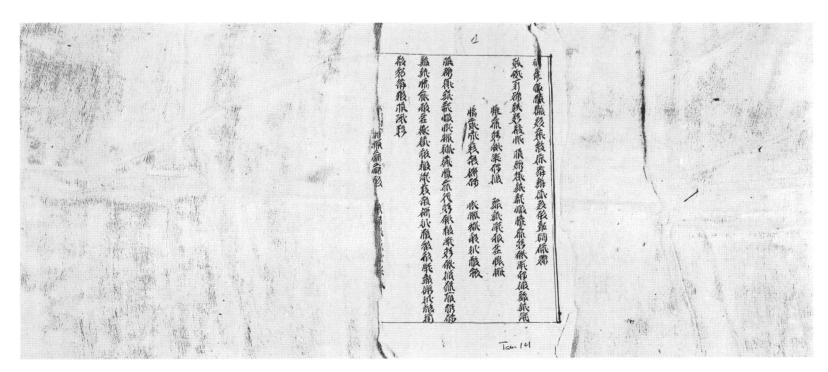

俄 **И**нв.No.8329　勝慧到彼岸要門修教前證莊嚴注卷第五

俄Инв.No.6449a 1.佛母大孔雀明王經 (7-1)

俄Инв.No.6449a 1.佛母大孔雀明王經 (7-2)

俄Инв.No.6449a 1.佛母大孔雀明王經 (7-3)

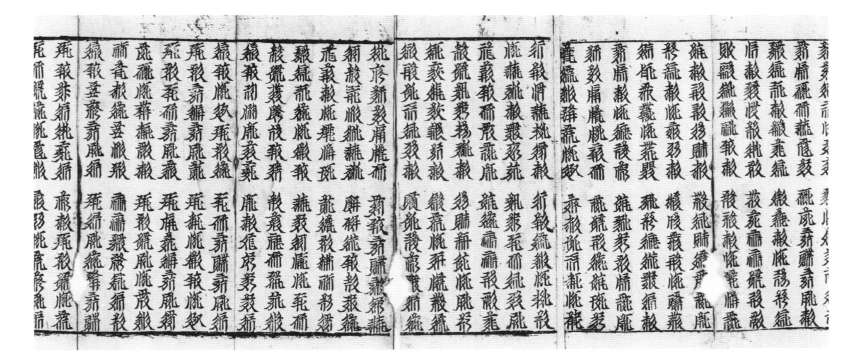

俄Инв.No.6449a　1.佛母大孔雀明王經　　(7-4)

俄Инв.No.6449a　2.勝慧到彼岸之最要修教現證莊嚴　(7-5)

俄Инв.No.6449a　2.勝慧到彼岸之最要修教現證莊嚴　(7-6)

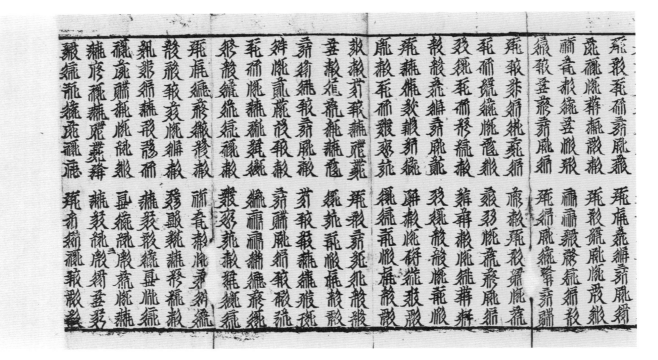

俄 **И**нв.No.6449a　2.勝慧到彼岸之最要修教現證莊嚴　　　(7-7)

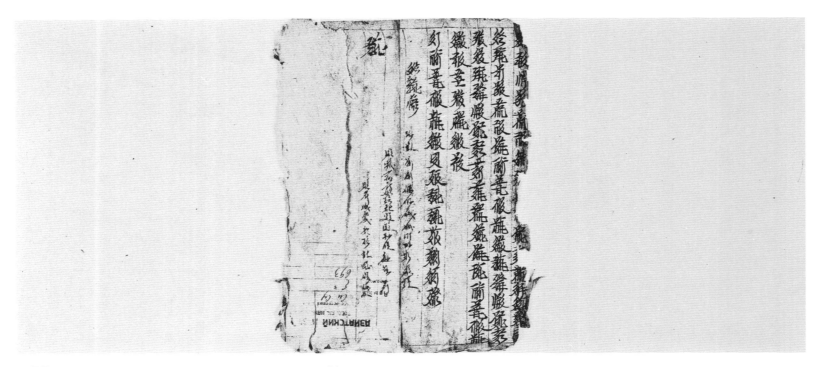

俄 **И**нв.No.2727　　聖勝慧到彼岸八千頌經卷第四

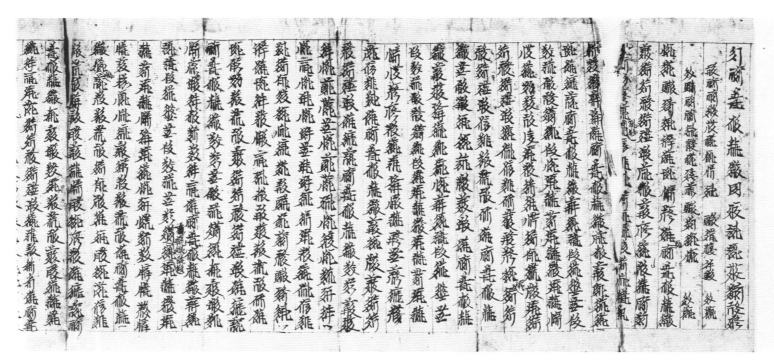

俄 **И**нв.No.102　　聖勝慧到彼岸八千頌經卷第十　　(13-1)

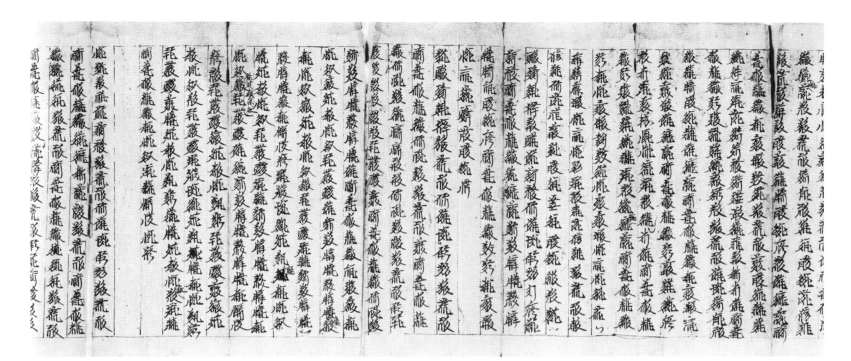

俄 ИНВ.No.102　聖勝慧到彼岸八千頌經卷第十　　　(13-2)

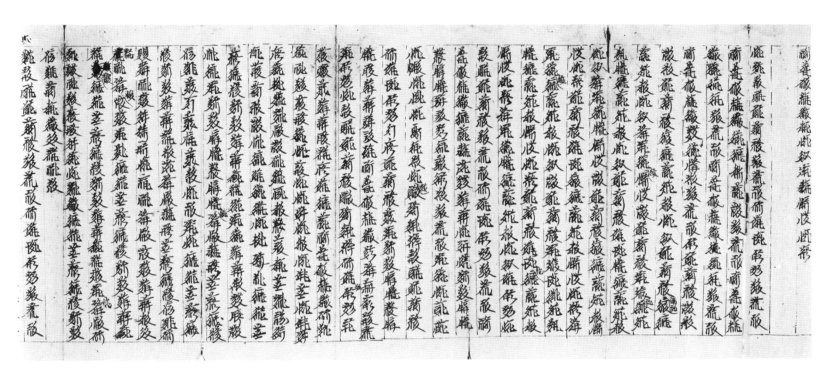

俄 ИНВ.No.102　聖勝慧到彼岸八千頌經卷第十　　　(13-3)

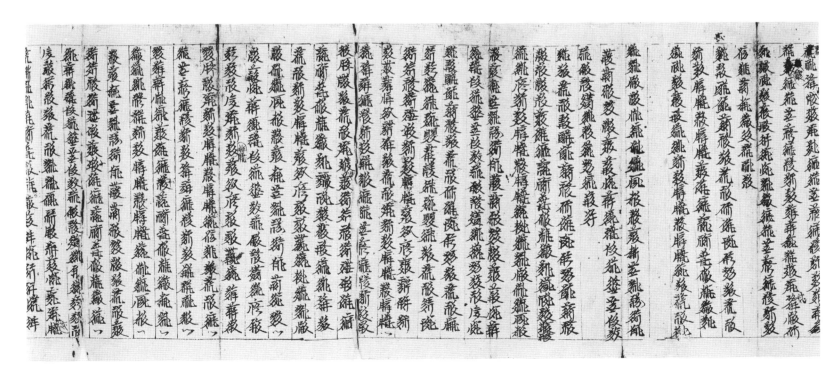

俄 ИНВ.No.102　聖勝慧到彼岸八千頌經卷第十　　　(13-4)

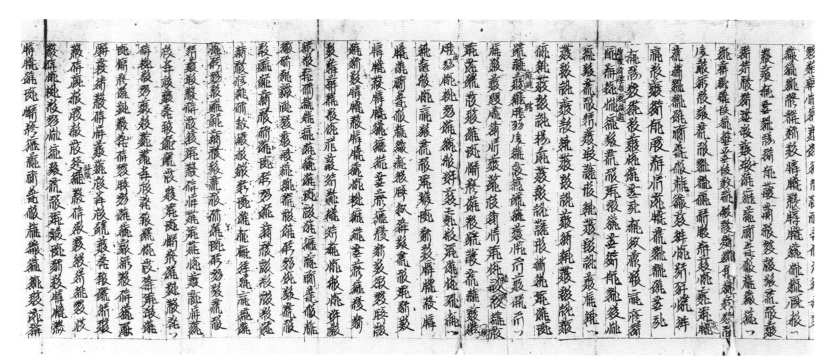

俄 **И**нв.No.102　聖勝慧到彼岸八千頌經卷第十　　　(13-5)

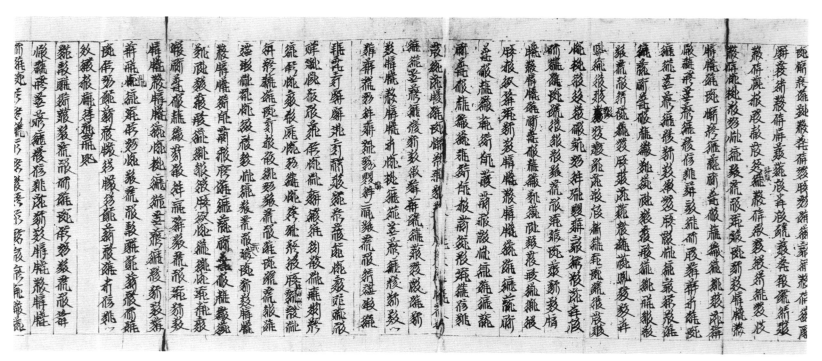

俄 **И**нв.No.102　聖勝慧到彼岸八千頌經卷第十　　　(13-6)

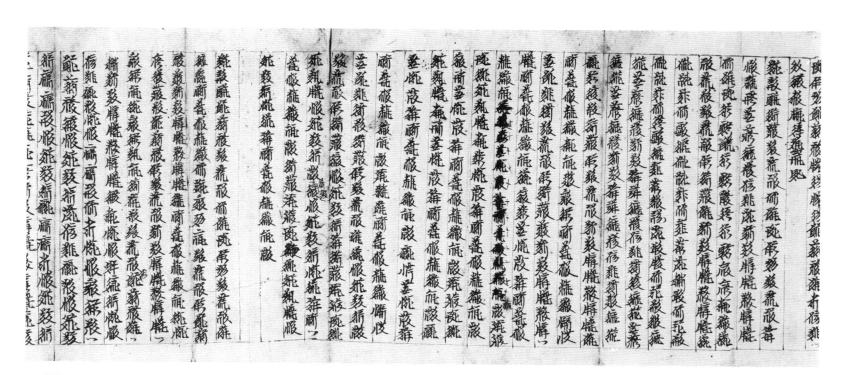

俄 **И**нв.No.102　聖勝慧到彼岸八千頌經卷第十　　　(13-7)

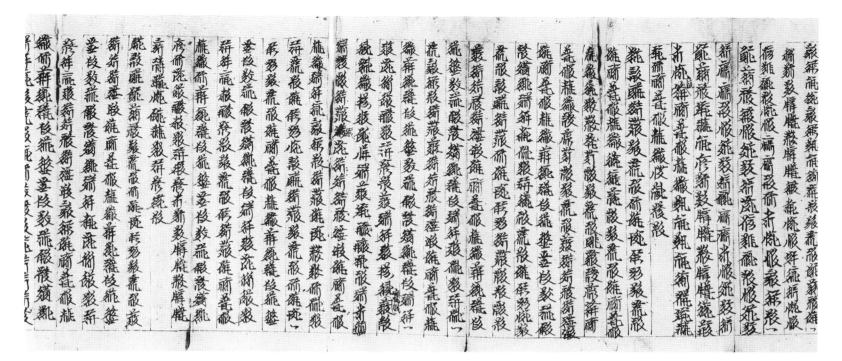

俄ИHB.No.102　聖勝慧到彼岸八千頌經卷第十　　　（13-8）

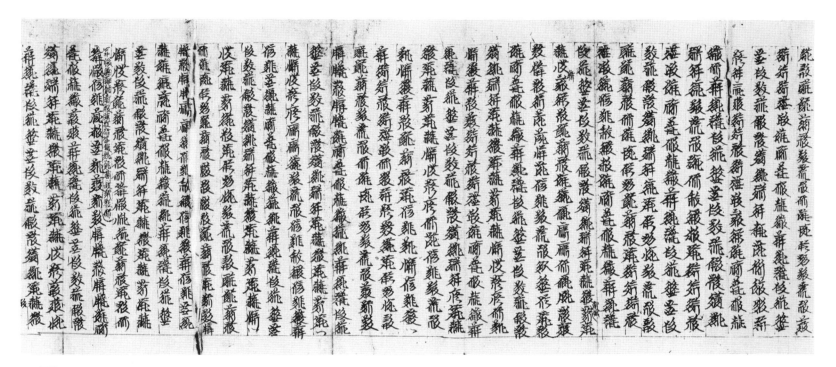

俄ИHB.No.102　聖勝慧到彼岸八千頌經卷第十　　　（13-9）

俄ИHB.No.102　聖勝慧到彼岸八千頌經卷第十　　　（13-10）

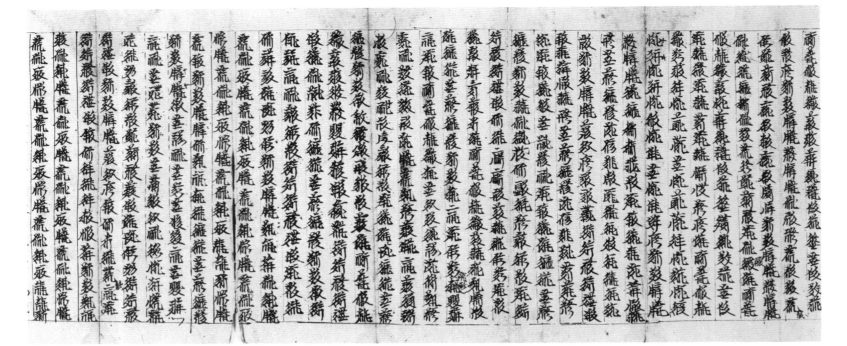

俄 Инв.No.102　聖勝慧到彼岸八千頌經卷第十　　　(13-11)

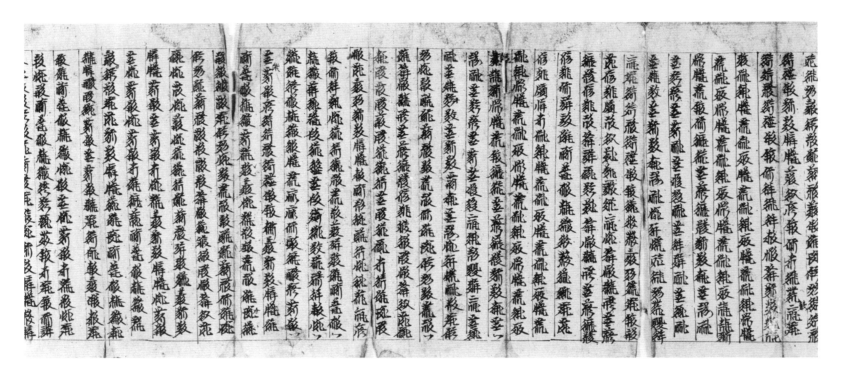

俄 Инв.No.102　聖勝慧到彼岸八千頌經卷第十　　　(13-12)

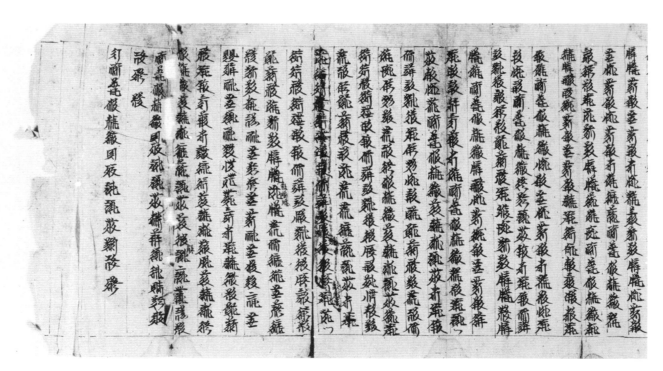

俄 Инв.No.102　聖勝慧到彼岸八千頌經卷第十　　　(13-13)

俄 **И**нв.No.896　　聖勝慧到彼岸八千頌經卷第十五　　　　(8-1)

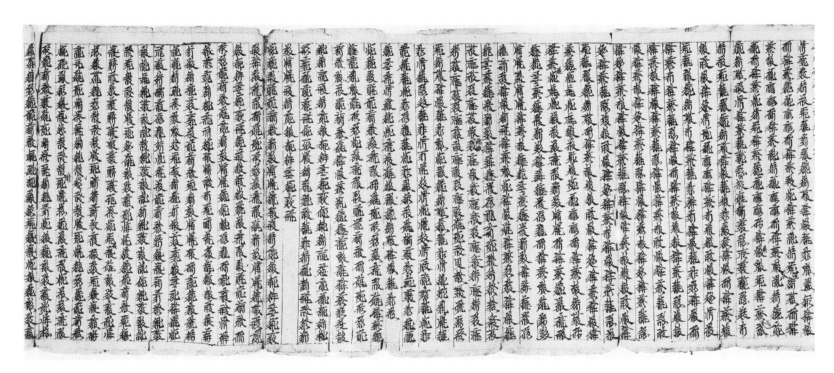

俄 **И**нв.No.896　　聖勝慧到彼岸八千頌經卷第十五　　　　(8-2)

俄 **И**нв.No.896　　聖勝慧到彼岸八千頌經卷第十五　　　　(8-3)

俄 Инв.No.896　聖勝慧到彼岸八千頌經卷第十五　　　(8-4)

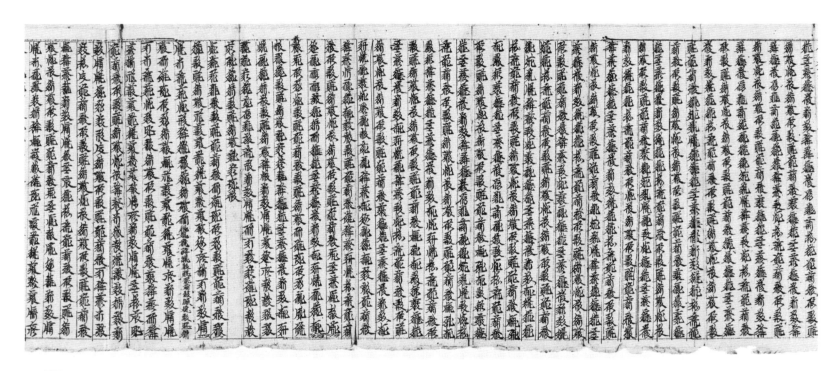

俄 Инв.No.896　聖勝慧到彼岸八千頌經卷第十五　　　(8-5)

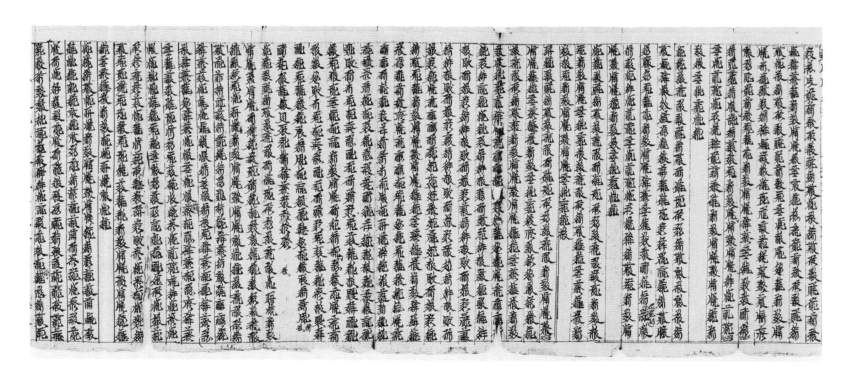

俄 Инв.No.896　聖勝慧到彼岸八千頌經卷第十五　　　(8-6)

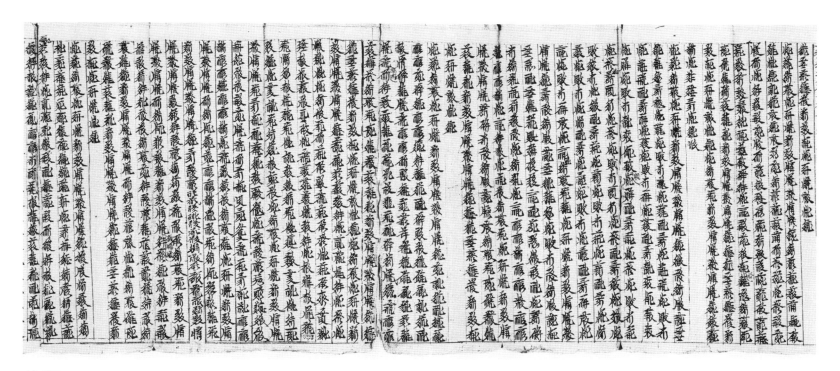

俄 **И**нв.No.896　　聖勝慧到彼岸八千頌經卷第十五　　　（8-7）

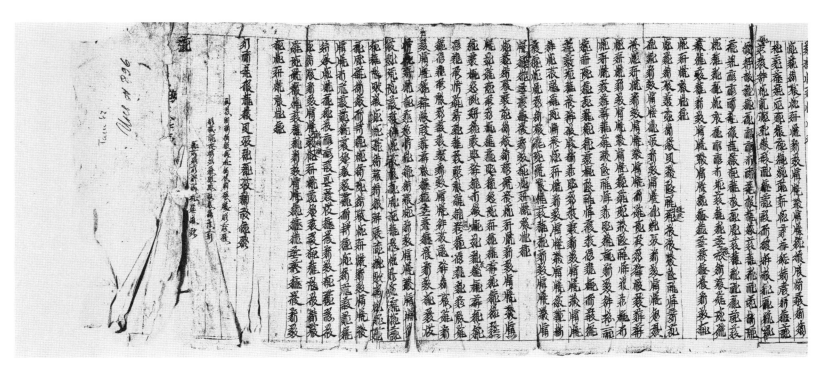

俄 **И**нв.No.896　　聖勝慧到彼岸八千頌經卷第十五　　　（8-8）

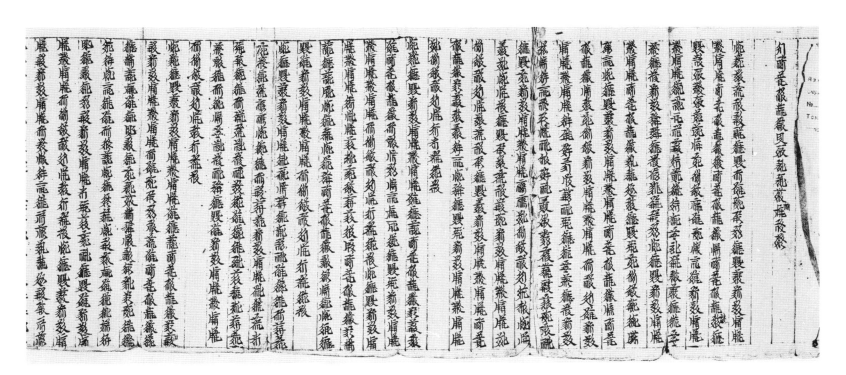

俄 **И**нв.No.103　　聖勝慧到彼岸八千頌經卷第二十　　　（7-1）

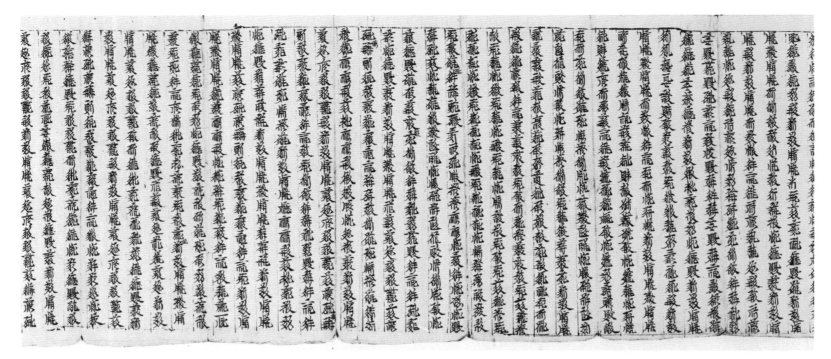

俄 ИНВ.No.103　　聖勝慧到彼岸八千頌經卷第二十　　　(7-2)

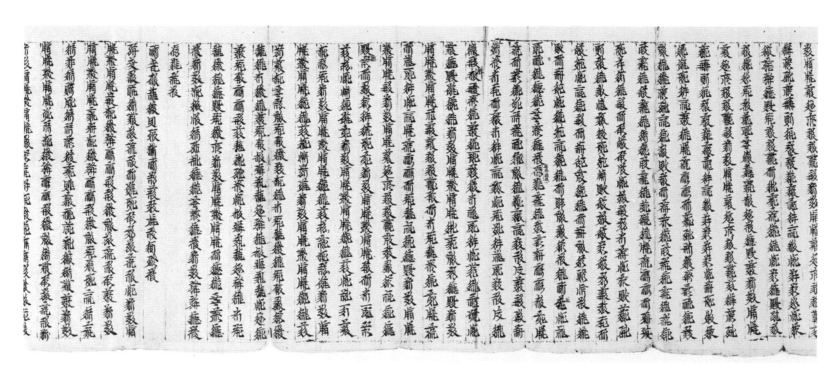

俄 ИНВ.No.103　　聖勝慧到彼岸八千頌經卷第二十　　　(7-3)

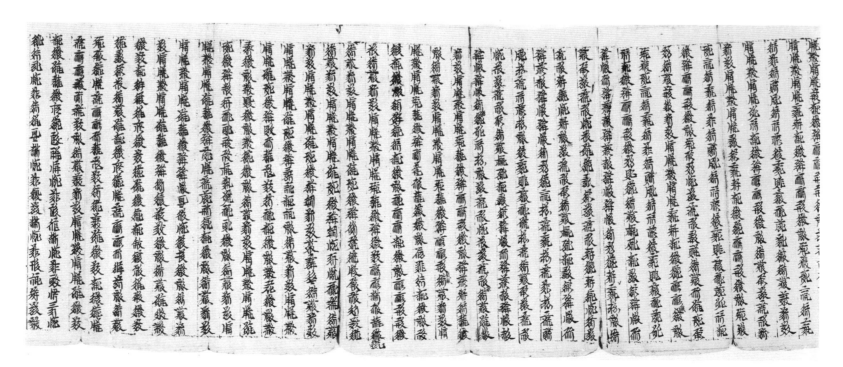

俄 ИНВ.No.103　　聖勝慧到彼岸八千頌經卷第二十　　　(7-4)

俄 **И**нв.No.103　　聖勝慧到彼岸八千頌經卷第二十　　　　(7-5)

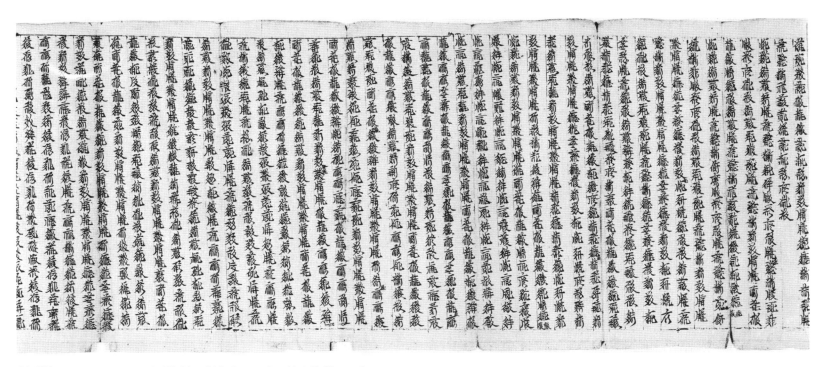

俄 **И**нв.No.103　　聖勝慧到彼岸八千頌經卷第二十　　　　(7-6)

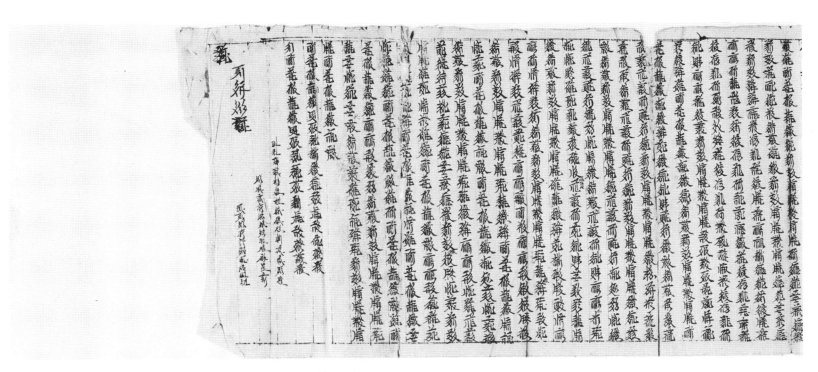

俄 **И**нв.No.103　　聖勝慧到彼岸八千頌經卷第二十　　　　(7-7)

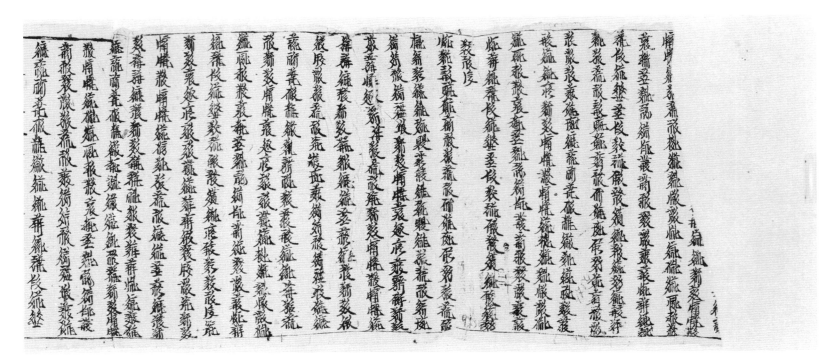

俄 **И**нв.No.4754　聖勝慧到彼岸八千頌中受持功德譚　　　(13-1)

俄 **И**нв.No.4754　聖勝慧到彼岸八千頌中受持功德譚　　　(13-2)

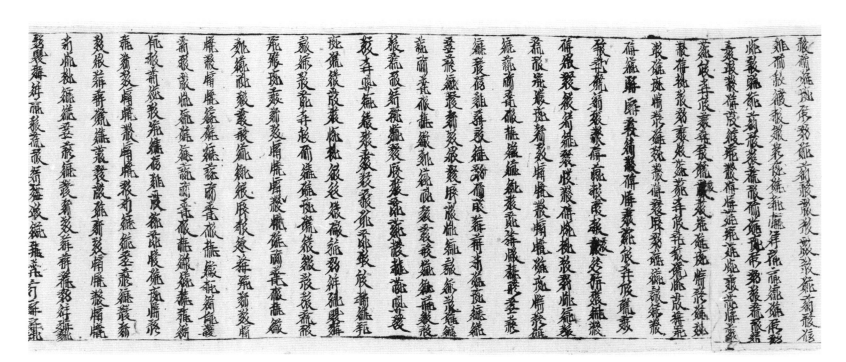

俄 **И**нв.No.4754　聖勝慧到彼岸八千頌中受持功德譚　　　(13-3)

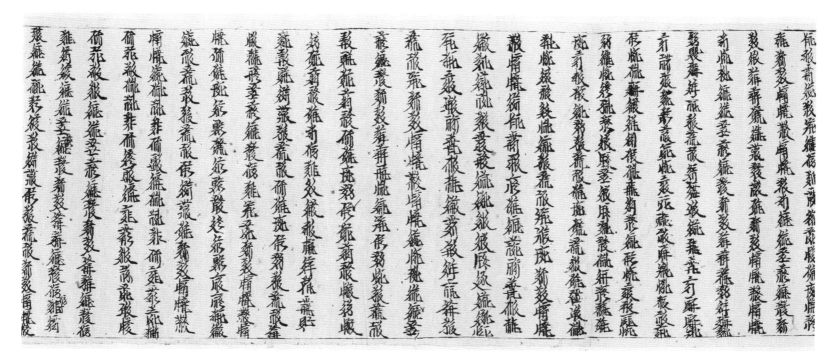

俄Инв.No.4754　聖勝慧到彼岸八千頌中受持功德譚　　(13-4)

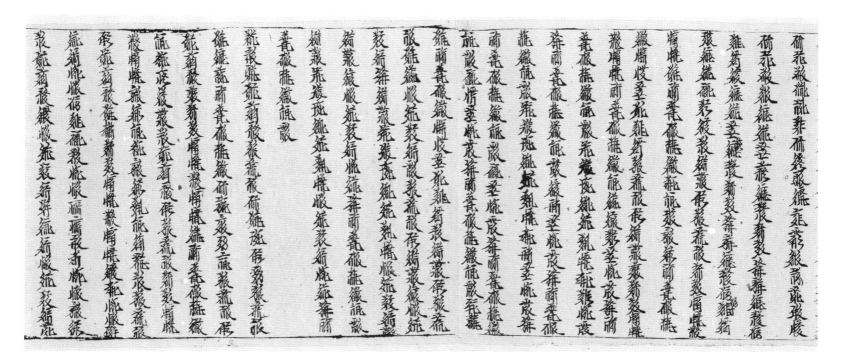

俄Инв.No.4754　聖勝慧到彼岸八千頌中受持功德譚　　(13-5)

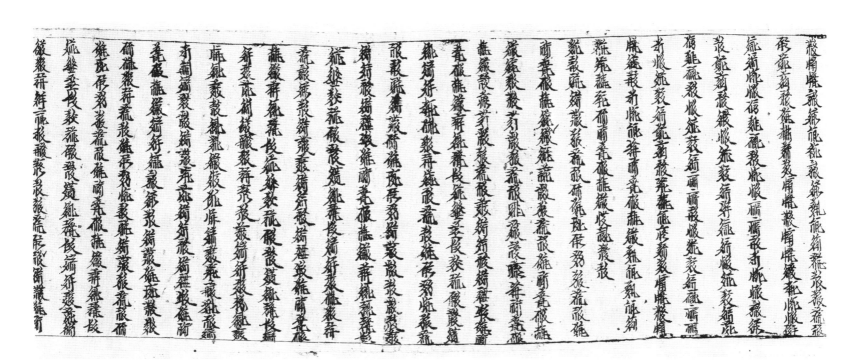

俄Инв.No.4754　聖勝慧到彼岸八千頌中受持功德譚　　(13-6)

俄 **И**нв.No.4754　　聖勝慧到彼岸八千頌中受持功德譚　　　(13-7)

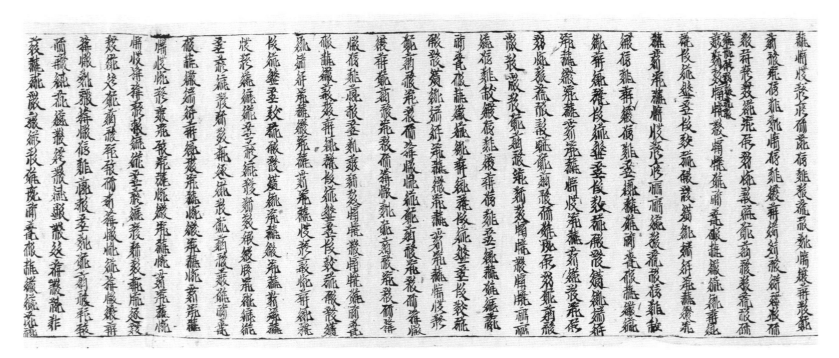

俄 **И**нв.No.4754　　聖勝慧到彼岸八千頌中受持功德譚　　　(13-8)

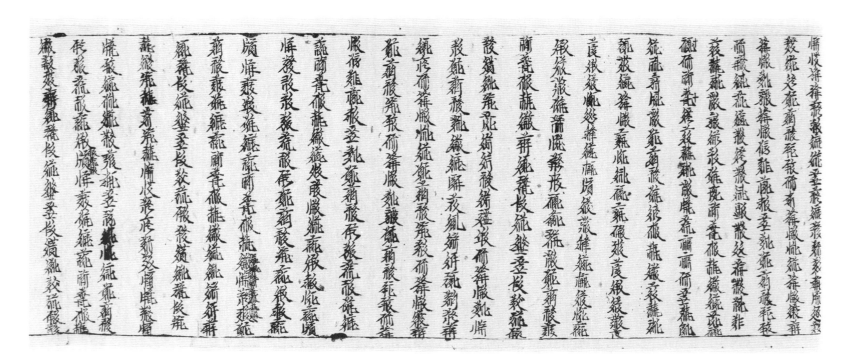

俄 **И**нв.No.4754　　聖勝慧到彼岸八千頌中受持功德譚　　　(13-9)

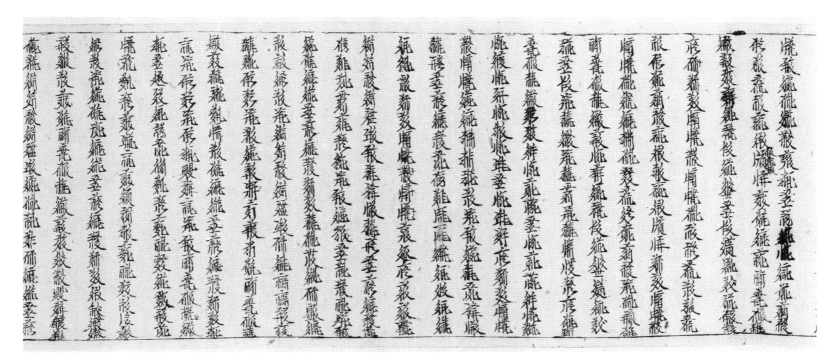

俄 ИНВ.No.4754　聖勝慧到彼岸八千頌中受持功德譚　　(13-10)

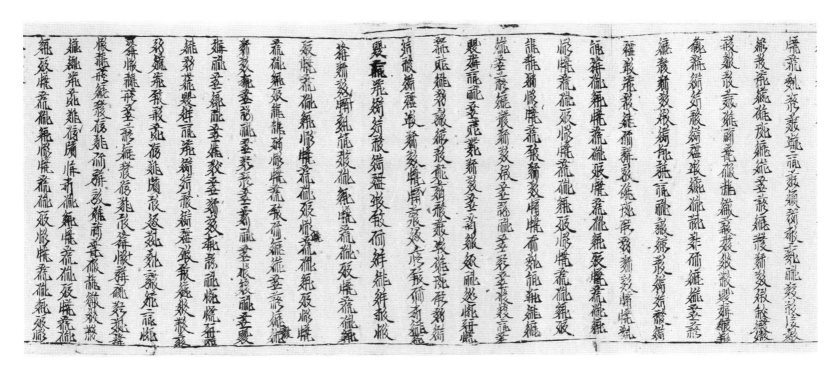

俄 ИНВ.No.4754　聖勝慧到彼岸八千頌中受持功德譚　　(13-11)

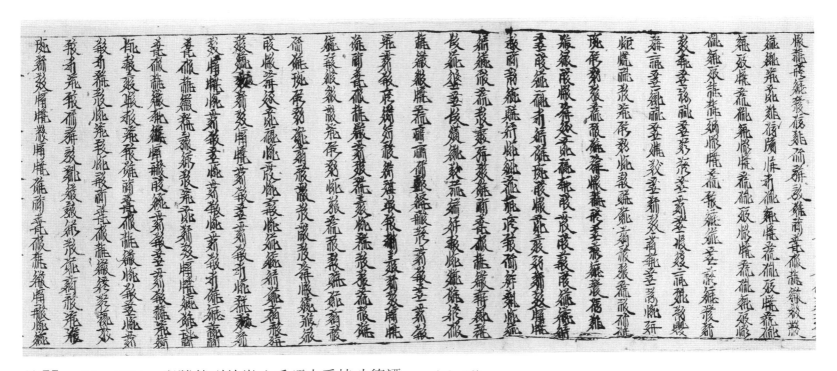

俄 ИНВ.No.4754　聖勝慧到彼岸八千頌中受持功德譚　　(13-12)

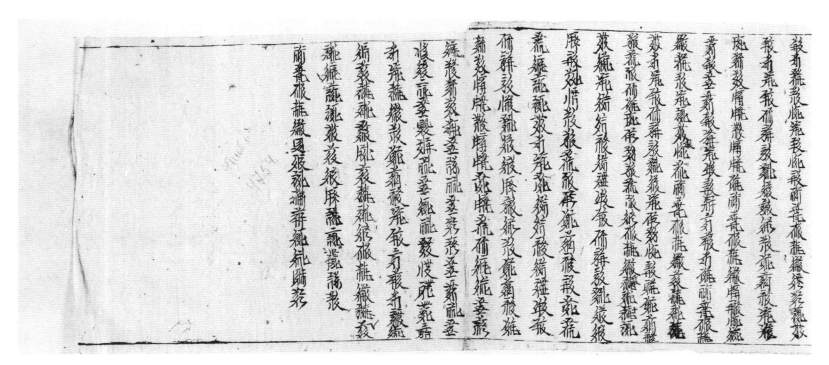

俄 Инв.No.4754　聖勝慧到彼岸八千頌中受持功德譚　　(13–13)

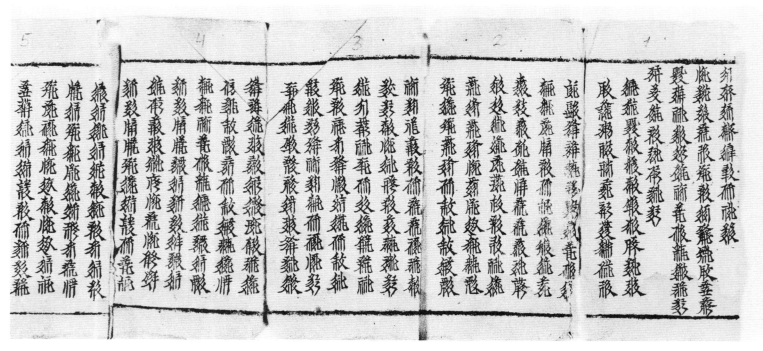

俄 Инв.No.5564　聖勝慧到彼岸功德寶集偈上卷　　(2–1)

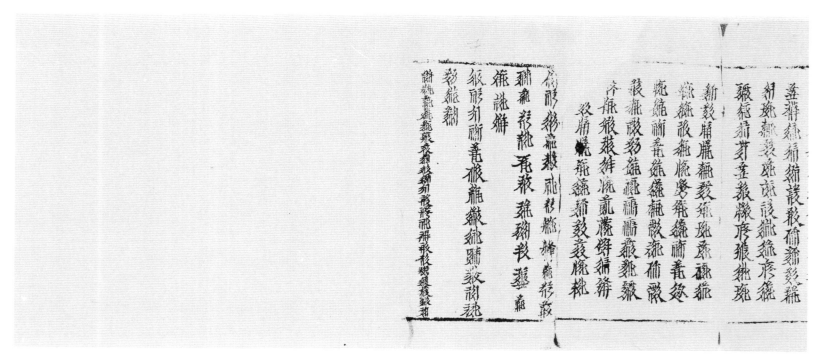

俄 Инв.No.5564　聖勝慧到彼岸功德寶集偈上卷　　(2–2)

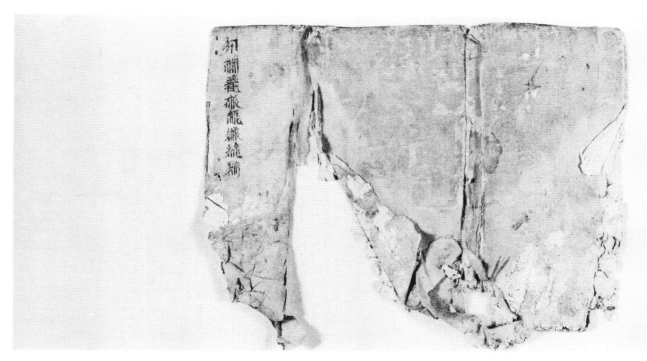

俄 **И**нв.No.595　　聖勝慧到彼岸功德寶集偈上卷　　　(19-1)

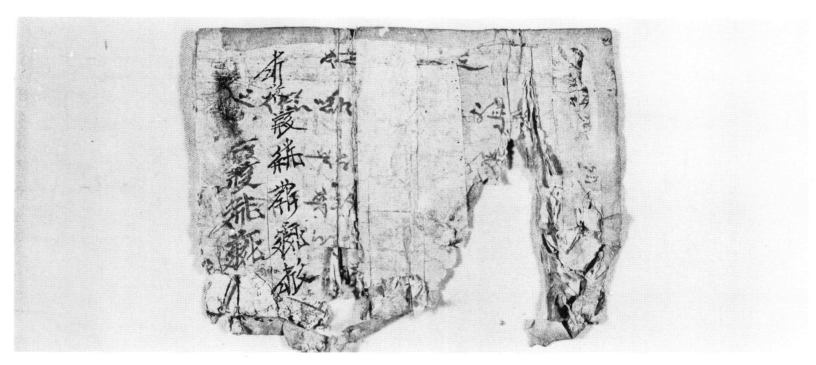

俄 **И**нв.No.595　　聖勝慧到彼岸功德寶集偈上卷　　　(19-2)

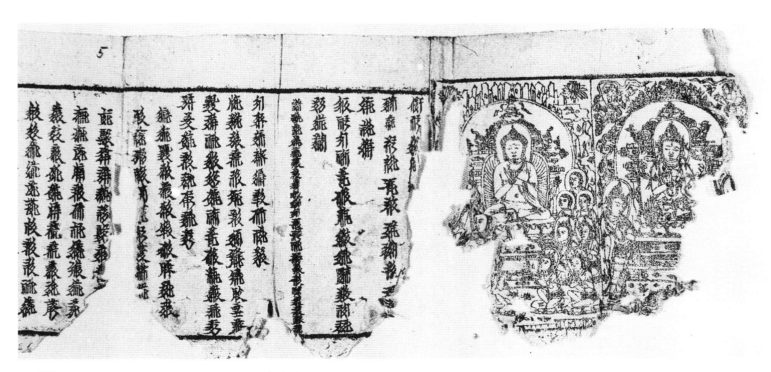

俄 **И**нв.No.595　　聖勝慧到彼岸功德寶集偈上卷　　　(19-3)

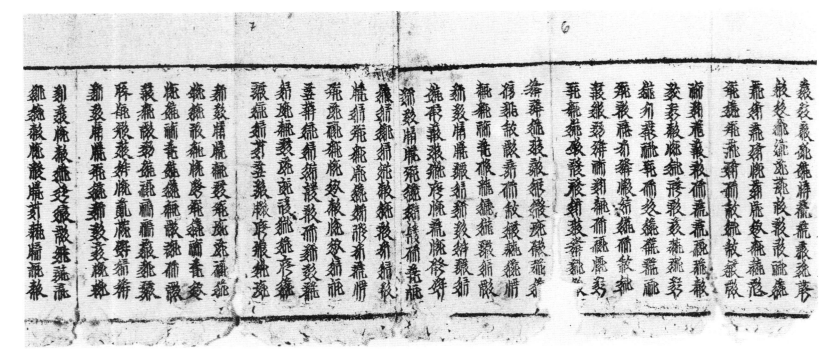

俄Инв.No.595　聖勝慧到彼岸功德寶集偈上卷　　　（19-4）

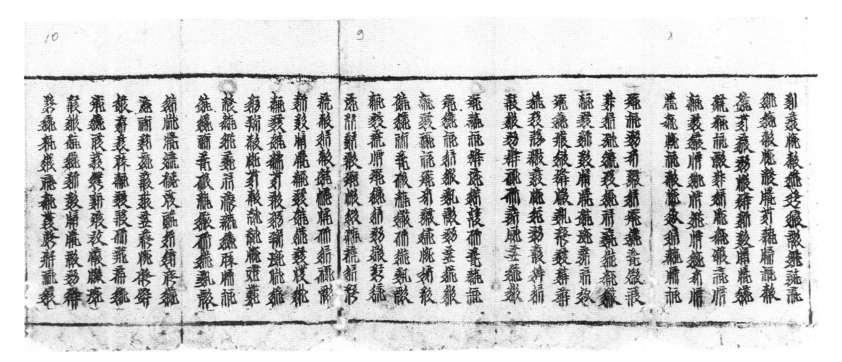

俄Инв.No.595　聖勝慧到彼岸功德寶集偈上卷　　　（19-5）

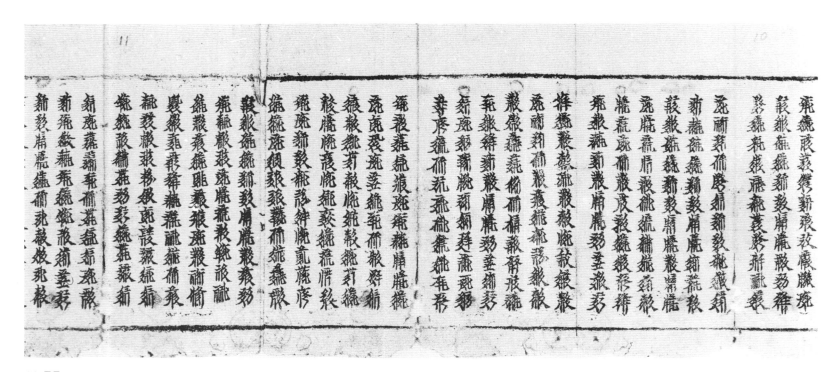

俄Инв.No.595　聖勝慧到彼岸功德寶集偈上卷　　　（19-6）

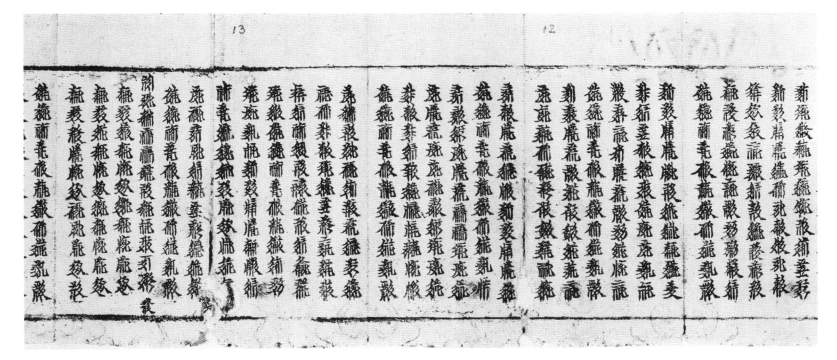

俄 Инв.No.595　　聖勝慧到彼岸功德寶集偈上卷　　　（19-7）

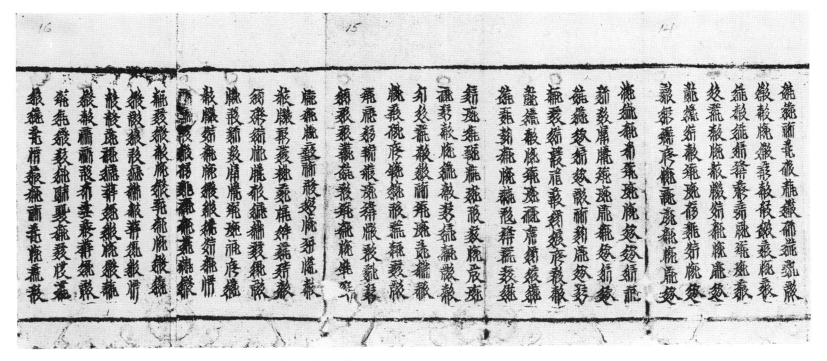

俄 Инв.No.595　　聖勝慧到彼岸功德寶集偈上卷　　　（19-8）

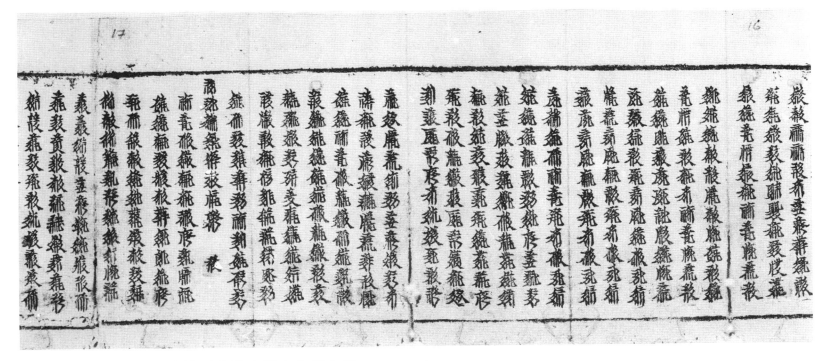

俄 Инв.No.595　　聖勝慧到彼岸功德寶集偈上卷　　　（19-9）

95

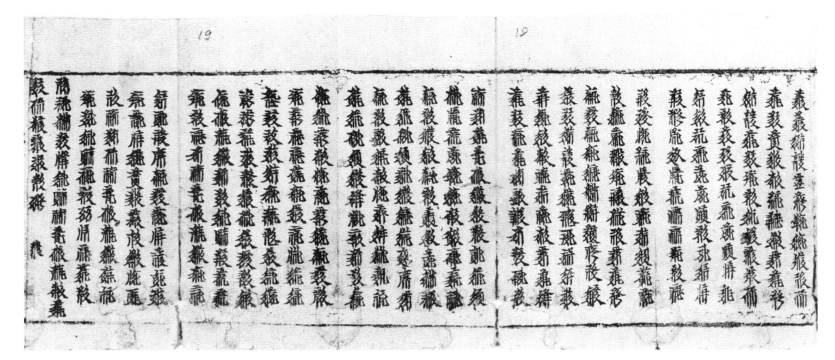

俄Инв.No.595　　聖勝慧到彼岸功德寶集偈上卷　　　　（19-10）

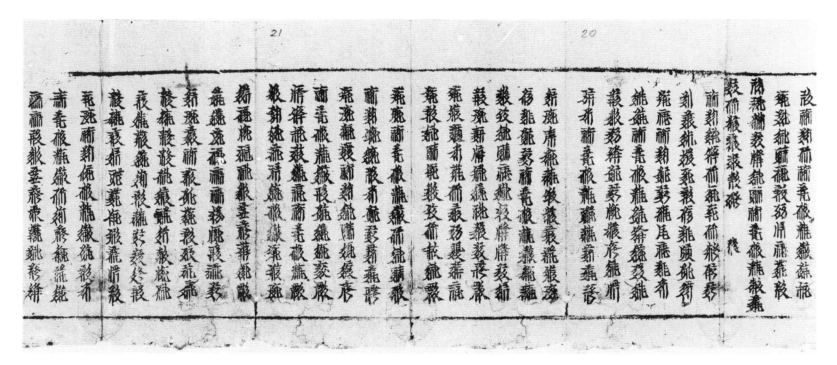

俄Инв.No.595　　聖勝慧到彼岸功德寶集偈上卷　　　　（19-11）

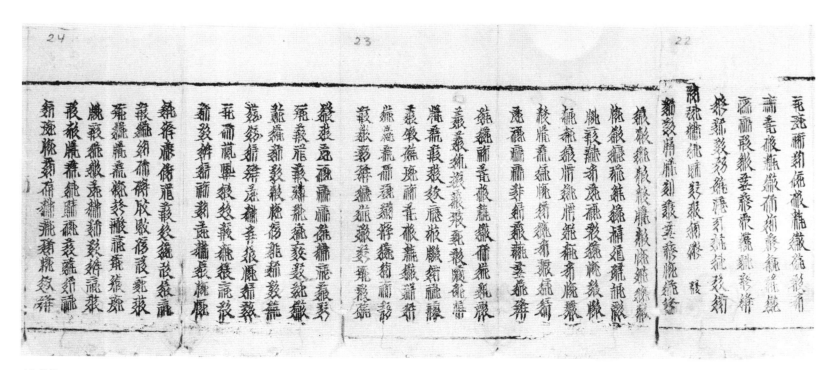

俄Инв.No.595　　聖勝慧到彼岸功德寶集偈上卷　　　　（19-12）

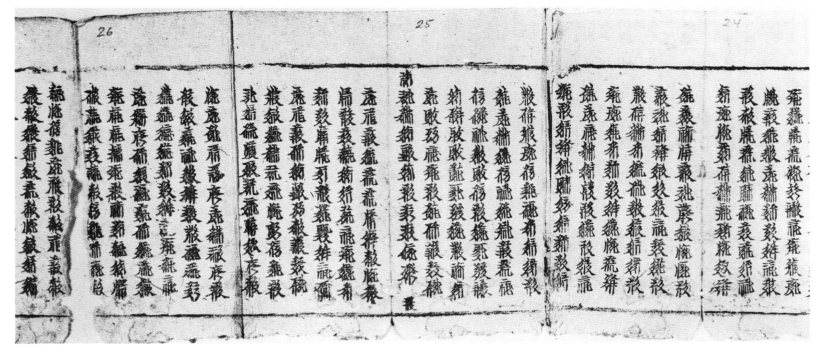

俄 **И**нв.No.595　　聖勝慧到彼岸功德寶集偈上卷　　　　(19-13)

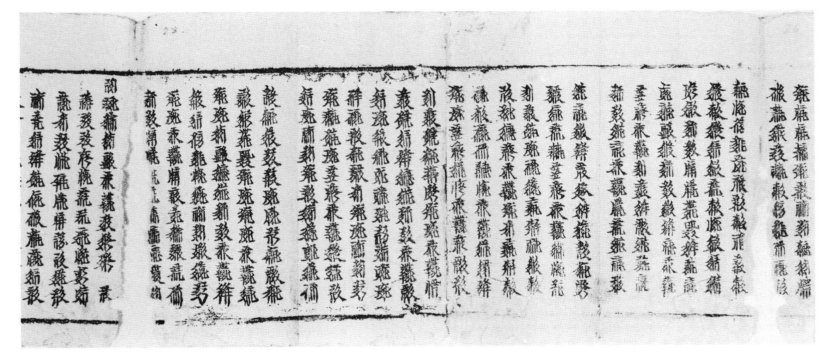

俄 **И**нв.No.595　　聖勝慧到彼岸功德寶集偈上卷　　　　(19-14)

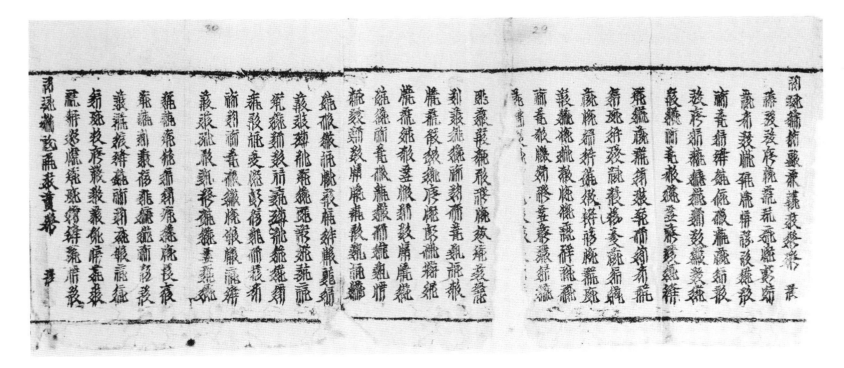

俄 **И**нв.No.595　　聖勝慧到彼岸功德寶集偈上卷　　　　(19-15)

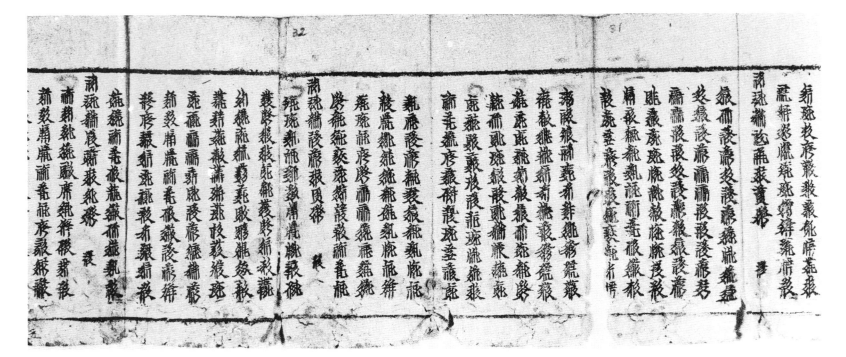

俄ИНВ.No.595 聖勝慧到彼岸功德寶集偈上卷 （19-16）

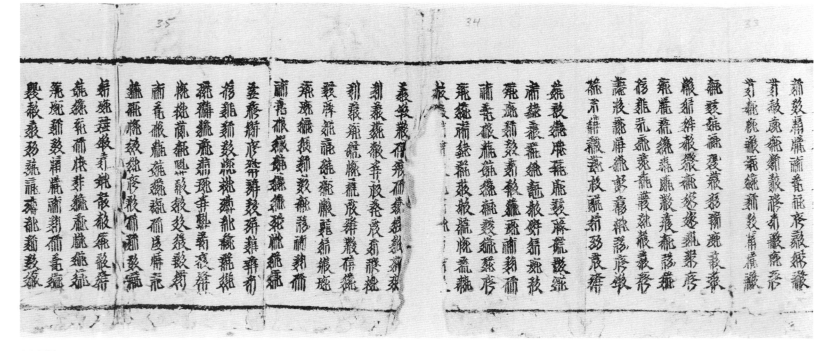

俄ИНВ.No.595 聖勝慧到彼岸功德寶集偈上卷 （19-17）

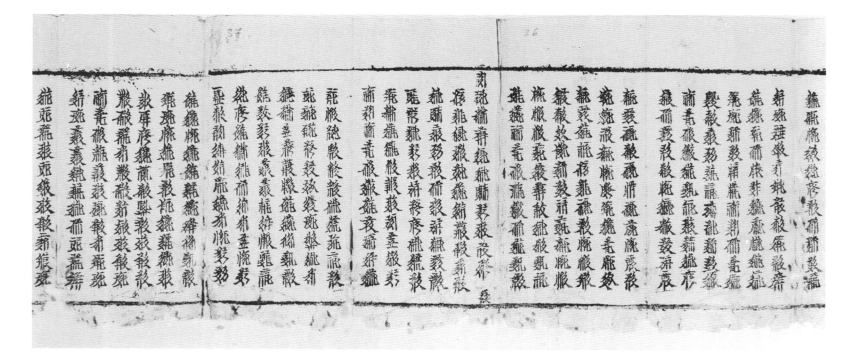

俄ИНВ.No.595 聖勝慧到彼岸功德寶集偈上卷 （19-18）

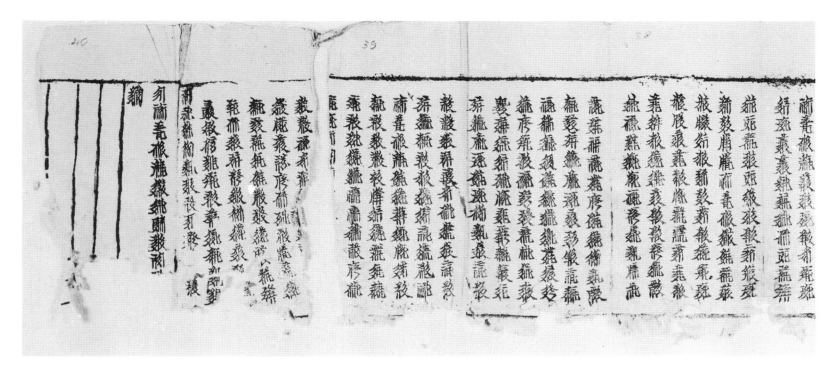

俄 **Инв**.No.595　聖勝慧到彼岸功德寶集偈上卷　　　(19-19)

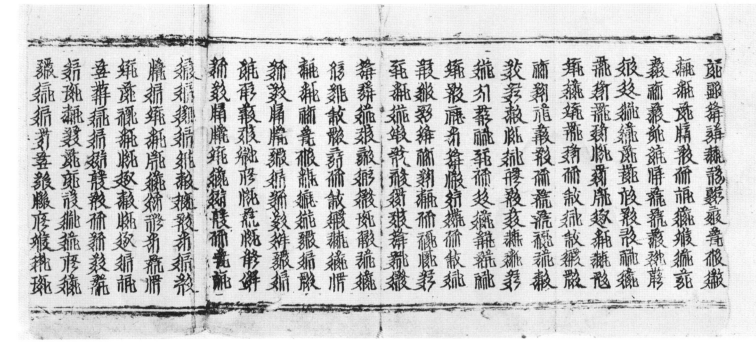

俄 **Инв**.No.5711　聖勝慧到彼岸功德寶集偈上卷　　(16-1)

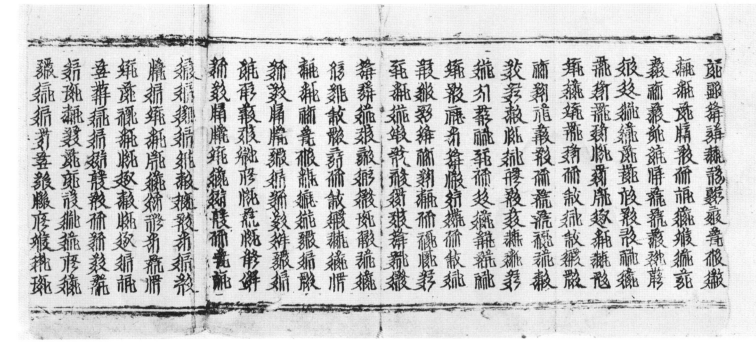

俄 **Инв**.No.5711　聖勝慧到彼岸功德寶集偈上卷　　(16-2)

俄 Инв.No.5711　聖勝慧到彼岸功德寶集偈上卷　　　　(16-3)

俄 Инв.No.5711　聖勝慧到彼岸功德寶集偈上卷　　　　(16-4)

俄 Инв.No.5711　聖勝慧到彼岸功德寶集偈上卷　　　　(16-5)

俄 Инв.No.5711　聖勝慧到彼岸功德寶集偈上卷　　　(16-6)

俄 Инв.No.5711　聖勝慧到彼岸功德寶集偈上卷　　　(16-7)

俄 Инв.No.5711　聖勝慧到彼岸功德寶集偈上卷　　　(16-8)

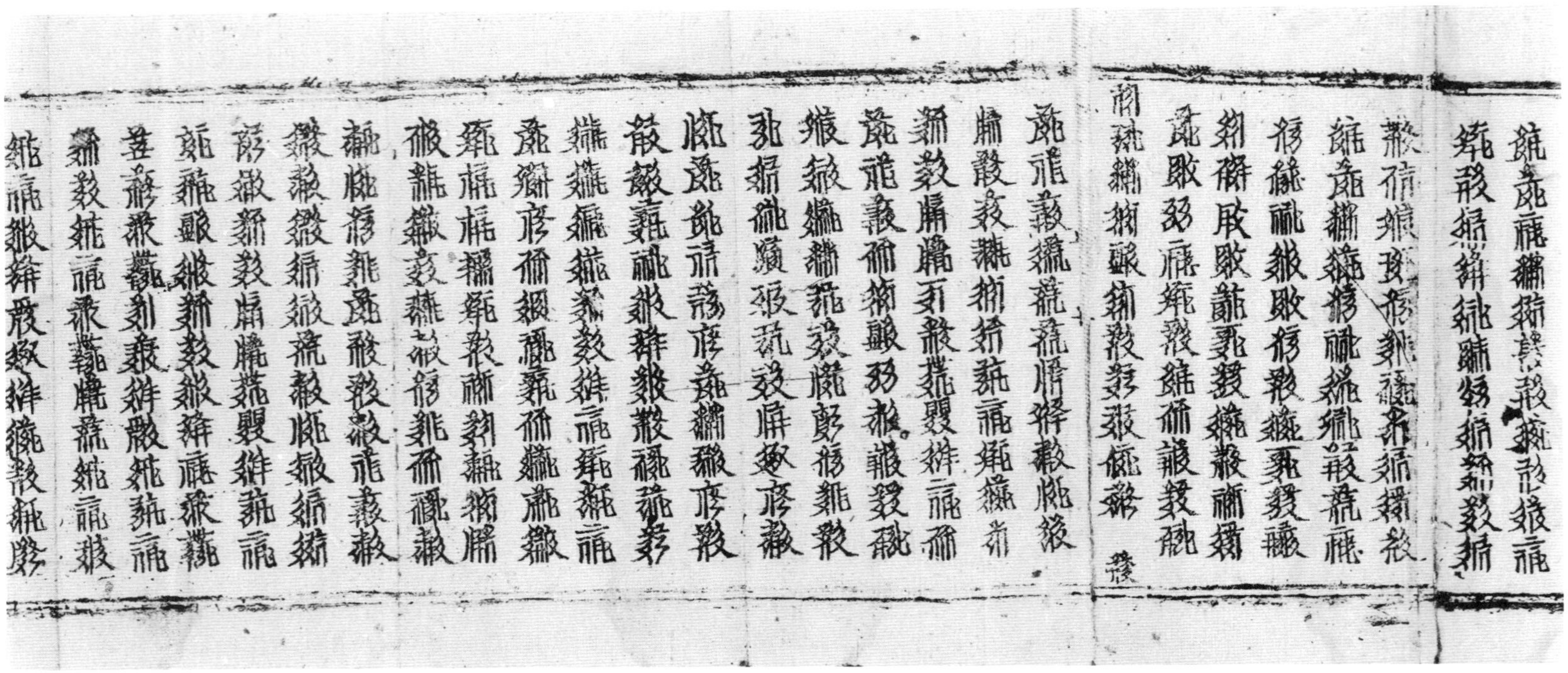

俄 Инв.No.5711　聖勝慧到彼岸功德寶集偈上卷　(16-9)

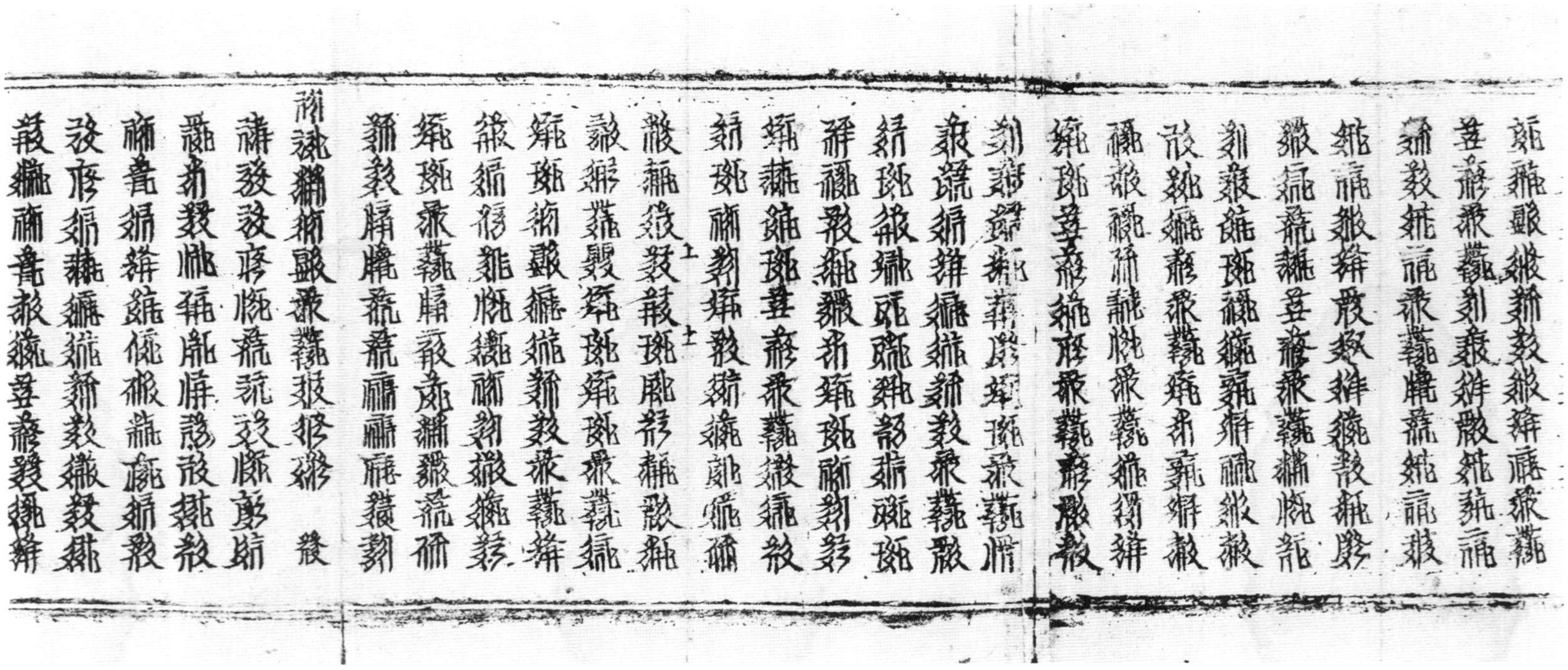

俄 Инв.No.5711　聖勝慧到彼岸功德寶集偈上卷　(16-10)

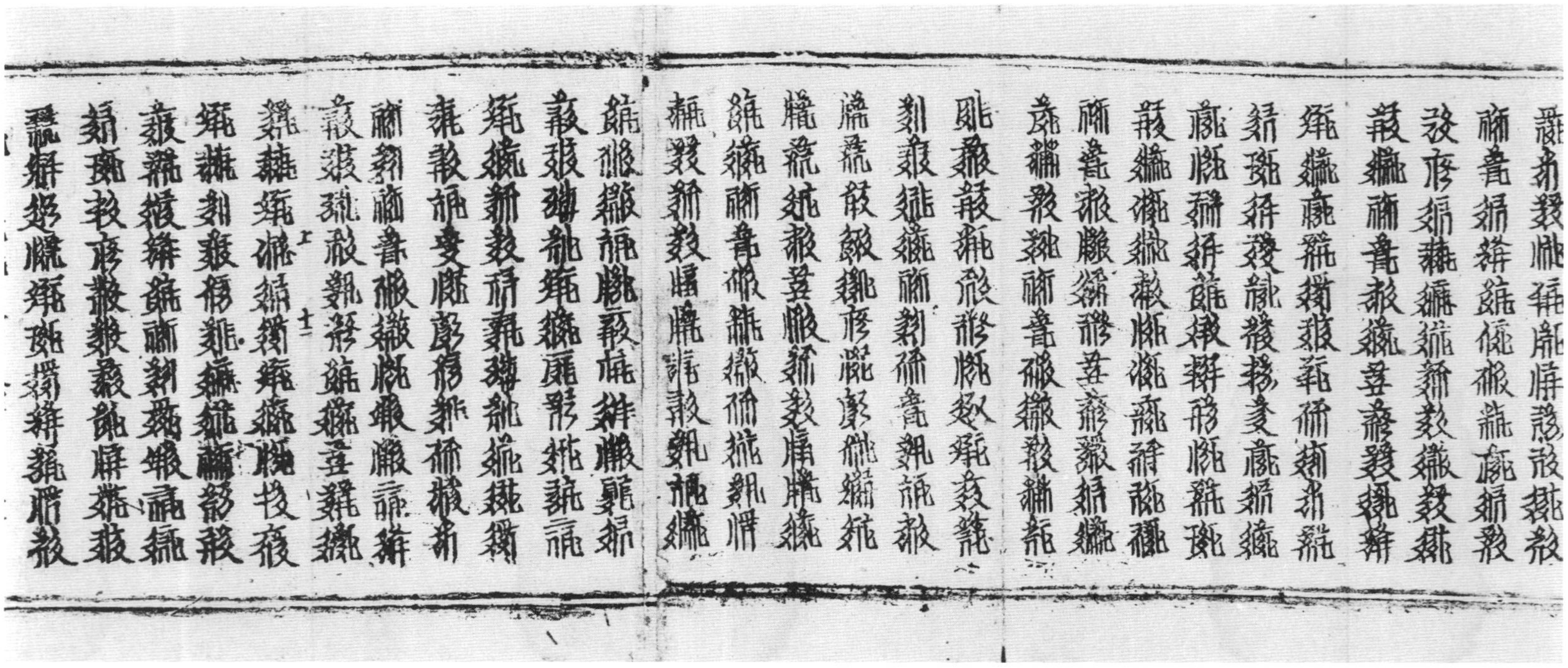

俄 Инв.No.5711　聖勝慧到彼岸功德寶集偈上卷　(16-11)

俄Инв.No.5711　聖勝慧到彼岸功德寶集偈上卷　(16-12)

俄Инв.No.5711　聖勝慧到彼岸功德寶集偈上卷　(16-13)

俄Инв.No.5711　聖勝慧到彼岸功德寶集偈上卷　(16-14)

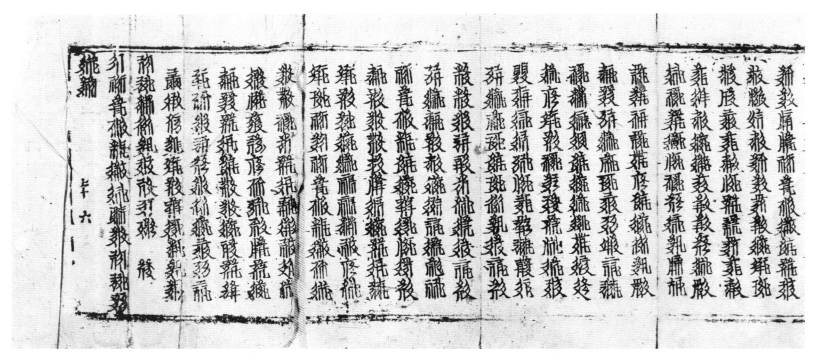

俄 Инв.No.5711　聖勝慧到彼岸功德寶集偈上卷　　　(16-15)

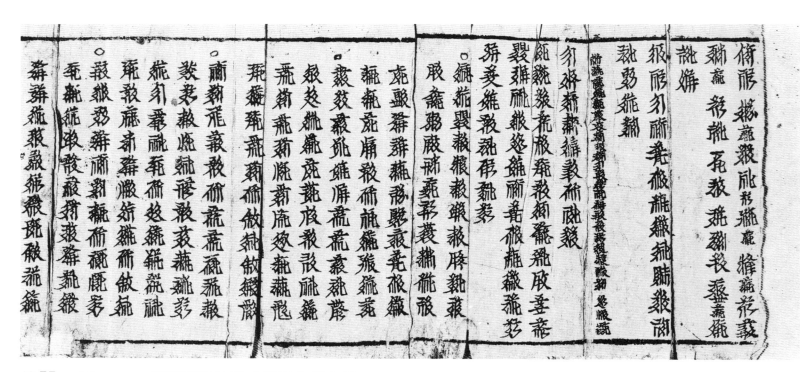

俄 Инв.No.5711　聖勝慧到彼岸功德寶集偈上卷　　　(16-16)

俄 Инв.No.596　聖勝慧到彼岸功德寶集偈上卷　　　(2-1)

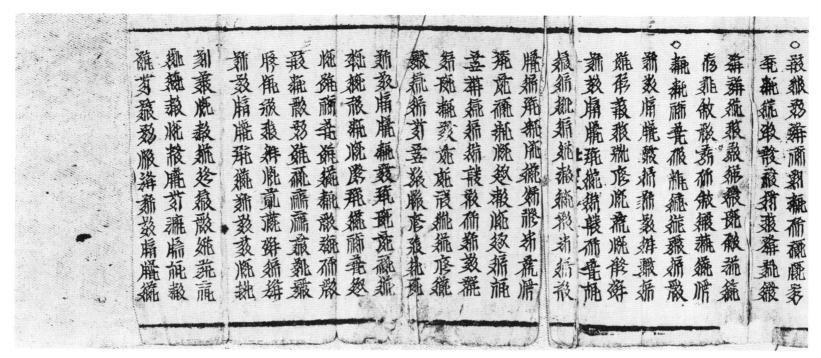

俄 Инв.No.596　聖勝慧到彼岸功德寶集偈上卷　　　(2-2)

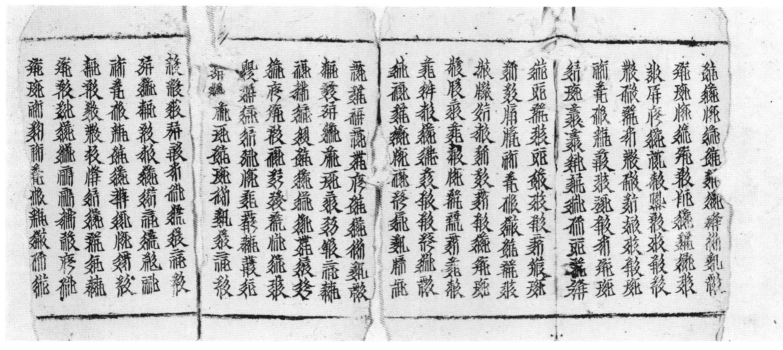

俄 Инв.No.3705　聖勝慧到彼岸功德寶集偈上卷　　　(2-1)

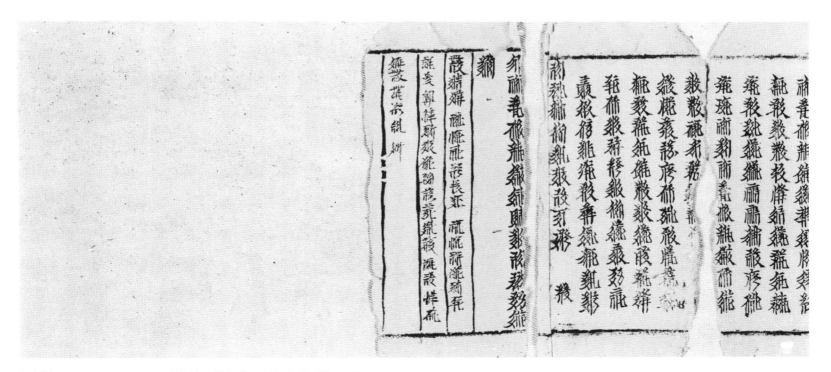

俄 Инв.No.3705　聖勝慧到彼岸功德寶集偈上卷　　　(2-2)

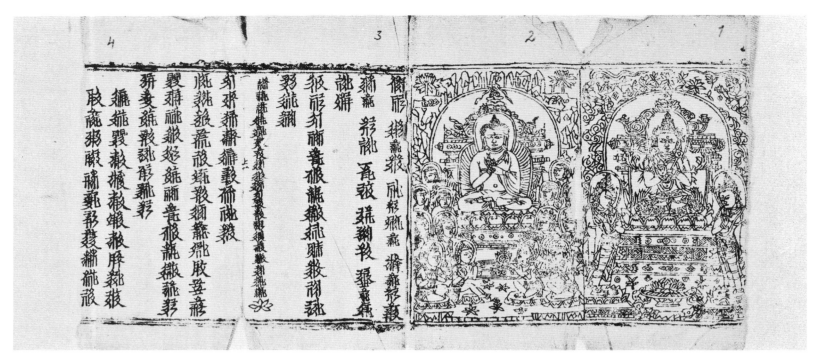

俄 **Инв**.No.597　聖勝慧到彼岸功德寶集偈上卷

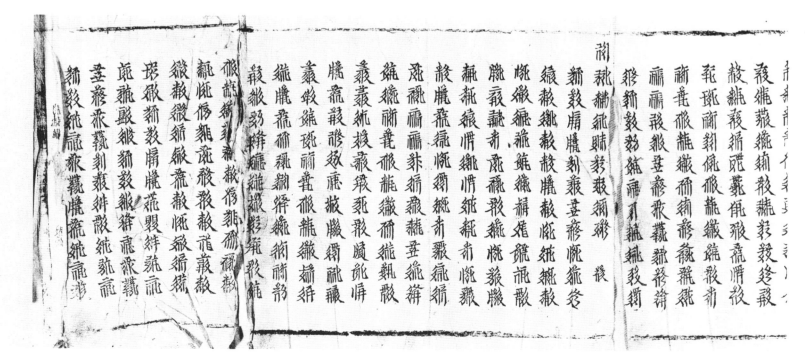

俄 **Инв**.No.3872　聖勝慧到彼岸功德寶集偈上卷　　(2-1)

俄 **Инв**.No.3872　聖勝慧到彼岸功德寶集偈上卷　　(2-2)

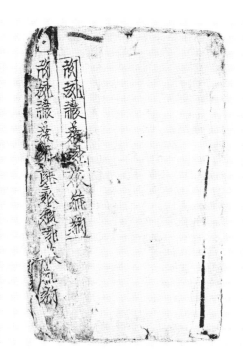

俄Инв.No.4087　聖勝慧到彼岸功德寶集偈上卷　　(2-1)

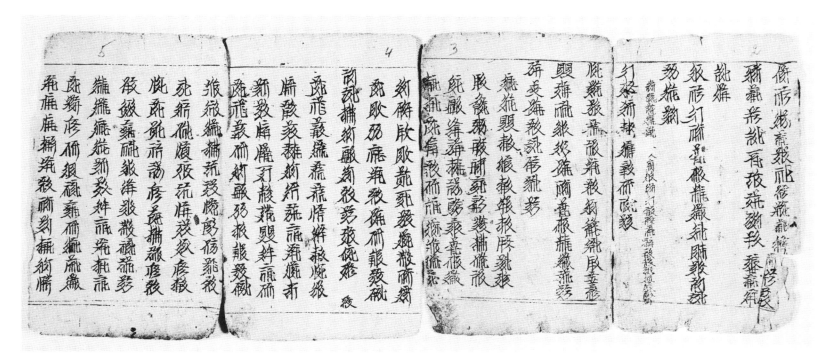

俄Инв.No.4087　聖勝慧到彼岸功德寶集偈上卷　　(2-2)

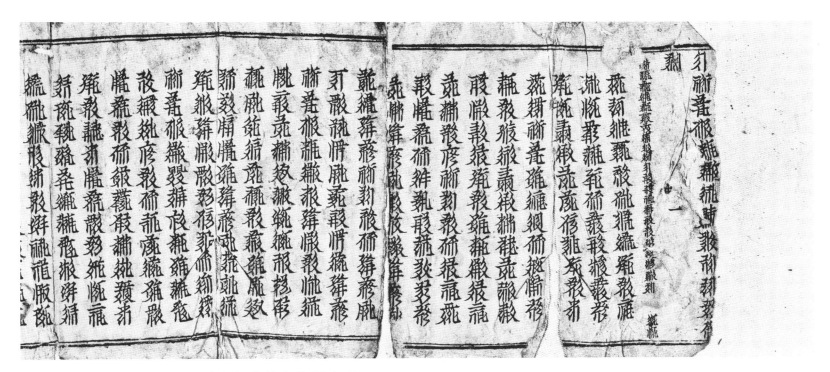

俄Инв.No.687　聖勝慧到彼岸功德寶集偈中卷　　(2-1)

俄 **И**нв.No.687　聖勝慧到彼岸功德寶集偈中卷　　　(2-2)

俄 **И**нв.No.603　聖勝慧到彼岸功德寶集偈中卷　　　(3-1)

俄 **И**нв.No.603　聖勝慧到彼岸功德寶集偈中卷　　　(3-2)

俄 **И**нв.No.603　　聖勝慧到彼岸功德寶集偈中卷　　　　(3-3)

俄 **И**нв.No.604　　聖勝慧到彼岸功德寶集偈中卷　　　　(3-1)

俄 **И**нв.No.604　　聖勝慧到彼岸功德寶集偈中卷　　　　(3-2)

俄Инв.No.604　聖勝慧到彼岸功德寶集偈中卷　　　(3-3)

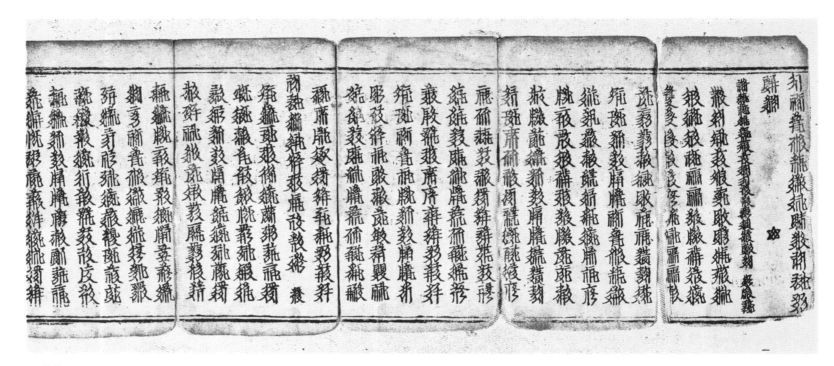

俄Инв.No.6888　聖勝慧到彼岸功德寶集偈下卷

俄Инв.No.6759　聖勝慧到彼岸功德寶集偈下卷　　(2-1)

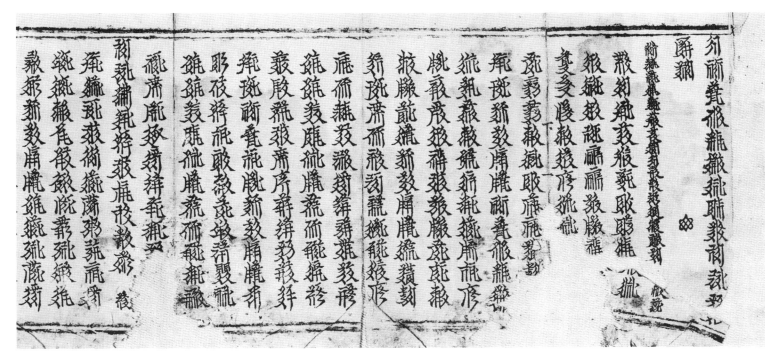

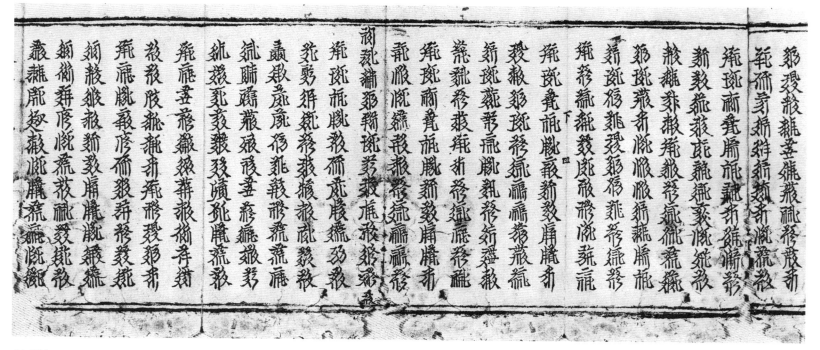

俄 Ивв.No.602　　聖勝慧到彼岸功德寶集偈下卷　　　　(11-3)

俄 Ивв.No.602　　聖勝慧到彼岸功德寶集偈下卷　　　　(11-4)

俄 Ивв.No.602　　聖勝慧到彼岸功德寶集偈下卷　　　　(11-5)

俄 Инв.No.602　聖勝慧到彼岸功德寶集偈下卷　　　（11-6）

俄 Инв.No.602　聖勝慧到彼岸功德寶集偈下卷　　　（11-7）

俄 Инв.No.602　聖勝慧到彼岸功德寶集偈下卷　　　（11-8）

俄Инв.No.602　聖勝慧到彼岸功德寶集偈下卷　　　(11-9)

俄Инв.No.602　聖勝慧到彼岸功德寶集偈下卷　　　(11-10)

俄Инв.No.602　聖勝慧到彼岸功德寶集偈下卷　　　(11-11)

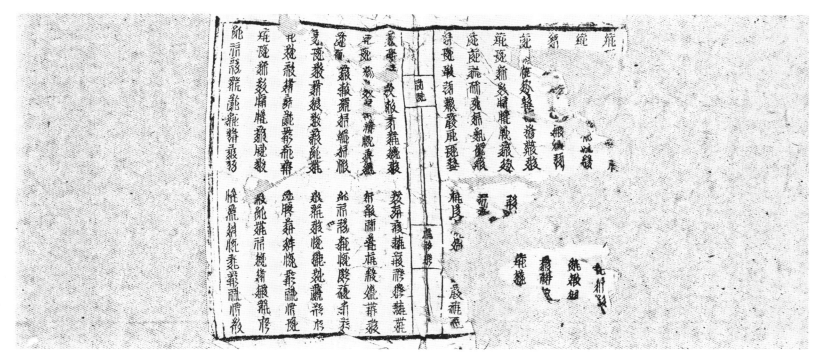

俄Инв.No.6443 聖勝慧到彼岸功德寶集偈下卷

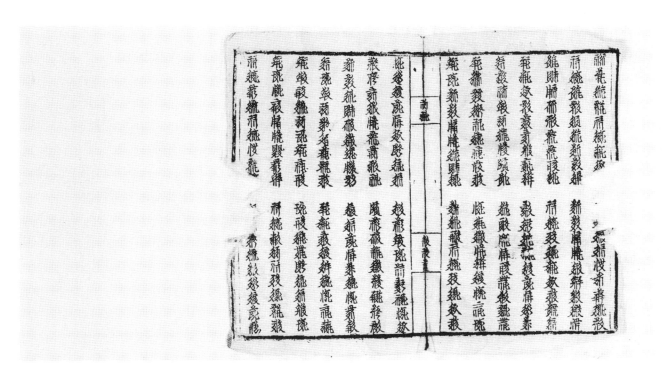

俄Инв.No.806 聖勝慧到彼岸功德寶集偈下卷　　　(8-1)

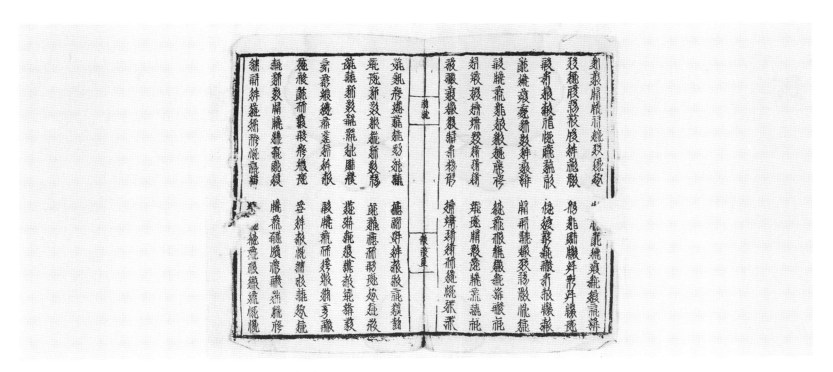

俄Инв.No.806 聖勝慧到彼岸功德寶集偈下卷　　　(8-2)

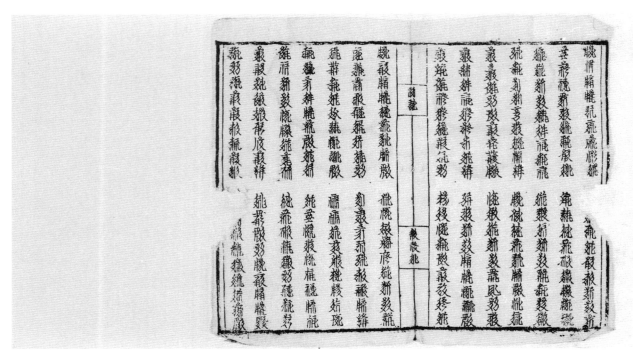

俄 **И**нв.No.806　　聖勝慧到彼岸功德寶集偈下卷　　　（8-3）

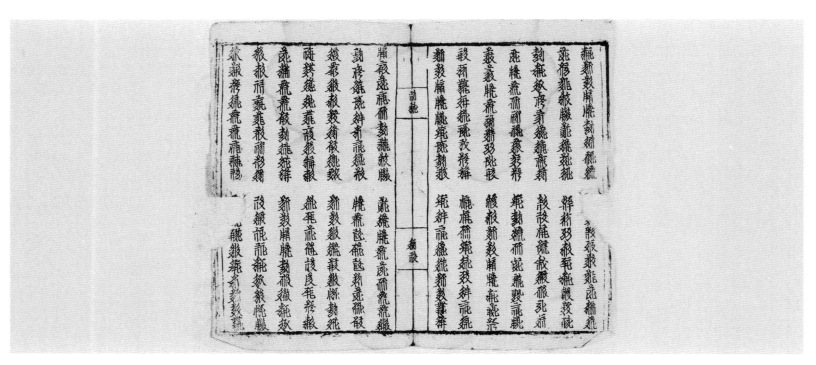

俄 **И**нв.No.806　　聖勝慧到彼岸功德寶集偈下卷　　　（8-4）

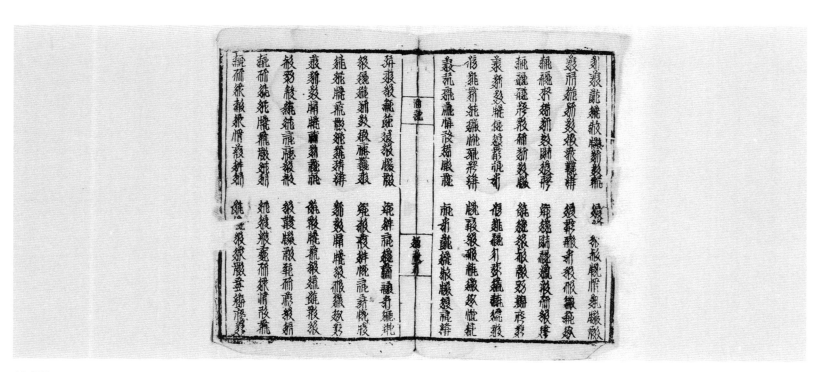

俄 **И**нв.No.806　　聖勝慧到彼岸功德寶集偈下卷　　　（8-5）

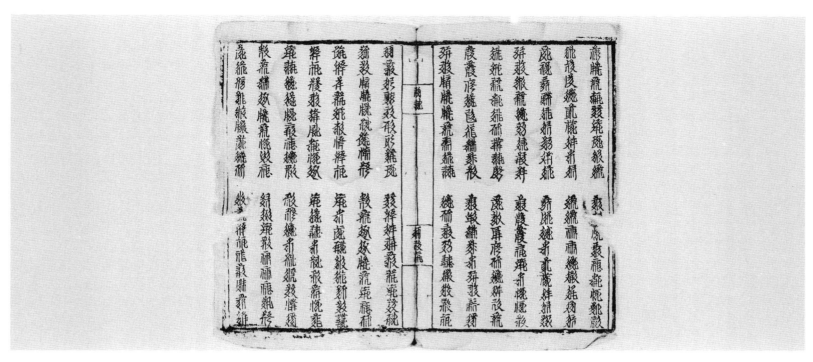

俄ИнB.No.806　聖勝慧到彼岸功德寳集偈下卷　　　(8-6)

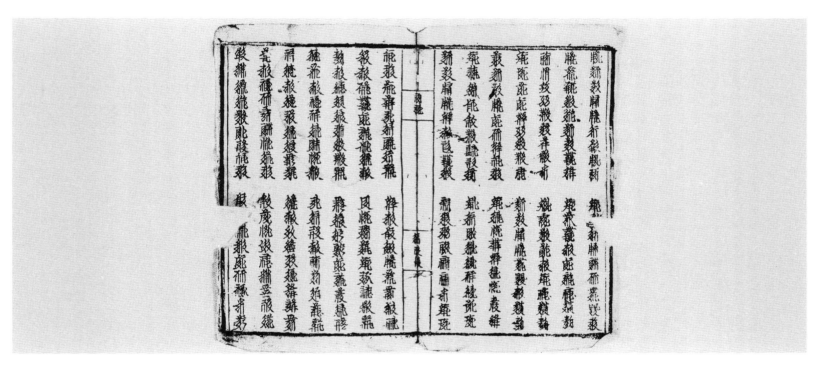

俄ИнB.No.806　聖勝慧到彼岸功德寳集偈下卷　　　(8-7)

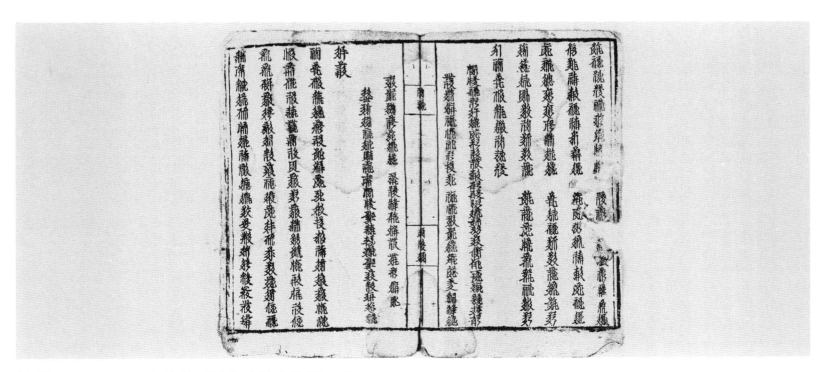

俄ИнB.No.806　聖勝慧到彼岸功德寳集偈下卷　　　(8-8)

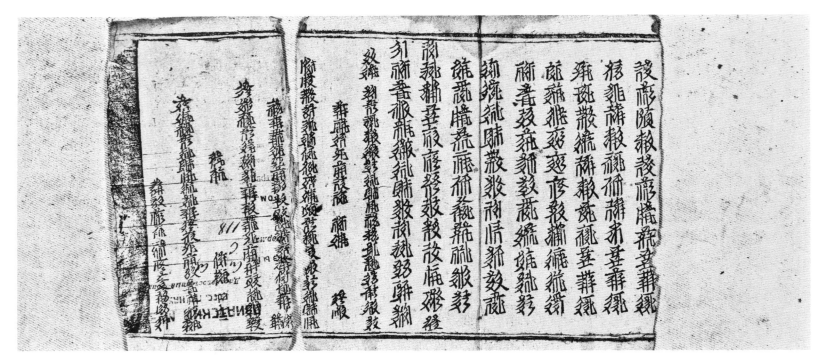

俄 Инв.No.598 　聖勝慧到彼岸功德寶集偈下卷

俄 Инв.No.4593 　聖慧到彼岸□□□□□第五　　(26-1)

俄 Инв.No.4593 　聖慧到彼岸□□□□□第五　　(26-2)

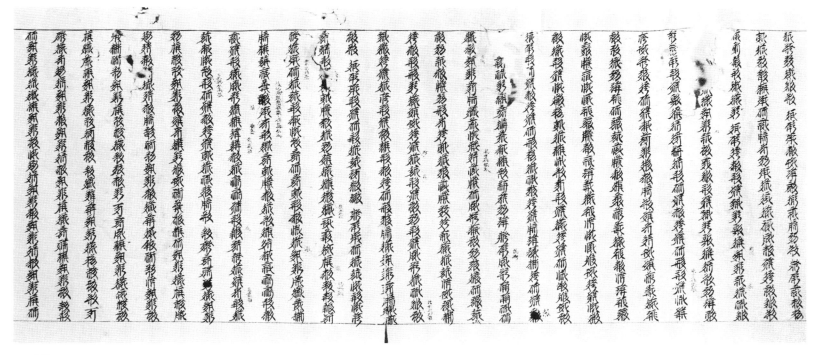

俄 **И**нв.No.4593　　聖慧到彼岸□□□□□第五　　（26-3）

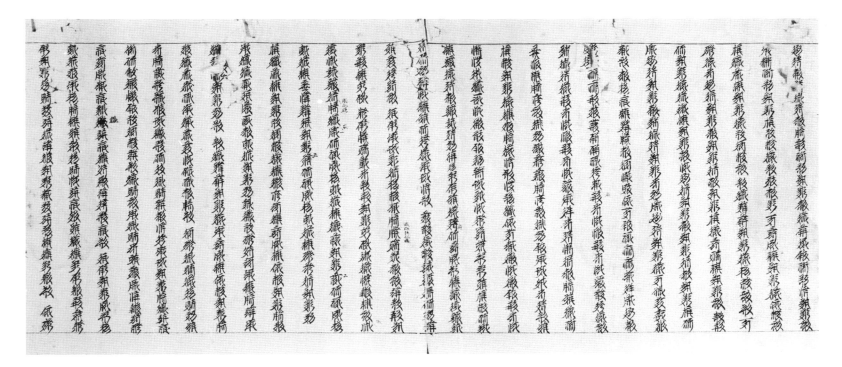

俄 **И**нв.No.4593　　聖慧到彼岸□□□□□第五　　（26-4）

俄 **И**нв.No.4593　　聖慧到彼岸□□□□□第五　　（26-5）

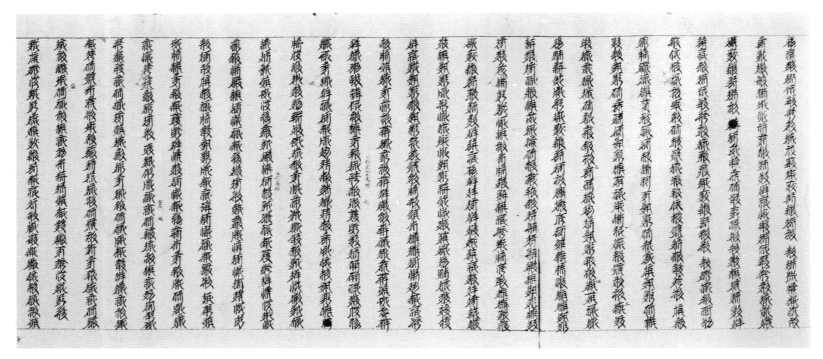

俄ИНВ.No.4593　聖慧到彼岸□□□□□□第五　　　(26-6)

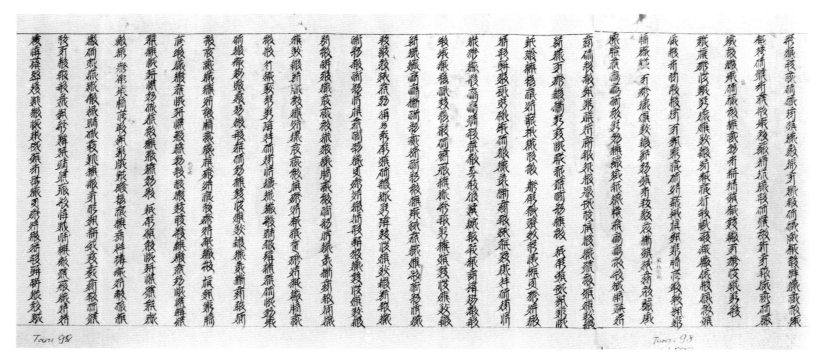

俄ИНВ.No.4593　聖慧到彼岸□□□□□□第五　　　(26-7)

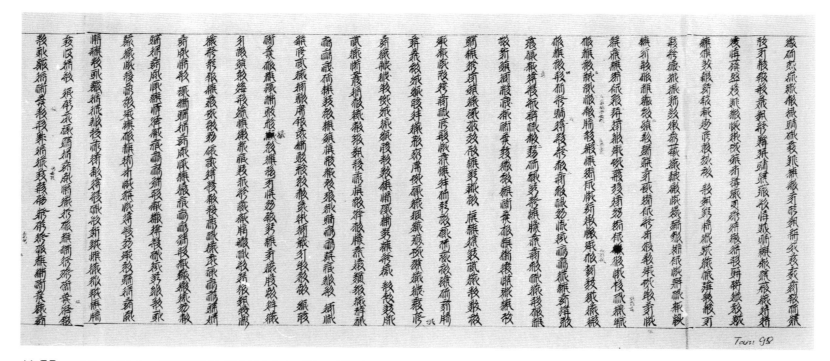

俄ИНВ.No.4593　聖慧到彼岸□□□□□□第五　　　(26-8)

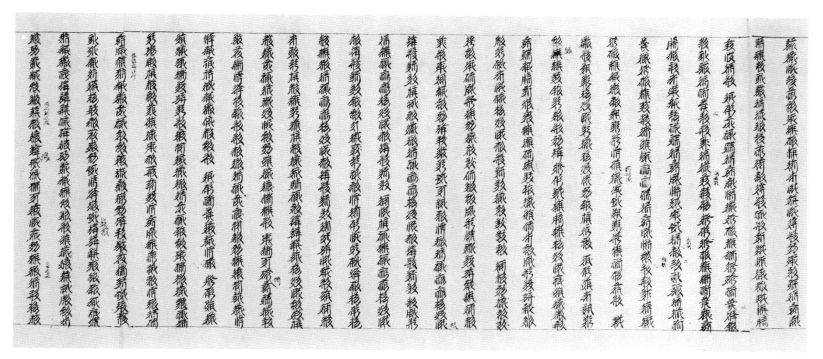

俄ИНВ.No.4593　聖慧到彼岸 ⬚⬚⬚⬚ 第五　(26-9)

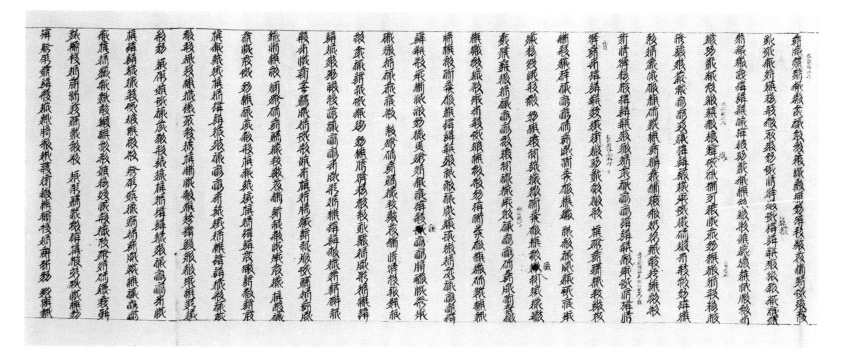

俄ИНВ.No.4593　聖慧到彼岸 ⬚⬚⬚⬚ 第五　(26-10)

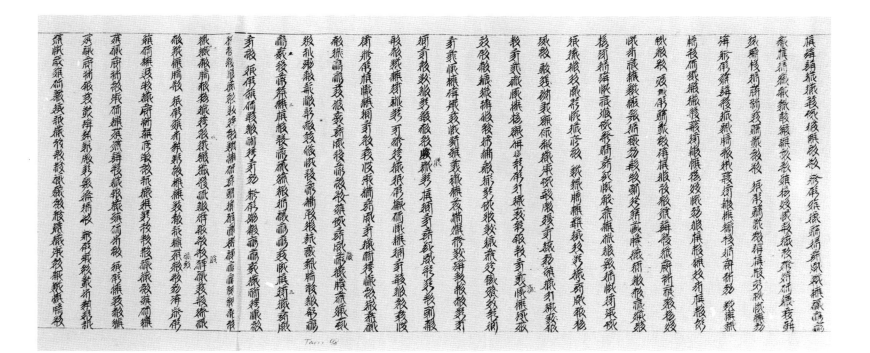

俄ИНВ.No.4593　聖慧到彼岸 ⬚⬚⬚⬚ 第五　(26-11)

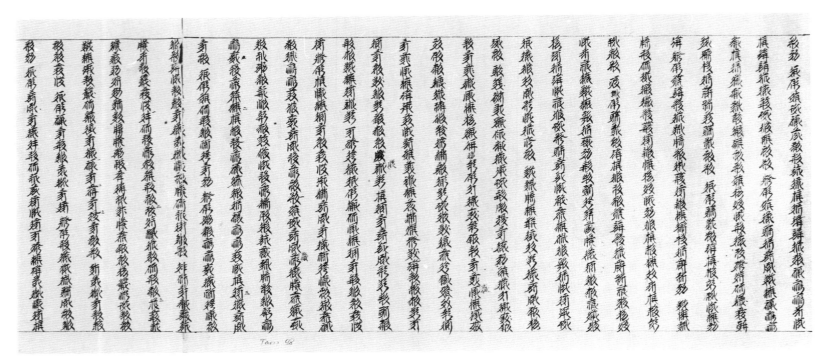

俄 **И**нв.No.4593　　聖慧到彼岸□□□□□第五　　　（26-12）

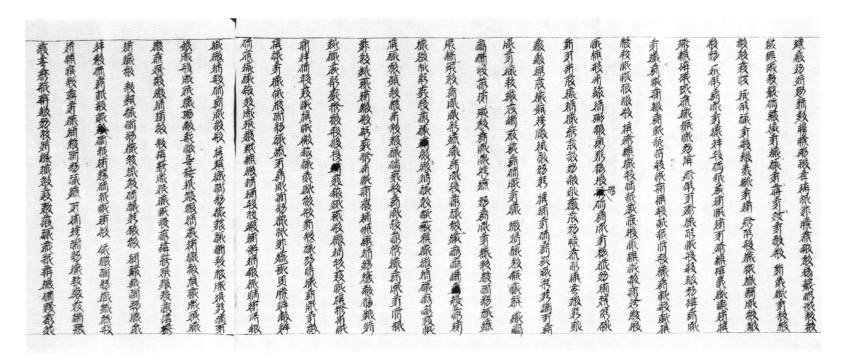

俄 **И**нв.No.4593　　聖慧到彼岸□□□□第五　　　（26-13）

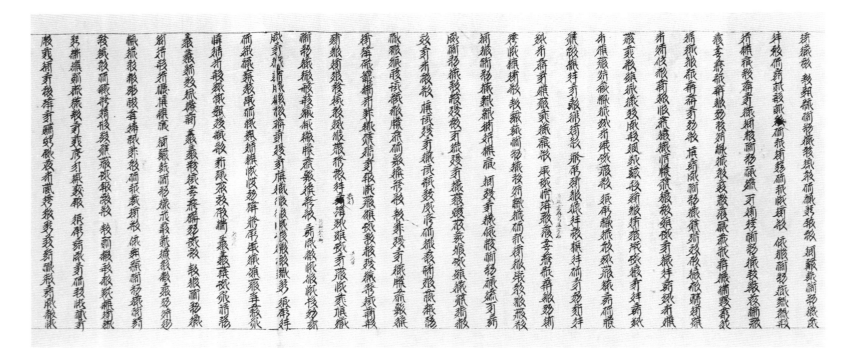

俄 **И**нв.No.4593　　聖慧到彼岸□□□□□第五　　　（26-14）

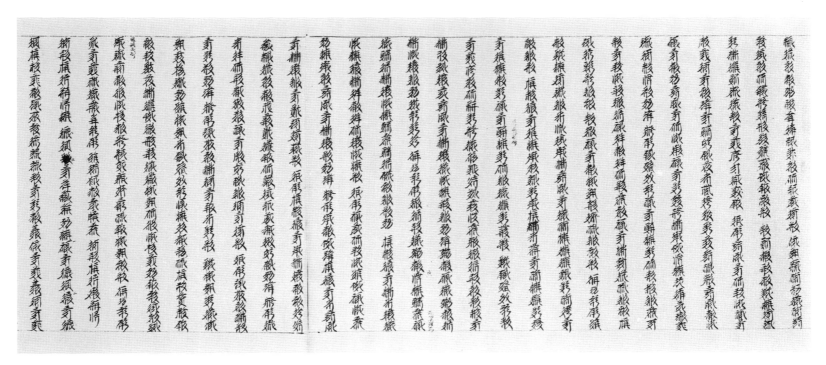

俄 **И**нв.No.4593　　聖慧到彼岸 [＿＿＿＿] 第五　　　(26-15)

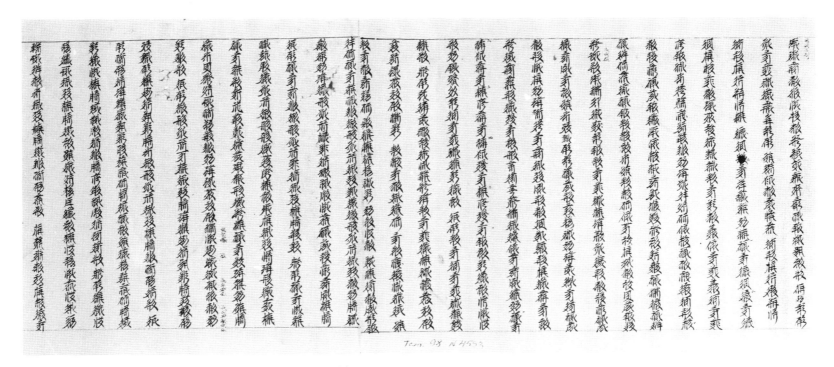

俄 **И**нв.No.4593　　聖慧到彼岸 [＿＿＿＿] 第五　　　(26-16)

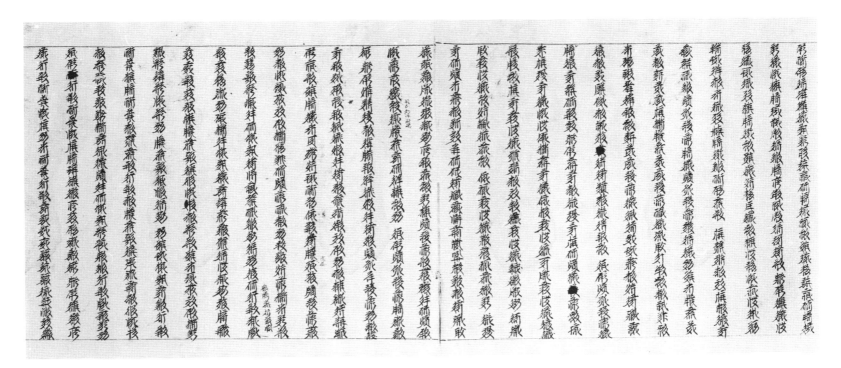

俄 **И**нв.No.4593　　聖慧到彼岸 [＿＿＿＿] 第五　　　(26-17)

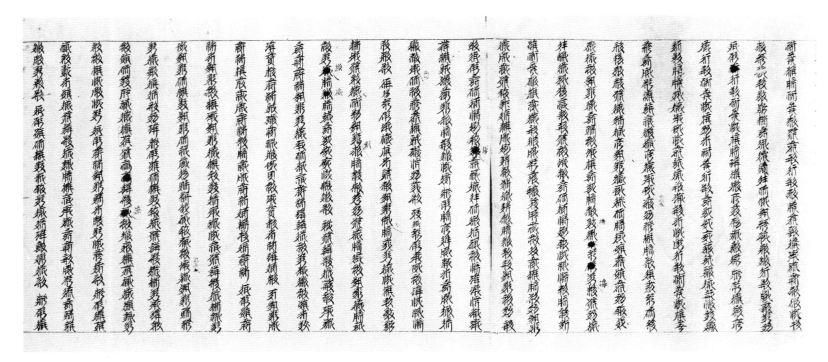

俄Инв.No.4593　聖慧到彼岸 □□□□□□ 第五　　　(26-18)

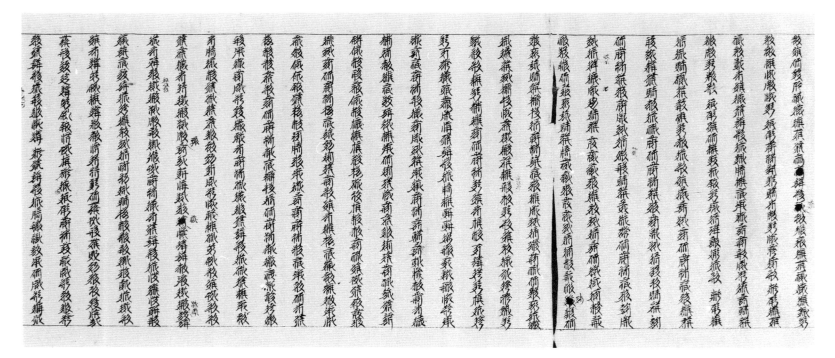

俄Инв.No.4593　聖慧到彼岸 □□□□□□ 第五　　　(26-19)

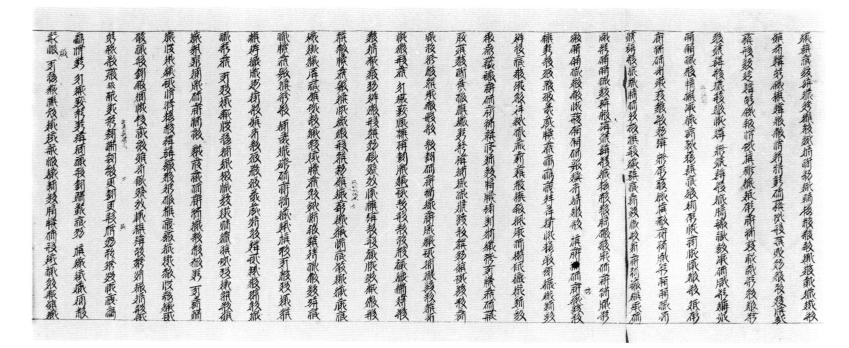

俄Инв.No.4593　聖慧到彼岸 □□□□□□ 第五　　　(26-20)

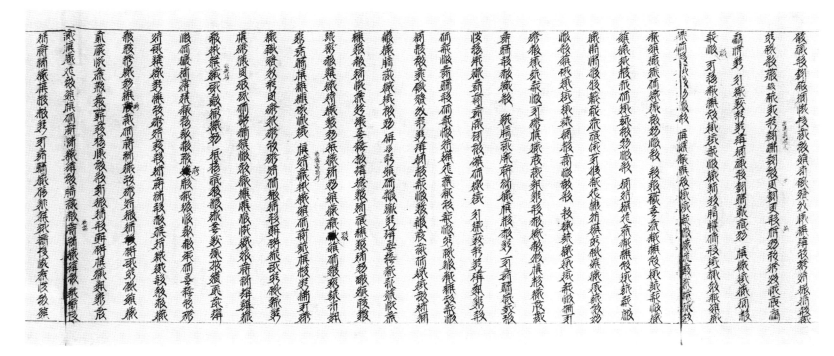

俄 **И**нв.No.4593　聖慧到彼岸 □□□□□□ 第五　　(26-21)

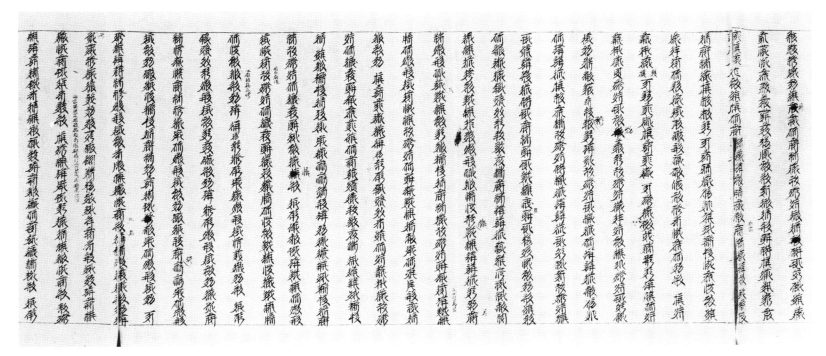

俄 **И**нв.No.4593　聖慧到彼岸 □□□□□□ 第五　　(26-22)

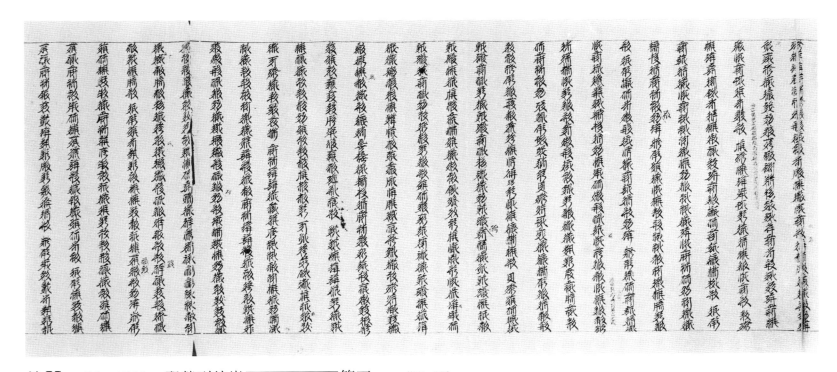

俄 **И**нв.No.4593　聖慧到彼岸 □□□□□□ 第五　　(26-23)

俄 Инв.No.4593　聖慧到彼岸▭▭▭第五　　(26-24)

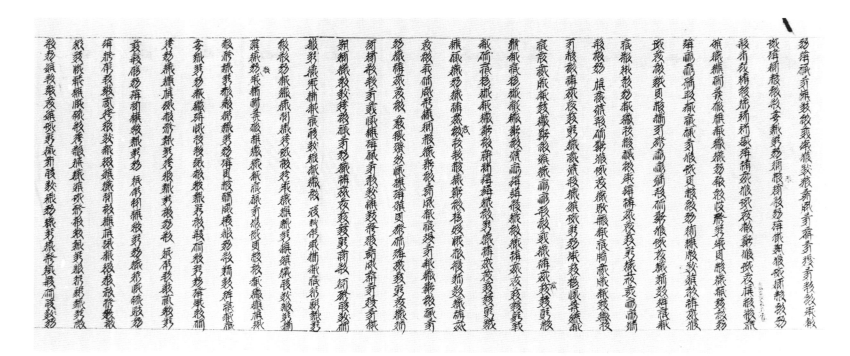

俄 Инв.No.4593　聖慧到彼岸▭▭▭第五　　(26-25)

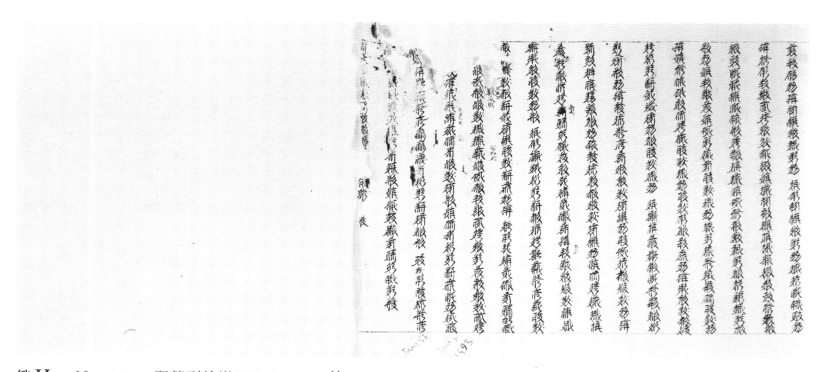

俄 Инв.No.4593　聖慧到彼岸▭▭▭第五　　(26-26)

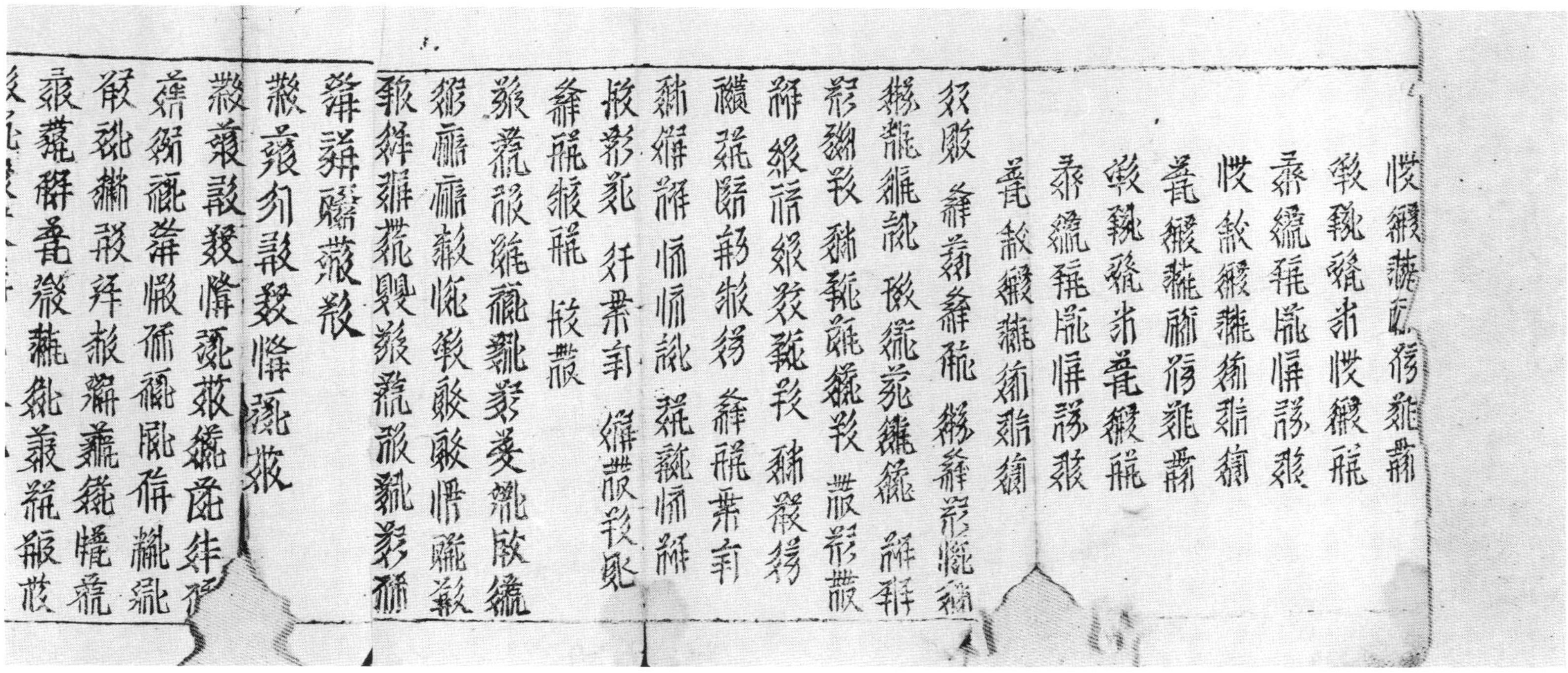

俄 Инв.No.697　大乘聖無量壽經　　(2-1)

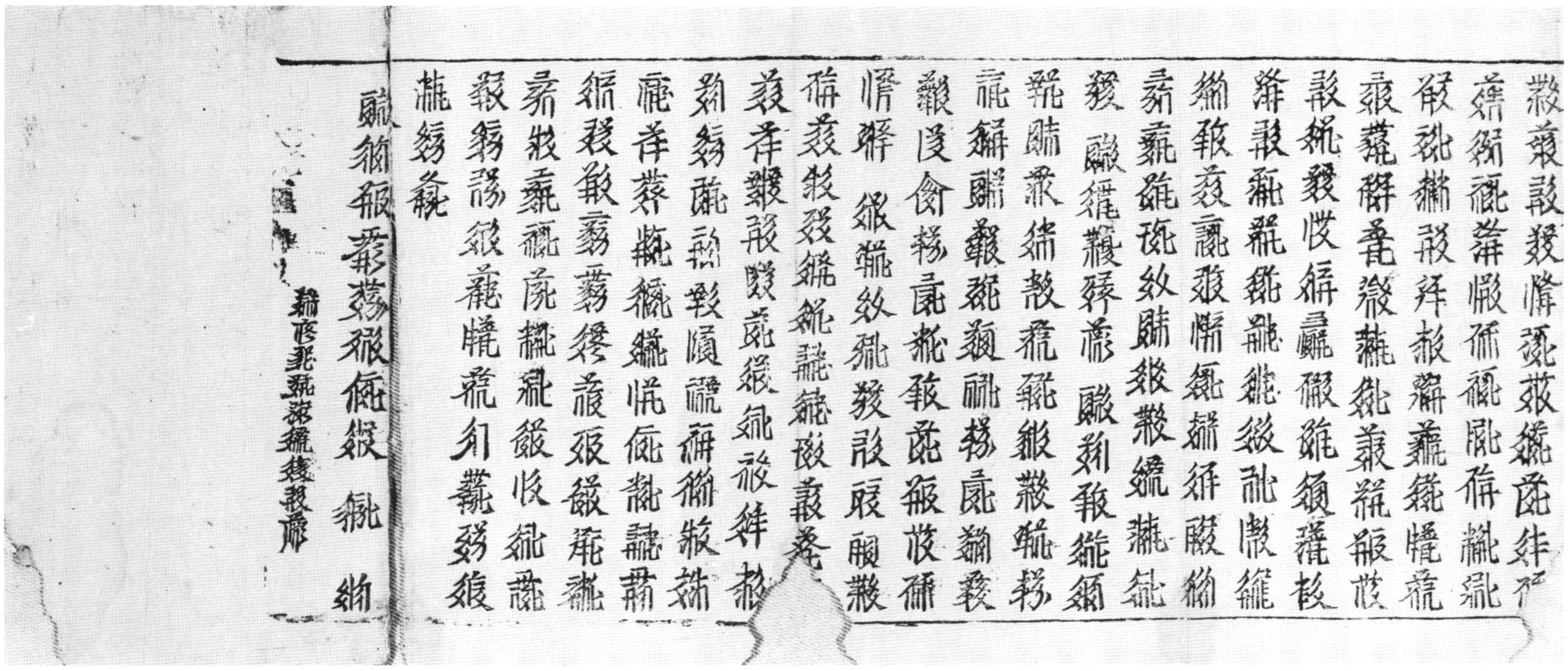

俄 Инв.No.697　大乘聖無量壽經　　(2-2)

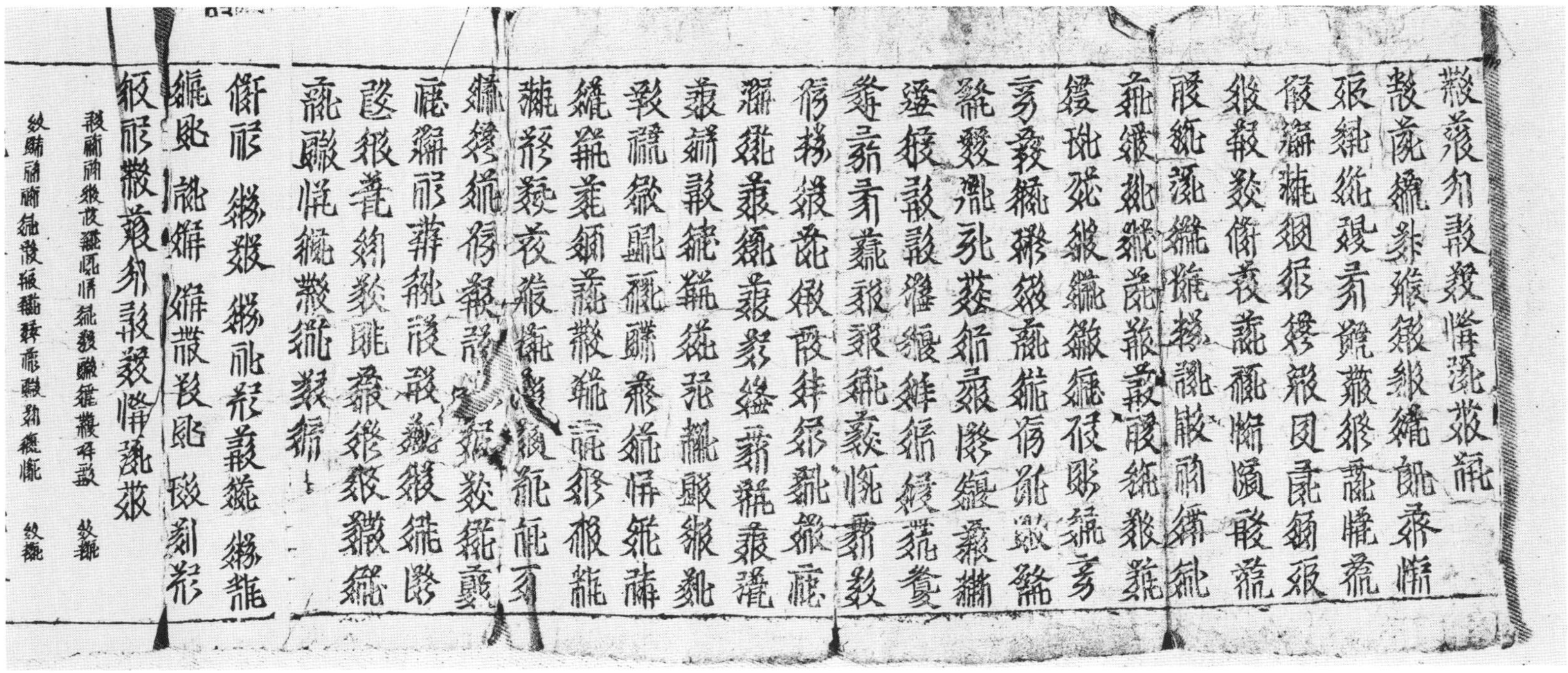

俄 Инв.No.812　大乘聖無量壽經

俄 Инв.No.6943　大乘聖無量壽經　　　(13-1)

俄 Инв.No.6943　大乘聖無量壽經　　　(13-2)

俄 Инв.No.6943　大乘聖無量壽經　　　(13-3)

俄Инв.No.6943　大乘聖無量壽經　　　　（13-4）

俄Инв.No.6943　大乘聖無量壽經　　　　（13-5）

俄Инв.No.6943　大乘聖無量壽經　　　　（13-6）

俄 Инв.No.6943　大乘聖無量壽經　　　(13-7)

俄 Инв.No.6943　大乘聖無量壽經　　　(13-8)

俄 Инв.No.6943　大乘聖無量壽經　　　(13-9)

俄 **И**нв.No.6943　　大乘聖無量壽經　　　　（13-10）

俄 **И**нв.No.6943　　大乘聖無量壽經　　　　（13-11）

俄 **И**нв.No.6943　　大乘聖無量壽經　　　　（13-12）

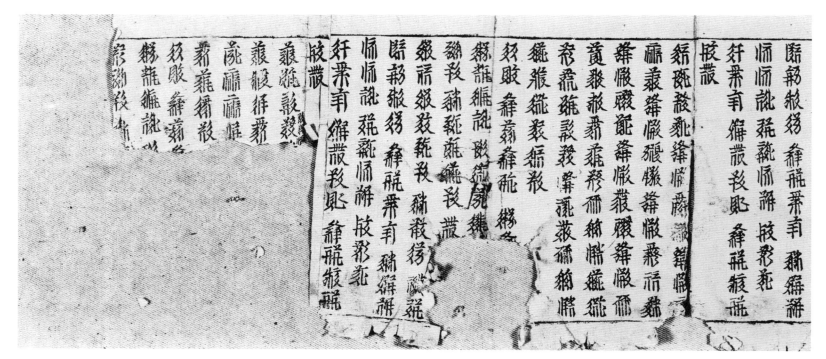

俄 Инв.No.6943　大乗聖無量寿経　　(13-13)

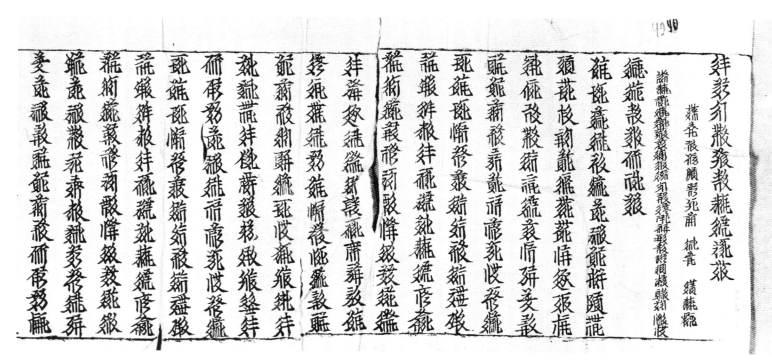

俄 Инв.No.4940　佛説聖大乗三皈依經　　(2-1)

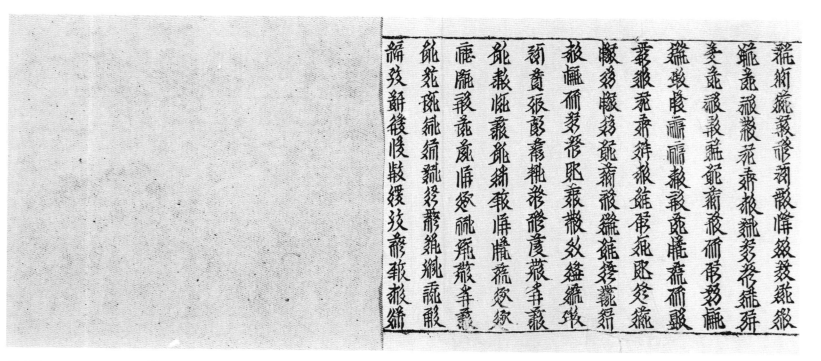

俄 Инв.No.4940　佛説聖大乗三皈依經　　(2-2)

俄 Инв.No.5558　佛説聖大乘三皈依經　　　(4-1)

俄 Инв.No.5558　佛説聖大乘三皈依經　　　(4-2)

俄 Инв.No.5558　佛説聖大乘三皈依經　　　(4-3)

俄 Инв.No.5558　佛説聖大乘三皈依經　　　(4-4)

俄 Инв.No.7577　佛説聖大乘三皈依經　　　(3-1)

俄 Инв.No.7577　佛説聖大乘三皈依經　　　(3-2)

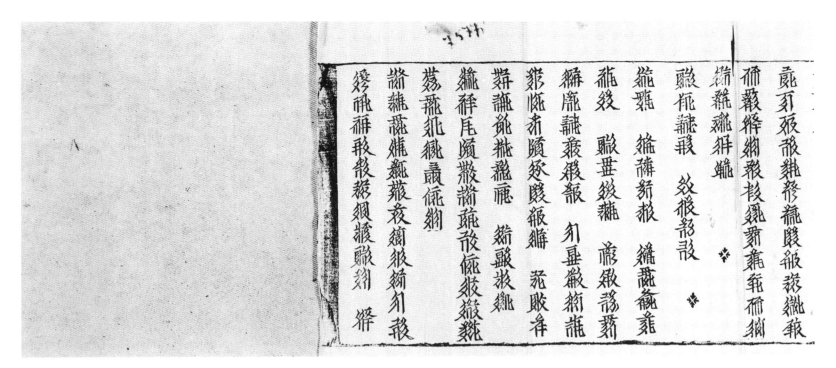

俄 **И**нв.No.7577　佛說聖大乘三皈依經　　　(3-3)

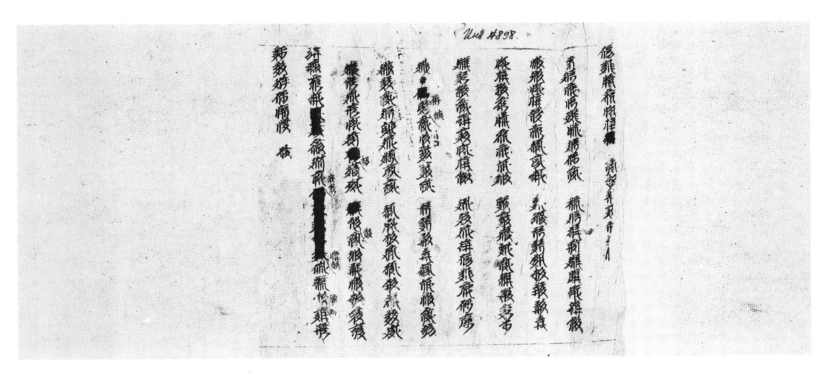

俄 **И**нв.No.898　1.菩提心之念定　　　(3-1)

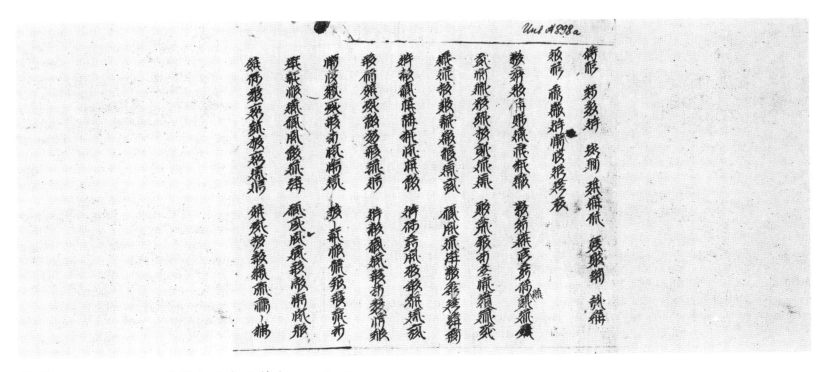

俄 **И**нв.No.898　2.菩提心念定六義文　　　(3-2)

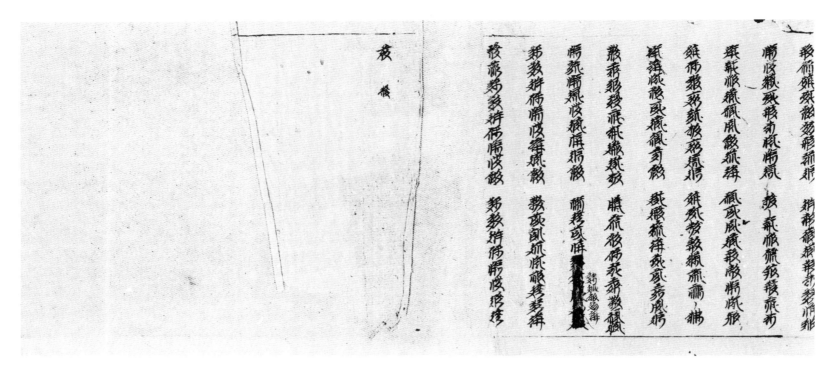

俄 Инв.No.898　2.菩提心念定六義文　　　(3-3)

俄Инв.No.4718　常所做解義記　　　(15-1)

俄Инв.No.4718　常所做解義記　　　(15-2)

俄 **И**нв.No.4718　常所做解義記　　（15-3）

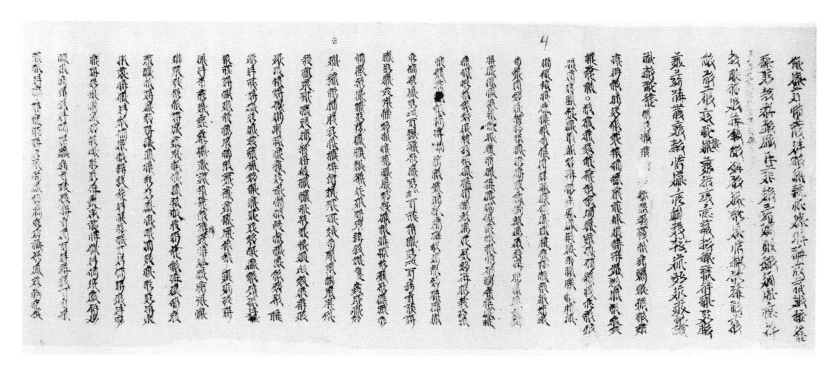

俄 **И**нв.No.4718　常所做解義記　　（15-4）

俄 **И**нв.No.4718　常所做解義記　　（15-5）

俄Инв.No.4718　常所做解義記　　　(15-6)

俄Инв.No.4718　常所做解義記　　　(15-7)

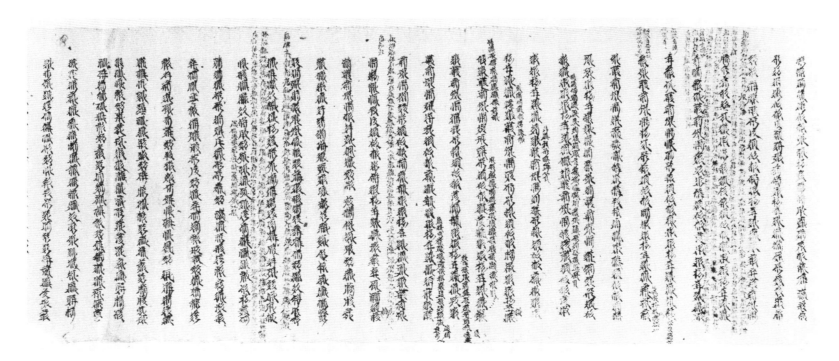

俄Инв.No.4718　常所做解義記　　　(15-8)

俄 Инв.No.4718　　常所做解義記　　　（15-9）

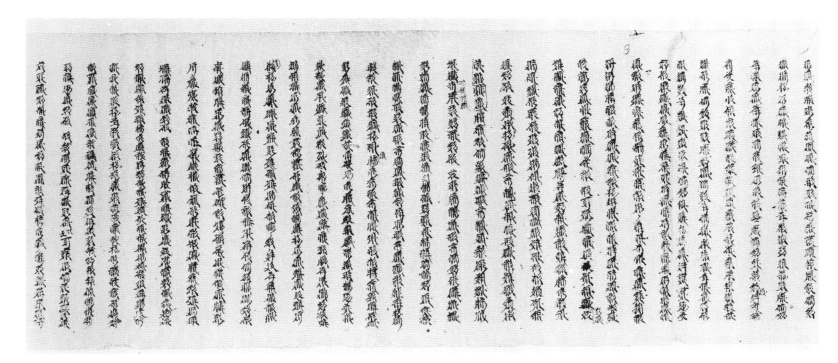

俄 Инв.No.4718　　常所做解義記　　　（15-10）

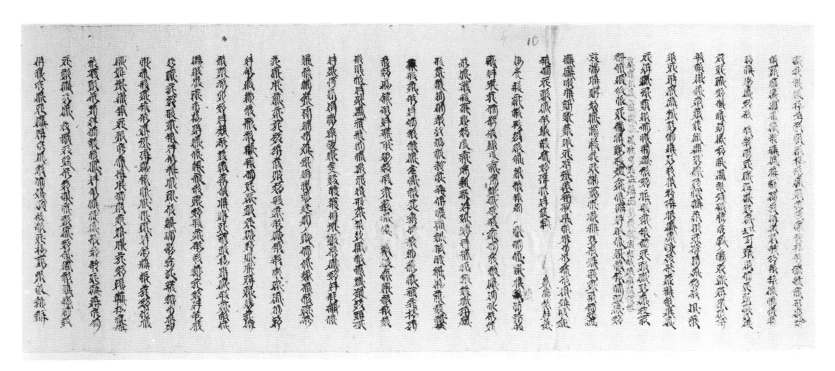

俄 Инв.No.4718　　常所做解義記　　　（15-11）

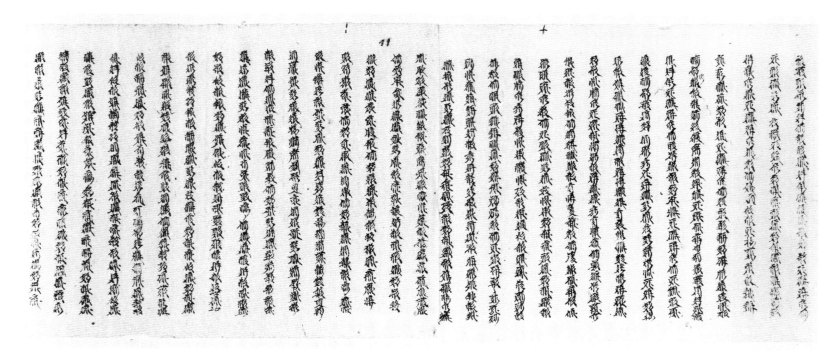

俄Инв.No.4718　常所做解義記　　　(15-12)

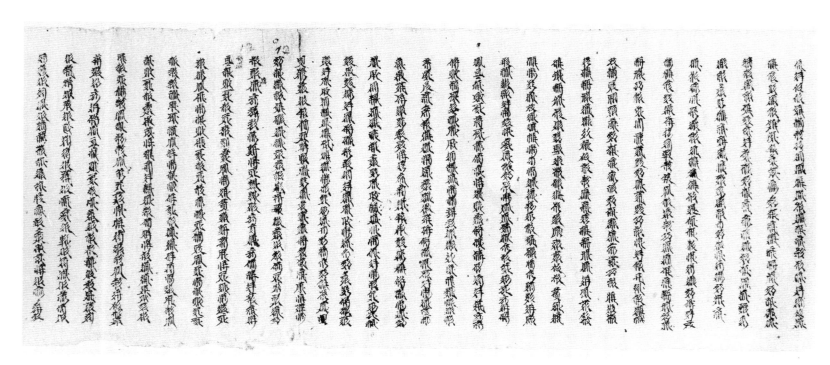

俄Инв.No.4718　常所做解義記　　　(15-13)

俄Инв.No.4718　常所做解義記　　　(15-14)

俄**Инв**.No.4718　常所做解義記　　　(15-15)

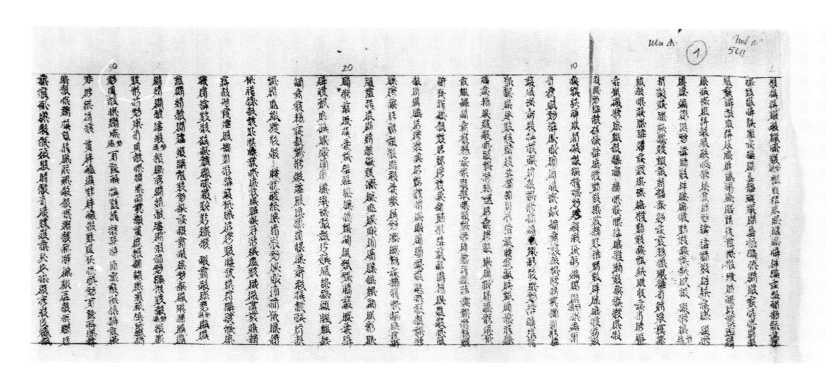

俄**Инв**.No.5011　菩提心及常所做法事等圓滿合記文　　(23-1)

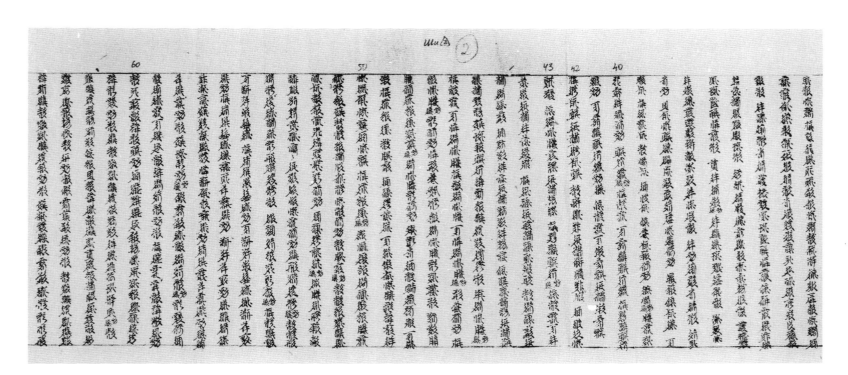

俄**Инв**.No.5011　菩提心及常所做法事等圓滿合記文　　(23-2)

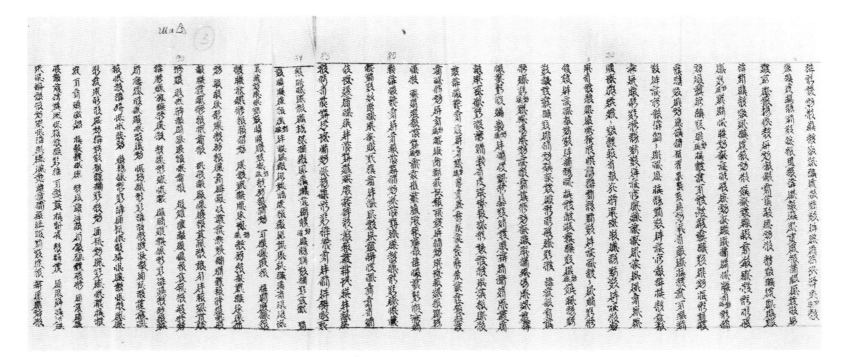

俄Инв.No.5011　菩提心及常所做法事等圓滿合記文　　(23-3)

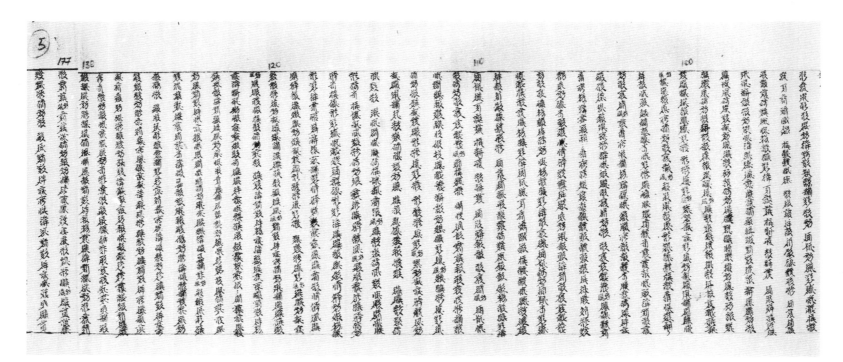

俄Инв.No.5011　菩提心及常所做法事等圓滿合記文　　(23-4)

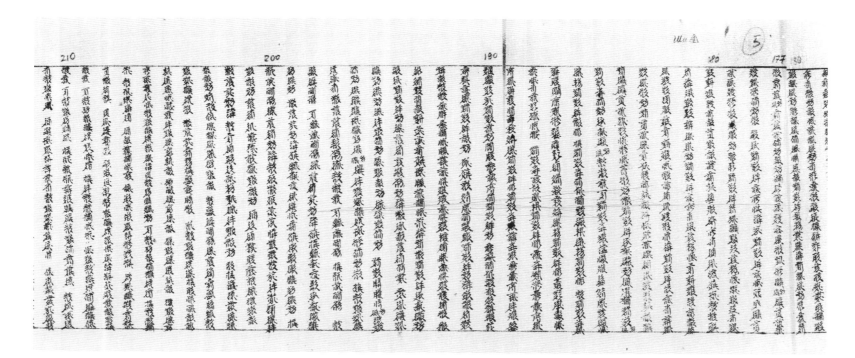

俄Инв.No.5011　菩提心及常所做法事等圓滿合記文　　(23-5)

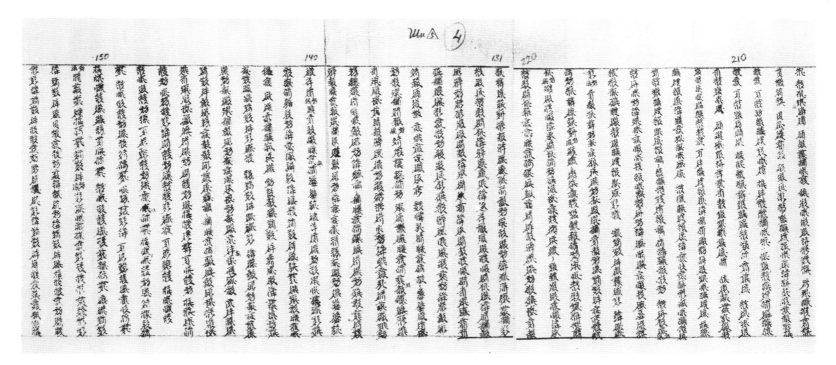

俄 **И**нв.No.5011　菩提心及常所做法事等圓滿合記文　　　(23-6)

俄 **И**нв.No.5011　菩提心及常所做法事等圓滿合記文　　　(23-7)

俄 **И**нв.No.5011　菩提心及常所做法事等圓滿合記文　　　(23-8)

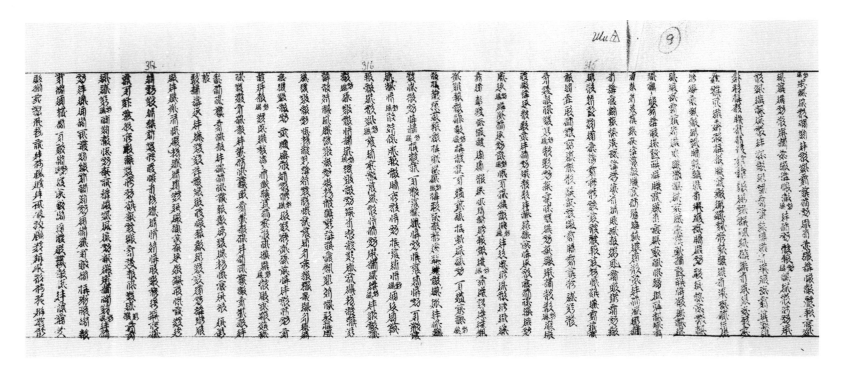

俄Инв.No.5011　菩提心及常所做法事等圓滿合記文　　　(23-9)

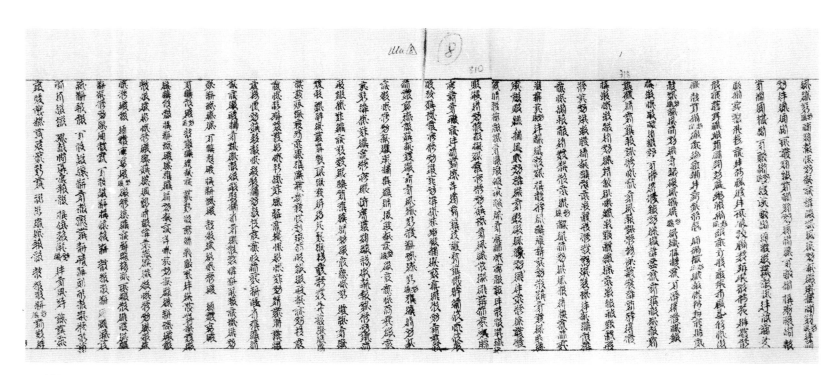

俄Инв.No.5011　菩提心及常所做法事等圓滿合記文　　　(23-10)

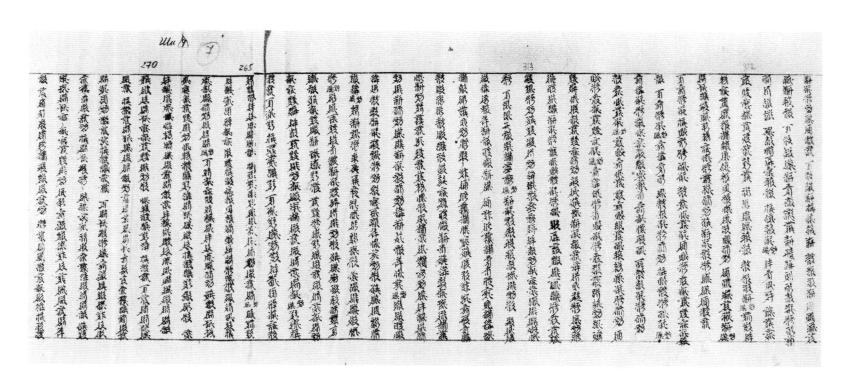

俄Инв.No.5011　菩提心及常所做法事等圓滿合記文　　　(23-11)

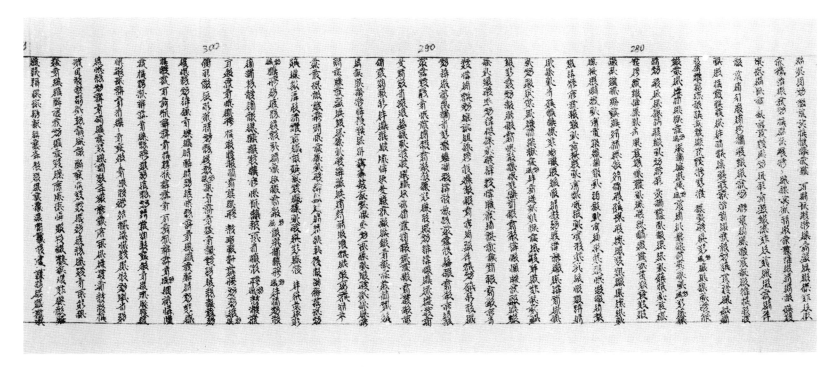

俄 **И**нв.No.5011　　菩提心及常所做法事等圓滿合記文　　　（23−12）

俄 **И**нв.No.5011　　菩提心及常所做法事等圓滿合記文　　　（23−13）

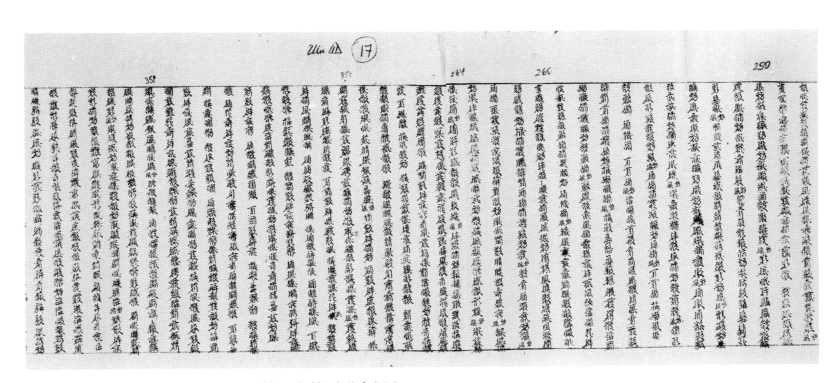

俄 **И**нв.No.5011　　菩提心及常所做法事等圓滿合記文　　　（23−14）

俄ИнВ.No.5011　菩提心及常所做法事等圓滿合記文　　　(23-15)

俄ИнВ.No.5011　菩提心及常所做法事等圓滿合記文　　　(23-16)

俄ИнВ.No.5011　菩提心及常所做法事等圓滿合記文　　　(23-17)

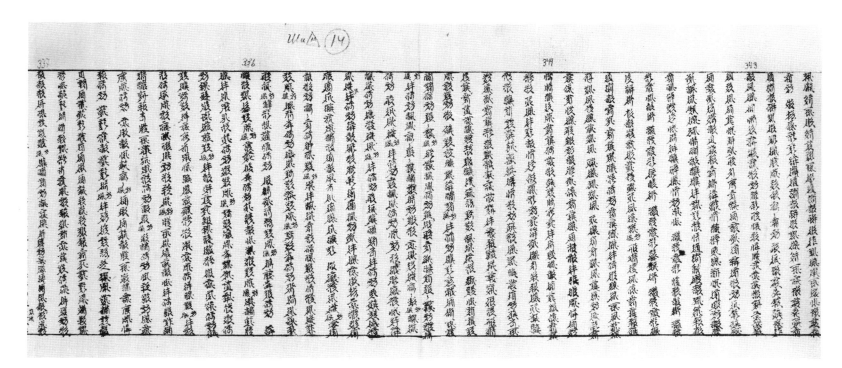

俄ИНВ.No.5011　菩提心及常所做法事等圓滿合記文　　　(23-18)

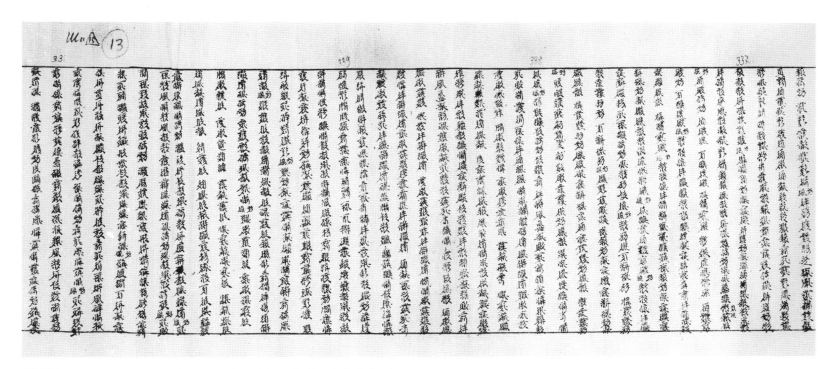

俄ИНВ.No.5011　菩提心及常所做法事等圓滿合記文　　　(23-19)

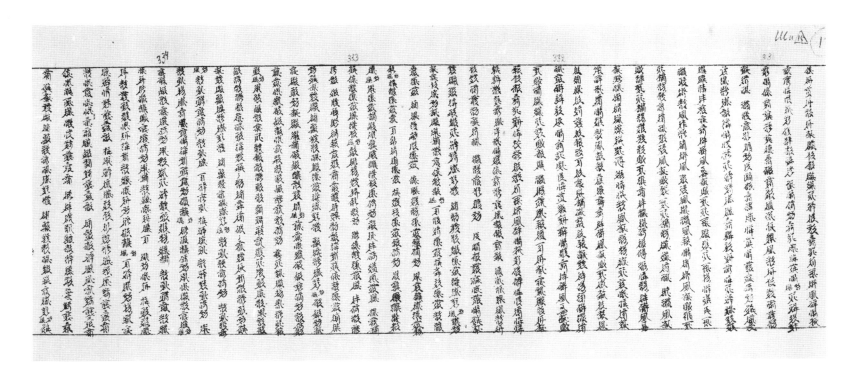

俄ИНВ.No.5011　菩提心及常所做法事等圓滿合記文　　　(23-20)

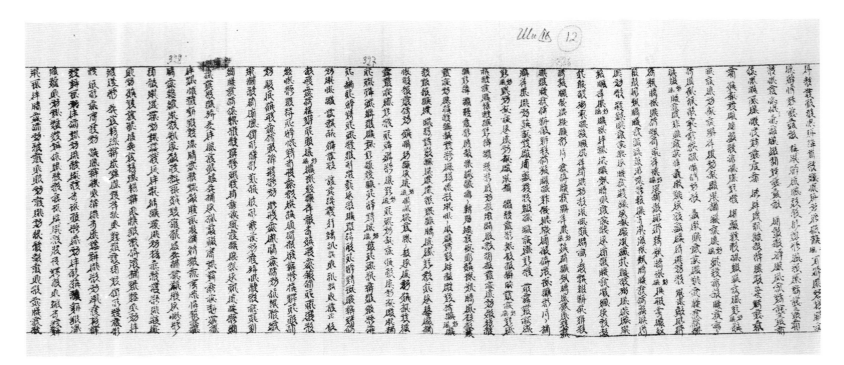

俄ИHB.No.5011　菩提心及常所做法事等圓滿合記文　　(23-21)

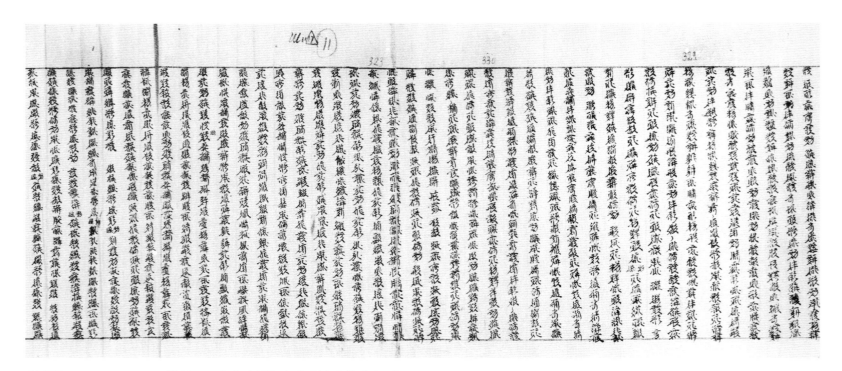

俄ИHB.No.5011　菩提心及常所做法事等圓滿合記文　　(23-22)

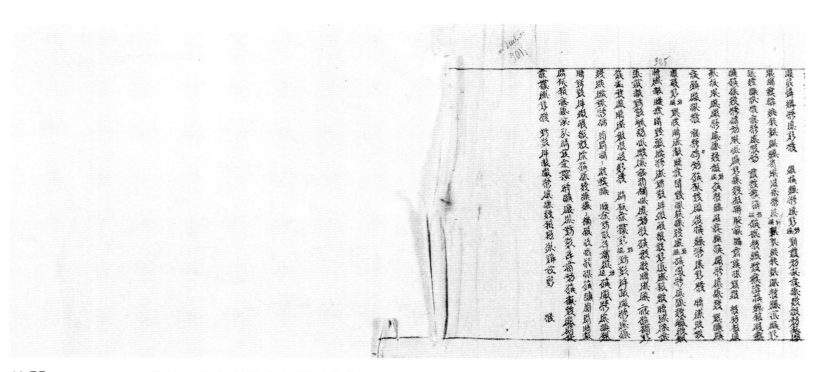

俄ИHB.No.5011　菩提心及常所做法事等圓滿合記文　　(23-23)

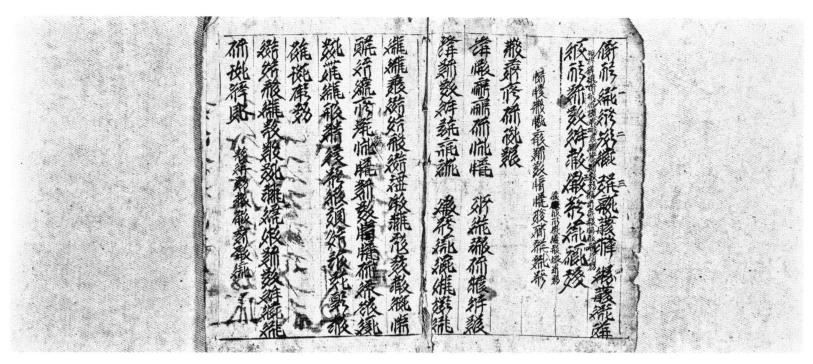

俄 Инв.No.801　菩提心及常所做法事等　　(18-1)

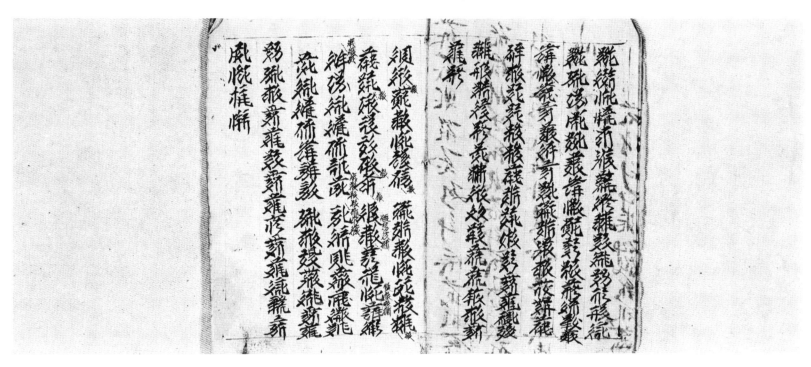

俄 Инв.No.801　菩提心及常所做法事等　　(18-2)

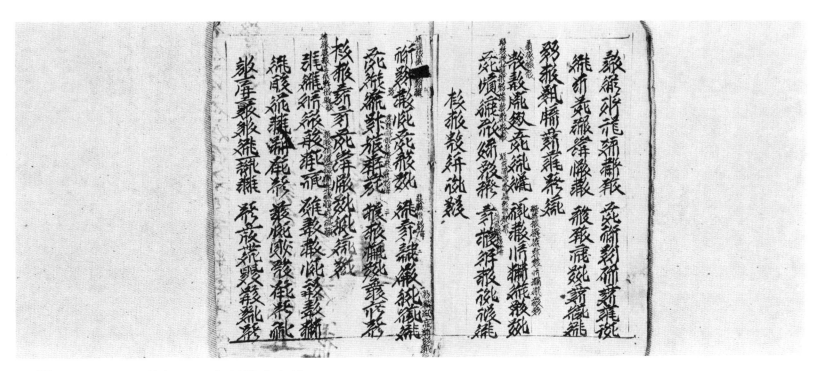

俄 Инв.No.801　菩提心及常所做法事等　　(18-3)

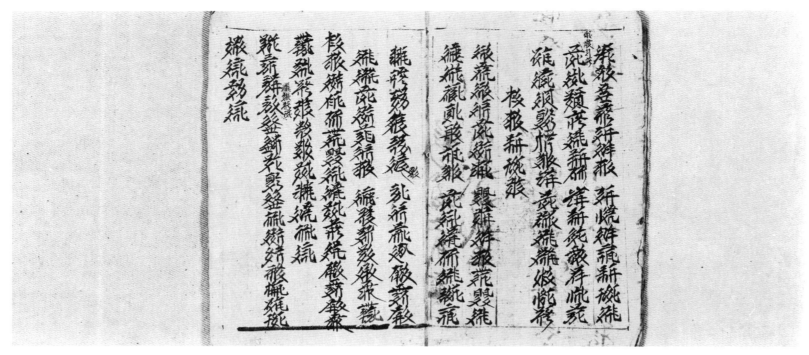

俄 Инв.No.801　菩提心及常所做法事等　　(18-4)

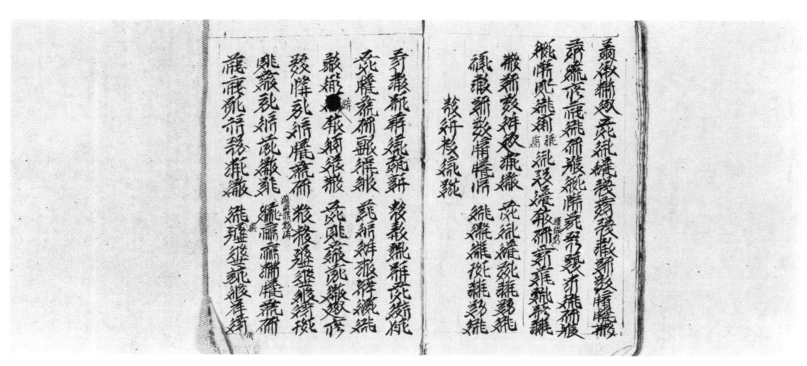

俄 Инв.No.801　菩提心及常所做法事等　　(18-5)

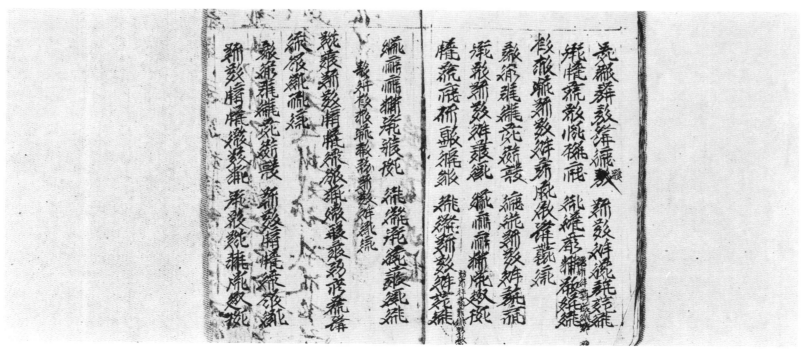

俄 Инв.No.801　菩提心及常所做法事等　　(18-6)

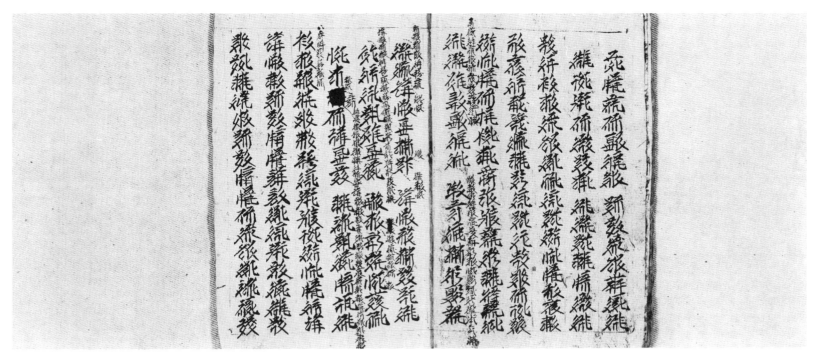

俄Инв.No.801　菩提心及常所做法事等　　　(18-7)

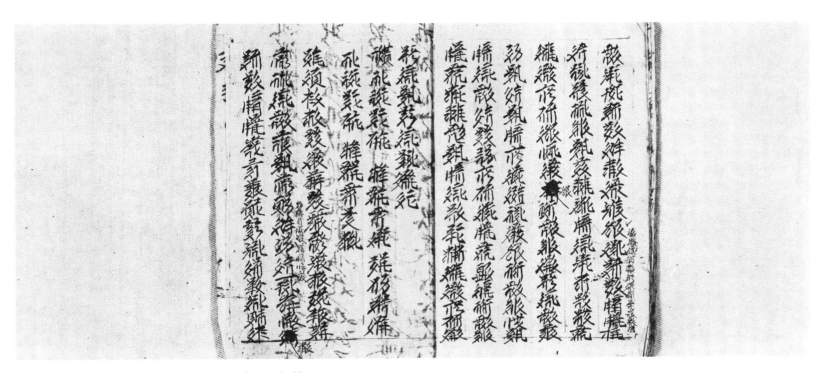

俄Инв.No.801　菩提心及常所做法事等　　　(18-8)

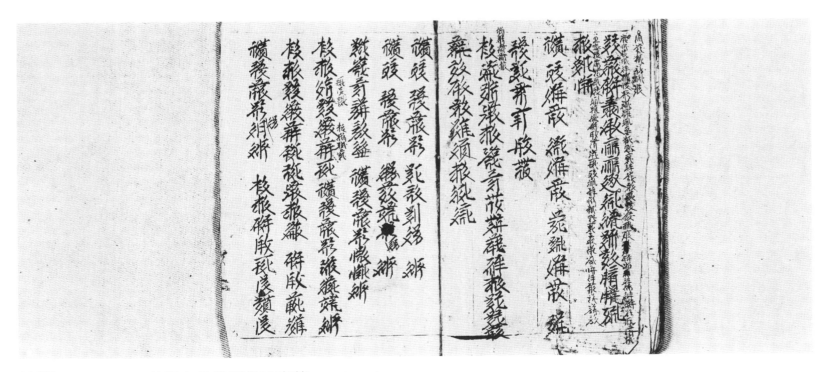

俄Инв.No.801　菩提心及常所做法事等　　　(18-9)

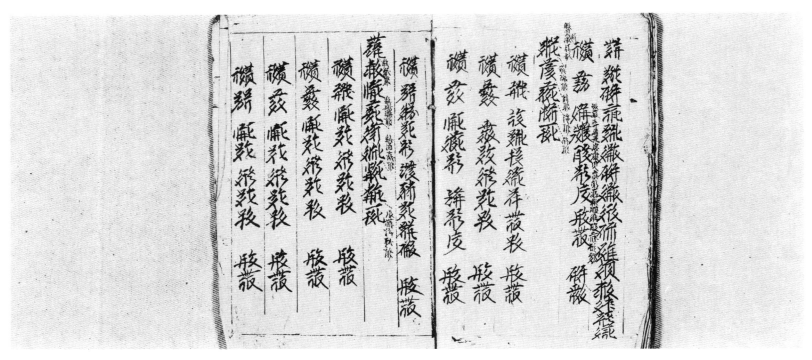

俄 Инв.No.801　菩提心及常所做法事等　　(18-10)

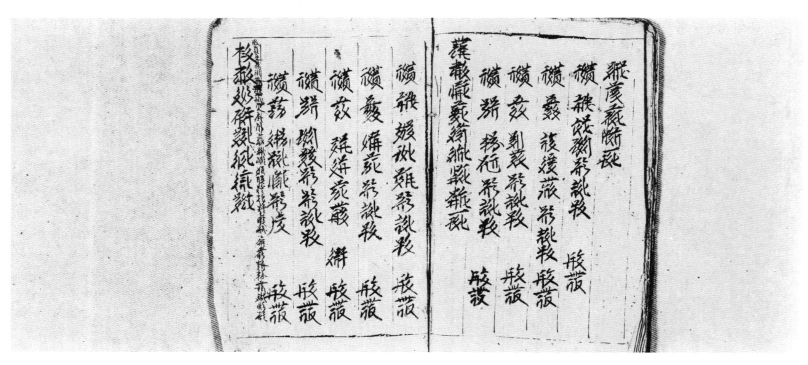

俄 Инв.No.801　菩提心及常所做法事等　　(18-11)

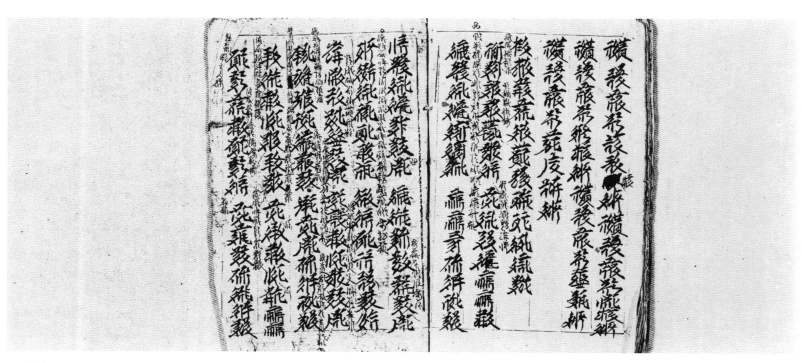

俄 Инв.No.801　菩提心及常所做法事等　　(18-12)

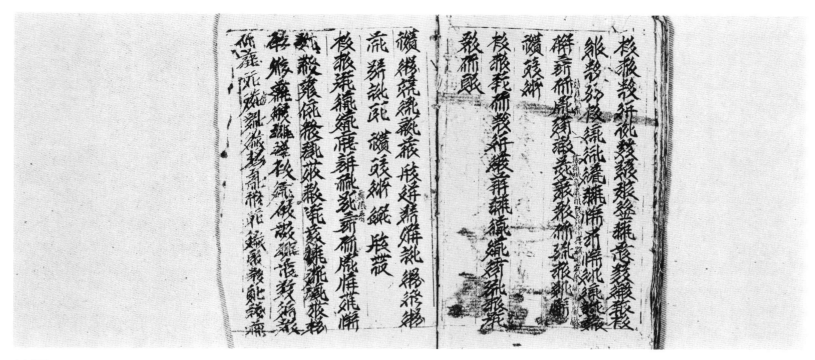

俄Инв.No.801　菩提心及常所做法事等　　(18-13)

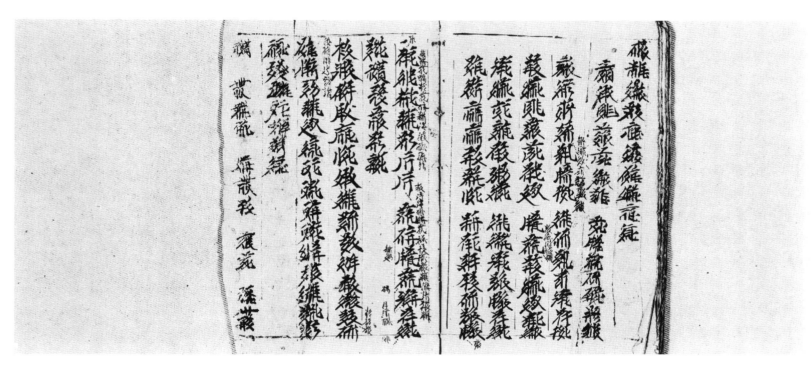

俄Инв.No.801　菩提心及常所做法事等　　(18-14)

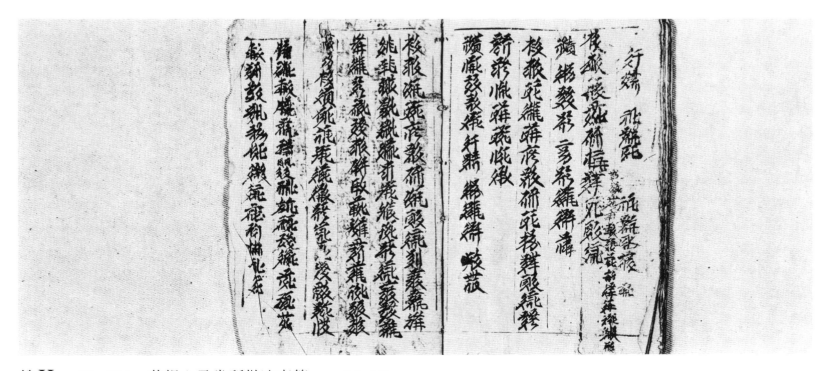

俄Инв.No.801　菩提心及常所做法事等　　(18-15)

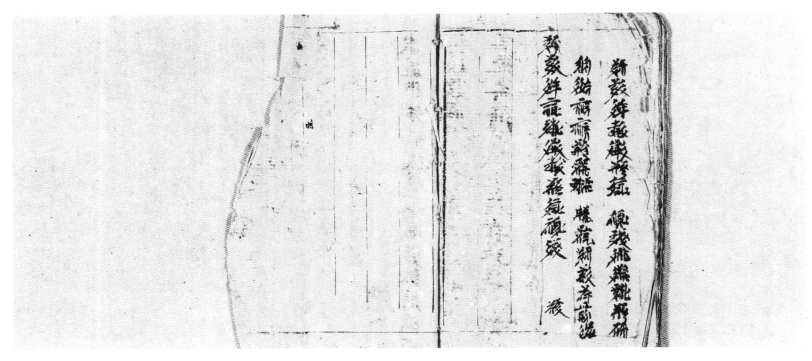

俄 **И**нв.No.801　菩提心及常所做法事等　　(18-16)

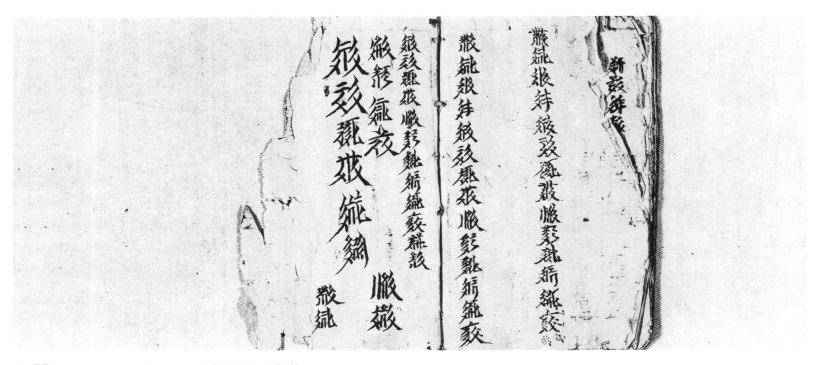

俄 **И**нв.No.801　菩提心及常所做法事等　　(18-17)

俄 **И**нв.No.801　菩提心及常所做法事等　　(18-18)

俄ИнВ.No.802　菩提心及常所做法事等　　(5-1)

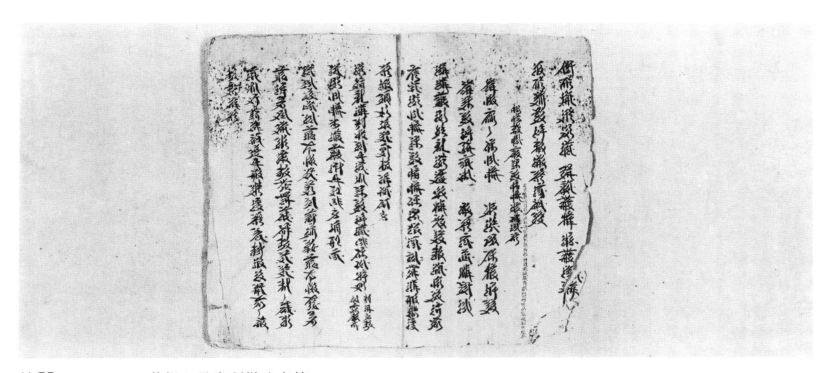

俄ИнВ.No.802　菩提心及常所做法事等　　(5-2)

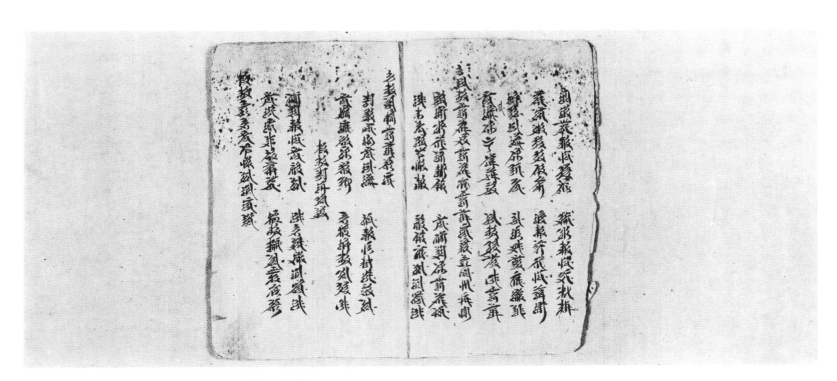

俄ИнВ.No.802　菩提心及常所做法事等　　(5-3)

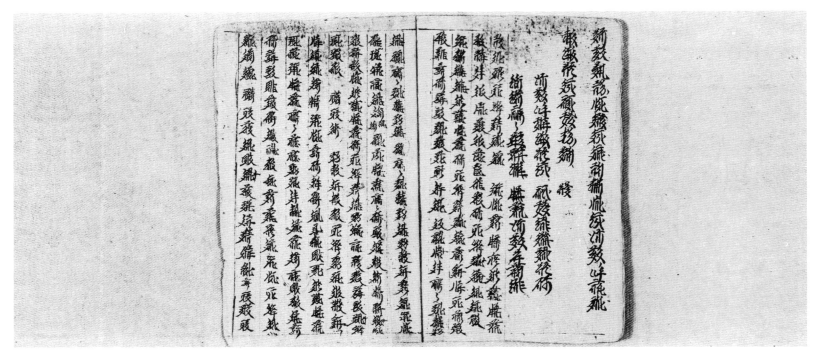

俄 ИHB.No.802　菩提心及常所做法事等　　　(5-4)

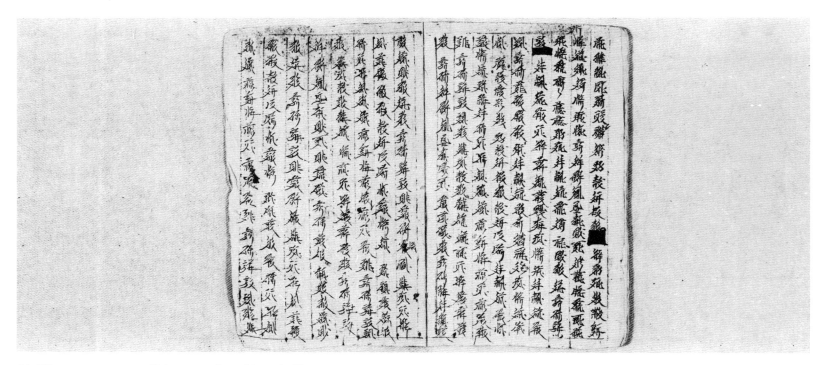

俄 ИHB.No.802　菩提心及常所做法事等　　　(5-5)

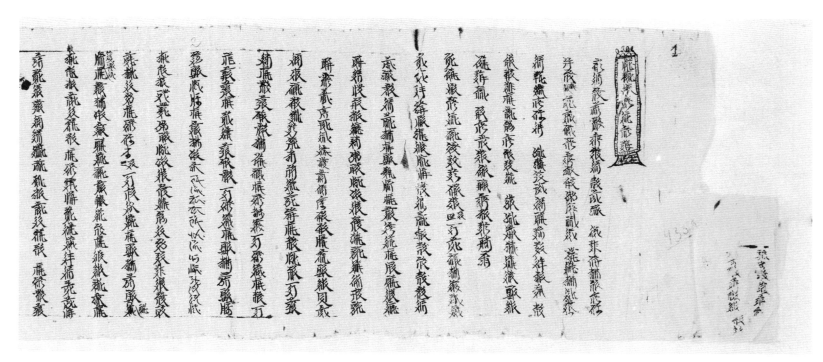

俄 ИHB.No.4359　新譯常所做略記　　　(23-1)

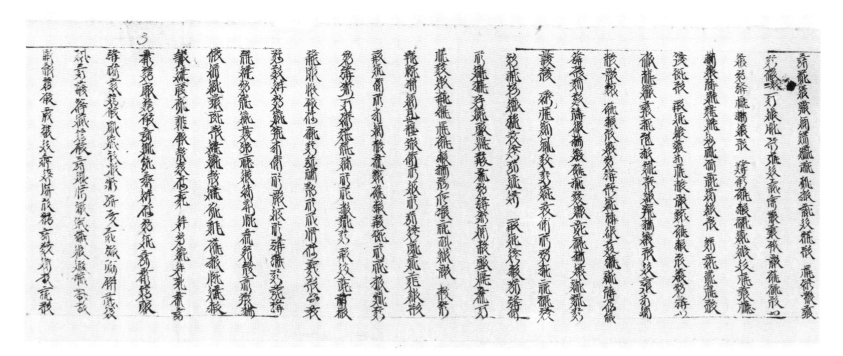

俄 Инв.No.4359　新譯常所做略記　　（23-2）

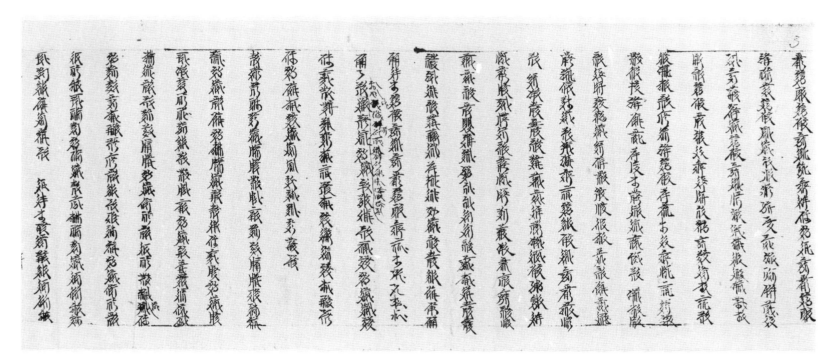

俄 Инв.No.4359　新譯常所做略記　　（23-3）

俄 Инв.No.4359　新譯常所做略記　　（23-4）

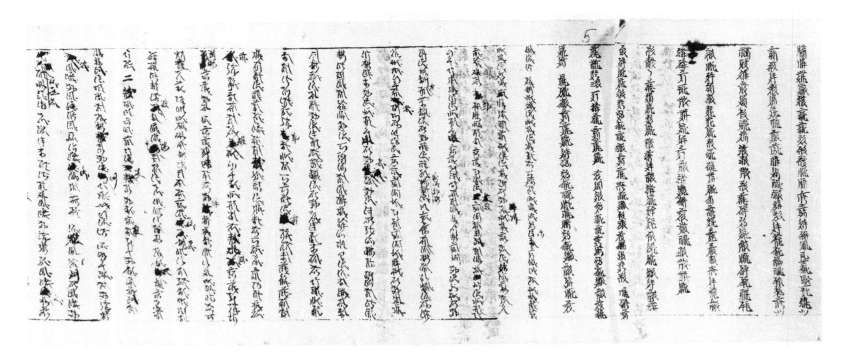

俄 Инв.No.4359　新譯常所做略記　　　（23-5）

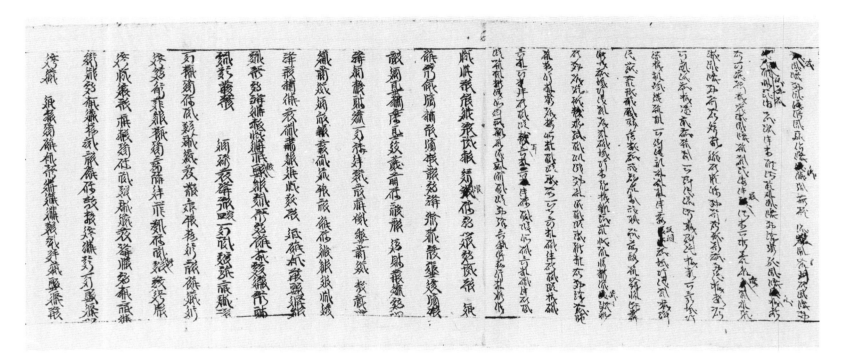

俄 Инв.No.4359　新譯常所做略記　　　（23-6）

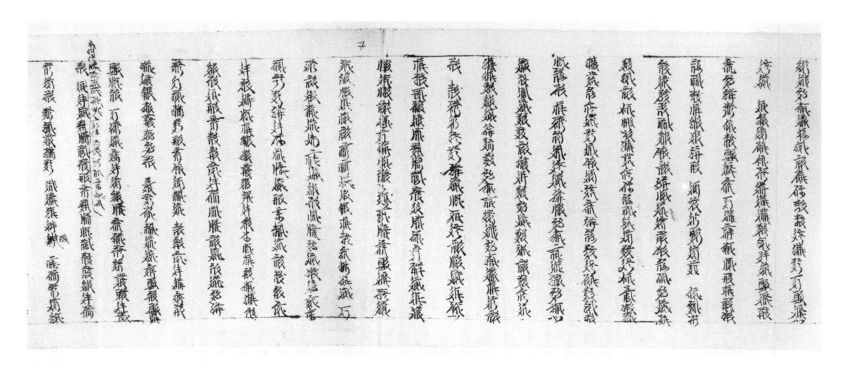

俄 Инв.No.4359　新譯常所做略記　　　（23-7）

俄 Инв.No.4359　　新譯常所做略記　　　（23-8）

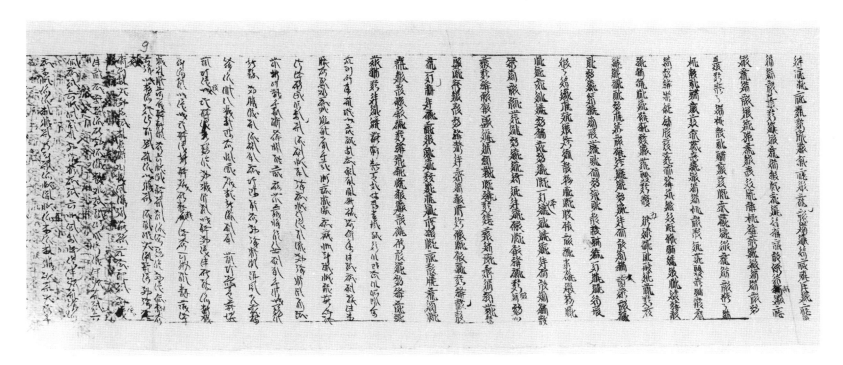

俄 Инв.No.4359　　新譯常所做略記　　　（23-9）

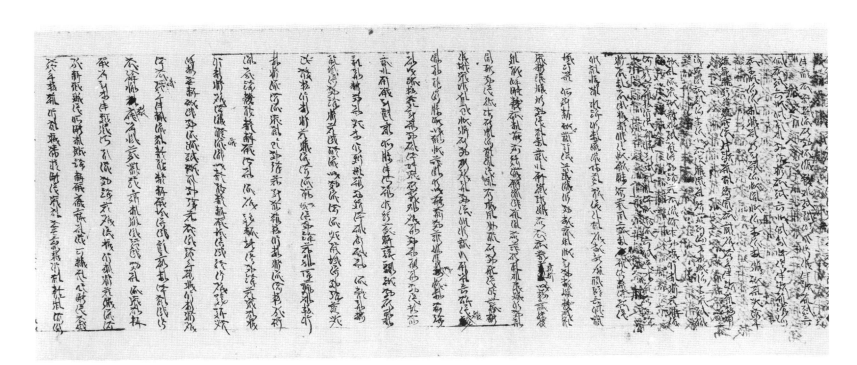

俄 Инв.No.4359　　新譯常所做略記　　　（23-10）

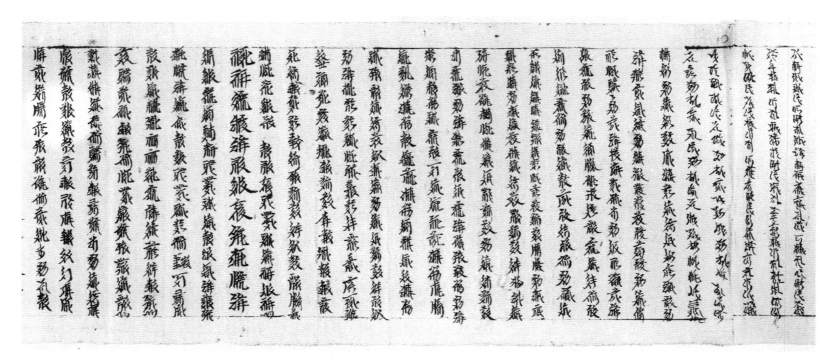

俄 **И**нв.No.4359　新譯常所做略記　　(23-11)

俄 **И**нв.No.4359　新譯常所做略記　　(23-12)

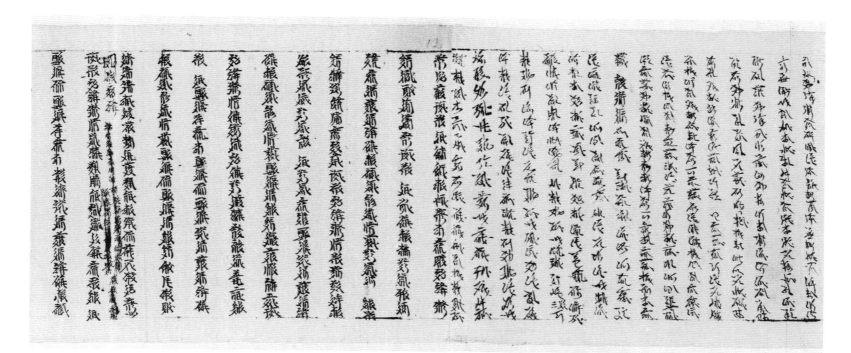

俄 **И**нв.No.4359　新譯常所做略記　　(23-13)

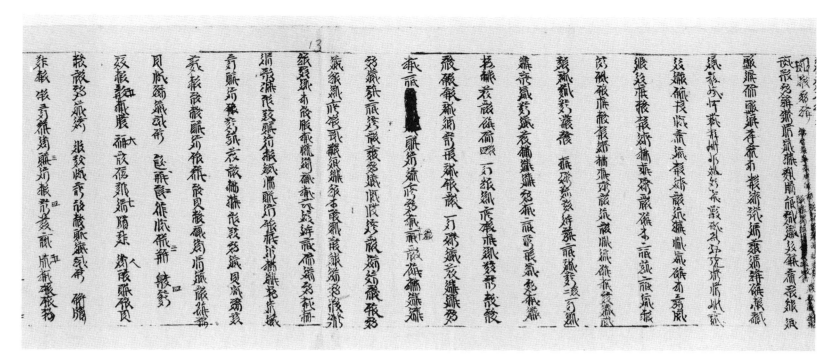

俄 Инв.No.4359　新譯常所做略記　　　(23-14)

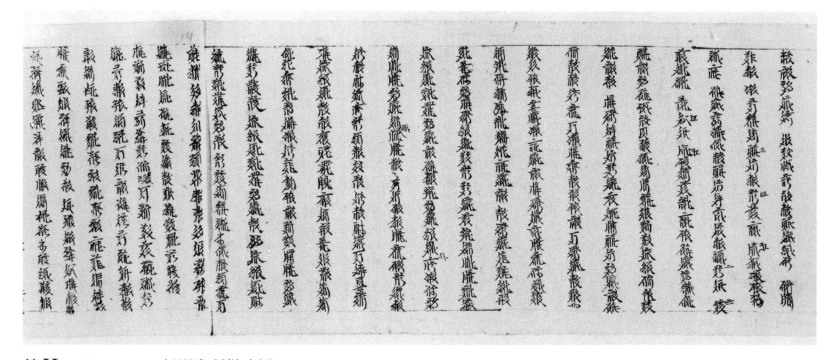

俄 Инв.No.4359　新譯常所做略記　　　(23-15)

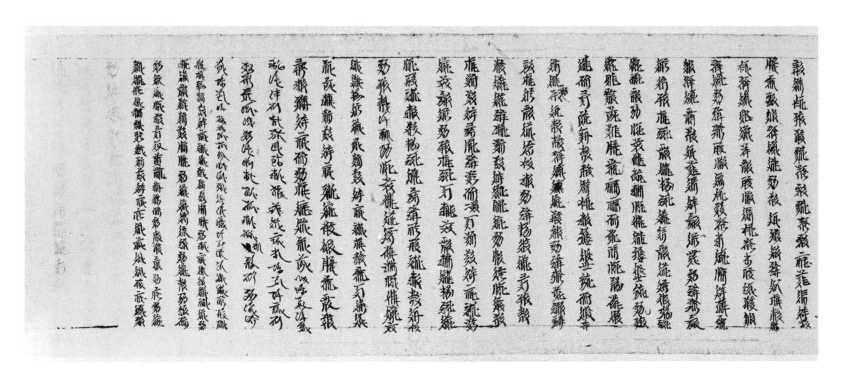

俄 Инв.No.4359　新譯常所做略記　　　(23-16)

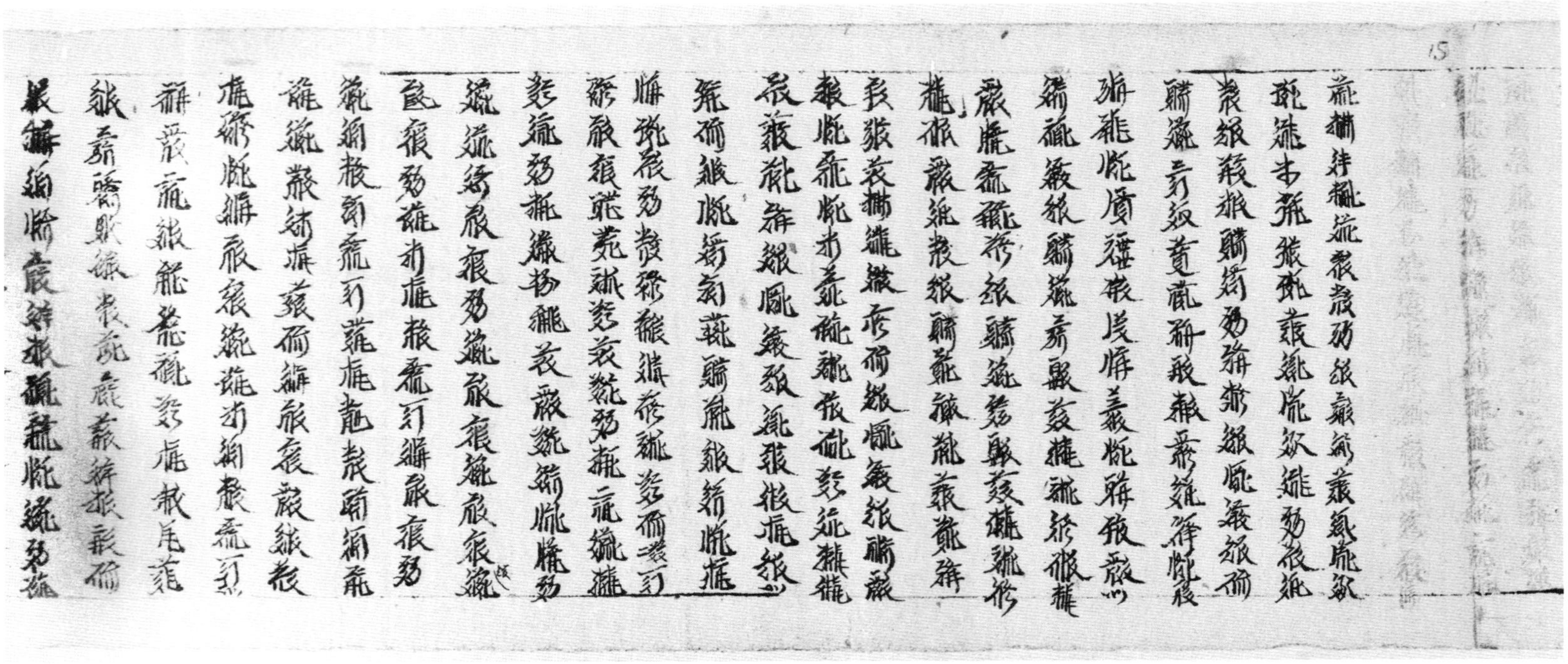

俄 Инв.No.4359　新譯常所做略記　(23-17)

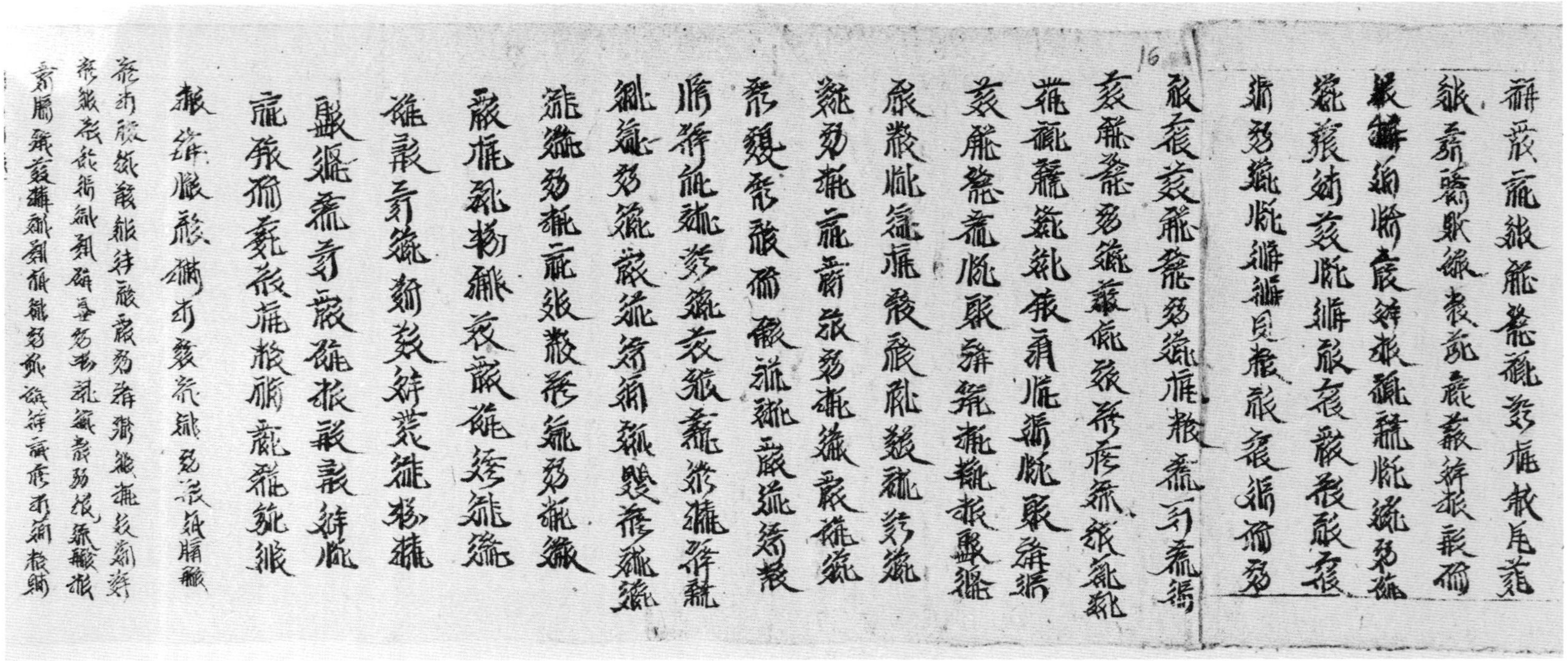

俄 Инв.No.4359　新譯常所做略記　(23-18)

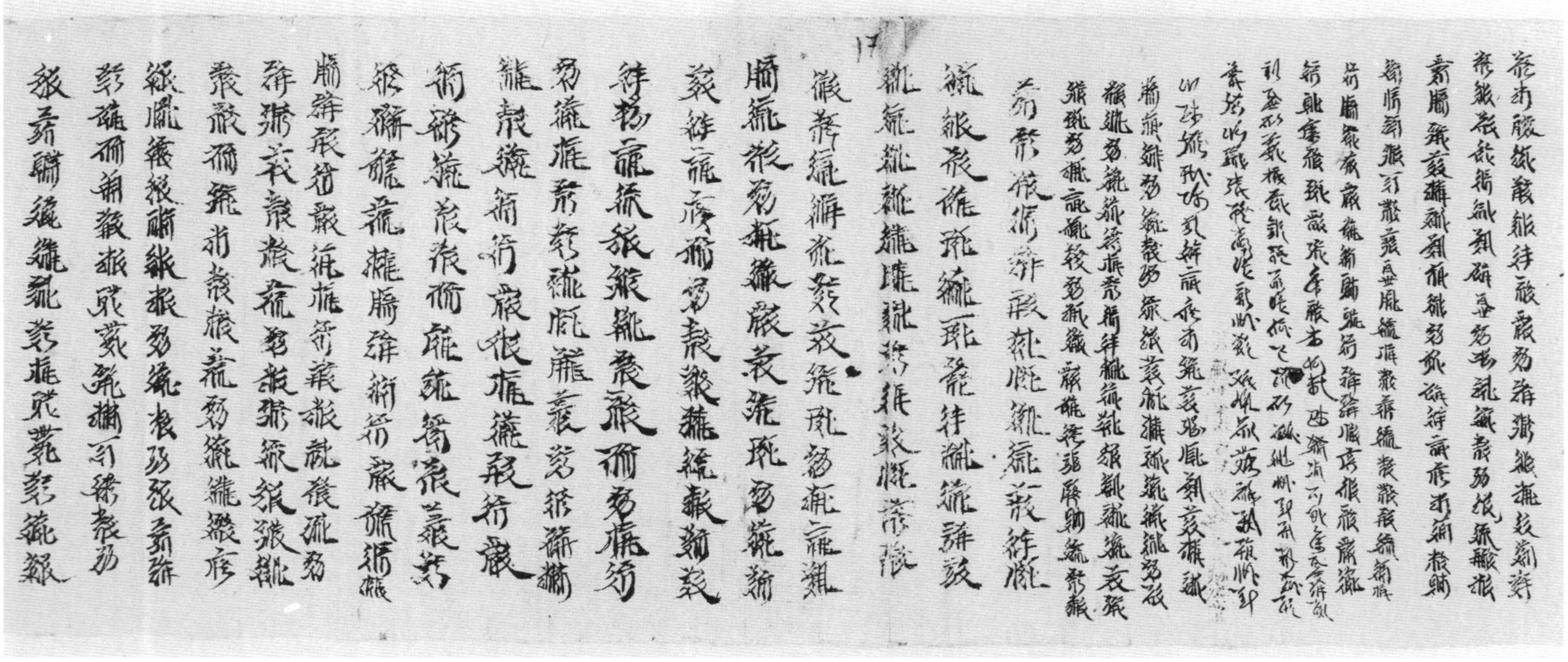

俄 Инв.No.4359　新譯常所做略記　(23-19)

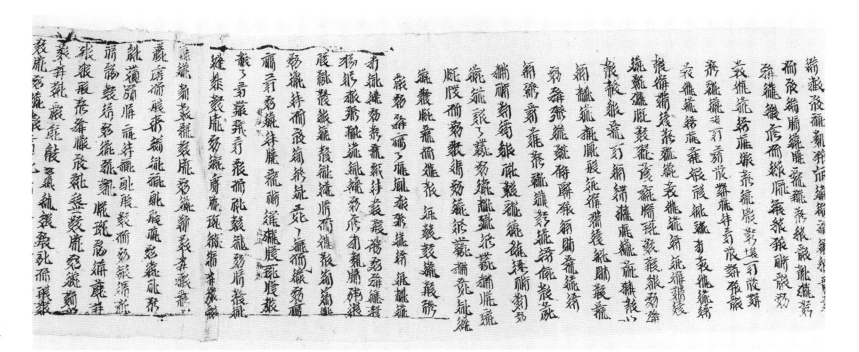

俄 Инв.No.4359　新譯常所做略記　　　(23-20)

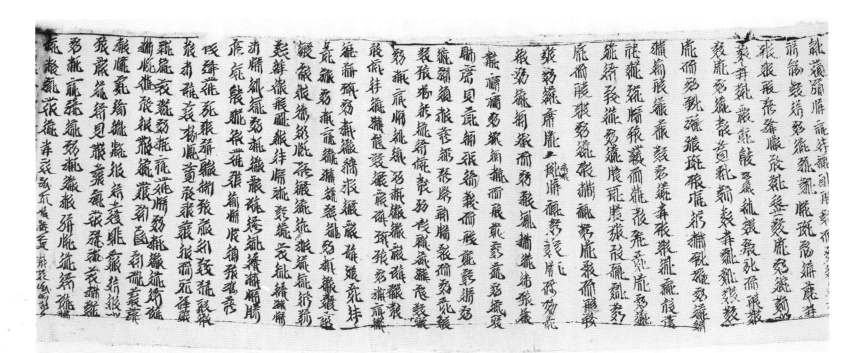

俄 Инв.No.4359　新譯常所做略記　　　(23-21)

俄 Инв.No.4359　新譯常所做略記　　　(23-22)

俄Инв.No.4359　新譯常所做略記　　　(23-23)

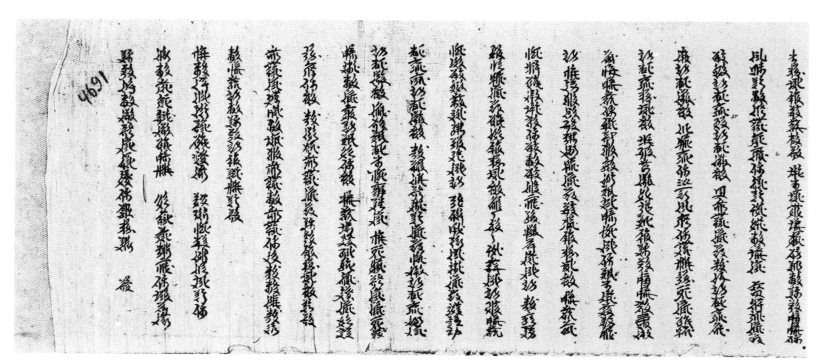

俄Инв.No.4691　菩提心及常所做法事之注　　(2-1)

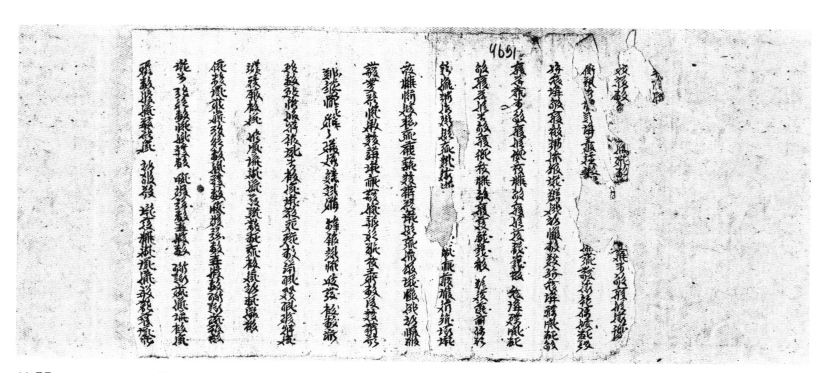

俄Инв.No.4691　菩提心及常所做法事之注　　(2-2)

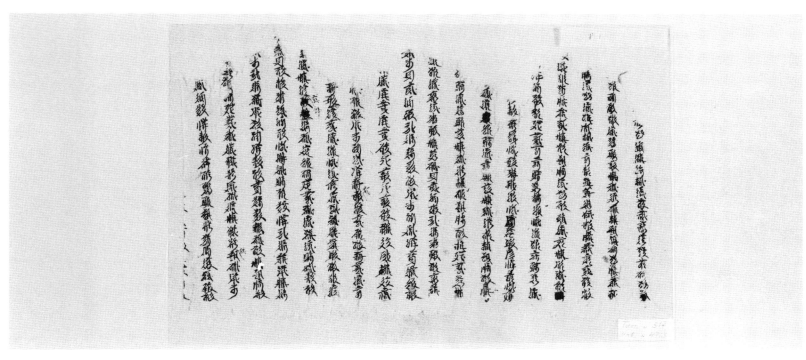

俄 **И**нв.No.4713　常所做法事略解記　　（11-1）

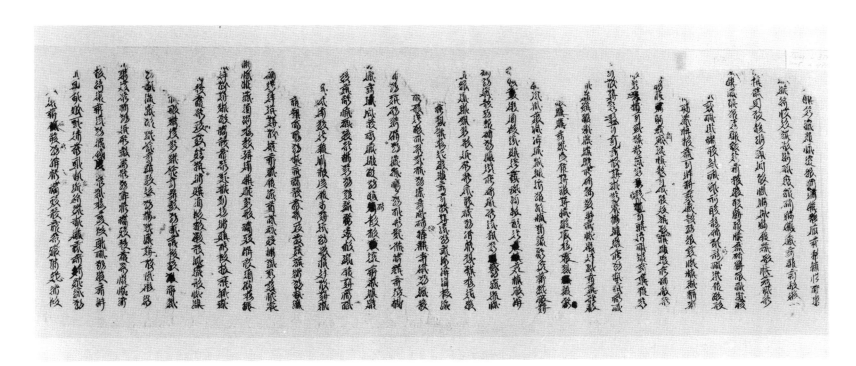

俄 **И**нв.No.4713　常所做法事略解記　　（11-2）

俄 **И**нв.No.4713　常所做法事略解記　　（11-3）

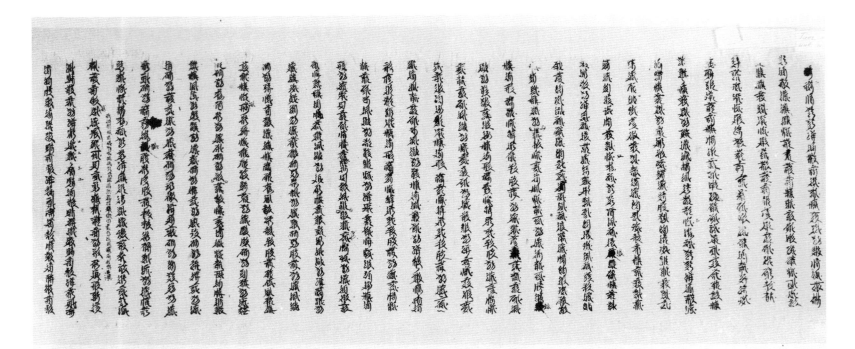

俄Инв.No.4713　常所做法事略解記　　　（11-4）

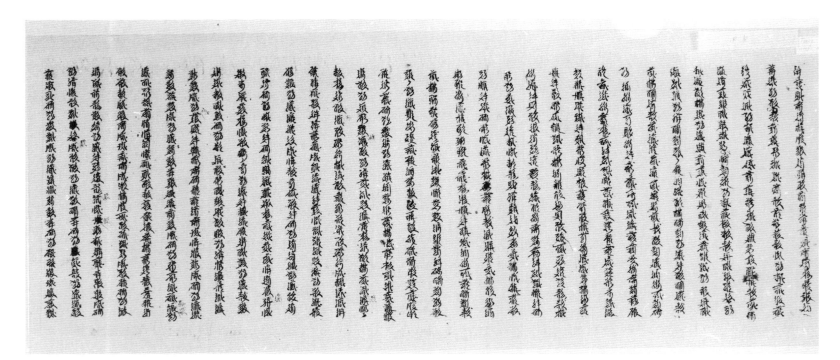

俄Инв.No.4713　常所做法事略解記　　　（11-5）

俄Инв.No.4713　常所做法事略解記　　　（11-6）

俄 **И**нв.No.4713　　常所做法事略解記　　　（11-7）

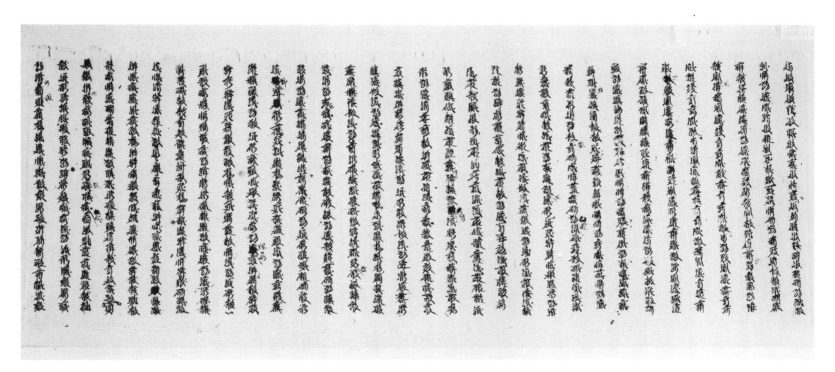

俄 **И**нв.No.4713　　常所做法事略解記　　　（11-8）

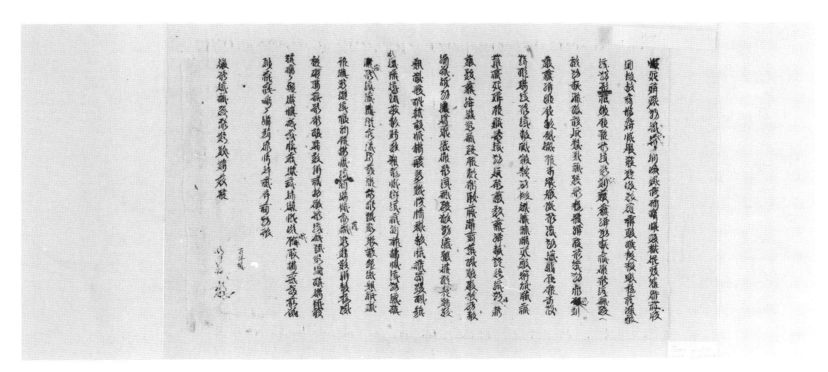

俄 **И**нв.No.4713　　常所做法事略解記　　　（11-9）

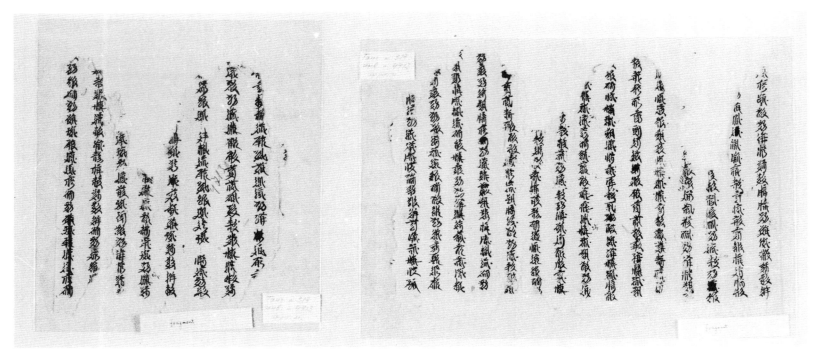

俄 Инв.No.4713　常所做法事略解記　　（11–10）

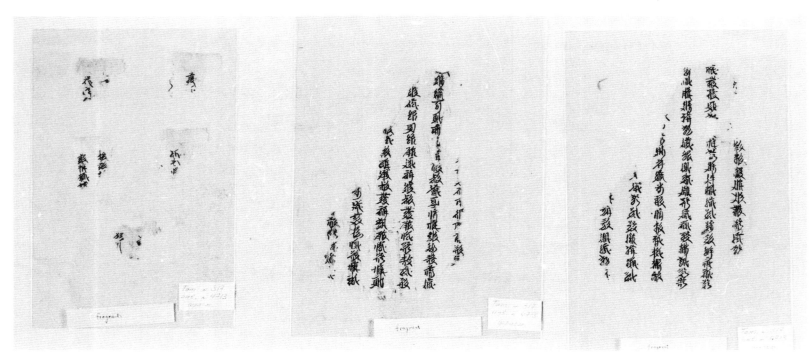

俄 Инв.No.4713　常所做法事略解記　　（11–11）

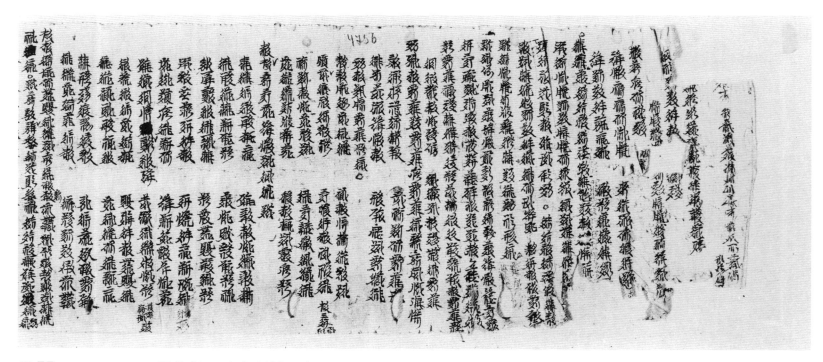

俄 Инв.No.4756　發菩提心及常所做法事　　（4–1）

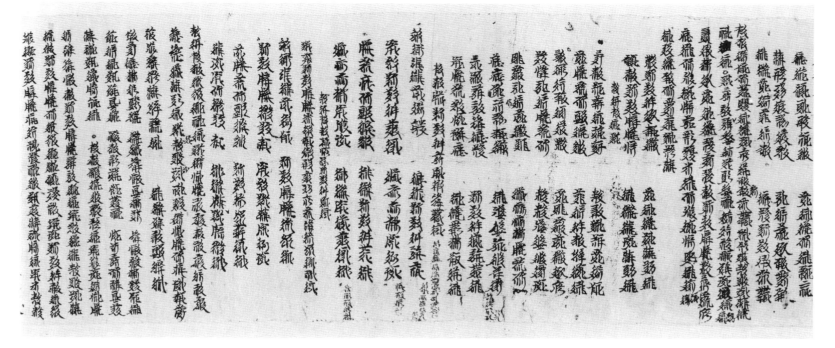

俄 Инв.No.4756　發菩提心及常所做法事　　　(4-2)

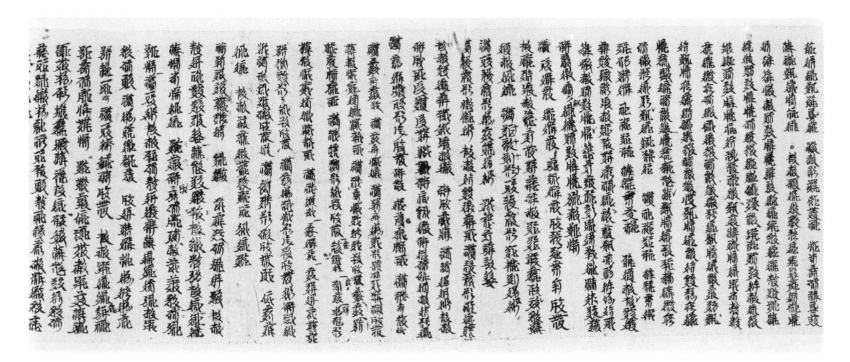

俄 Инв.No.4756　發菩提心及常所做法事　　　(4-3)

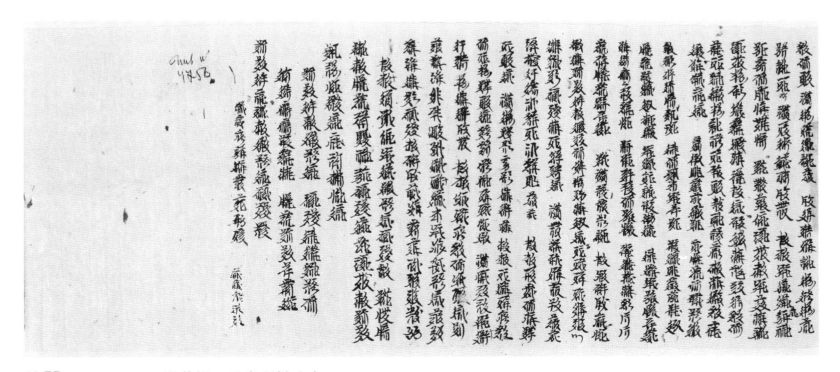

俄 Инв.No.4756　發菩提心及常所做法事　　　(4-4)

169

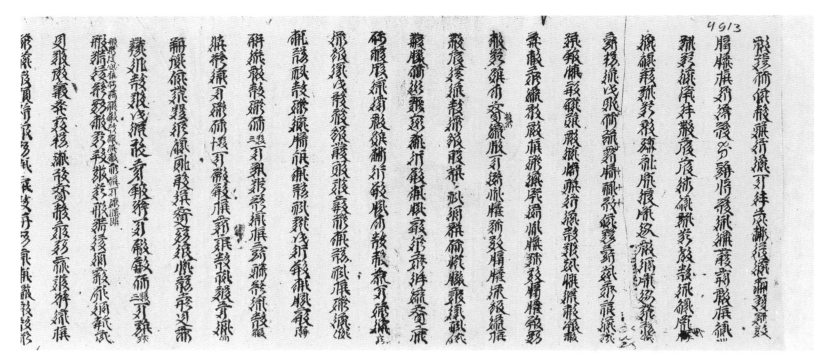

俄 Инв.No.4913　菩提心及常所做法事注　　　(17-1)

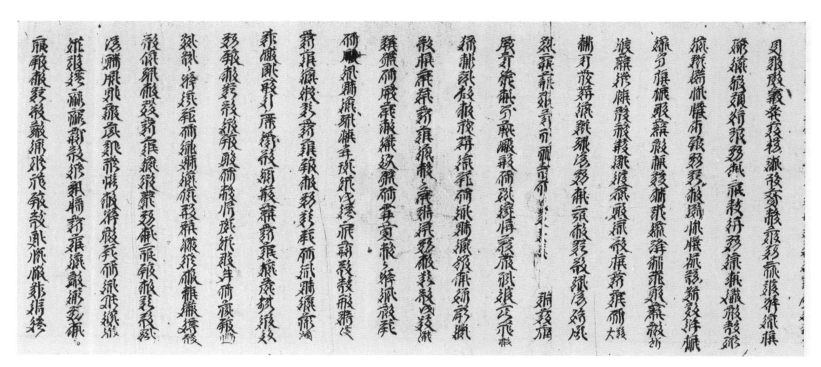

俄 Инв.No.4913　菩提心及常所做法事注　　　(17-2)

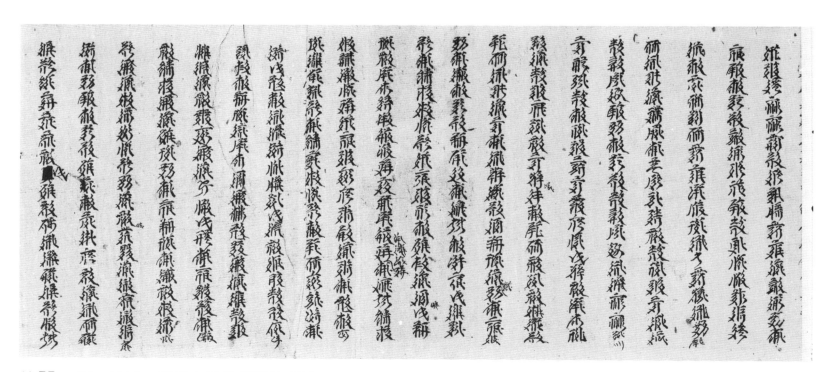

俄 Инв.No.4913　菩提心及常所做法事注　　　(17-3)

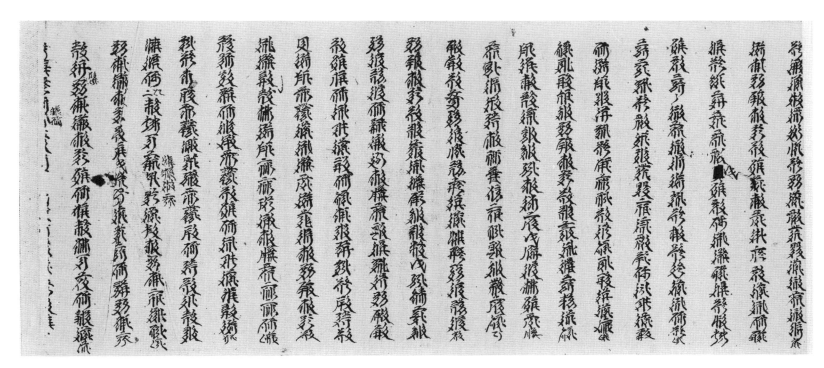

俄Инв.No.4913　菩提心及常所做法事注　　　(17-4)

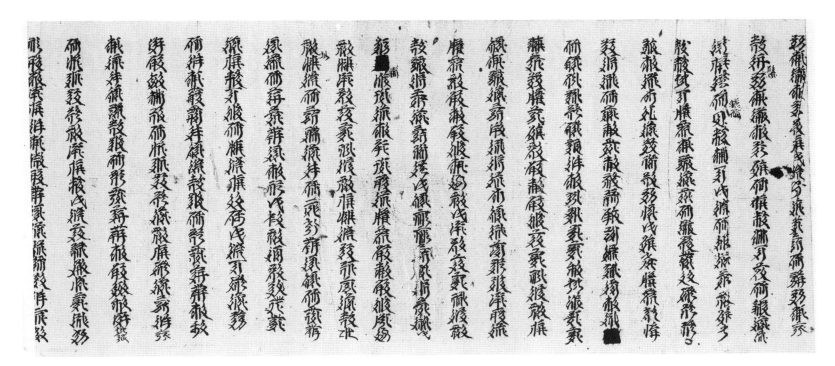

俄Инв.No.4913　菩提心及常所做法事注　　　(17-5)

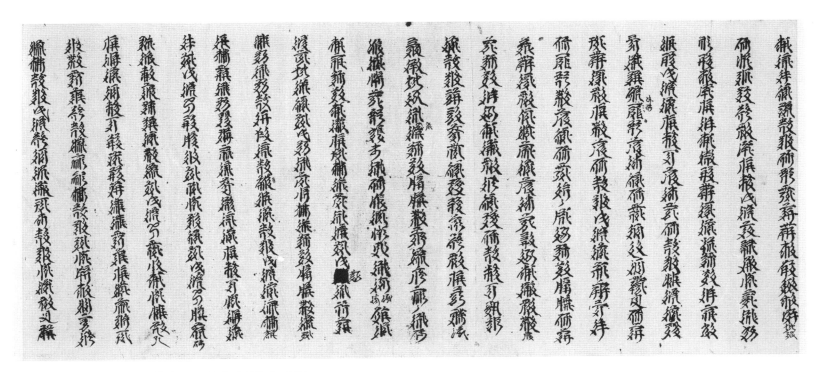

俄Инв.No.4913　菩提心及常所做法事注　　　(17-6)

171

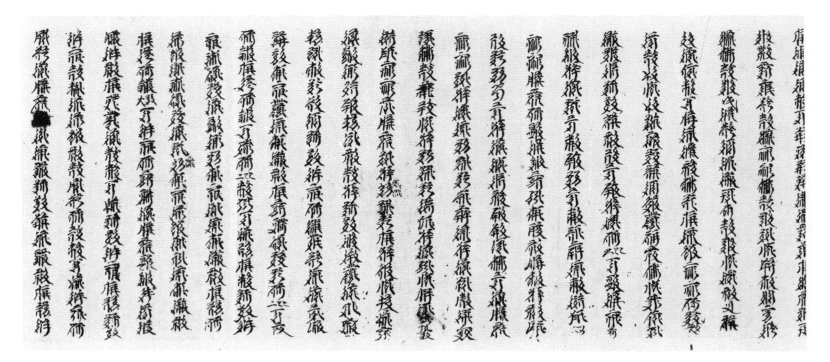

俄 Инв.No.4913　菩提心及常所做法事注　　　(17-7)

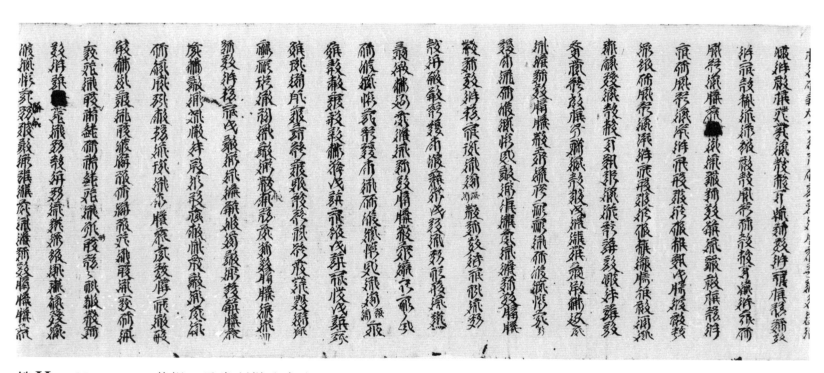

俄 Инв.No.4913　菩提心及常所做法事注　　　(17-8)

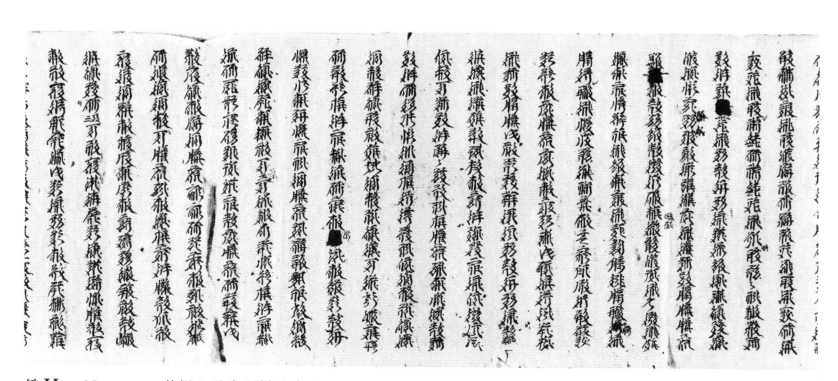

俄 Инв.No.4913　菩提心及常所做法事注　　　(17-9)

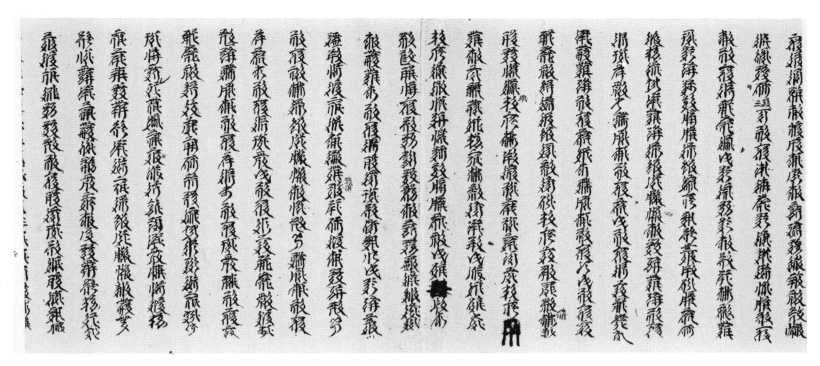

俄Инв.No.4913　菩提心及常所做法事注　　　(17-10)

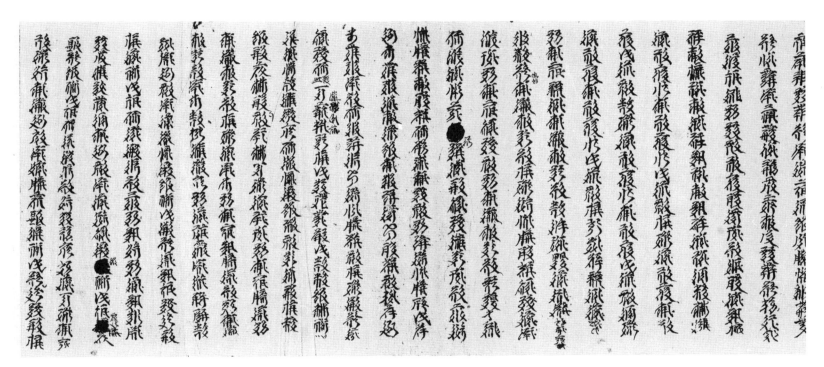

俄Инв.No.4913　菩提心及常所做法事注　　　(17-11)

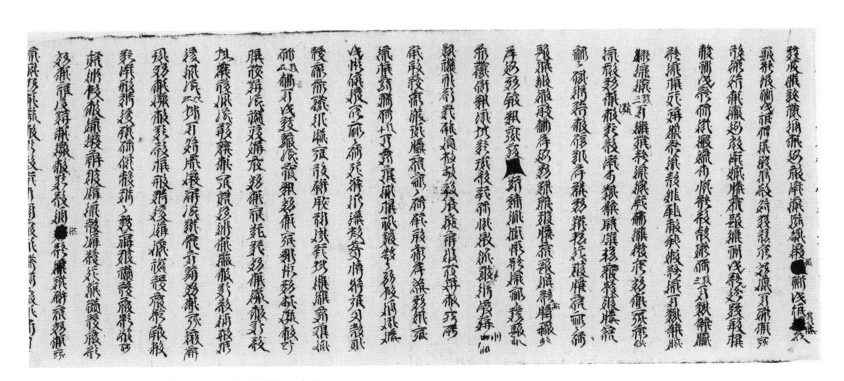

俄Инв.No.4913　菩提心及常所做法事注　　　(17-12)

俄 Инв.No.4913 菩提心及常所做法事注 (17-13)

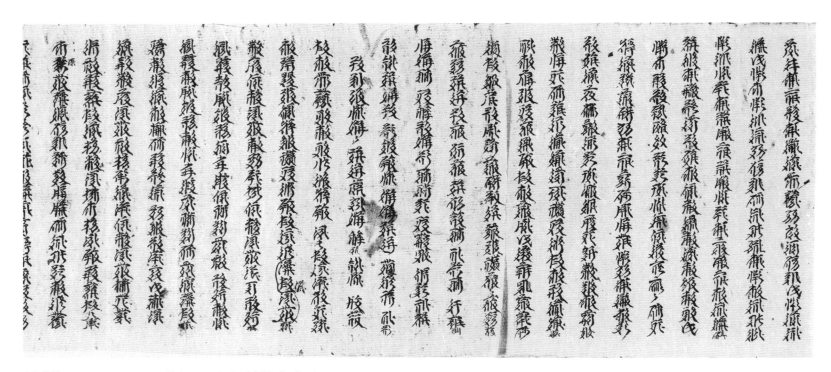

俄 Инв.No.4913 菩提心及常所做法事注 (17-14)

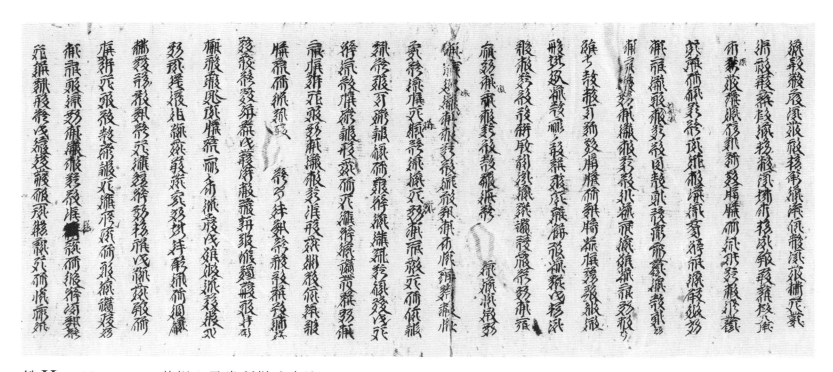

俄 Инв.No.4913 菩提心及常所做法事注 (17-15)

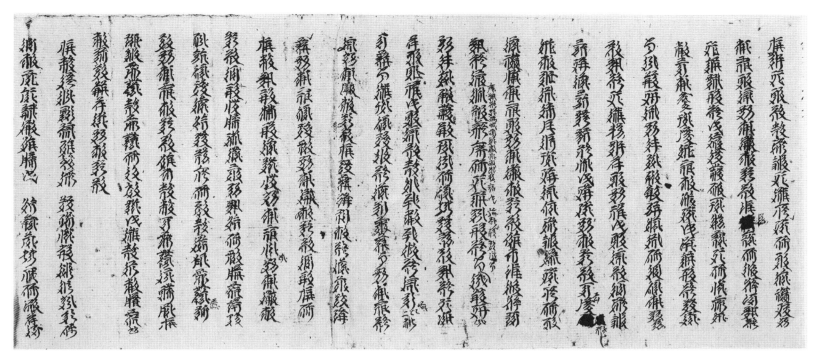

俄 **И**нв.No.4913　菩提心及常所做法事注　　　　(17-16)

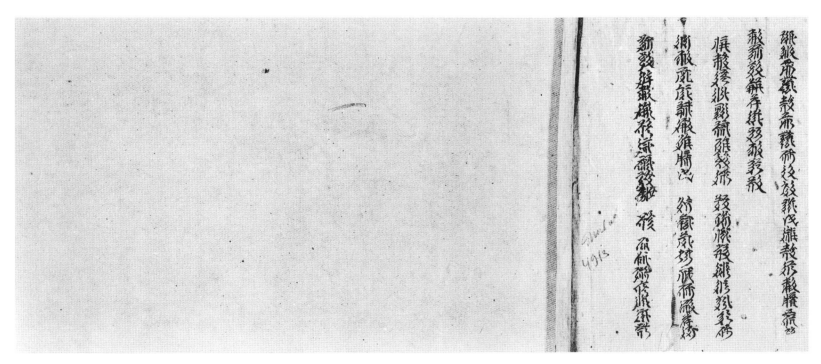

俄 **И**нв.No.4913　菩提心及常所做法事注　　　　(17-17)

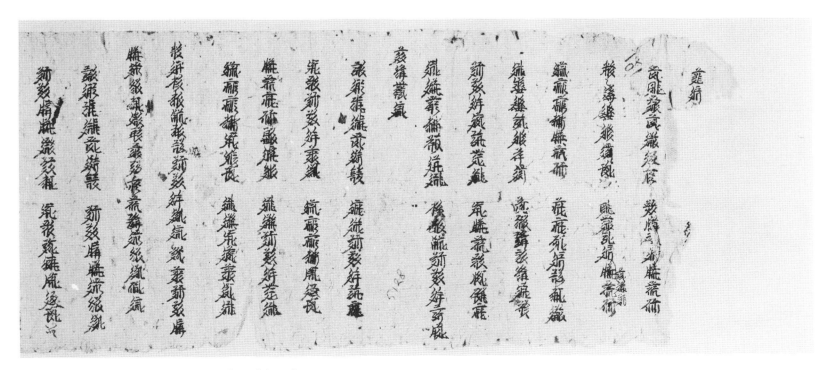

俄 **И**нв.No.5128　菩提心及常所做法事　　　　(6-1)

175

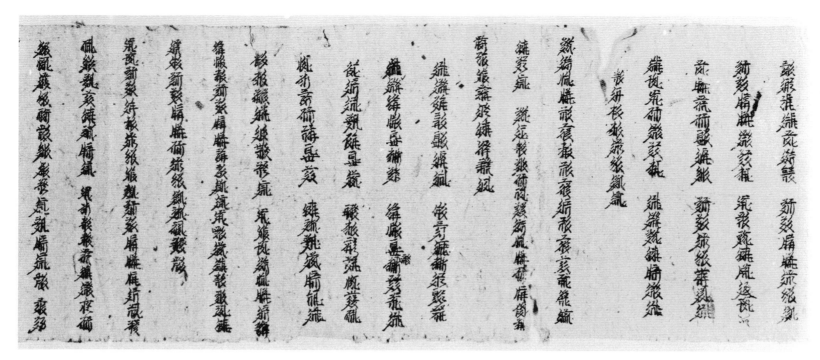

俄 Инв.No.5128　菩提心及常所做法事　　　(6-2)

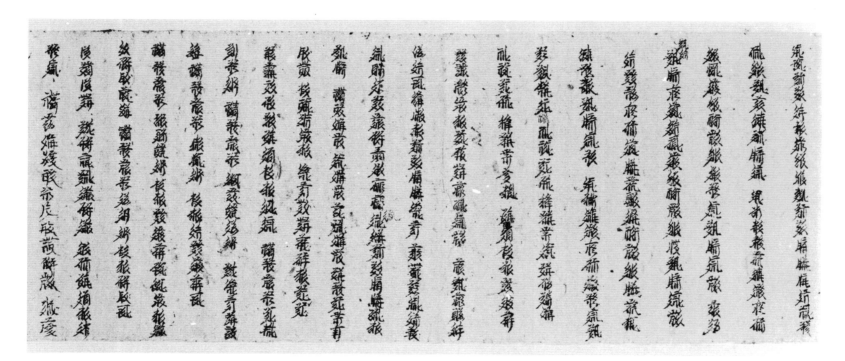

俄 Инв.No.5128　菩提心及常所做法事　　　(6-3)

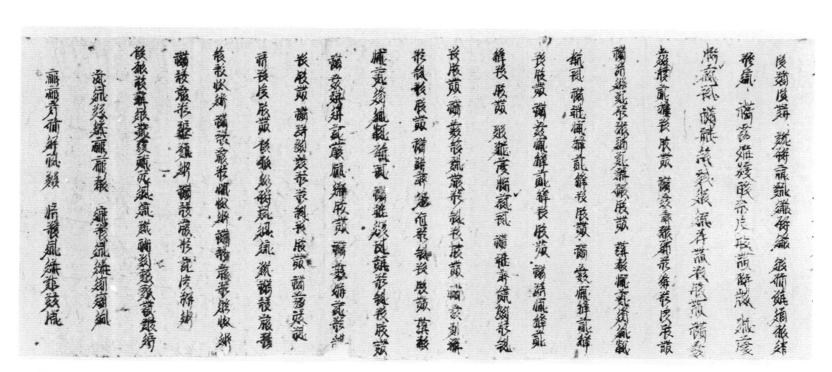

俄 Инв.No.5128　菩提心及常所做法事　　　(6-4)

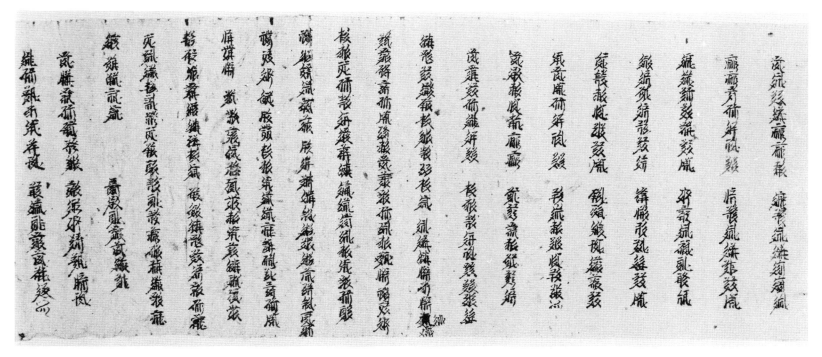

俄 ИНВ.No.5128　菩提心及常所做法事　　(6-5)

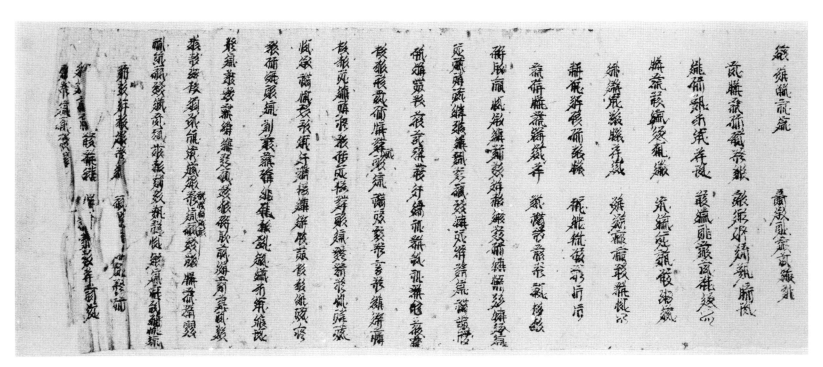

俄 ИНВ.No.5128　菩提心及常所做法事　　(6-6)

俄 ИНВ.No.6346　發菩提心及常所做法事　　(4-1)

俄Инв.No.6346　發菩提心及常所做法事　　(4-2)

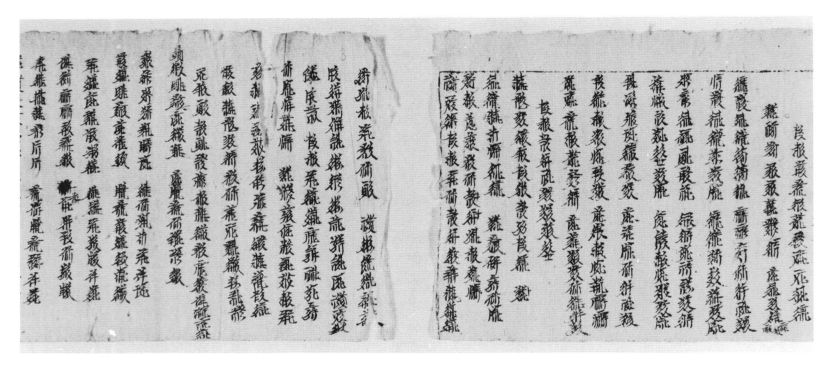

俄Инв.No.6346　發菩提心及常所做法事　　(4-3)

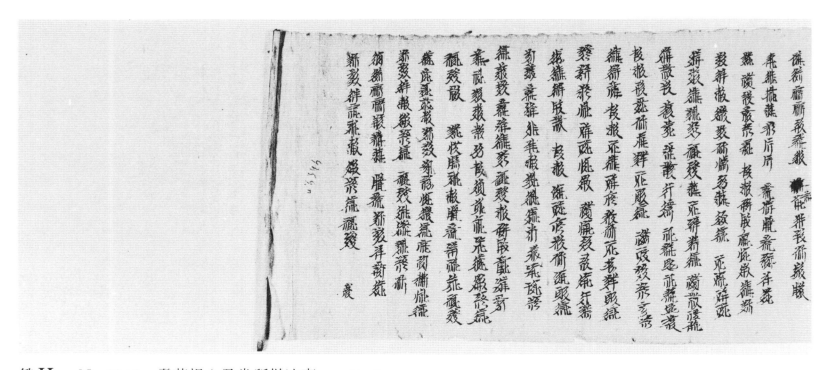

俄Инв.No.6346　發菩提心及常所做法事　　(4-4)

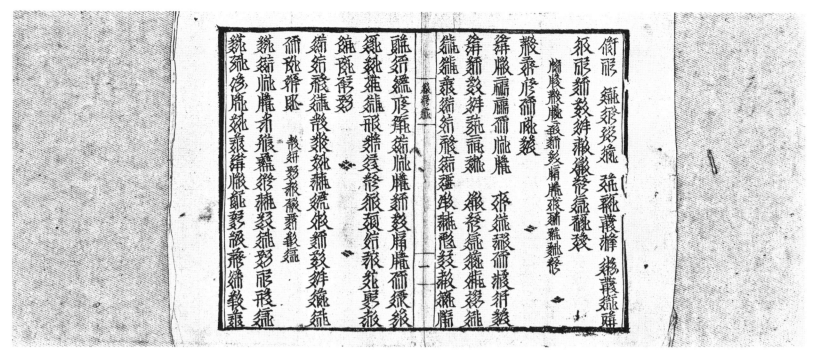

俄 **И**нв.No.6510　菩提心及常所做法事　　　(14-1)

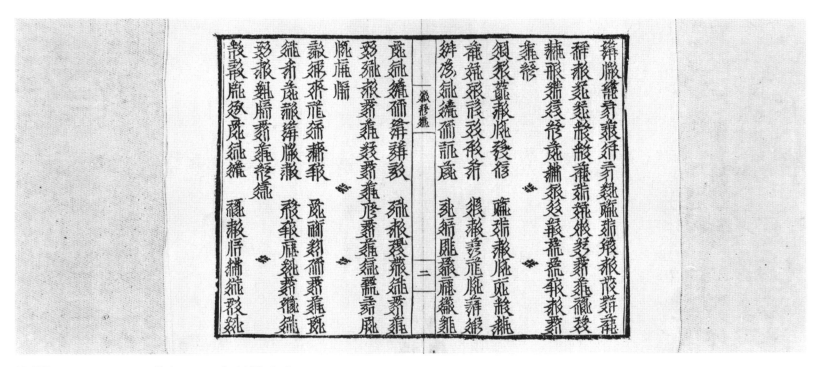

俄 **И**нв.No.6510　菩提心及常所做法事　　　(14-2)

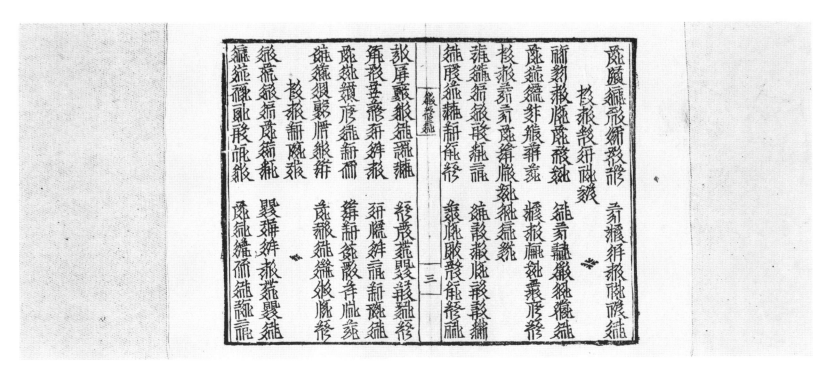

俄 **И**нв.No.6510　菩提心及常所做法事　　　(14-3)

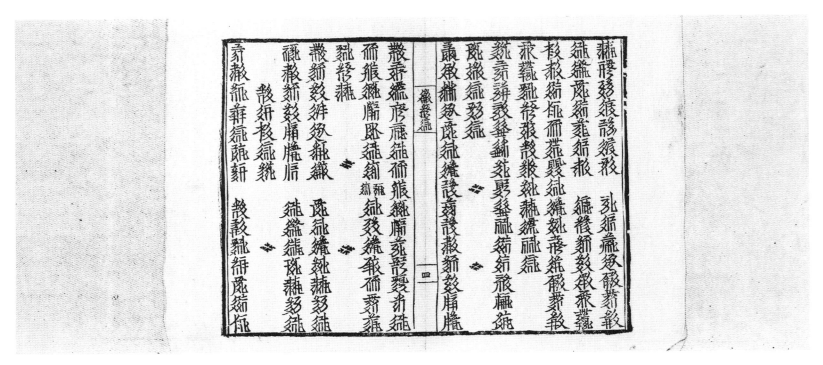

俄 **И**нв.No.6510　菩提心及常所做法事　　　(14-4)

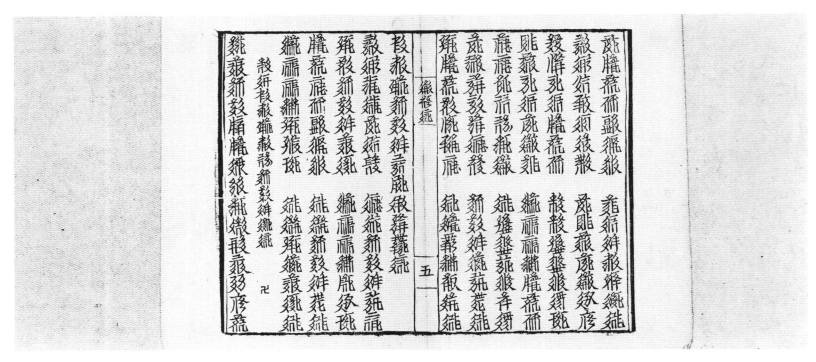

俄 **И**нв.No.6510　菩提心及常所做法事　　　(14-5)

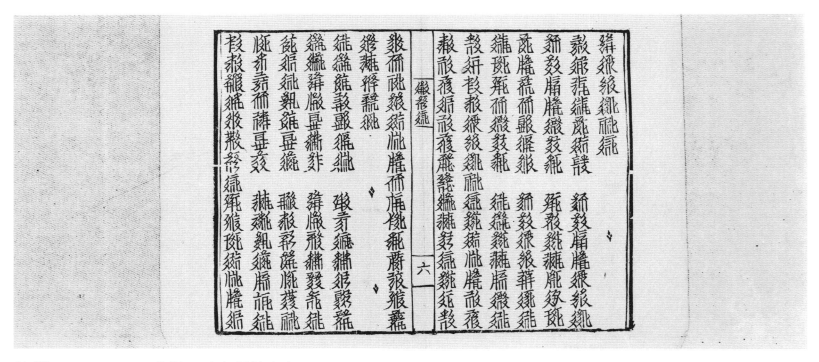

俄 **И**нв.No.6510　菩提心及常所做法事　　　(14-6)

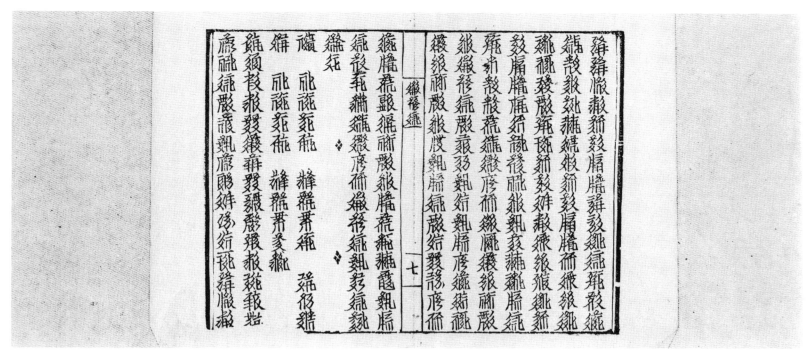

俄 **И**нв.No.6510 菩提心及常所做法事 (14-7)

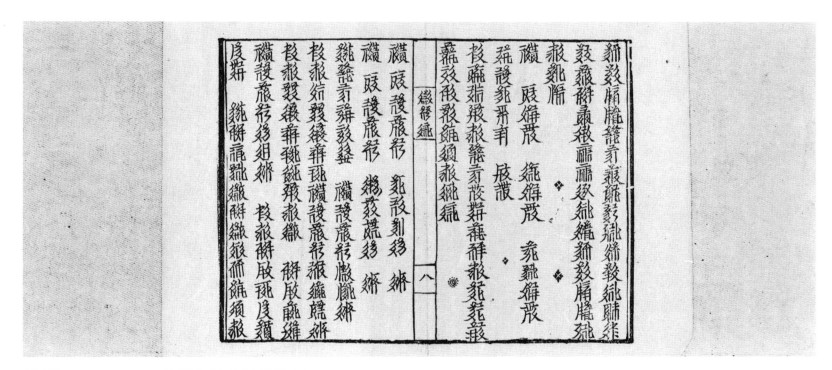

俄 **И**нв.No.6510 菩提心及常所做法事 (14-8)

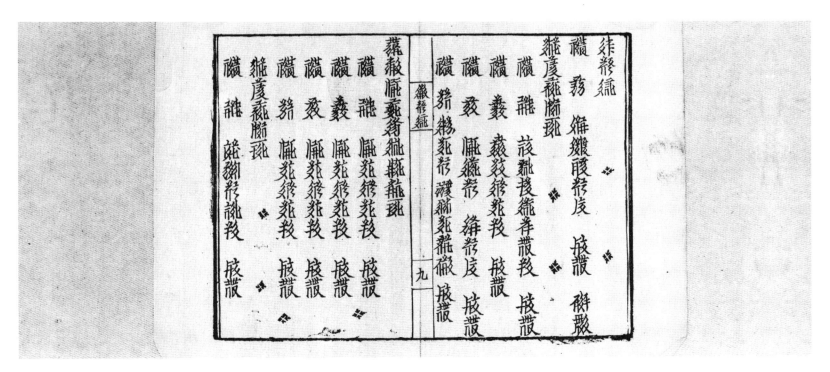

俄 **И**нв.No.6510 菩提心及常所做法事 (14-9)

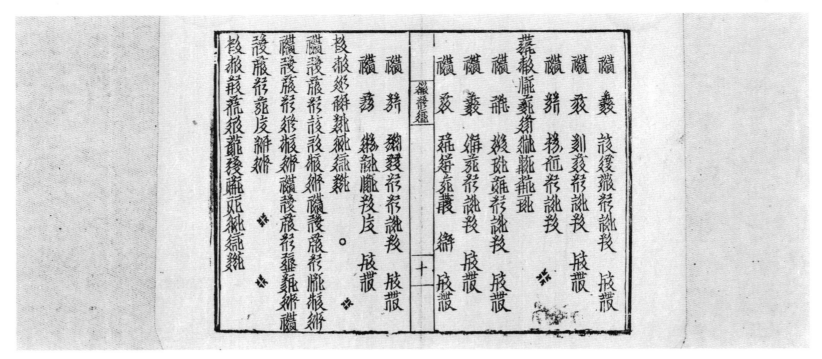

俄 Инв.No.6510　菩提心及常所做法事　　(14-10)

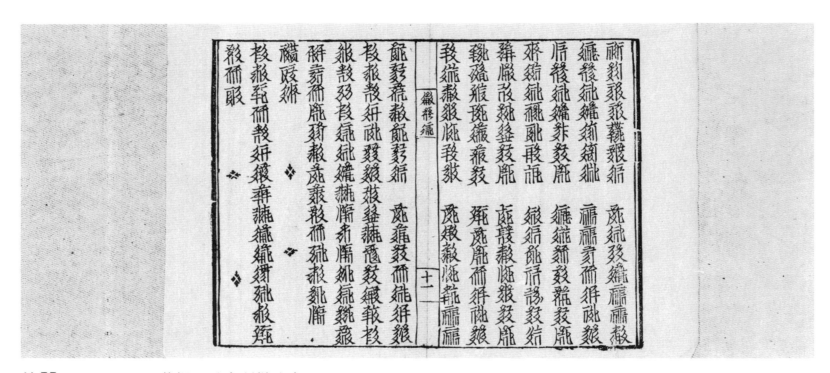

俄 Инв.No.6510　菩提心及常所做法事　　(14-11)

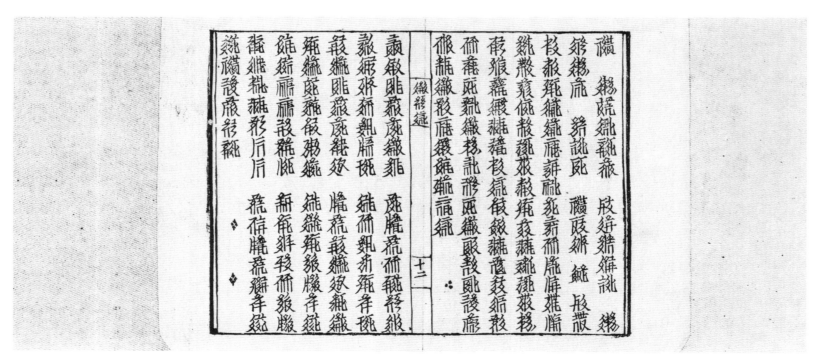

俄 Инв.No.6510　菩提心及常所做法事　　(14-12)

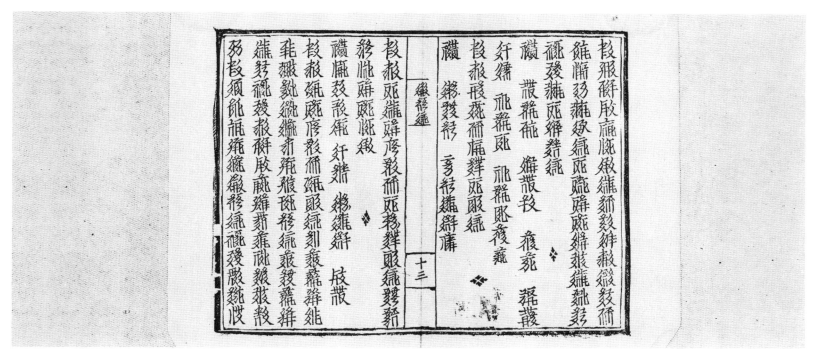

俄 Инв.No.6510　菩提心及常所做法事　　(14-13)

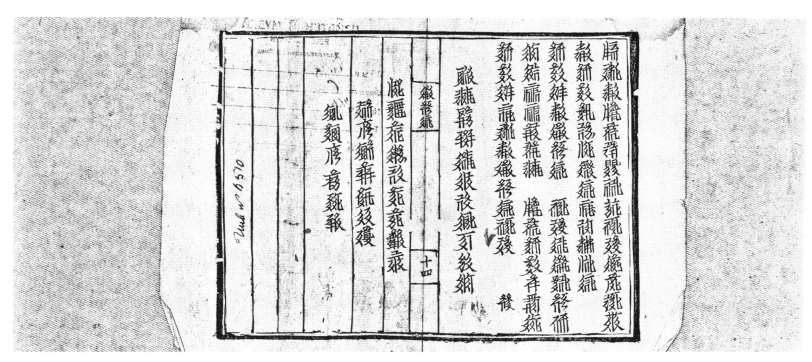

俄 Инв.No.6510　菩提心及常所做法事　　(14-14)

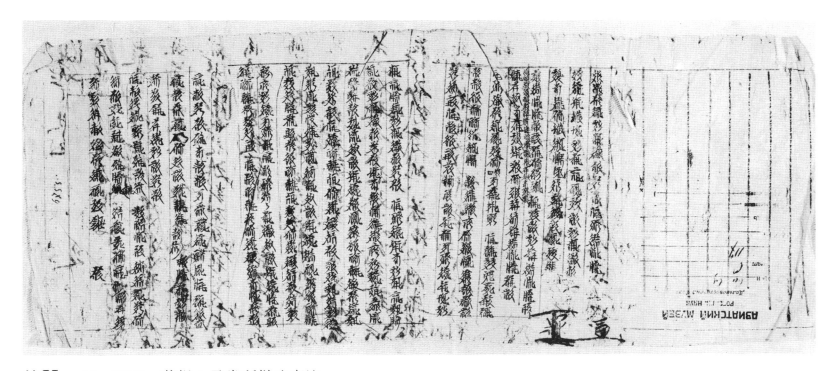

俄 Инв.No.6755　菩提心及常所做法事注

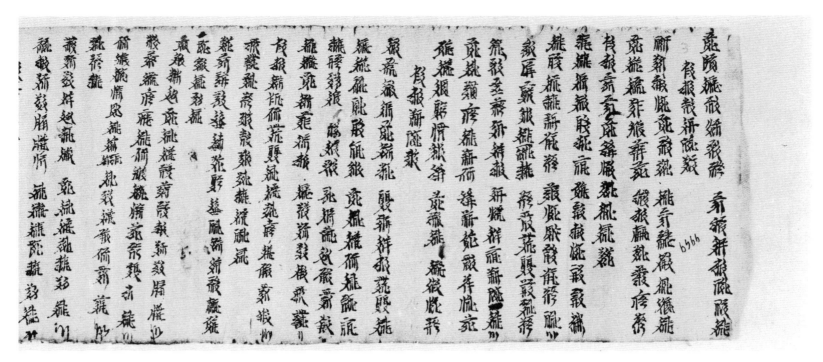

俄 Инв.No.6966　發菩提心及常所做法事　　　(8-1)

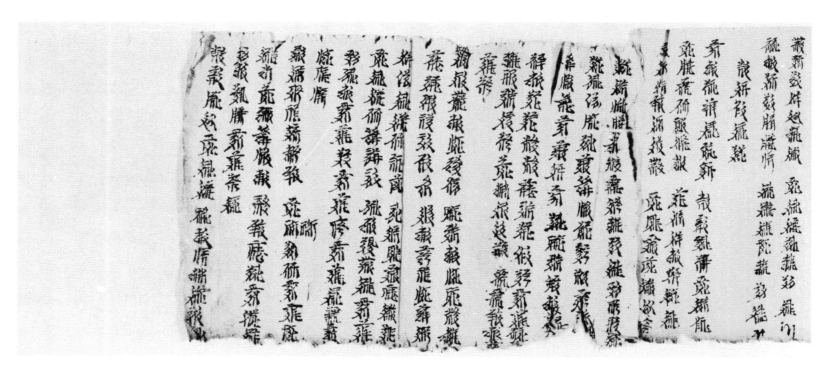

俄 Инв.No.6966　發菩提心及常所做法事　　　(8-2)

俄 Инв.No.6966　發菩提心及常所做法事　　　(8-3)

俄 Инв.No.6966　發菩提心及常所做法事　　　(8-4)

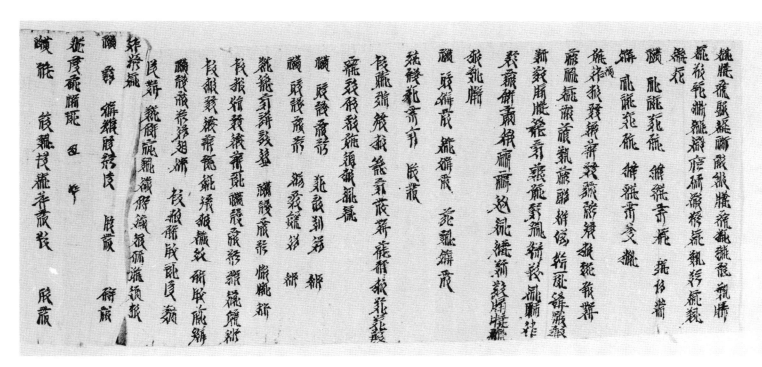

俄 Инв.No.6966　發菩提心及常所做法事　　　(8-5)

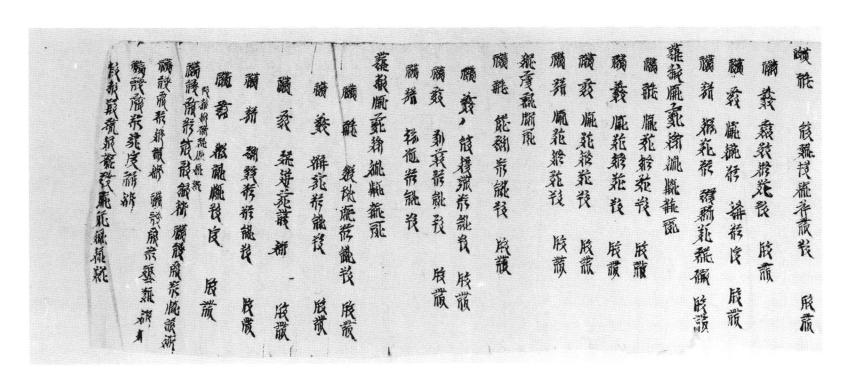

俄 Инв.No.6966　發菩提心及常所做法事　　　(8-6)

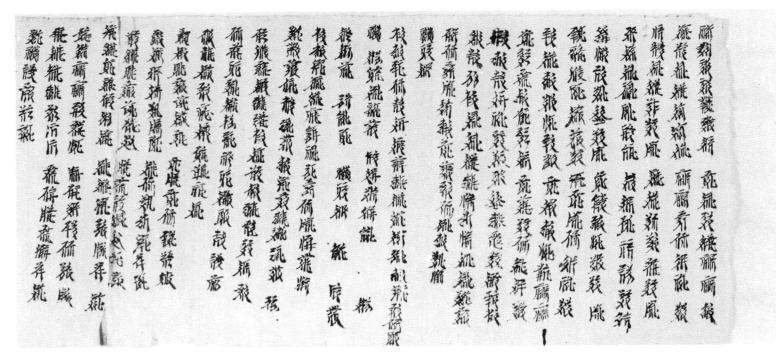

俄 **И**нв.No.6966　發菩提心及常所做法事　　　(8-7)

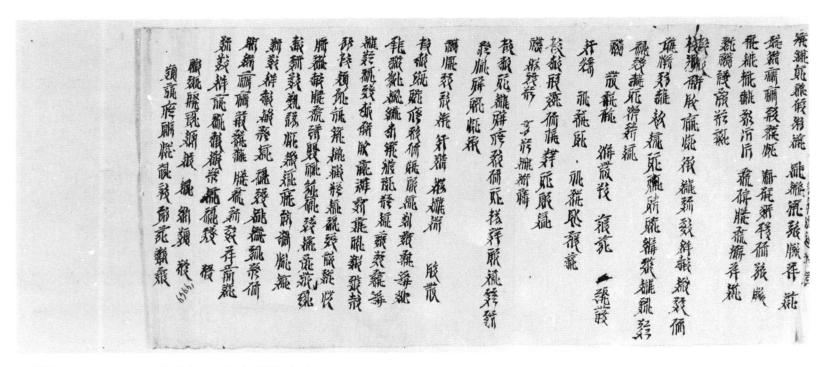

俄 **И**нв.No.6966　發菩提心及常所做法事　　　(8-8)

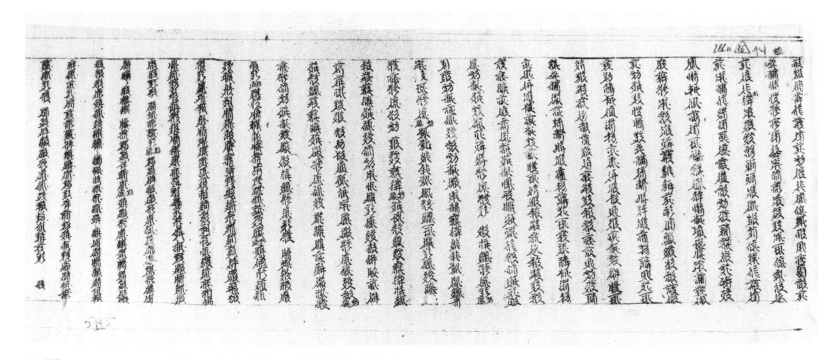

俄 **И**нв.No.5515　菩提心及常所做法事等圓滿合記文

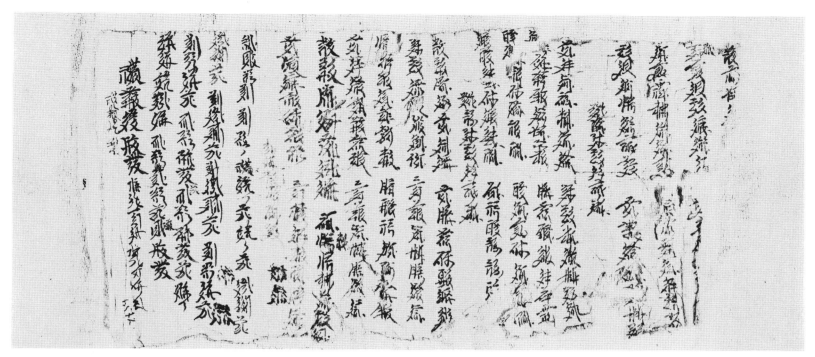

俄 **И**нв.No.6572　次誓發菩提心次入發菩提心等

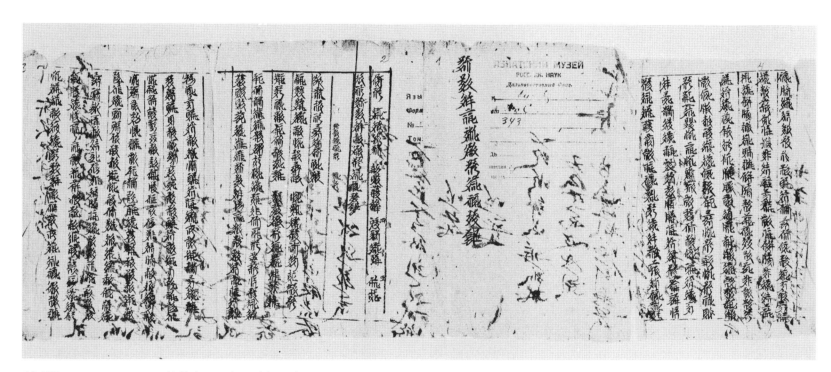

俄 **И**нв.No.2874　發菩提心常所做法事注

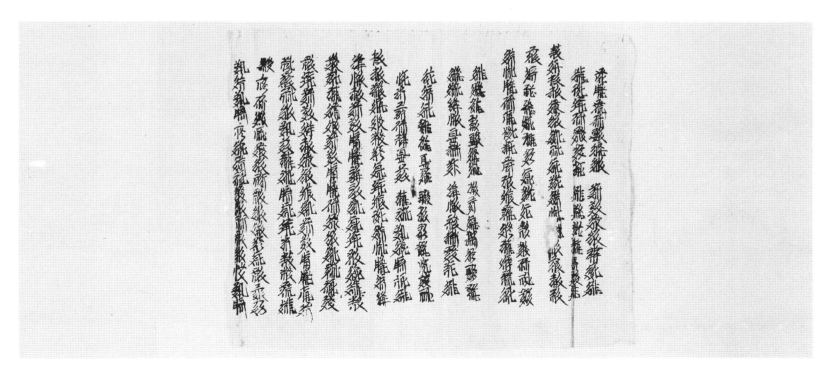

俄 **И**нв.No.4585　發菩提心及常所做法事　　　(5-1)

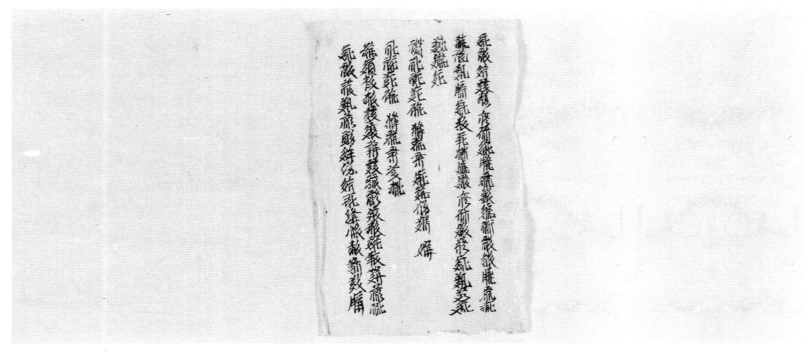

俄 **И**нв.No.4585　發菩提心及常所做法事　　(5-2)

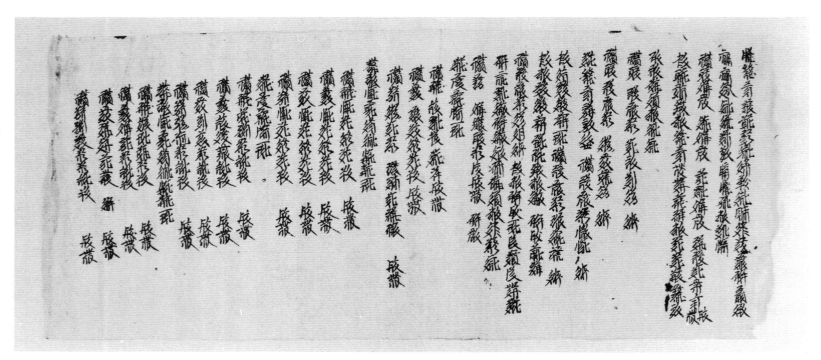

俄 **И**нв.No.4585　發菩提心及常所做法事　　(5-3)

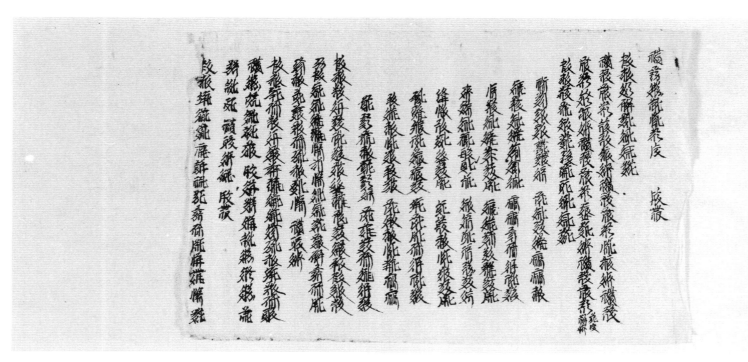

俄 **И**нв.No.4585　發菩提心及常所做法事　　(5-4)

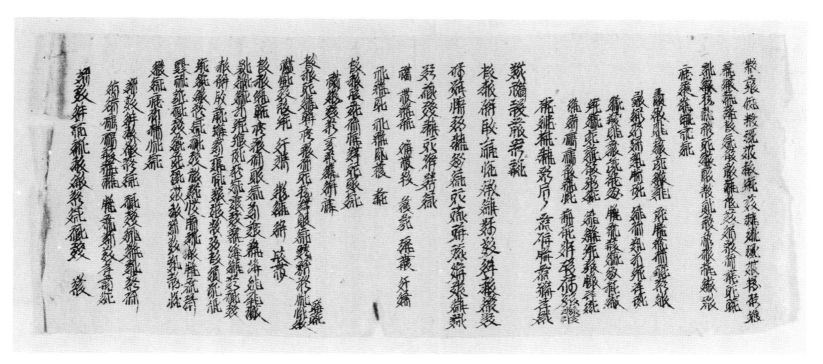

俄 **И**нв.No.4585　　發菩提心及常所做法事　　　(5-5)

俄 **И**нв.No.2904 *2905*　　發菩提心類文書　　　(9-1)

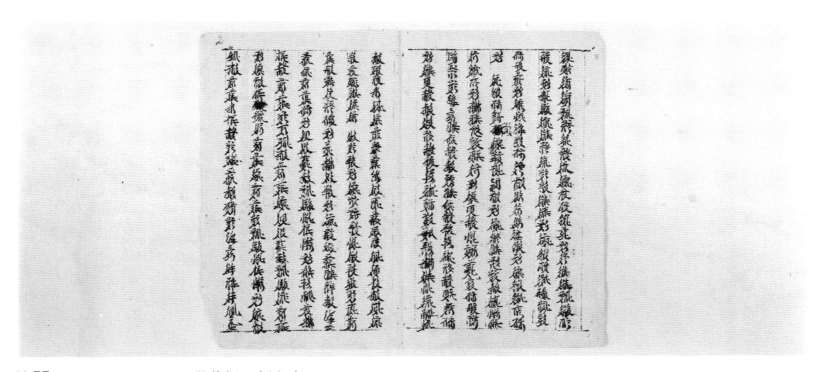

俄 **И**нв.No.2904 *2905*　　發菩提心類文書　　　(9-2)

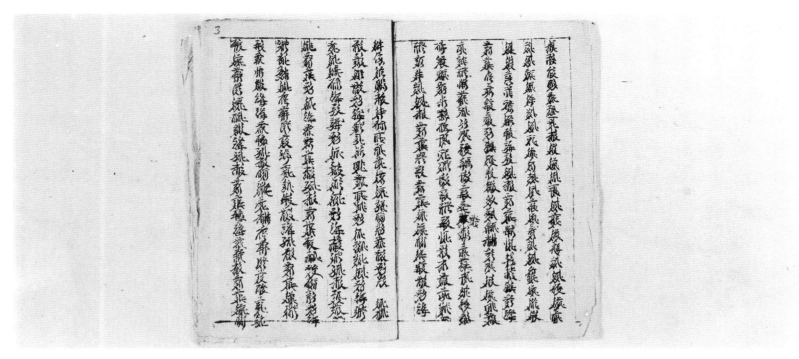

俄 Инв.No.2904 *2905* 發菩提心類文書 (9-3)

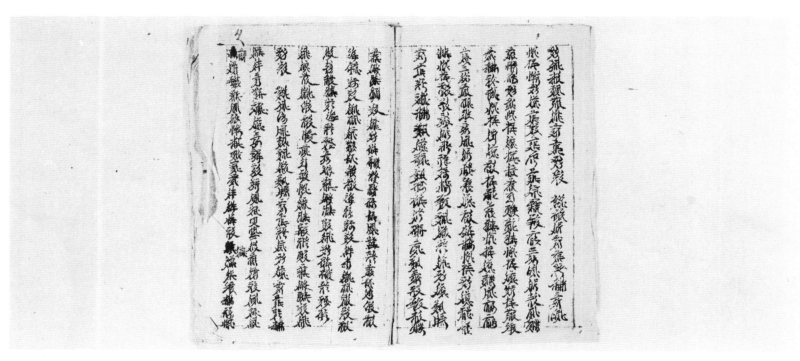

俄 Инв.No.2904 *2905* 發菩提心類文書 (9-4)

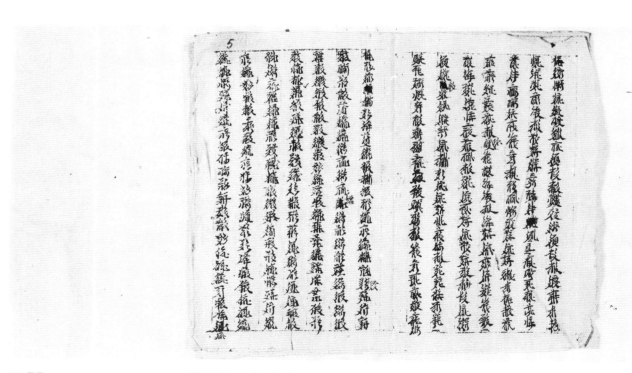

俄 Инв.No.2904 *2905* 發菩提心類文書 (9-5)

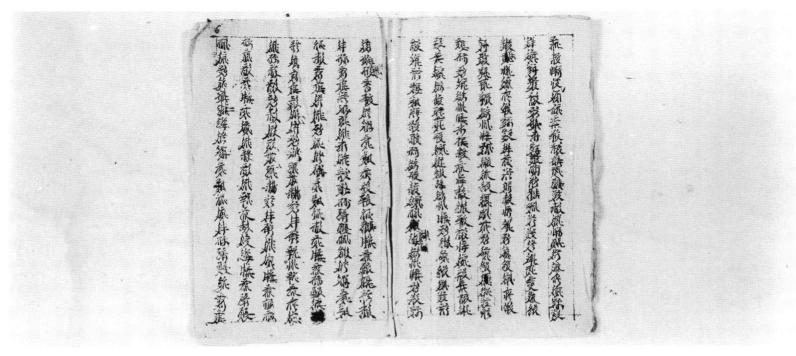

俄 Инв.No.2904 *2905*　發菩提心類文書　　　(9-6)

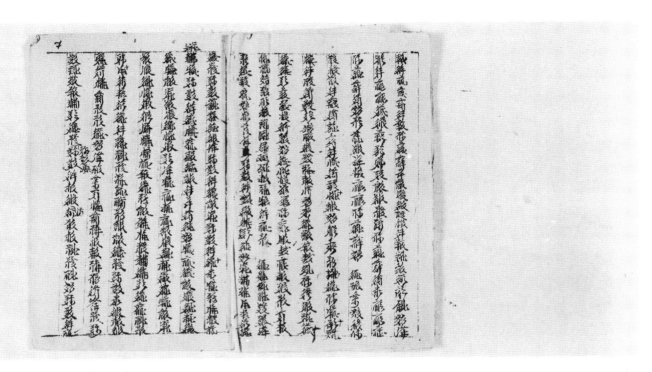

俄 Инв.No.2904 *2905*　發菩提心類文書　　　(9-7)

俄 Инв.No.2904 *2905*　發菩提心類文書　　　(9-8)

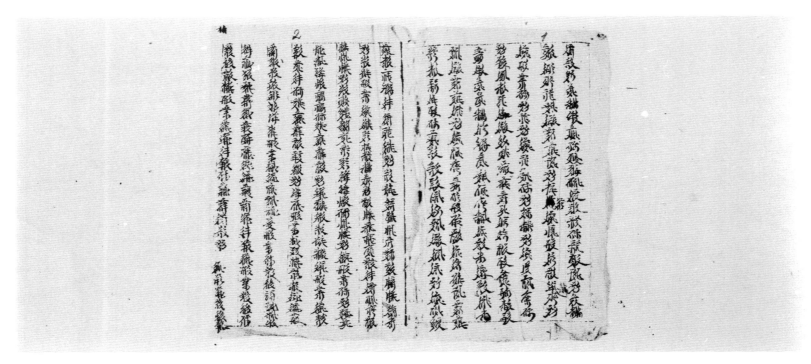

俄 **И**нв.No.2904 *2905*　發菩提心類文書　　　(9-9)

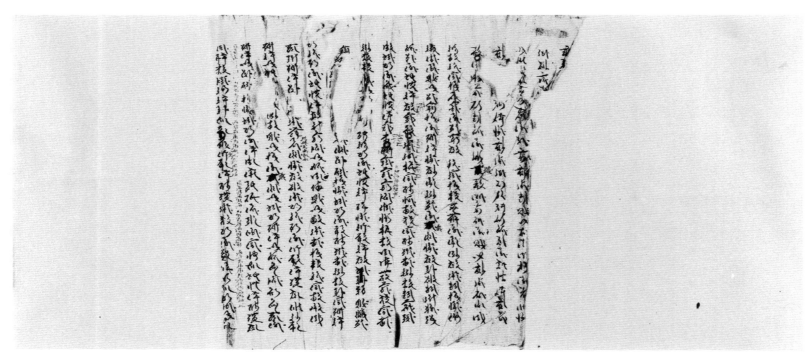

俄 **И**нв.No.5032　中道真性根本釋上卷　　　(18-1)

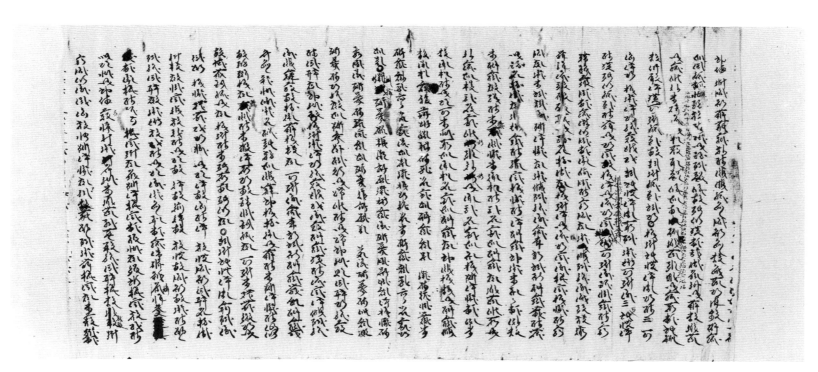

俄 **И**нв.No.5032　中道真性根本釋上卷　　　(18-2)

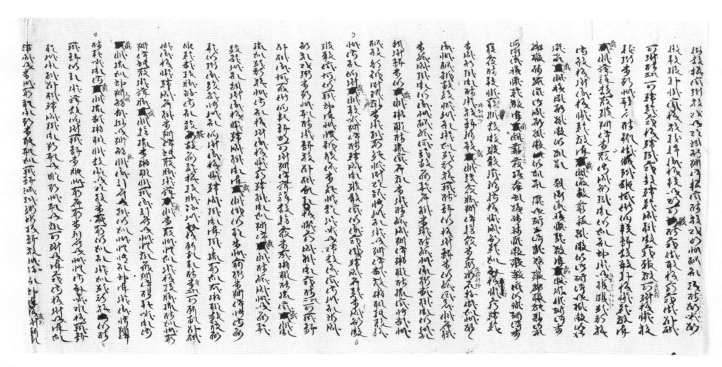

俄 **И**нв.No.5032　中道真性根本釋上卷　　　　(18-3)

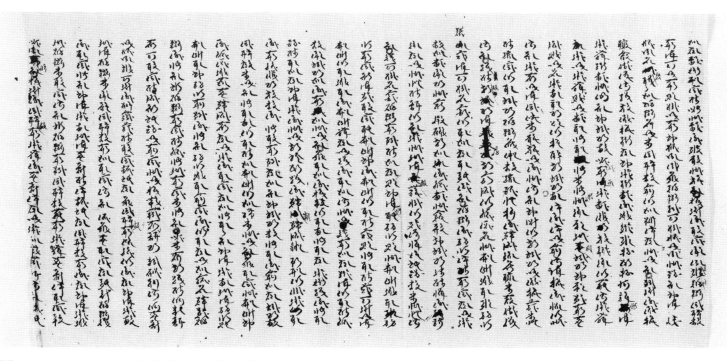

俄 **И**нв.No.5032　中道真性根本釋上卷　　　　(18-4)

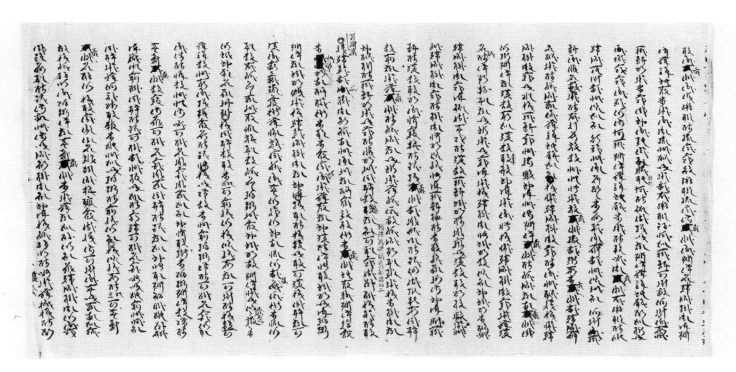

俄 **И**нв.No.5032　中道真性根本釋上卷　　　　(18-5)

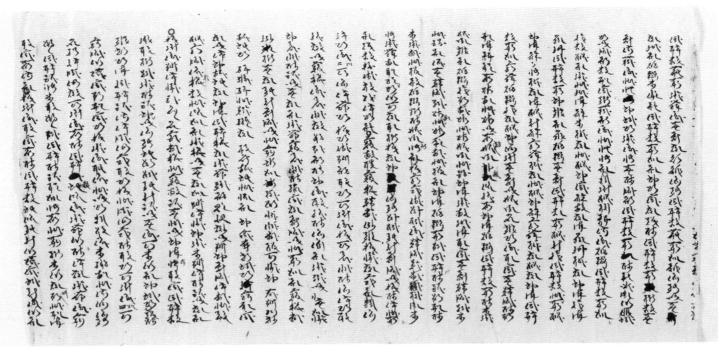

俄Инв.No.5032　中道真性根本釋上卷　　　(18-6)

俄Инв.No.5032　中道真性根本釋上卷　　　(18-7)

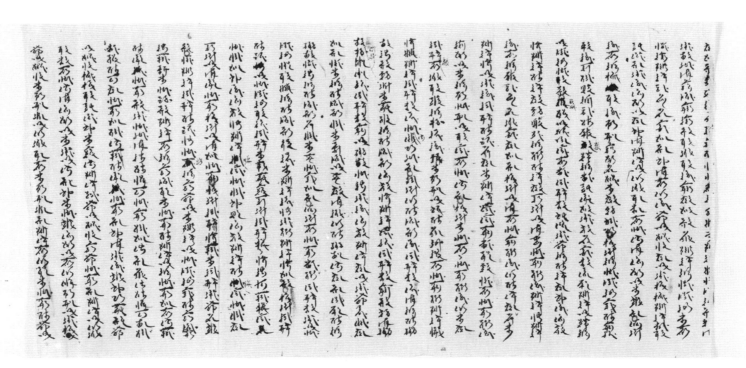

俄Инв.No.5032　中道真性根本釋上卷　　　(18-8)

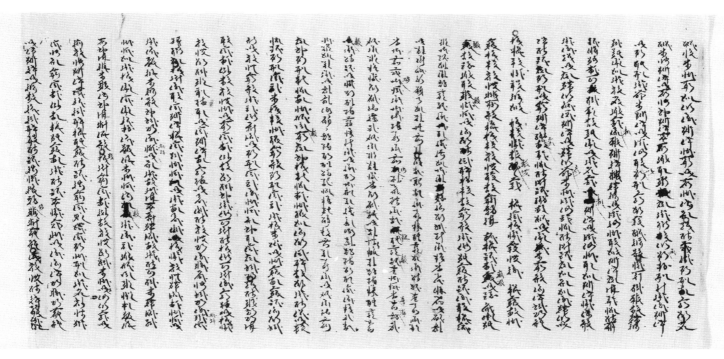

俄 Инв.No.5032　中道真性根本釋上卷　　　　(18-9)

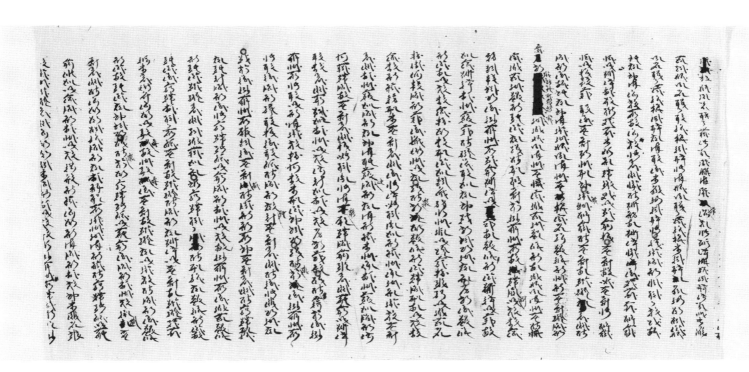

俄 Инв.No.5032　中道真性根本釋上卷　　　　(18-10)

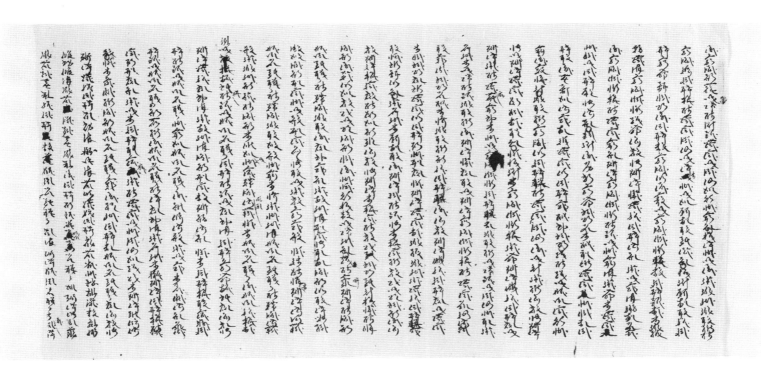

俄 Инв.No.5032　中道真性根本釋上卷　　　　(18-11)

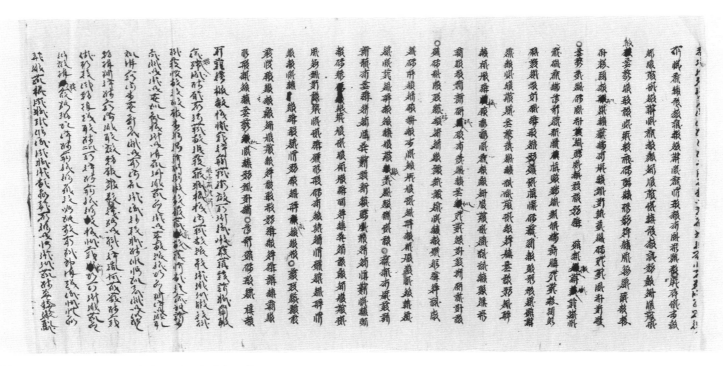

俄 **И**нв.No.5032　中道真性根本釋上卷　　　(18-12)

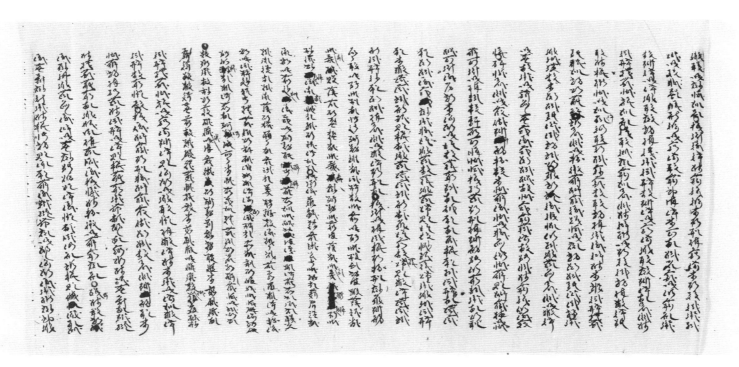

俄 **И**нв.No.5032　中道真性根本釋上卷　　　(18-13)

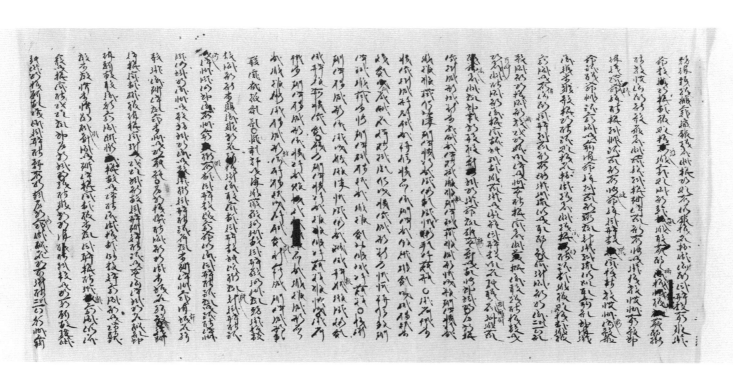

俄 **И**нв.No.5032　中道真性根本釋上卷　　　(18-14)

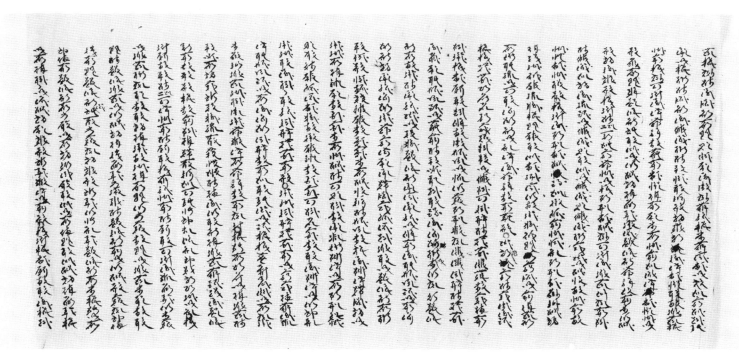

俄Инв.No.5032　中道真性根本釋上卷　　　(18-15)

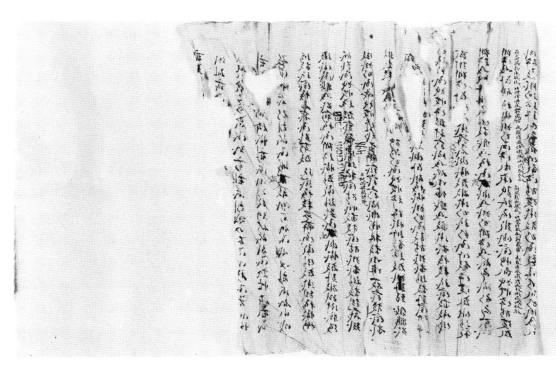

俄Инв.No.5032　中道真性根本釋上卷　　　(18-16)

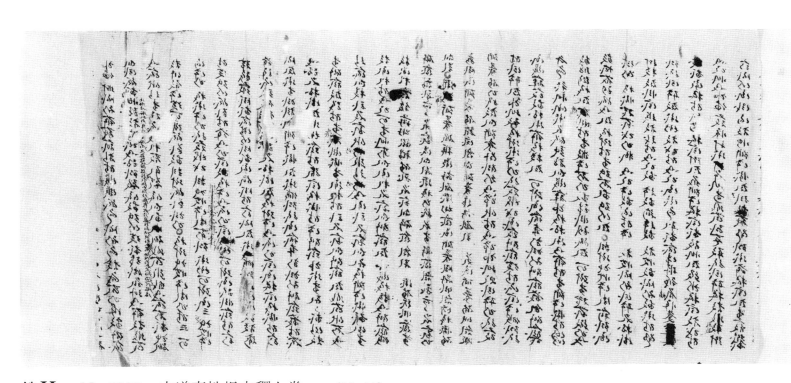

俄Инв.No.5032　中道真性根本釋上卷　　　(18-17)

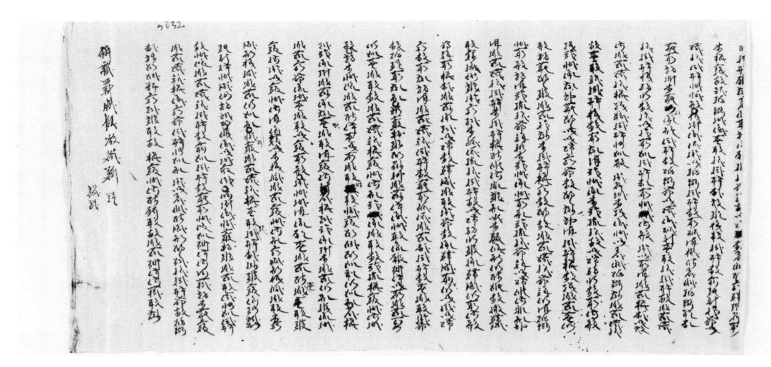

俄Инв.No.5032　中道真性根本釋上卷　　　(18-18)

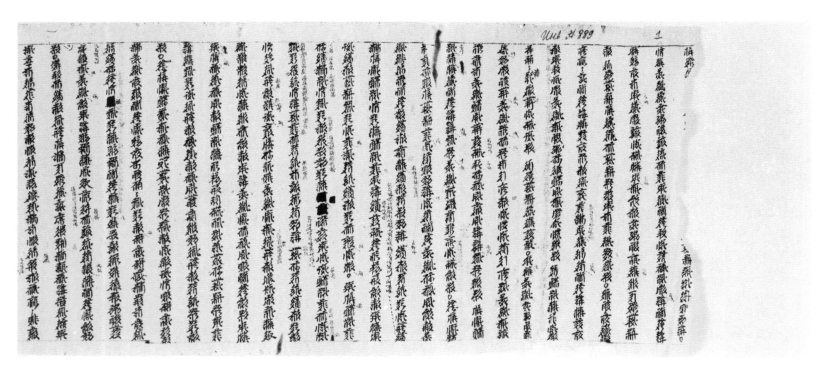

俄Инв.No.889　中道真性根本釋上卷　　　(17-1)

俄Инв.No.889　中道真性根本釋上卷　　　(17-2)

俄Ⅰнв.No.889　中道真性根本釋上卷　　　(17-3)

俄Ⅰнв.No.889　中道真性根本釋上卷　　　(17-4)

俄Ⅰнв.No.889　中道真性根本釋上卷　　　(17-5)

俄 Инв.No.889　中道真性根本釋上卷　　　　(17-6)

俄 Инв.No.889　中道真性根本釋上卷　　　　(17-7)

俄 Инв.No.889　中道真性根本釋上卷　　　　(17-8)

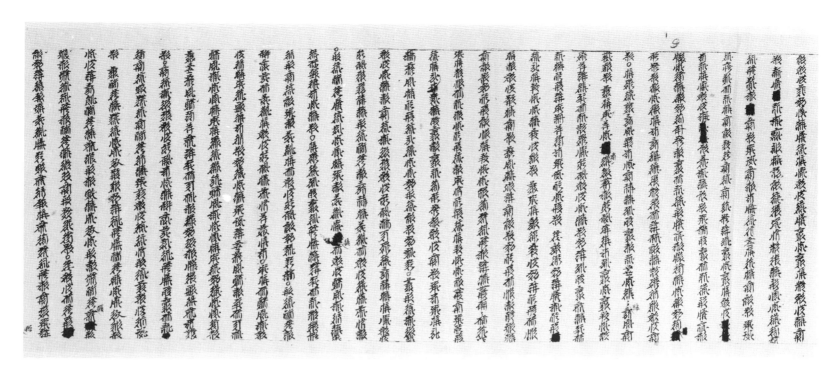

俄Инв.No.889 中道真性根本釋上卷 (17-9)

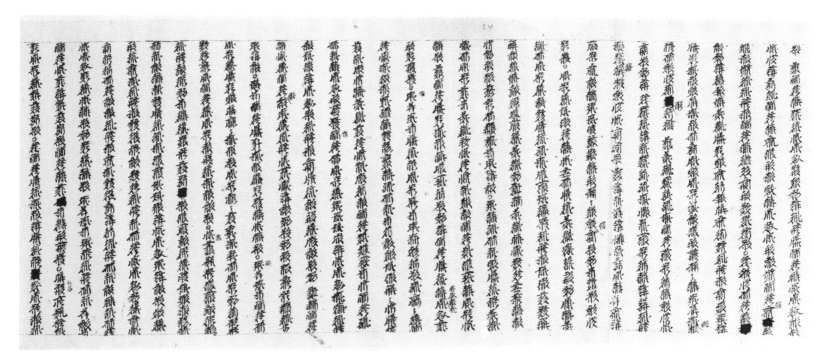

俄Инв.No.889 中道真性根本釋上卷 (17-10)

俄Инв.No.889 中道真性根本釋上卷 (17-11)

俄Инв.No.889　中道真性根本釋上卷　　　(17-12)

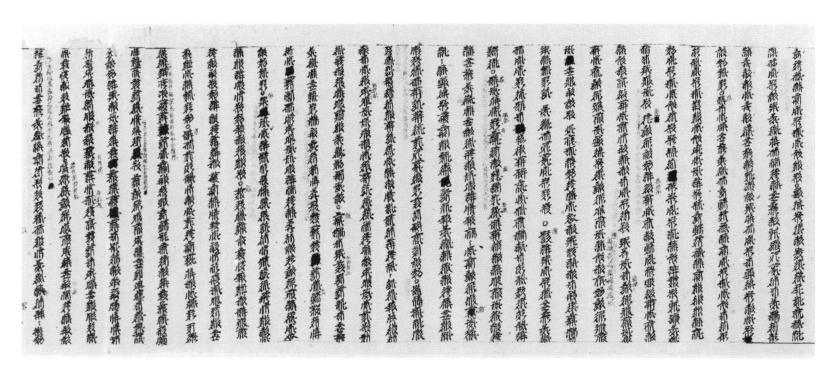

俄Инв.No.889　中道真性根本釋上卷　　　(17-13)

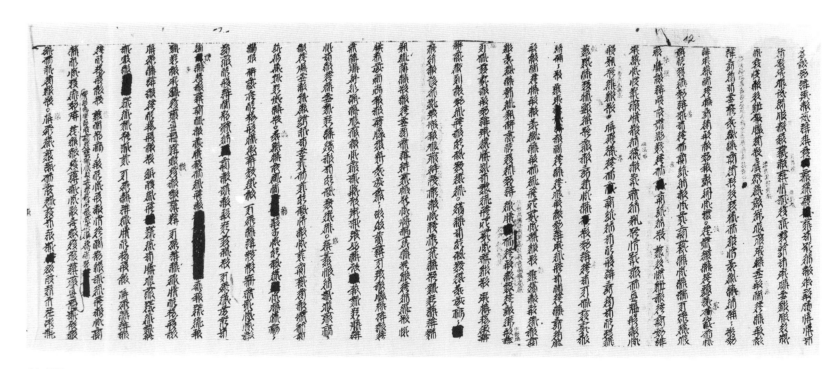

俄Инв.No.889　中道真性根本釋上卷　　　(17-14)

俄ИHB.No.889　中道真性根本釋上卷　　　(17-15)

俄ИHB.No.889　中道真性根本釋上卷　　　(17-16)

俄ИHB.No.889　中道真性根本釋上卷　　　(17-17)

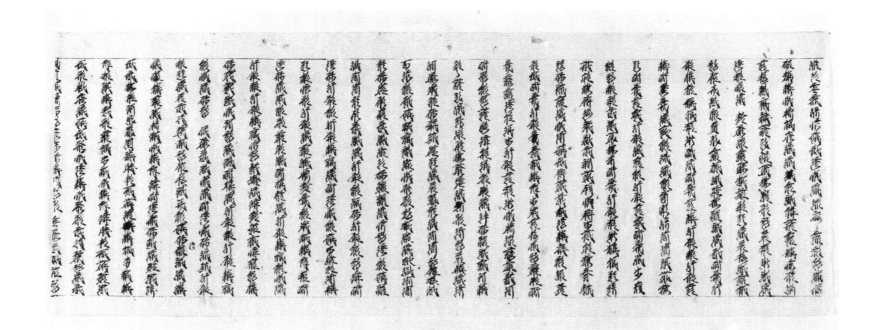

俄 **И**нв.No.4372　天路拶哇作二諦義記　　　(28-1)

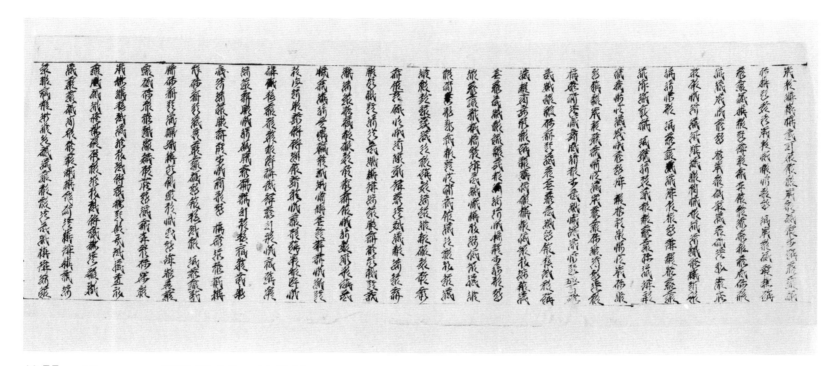

俄 **И**нв.No.4372　天路拶哇作二諦義記　　　(28-2)

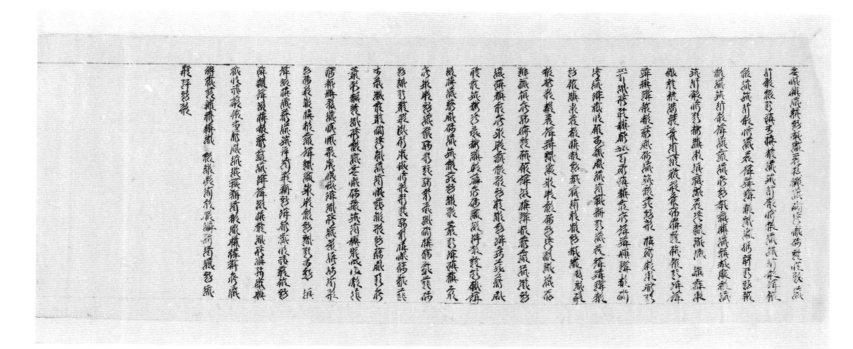

俄 **И**нв.No.4372　天路拶哇作二諦義記　　　(28-3)

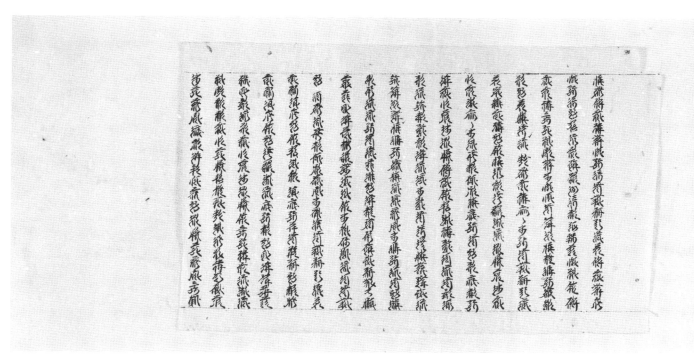

俄Инв.No.4372　天路拶哇作二諦義記　　　(28-4)

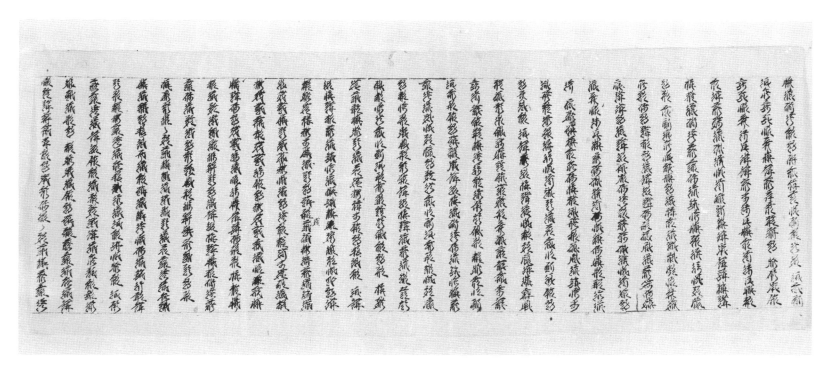

俄Инв.No.4372　天路拶哇作二諦義記　　　(28-5)

俄Инв.No.4372　天路拶哇作二諦義記　　　(28-6)

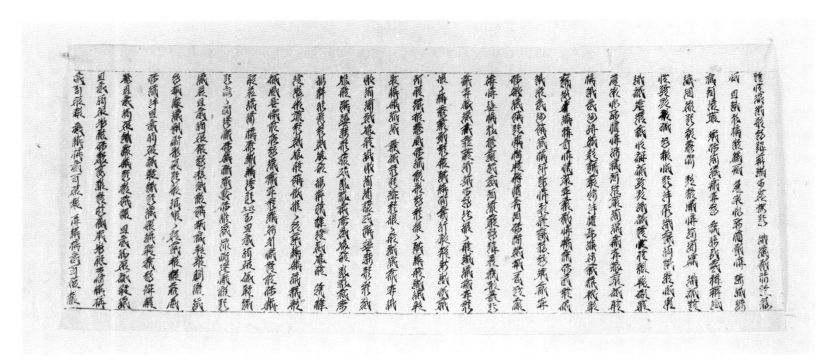

俄 Инв.No.4372　天路拶哇作二諦義記　　(28-7)

俄 Инв.No.4372　天路拶哇作二諦義記　　(28-8)

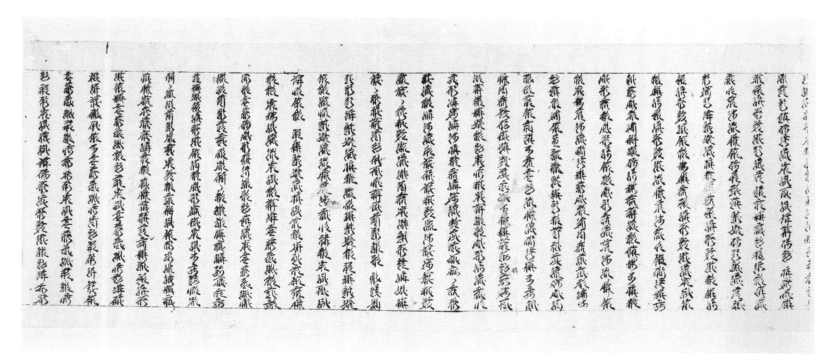

俄 Инв.No.4372　天路拶哇作二諦義記　　(28-9)

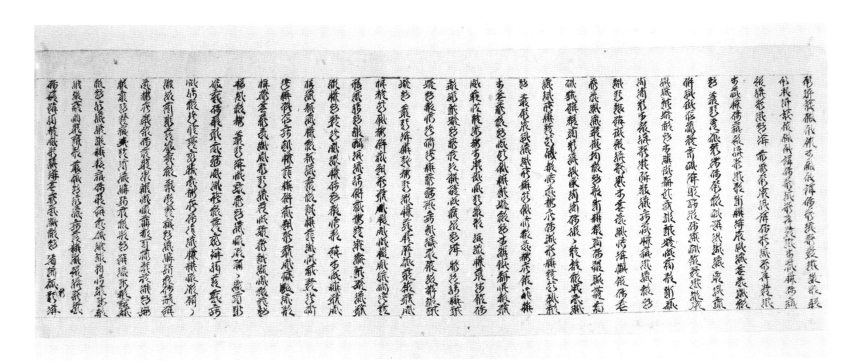

俄 **И**нв.No.4372　　天路拶哇作二諦義記　　　　(28-10)

俄 **И**нв.No.4372　　天路拶哇作二諦義記　　　　(28-11)

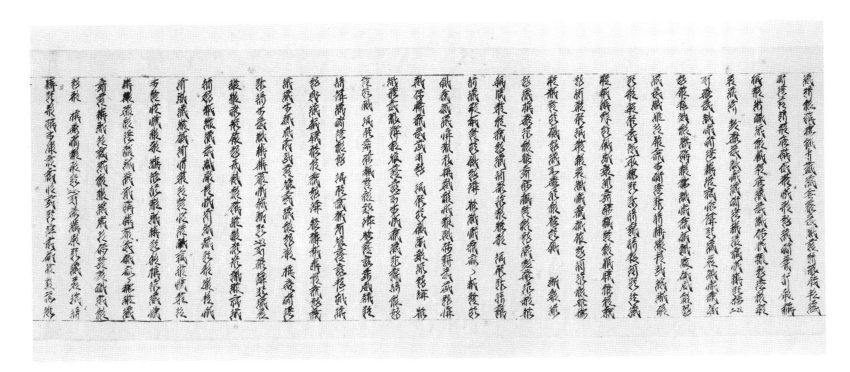

俄 **И**нв.No.4372　　天路拶哇作二諦義記　　　　(28-12)

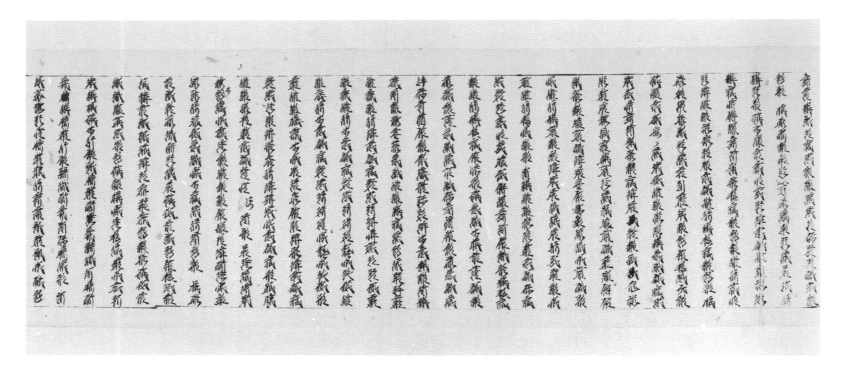

俄 Инв.No.4372　天路拶哇作二諦義記　　　(28-13)

俄 Инв.No.4372　天路拶哇作二諦義記　　　(28-14)

俄 Инв.No.4372　天路拶哇作二諦義記　　　(28-15)

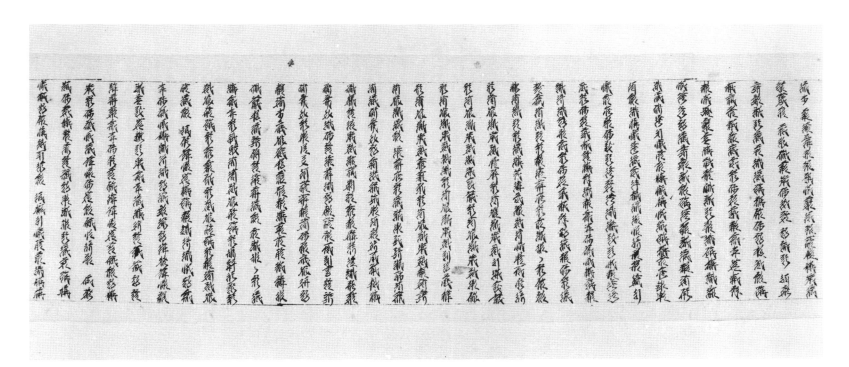

俄 **И**нв.No.4372　　天路捗哇作二諦義記　　　(28-16)

俄 **И**нв.No.4372　　天路捗哇作二諦義記　　　(28-17)

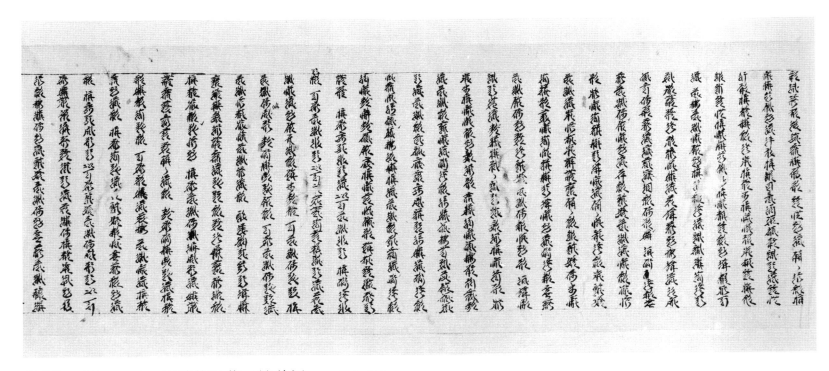

俄 **И**нв.No.4372　　天路捗哇作二諦義記　　　(28-18)

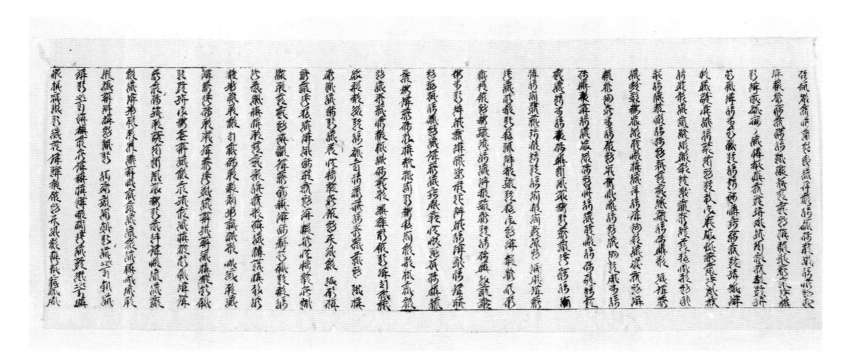

俄 Инв.No.4372　　天路拶哇作二諦義記　　　　(28-19)

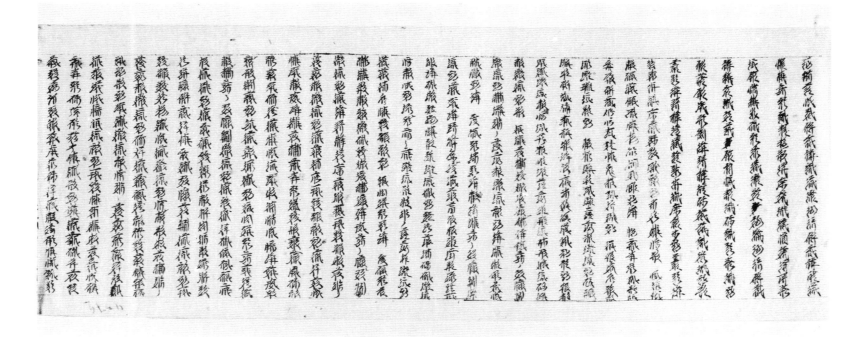

俄 Инв.No.4372　　天路拶哇作二諦義記　　　　(28-20)

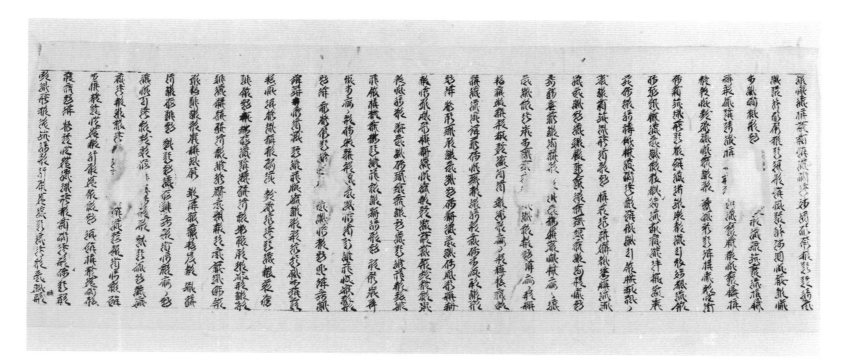

俄 Инв.No.4372　　天路拶哇作二諦義記　　　　(28-21)

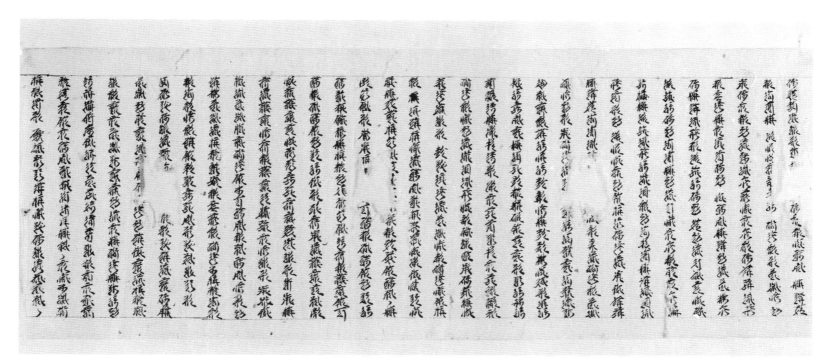

俄 Инв.No.4372　　天路拶哇作二諦義記　　　(28-22)

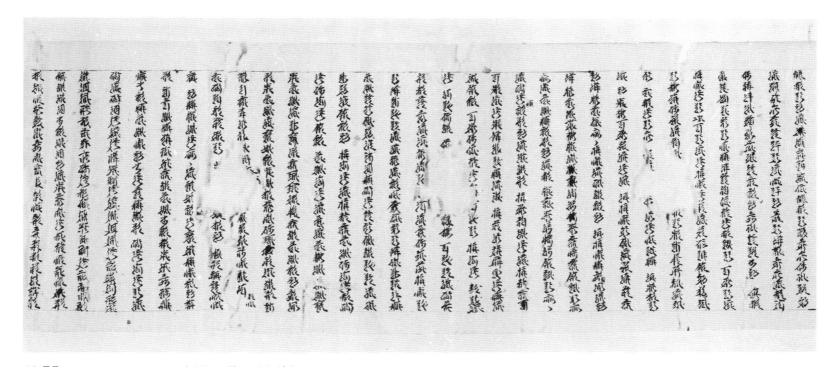

俄 Инв.No.4372　　天路拶哇作二諦義記　　　(28-23)

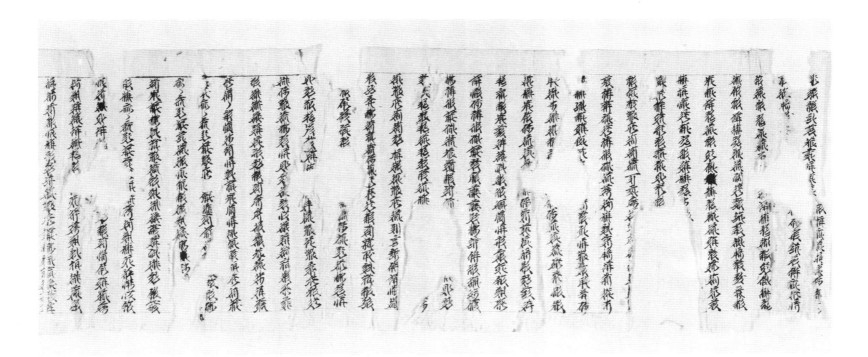

俄 Инв.No.4372　　天路拶哇作二諦義記　　　(28-24)

211

俄 **И**нв.No.4372　天路拶哇作二諦義記　　(28-25)

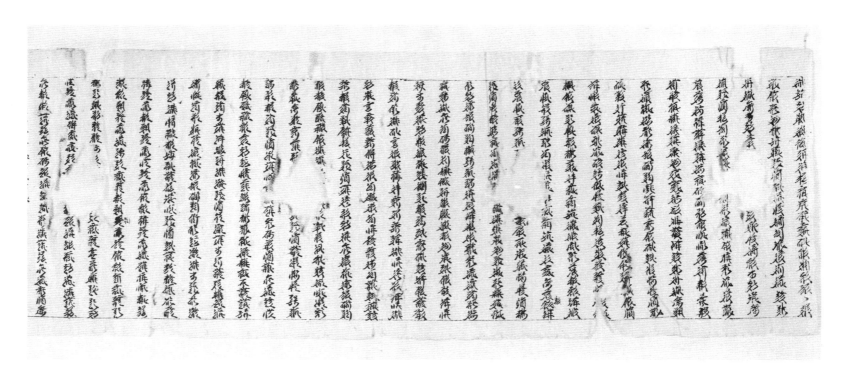

俄 **И**нв.No.4372　天路拶哇作二諦義記　　(28-26)

俄 **И**нв.No.4372　天路拶哇作二諦義記　　(28-27)

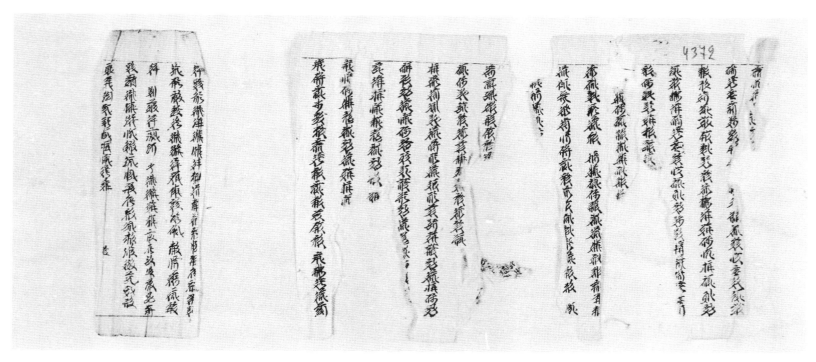

俄 Инв.No.4372 　天路拶哇作二諦義記 　　(28-28)

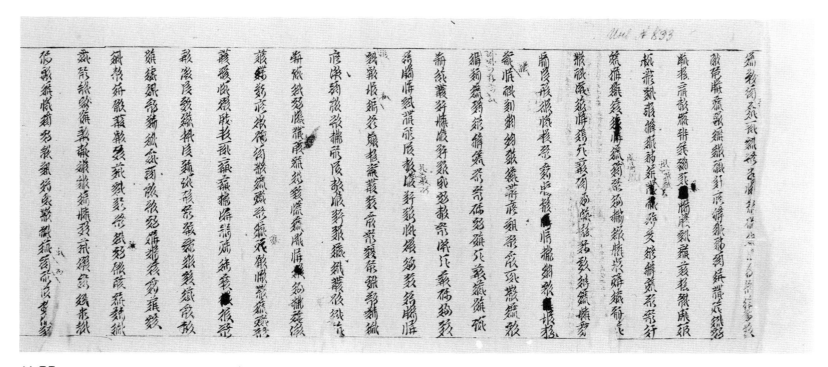

俄 Инв.No.833 　入二諦論之義解記 　　(26-1)

俄 Инв.No.833 　入二諦論之義解記 　　(26-2)

213

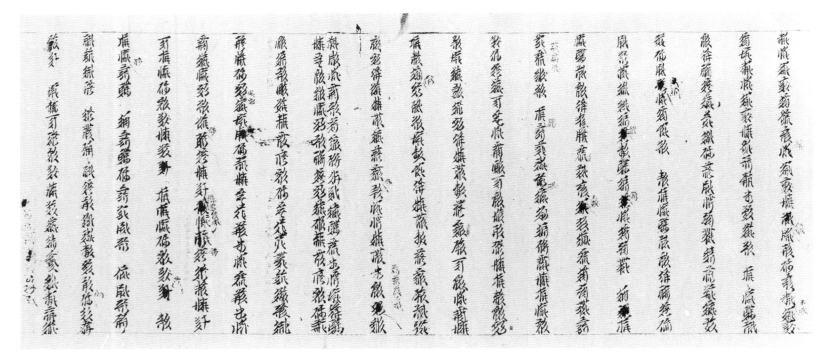

俄 Инв.No.833　入二諦論之義解記　　　(26-3)

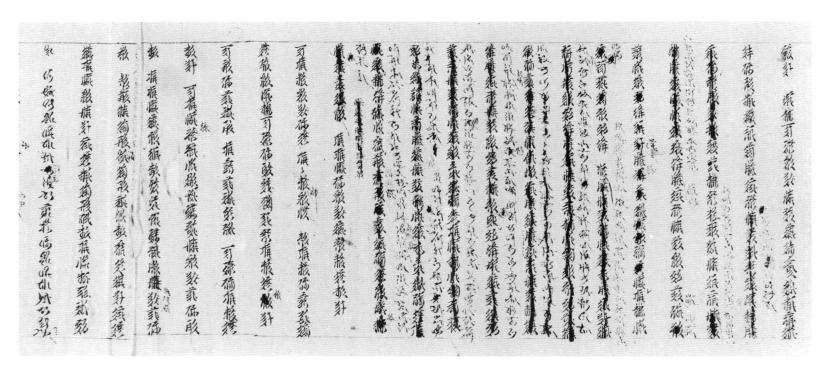

俄 Инв.No.833　入二諦論之義解記　　　(26-4)

俄 Инв.No.833　入二諦論之義解記　　　(26-5)

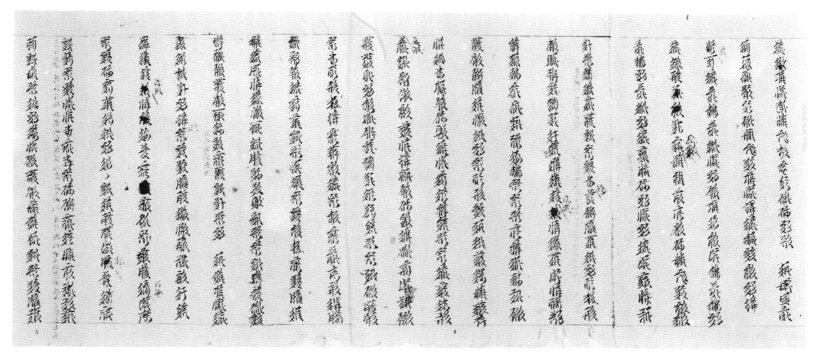

俄 Инв.No.833　入二諦論之義解記　　　(26-6)

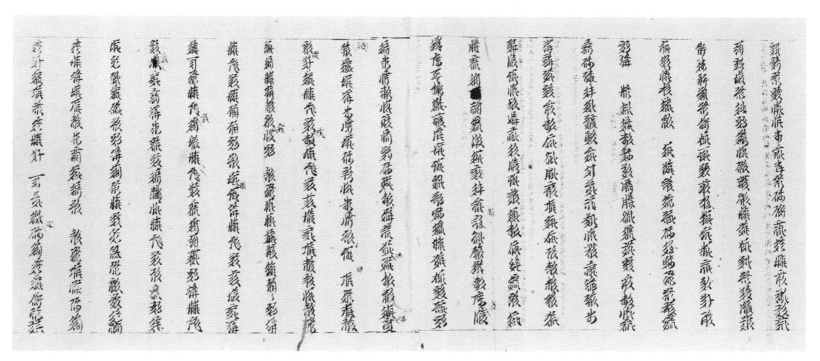

俄 Инв.No.833　入二諦論之義解記　　　(26-7)

俄 Инв.No.833　入二諦論之義解記　　　(26-8)

215

俄Инв.No.833　入二諦論之義解記　　　(26-9)

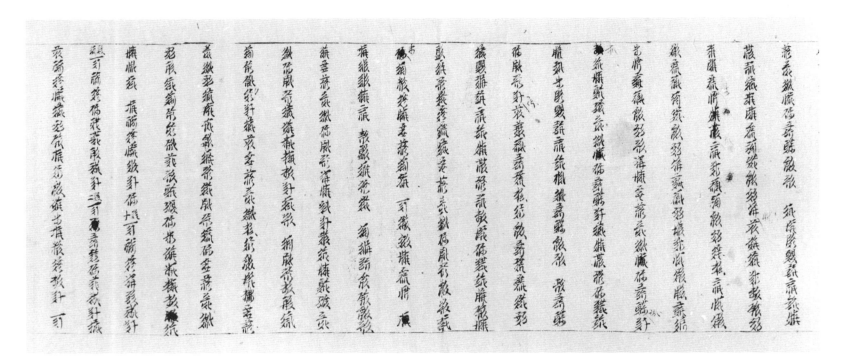

俄Инв.No.833　入二諦論之義解記　　　(26-10)

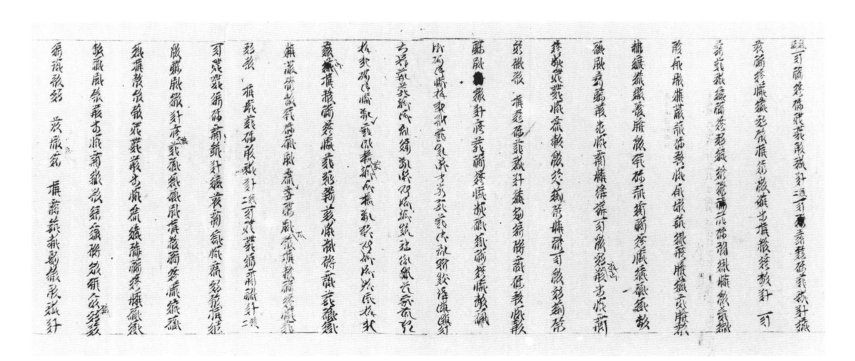

俄Инв.No.833　入二諦論之義解記　　　(26-11)

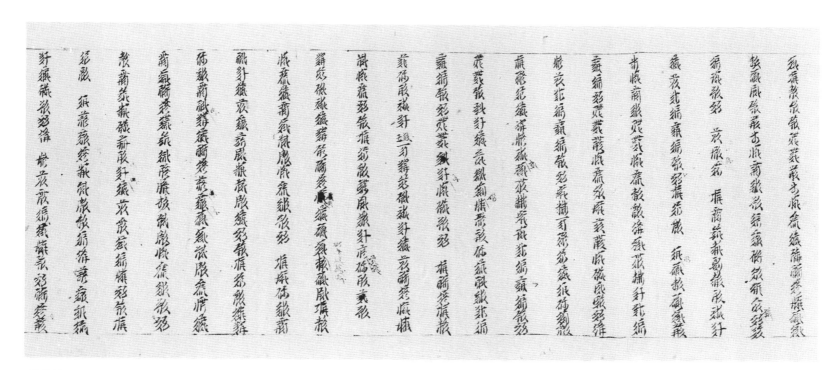

俄 Инв.No.833　入二諦論之義解記　　(26-12)

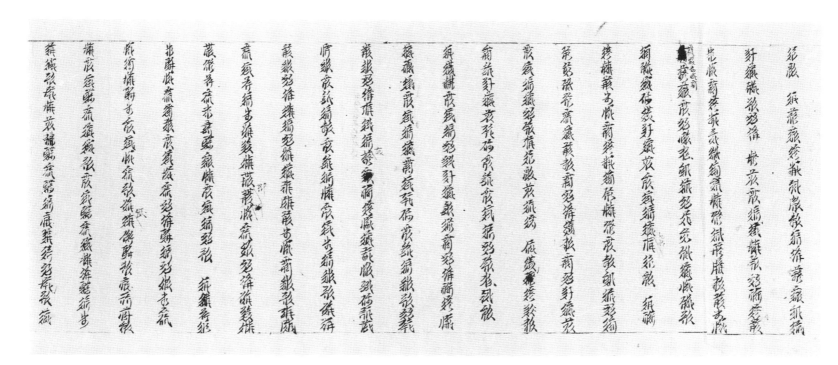

俄 Инв.No.833　入二諦論之義解記　　(26-13)

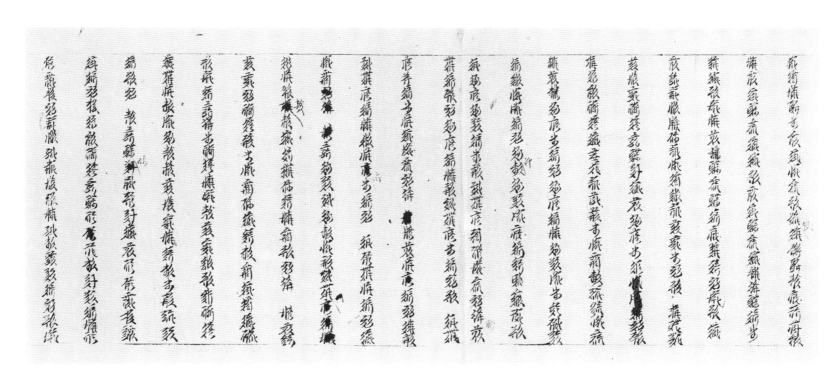

俄 Инв.No.833　入二諦論之義解記　　(26-14)

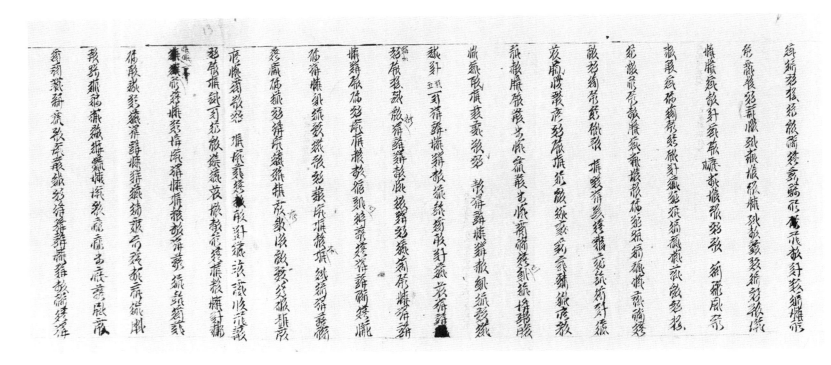

俄 Инв.No.833　入二諦論之義解記　　　(26-15)

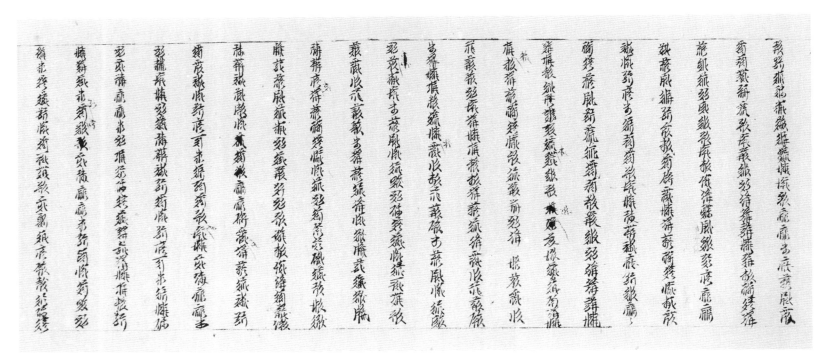

俄 Инв.No.833　入二諦論之義解記　　　(26-16)

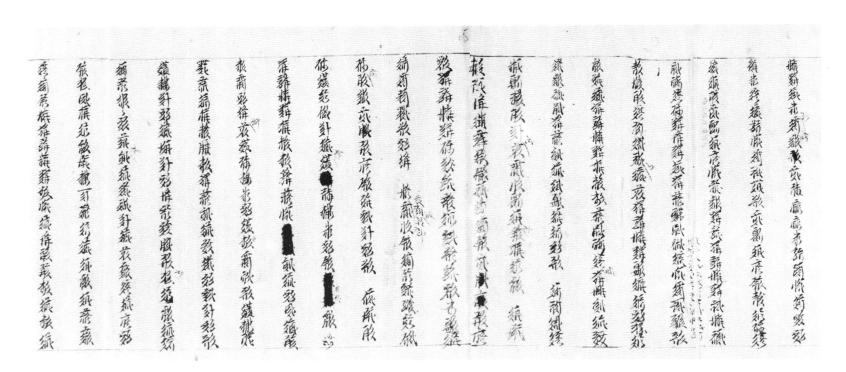

俄 Инв.No.833　入二諦論之義解記　　　(26-17)

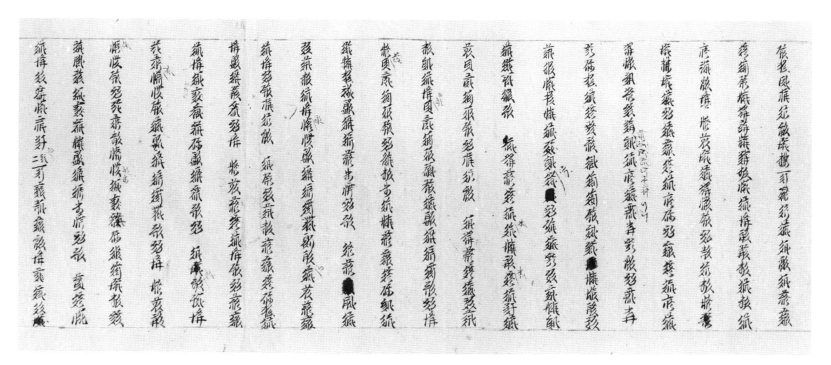

俄 **И**нв.No.833　　入二諦論之義解記　　　(26-18)

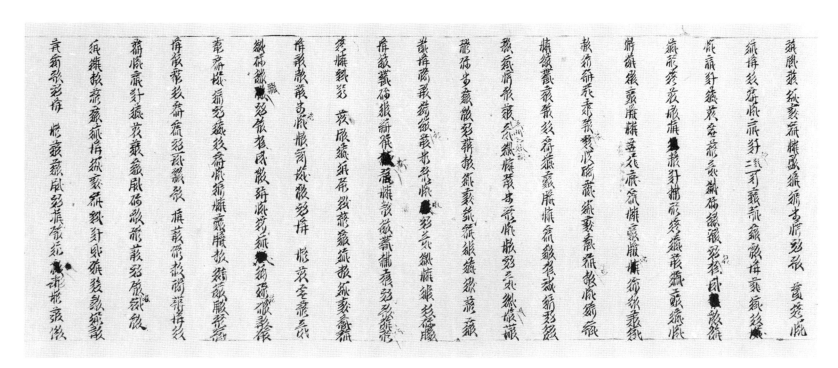

俄 **И**нв.No.833　　入二諦論之義解記　　　(26-19)

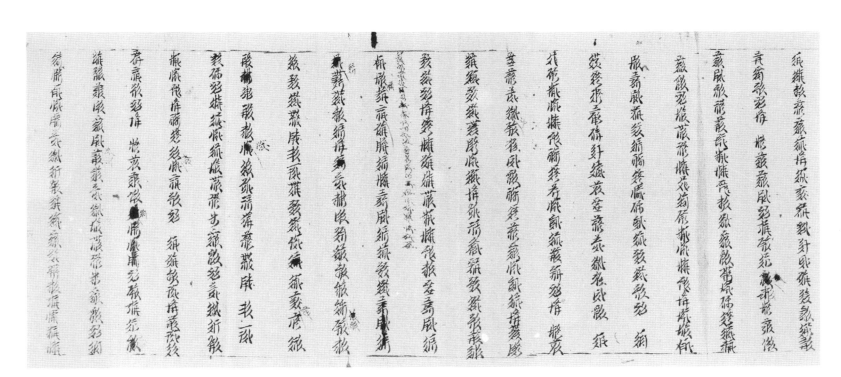

俄 **И**нв.No.833　　入二諦論之義解記　　　(26-20)

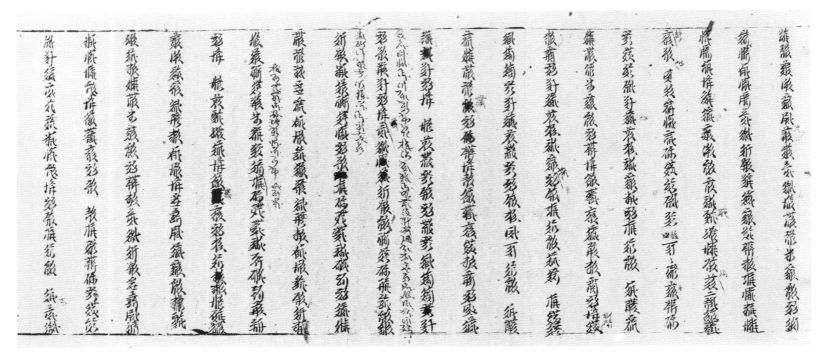

俄 Инв.No.833　入二諦論之義解記　　　(26-21)

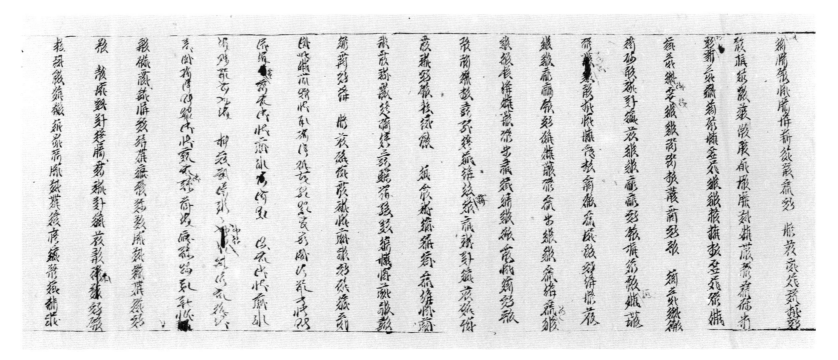

俄 Инв.No.833　入二諦論之義解記　　　(26-22)

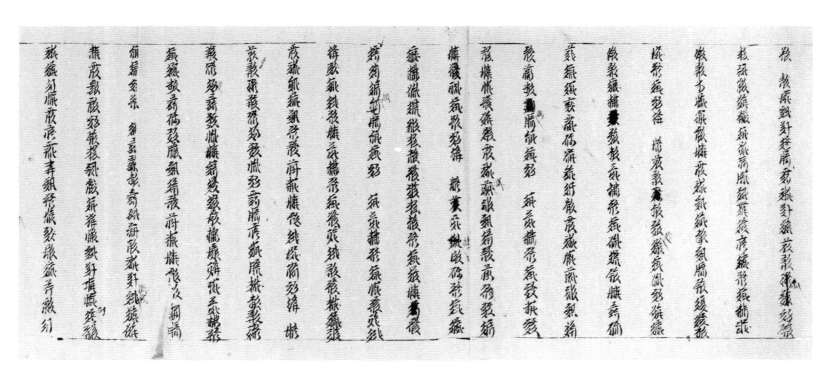

俄 Инв.No.833　入二諦論之義解記　　　(26-23)

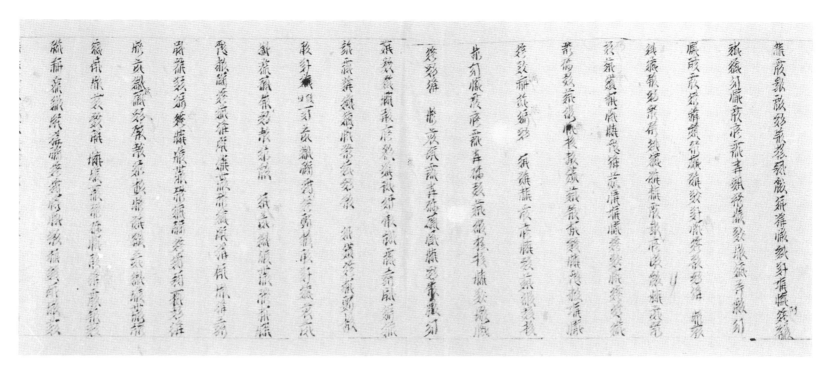

俄 Ихв.No.833　入二諦論之義解記　　　(26-24)

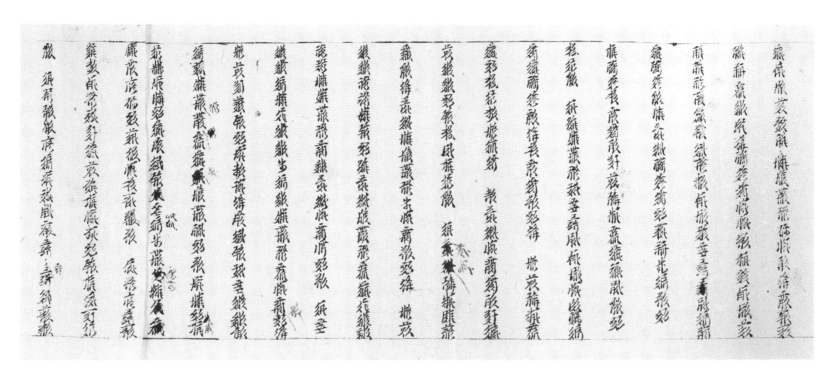

俄 Ихв.No.833　入二諦論之義解記　　　(26-25)

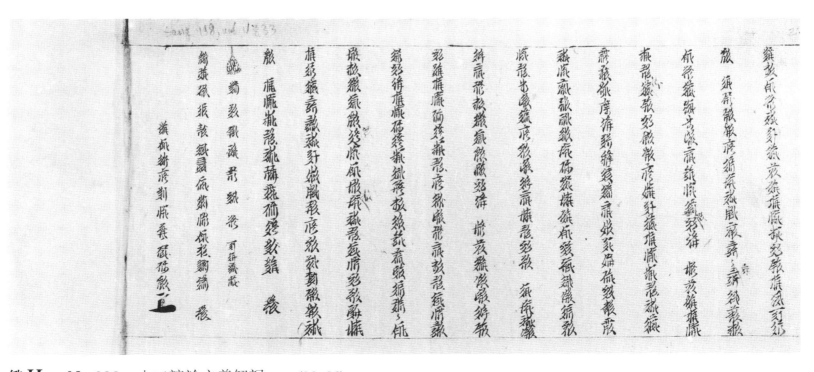

俄 Ихв.No.833　入二諦論之義解記　　　(26-26)

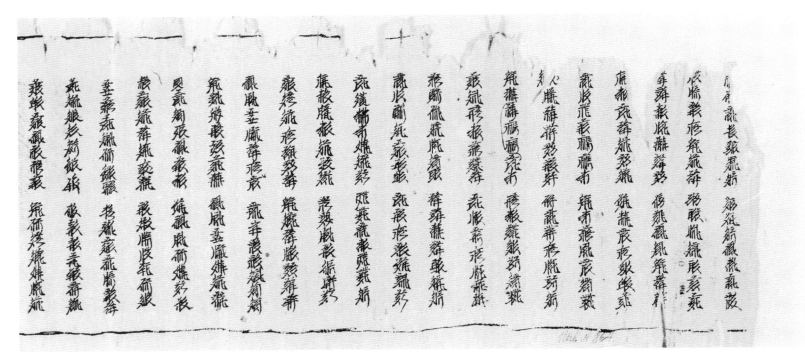

俄 **И**нв.No.865　入二諦　　　(3-1)

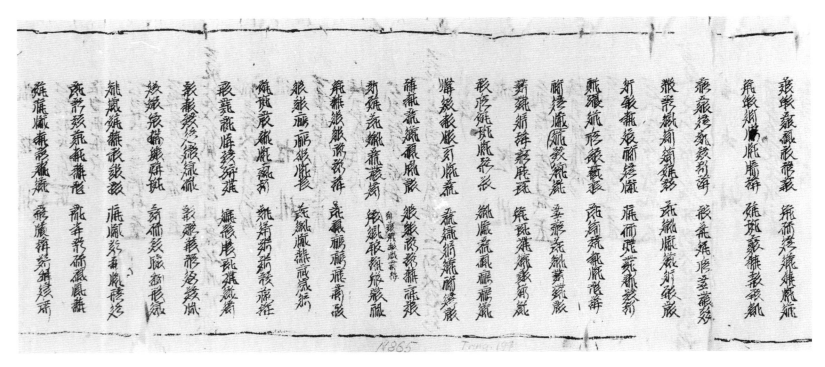

俄 **И**нв.No.865　入二諦　　　(3-2)

俄 **И**нв.No.865　入二諦　　　(3-3)

俄Инв.No.868　入二諦記上卷　　(5-1)

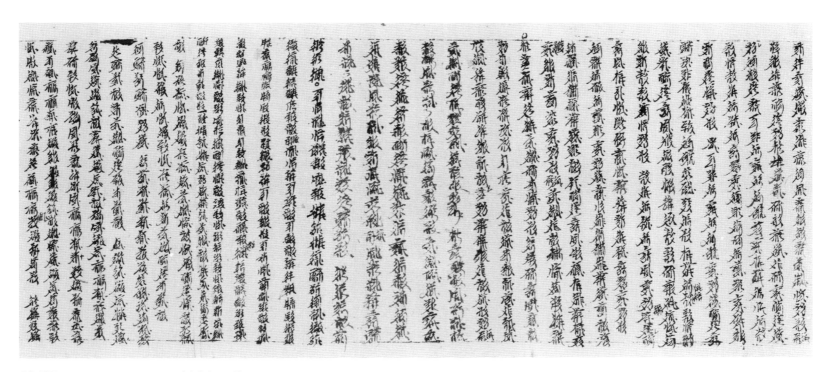

俄Инв.No.868　入二諦記上卷　　(5-2)

俄Инв.No.868　入二諦記上卷　　(5-3)

俄 **И**нв.No.868　入二諦記上卷　　　(5-4)

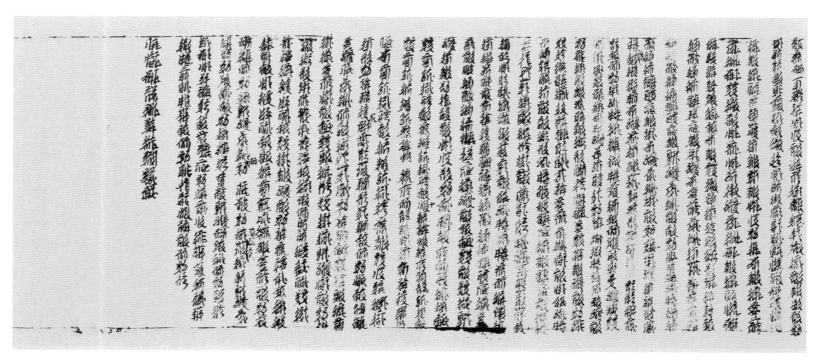

俄 **И**нв.No.868　入二諦記上卷　　　(5-5)

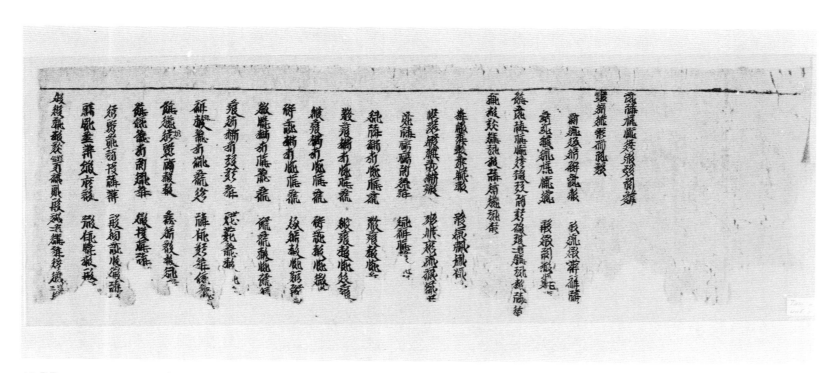

俄 **И**нв.No.5878　諸根本二諦義釋要集記　　(5-1)

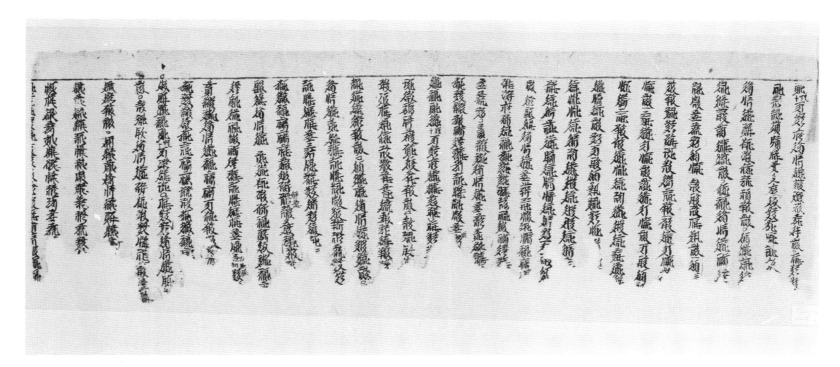

俄 Инв.No.5878　諸根本二諦義釋要集記　　　(5-2)

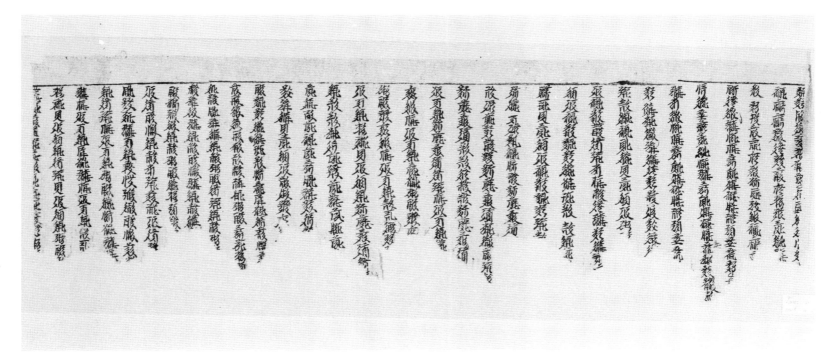

俄 Инв.No.5878　諸根本二諦義釋要集記　　　(5-3)

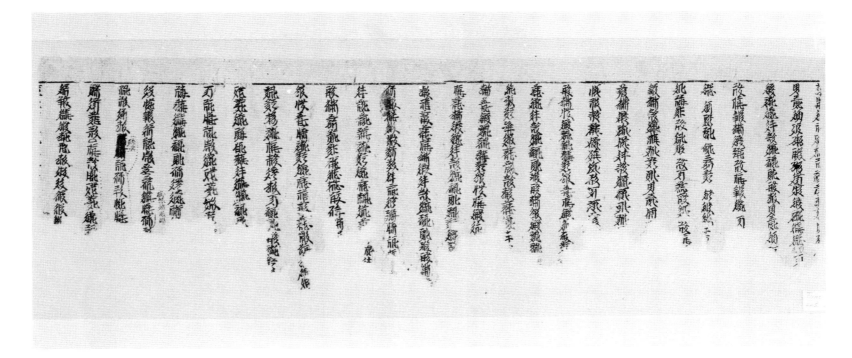

俄 Инв.No.5878　諸根本二諦義釋要集記　　　(5-4)

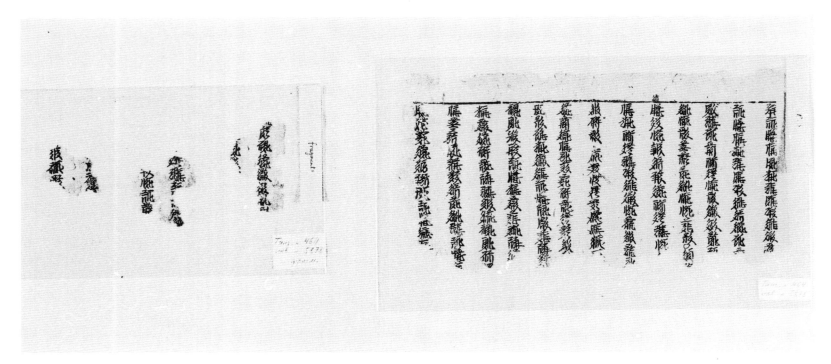

俄Инв.No.5878　諸根本二諦義釋要集記　　　(5-5)

俄Инв.No.2818　大乘六聚中道之莊嚴眞性釋大寶瓔珞卷第一　　　(25-1)

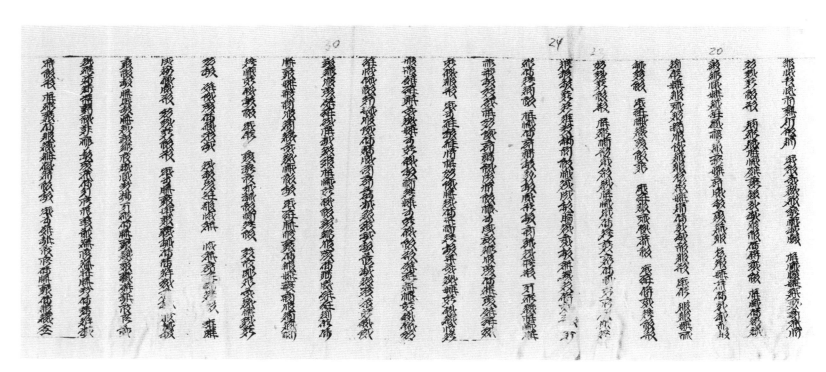

俄Инв.No.2818　大乘六聚中道之莊嚴眞性釋大寶瓔珞卷第一　　　(25-2)

俄**Инв**.No.2818　　大乘六聚中道之莊嚴真性釋大寶瓔珞卷第一　　　　(25-3)

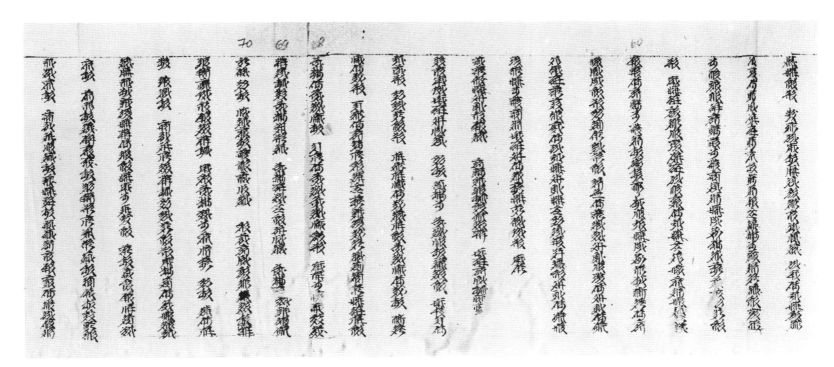

俄**Инв**.No.2818　　大乘六聚中道之莊嚴真性釋大寶瓔珞卷第一　　　　(25-4)

俄**Инв**.No.2818　　大乘六聚中道之莊嚴真性釋大寶瓔珞卷第一　　　　(25-5)

俄Инв.No.2818　大乘六聚中道之莊嚴真性釋大寶瓔珞卷第一　　　（25-6）

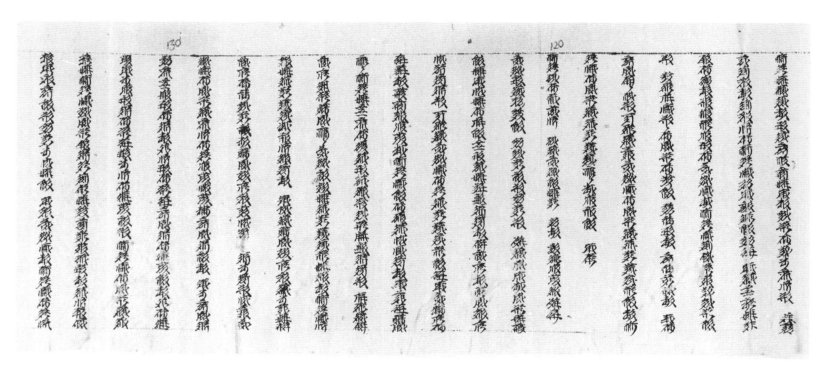

俄Инв.No.2818　大乘六聚中道之莊嚴真性釋大寶瓔珞卷第一　　　（25-7）

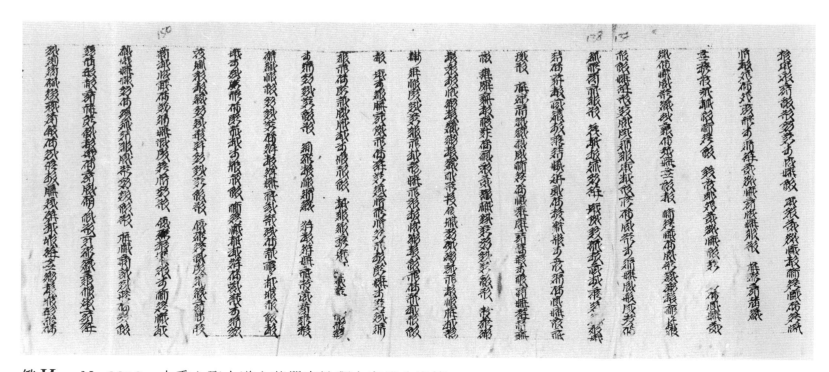

俄Инв.No.2818　大乘六聚中道之莊嚴真性釋大寶瓔珞卷第一　　　（25-8）

俄 **И**нв.No.2818　　大乘六聚中道之莊嚴真性釋大寶瓔珞卷第一　　　　(25-9)

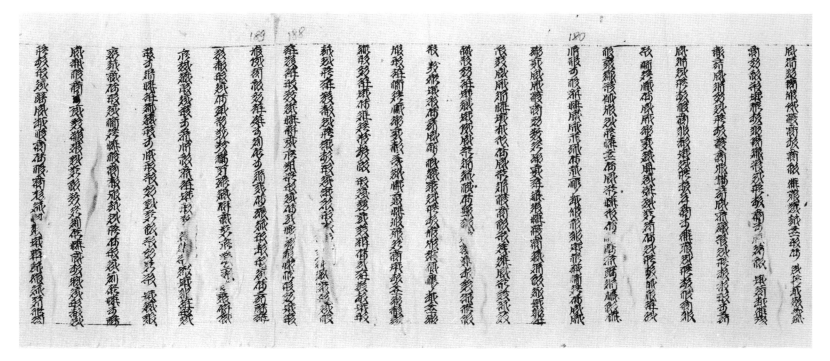

俄 **И**нв.No.2818　　大乘六聚中道之莊嚴真性釋大寶瓔珞卷第一　　　　(25-10)

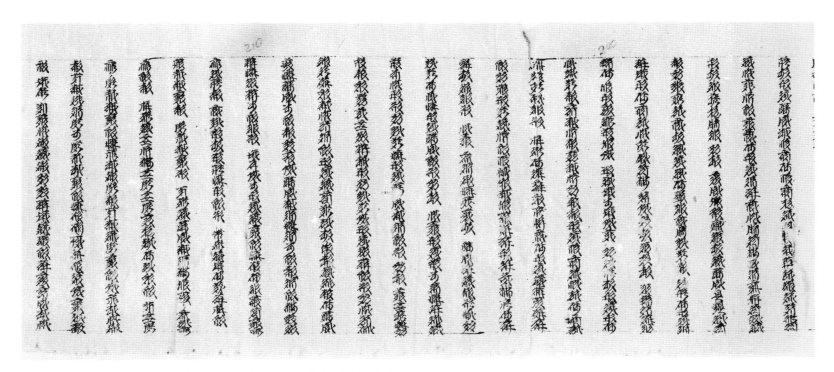

俄 **И**нв.No.2818　　大乘六聚中道之莊嚴真性釋大寶瓔珞卷第一　　　　(25-11)

俄 **И**нв.No.2818　大乘六聚中道之莊嚴真性釋大寶瓔珞卷第一　　　(25-12)

俄 **И**нв.No.2818　大乘六聚中道之莊嚴真性釋大寶瓔珞卷第一　　　(25-13)

俄 **И**нв.No.2818　大乘六聚中道之莊嚴真性釋大寶瓔珞卷第一　　　(25-14)

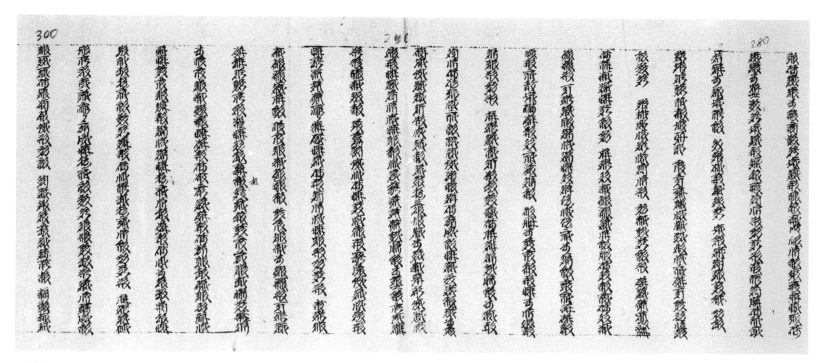

俄 ИНВ.No.2818　大乘六聚中道之莊嚴真性釋大寶瓔珞卷第一　　　(25-15)

俄 ИНВ.No.2818　大乘六聚中道之莊嚴真性釋大寶瓔珞卷第一　　　(25-16)

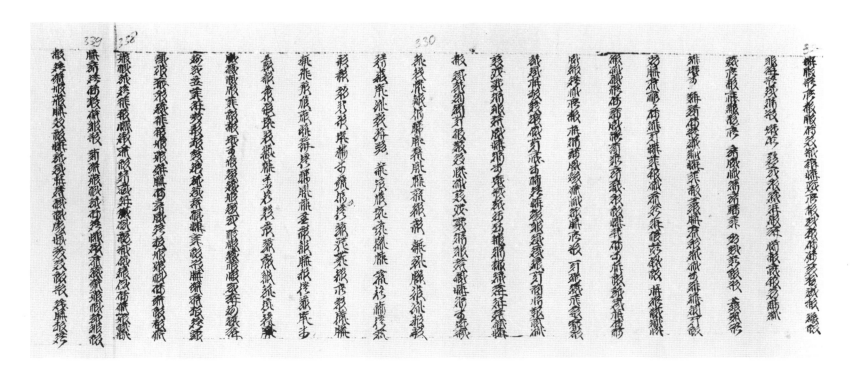

俄 ИНВ.No.2818　大乘六聚中道之莊嚴真性釋大寶瓔珞卷第一　　　(25-17)

俄 **Инв**.No.2818　大乘六聚中道之莊嚴真性釋大寶瓔珞卷第一　　　(25-18)

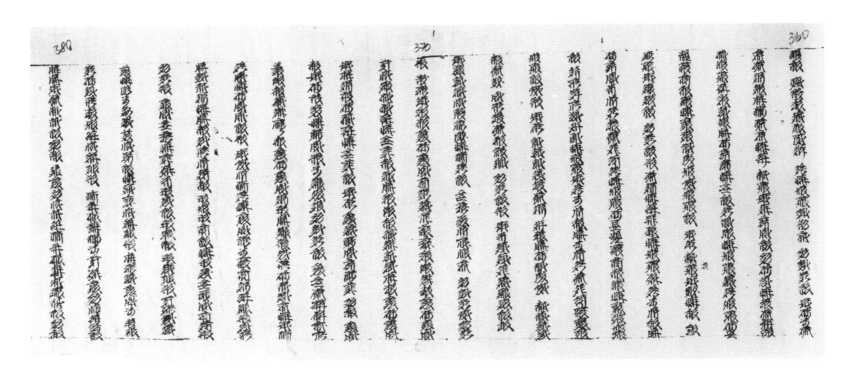

俄 **Инв**.No.2818　大乘六聚中道之莊嚴真性釋大寶瓔珞卷第一　　　(25-19)

俄 **Инв**.No.2818　大乘六聚中道之莊嚴真性釋大寶瓔珞卷第一　　　(25-20)

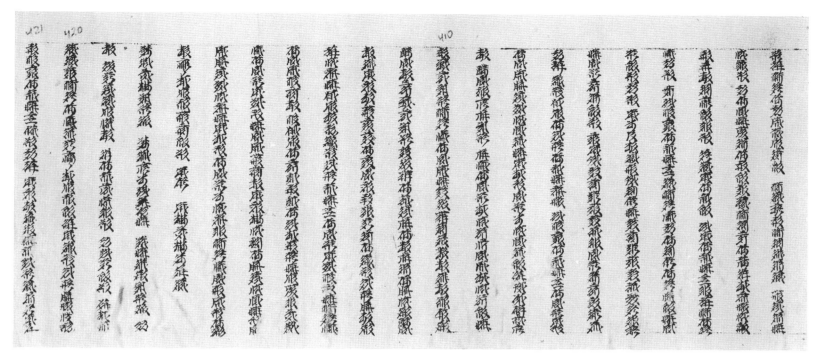

俄Инв.No.2818　大乘六聚中道之莊嚴真性釋大寶瓔珞卷第一　　(25-21)

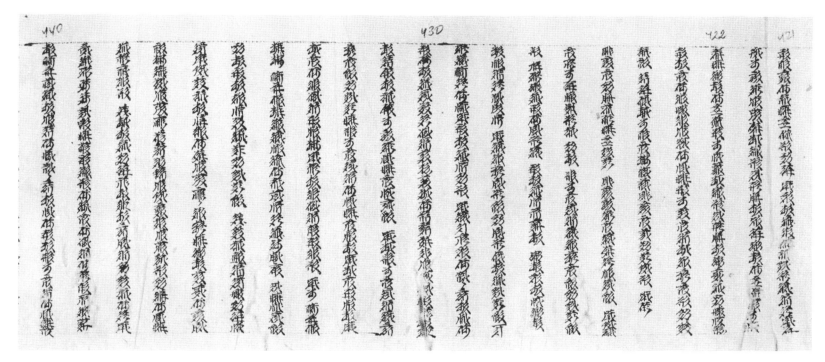

俄Инв.No.2818　大乘六聚中道之莊嚴真性釋大寶瓔珞卷第一　　(25-22)

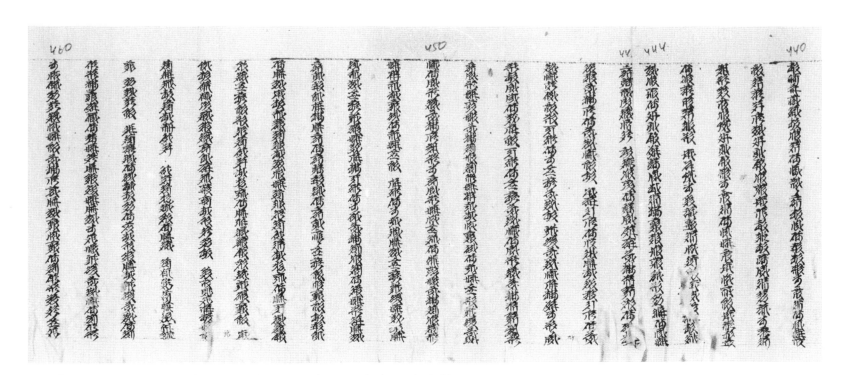

俄Инв.No.2818　大乘六聚中道之莊嚴真性釋大寶瓔珞卷第一　　(25-23)

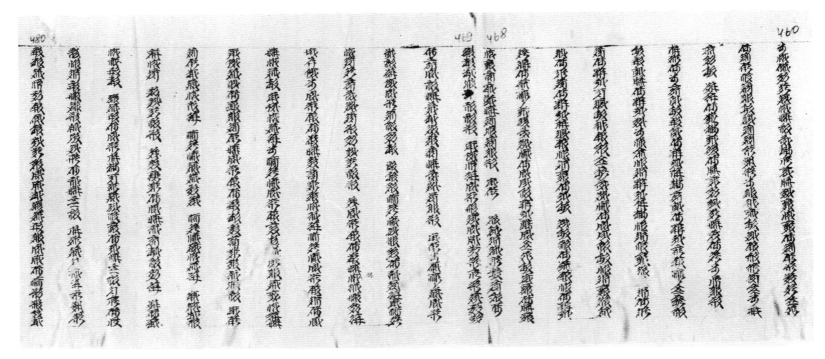

俄 Инв.No.2818　大乘六聚中道之莊嚴真性釋大寶瓔珞卷第一　　　（25-24）

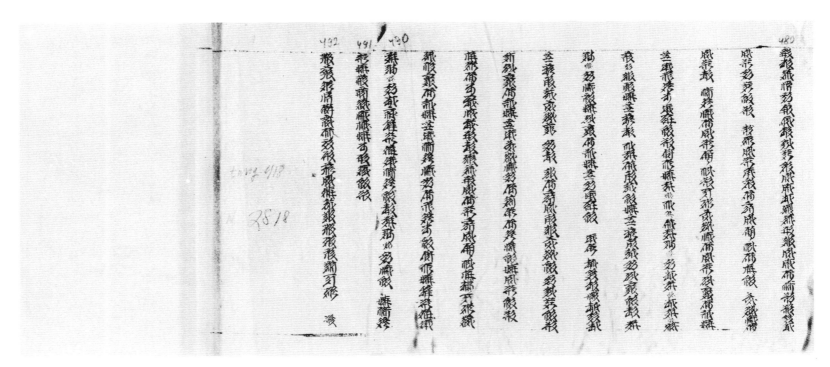

俄 Инв.No.2818　大乘六聚中道之莊嚴真性釋大寶瓔珞卷第一　　　（25-25）

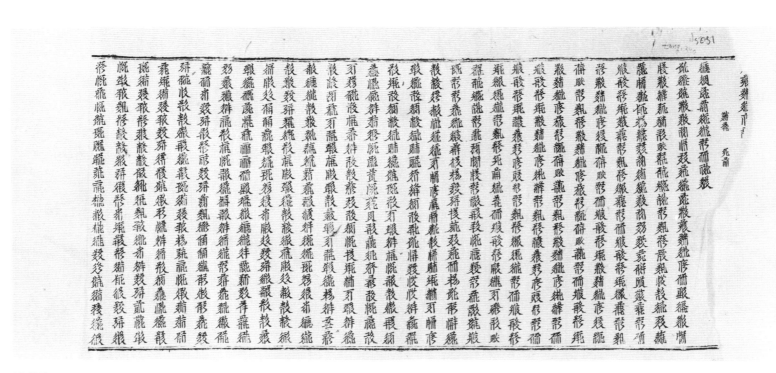

俄 Инв.No.5031　大乘修習者入中道大寶纂集要門上卷　　　（17-1）

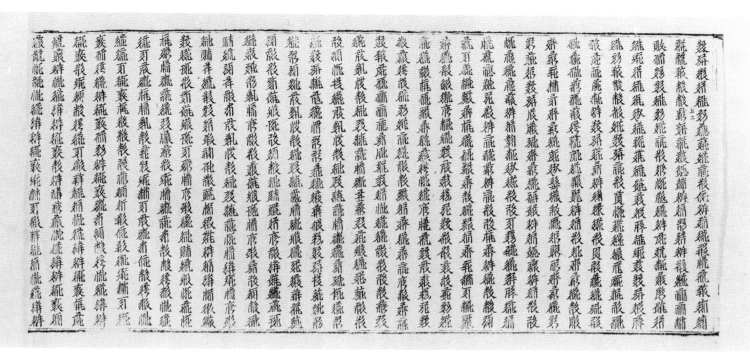

俄 **Инв**.No.5031　大乘修習者入中道大寶纂集要門上卷　　　(17-2)

俄 **Инв**.No.5031　大乘修習者入中道大寶纂集要門上卷　　　(17-3)

俄 **Инв**.No.5031　大乘修習者入中道大寶纂集要門上卷　　　(17-4)

俄 Инв.No.5031　　大乘修習者入中道大寶纂集要門上卷　　　　(17-5)

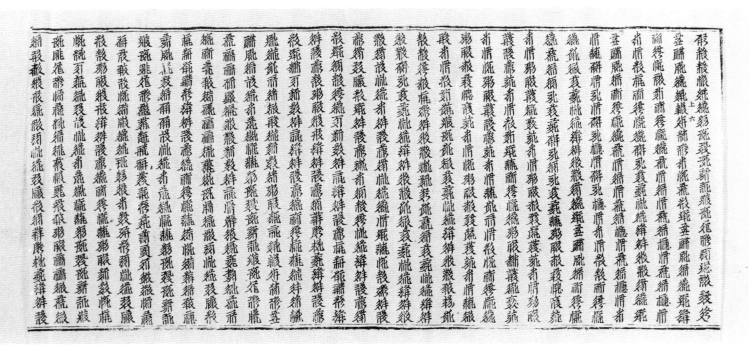

俄 Инв.No.5031　　大乘修習者入中道大寶纂集要門上卷　　　　(17-6)

俄 Инв.No.5031　　大乘修習者入中道大寶纂集要門上卷　　　　(17-7)

俄 **Инв**.No.5031　大乘修習者入中道大寶纂集要門上卷　　　(17-8)

俄 **Инв**.No.5031　大乘修習者入中道大寶纂集要門上卷　　　(17-9)

俄 **Инв**.No.5031　大乘修習者入中道大寶纂集要門上卷　　　(17-10)

俄 **Инв**.No.5031　　大乘修習者入中道大寶纂集要門上卷　　　　(17-11)

俄 **Инв**.No.5031　　大乘修習者入中道大寶纂集要門上卷　　　　(17-12)

俄 **Инв**.No.5031　　大乘修習者入中道大寶纂集要門上卷　　　　(17-13)

俄 **Инв**.No.5031　大乘修習者入中道大寶纂集要門上卷　　　(17-14)

俄 **Инв**.No.5031　大乘修習者入中道大寶纂集要門上卷　　　(17-15)

俄 **Инв**.No.5031　大乘修習者入中道大寶纂集要門上卷　　　(17-16)

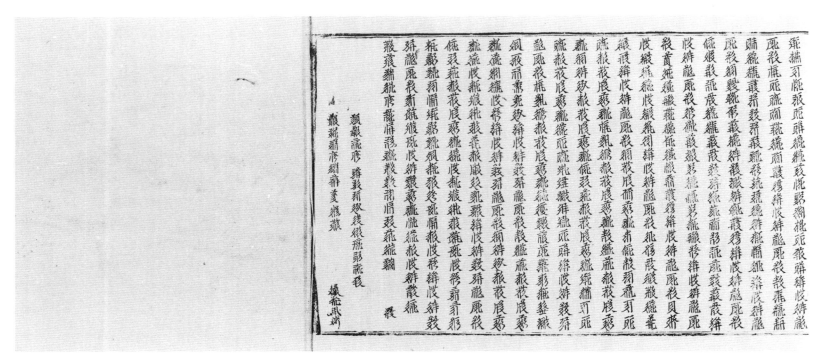

俄 **Инв**.No.5031　　大乘修習者入中道大寶纂集要門上卷　　　（17-17）

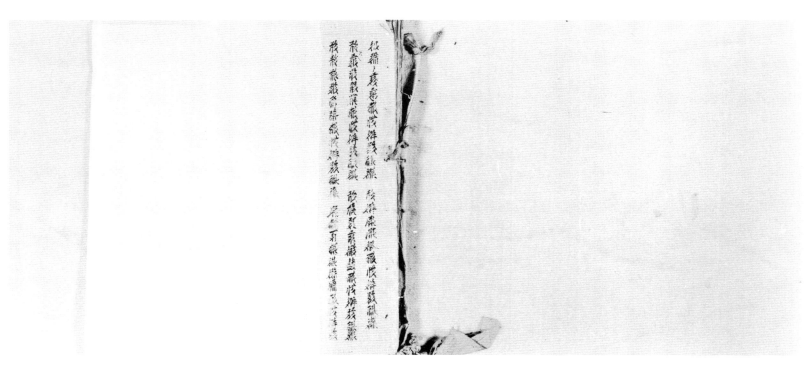

俄 **Инв**.No.2519　　大乘修習者入中道大寶纂集要門中卷　　　（35-1）

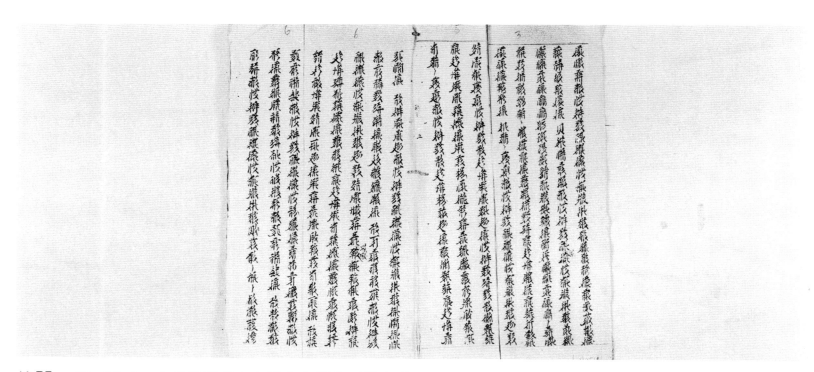

俄 **Инв**.No.2519　　大乘修習者入中道大寶纂集要門中卷　　　（35-2）

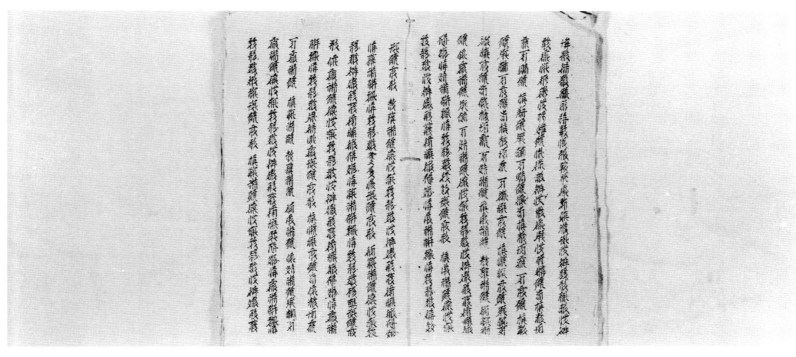

俄ИHB.No.2519　　大乘修習者入中道大寶纂集要門中卷　　　　（35-3）

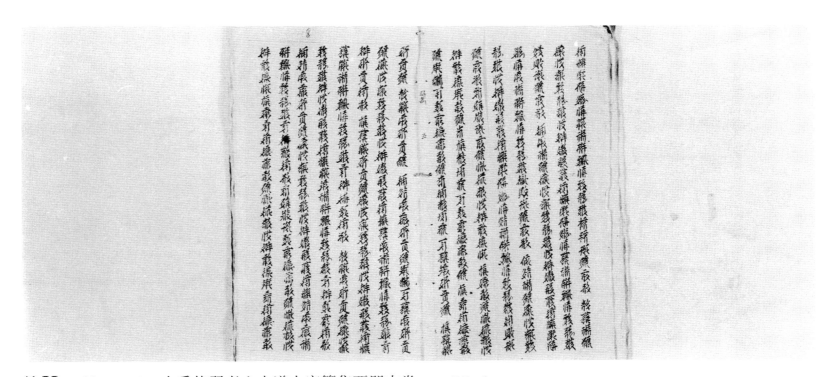

俄ИHB.No.2519　　大乘修習者入中道大寶纂集要門中卷　　　（35-4）

俄ИHB.No.2519　　大乘修習者入中道大寶纂集要門中卷　　　（35-5）

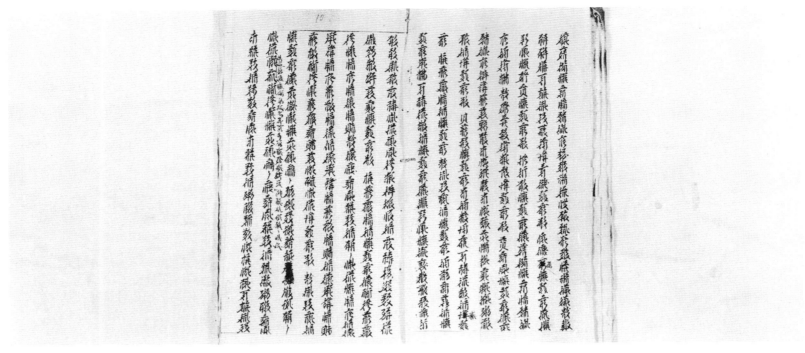

俄Инв.No.2519　大乘修習者入中道大寶纂集要門中卷　　（35-6）

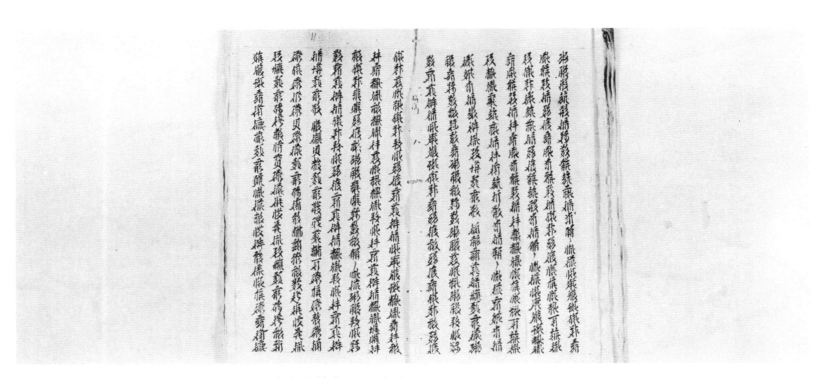

俄Инв.No.2519　大乘修習者入中道大寶纂集要門中卷　　（35-7）

俄Инв.No.2519　大乘修習者入中道大寶纂集要門中卷　　（35-8）

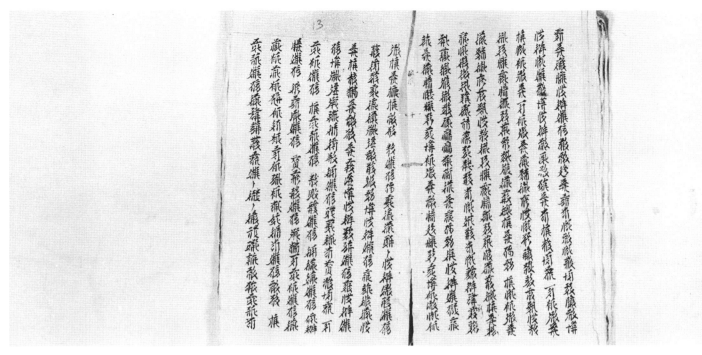

俄 **Инв**.No.2519　大乘修習者入中道大寶纂集要門中卷　　　(35-9)

俄 **Инв**.No.2519　大乘修習者入中道大寶纂集要門中卷　　　(35-10)

俄 **Инв**.No.2519　大乘修習者入中道大寶纂集要門中卷　　　(35-11)

俄 **Инв**.No.2519　　大乘修習者入中道大寶纂集要門中卷　　　　(35-12)

俄 **Инв**.No.2519　　大乘修習者入中道大寶纂集要門中卷　　　　(35-13)

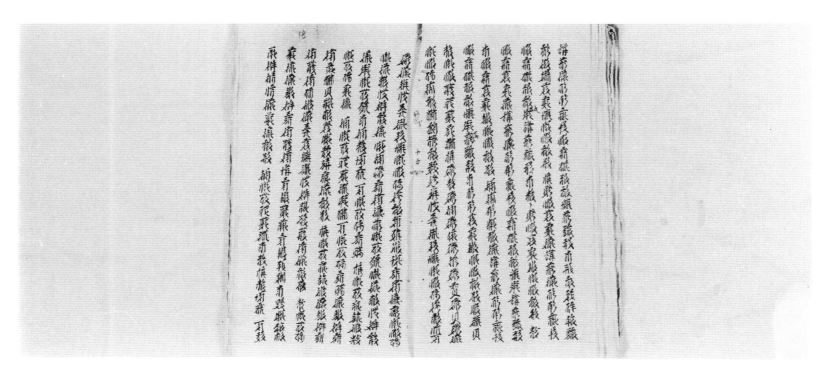

俄 **Инв**.No.2519　　大乘修習者入中道大寶纂集要門中卷　　　　(35-14)

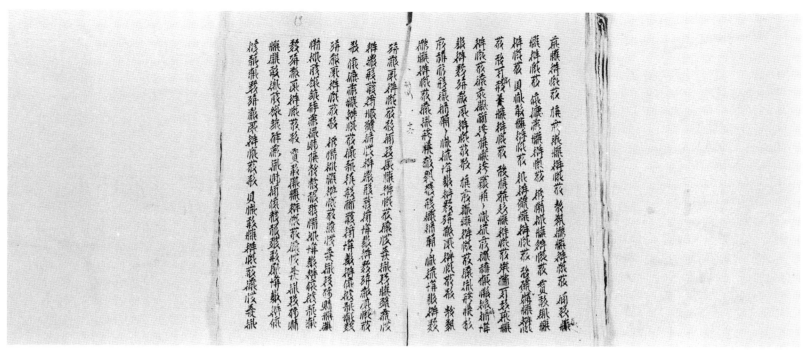

俄**И**нв.No.2519　　大乘修習者入中道大寶纂集要門中卷　　　(35-15)

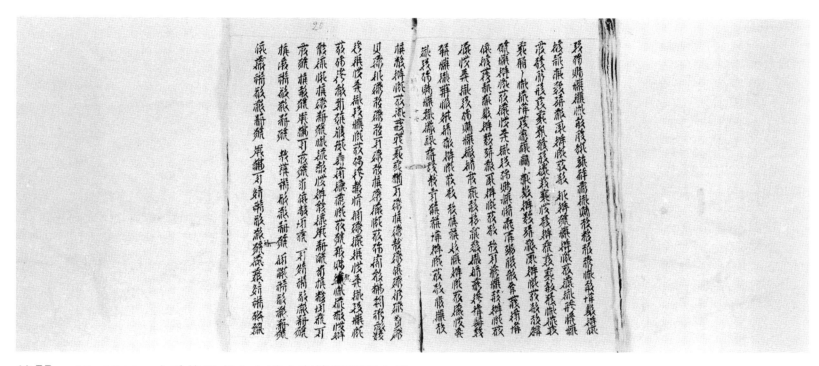

俄**И**нв.No.2519　　大乘修習者入中道大寶纂集要門中卷　　　(35-16)

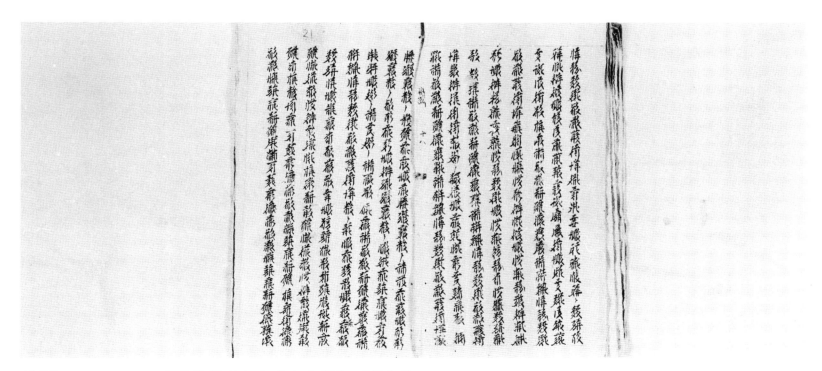

俄**И**нв.No.2519　　大乘修習者入中道大寶纂集要門中卷　　　(35-17)

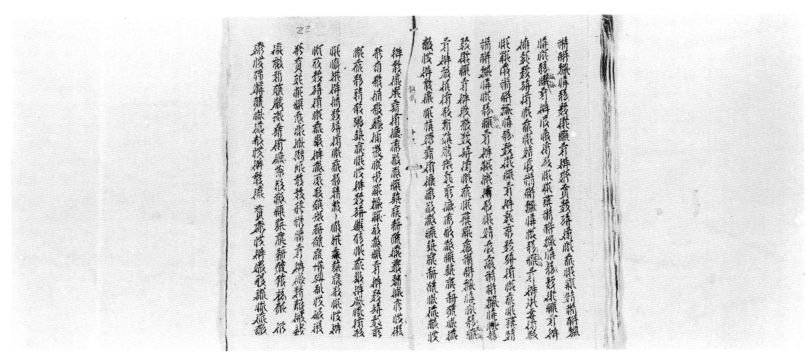

俄 Инв.No.2519　大乘修習者入中道大寶纂集要門中卷　　　(35-18)

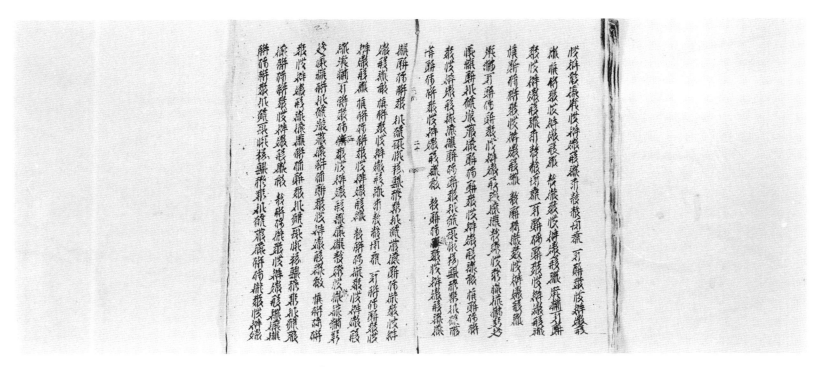

俄 Инв.No.2519　大乘修習者入中道大寶纂集要門中卷　　　(35-19)

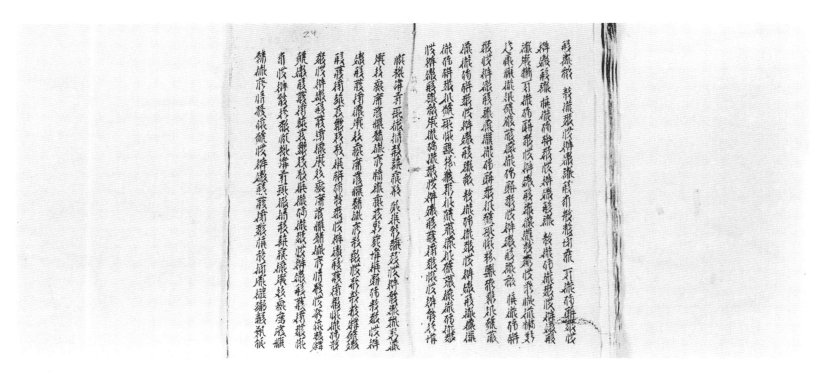

俄 Инв.No.2519　大乘修習者入中道大寶纂集要門中卷　　　(35-20)

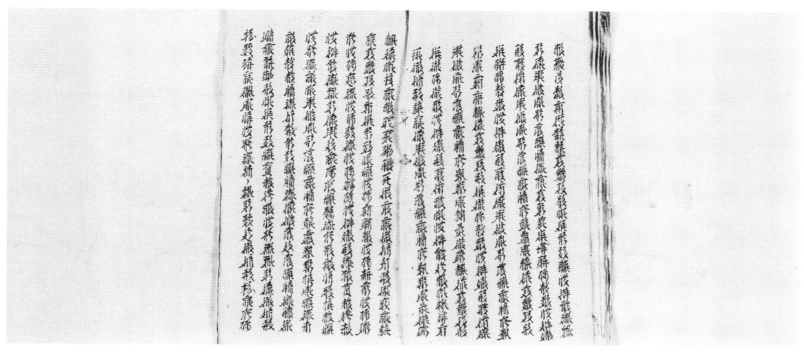

俄Инв.No.2519　　大乘修習者入中道大寶纂集要門中卷　　(35-21)

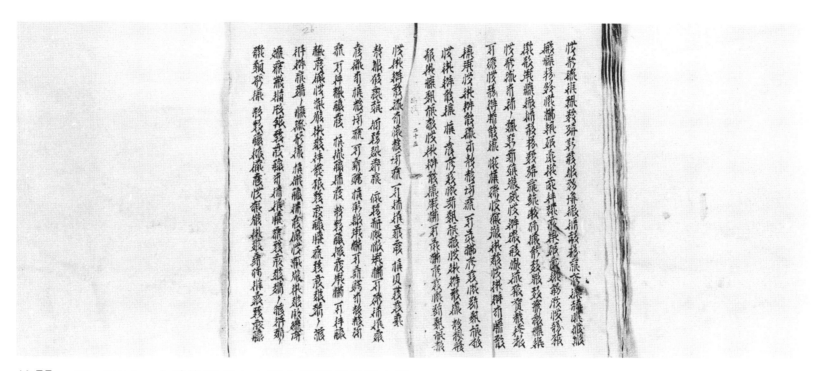

俄Инв.No.2519　　大乘修習者入中道大寶纂集要門中卷　　(35-22)

俄Инв.No.2519　　大乘修習者入中道大寶纂集要門中卷　　(35-23)

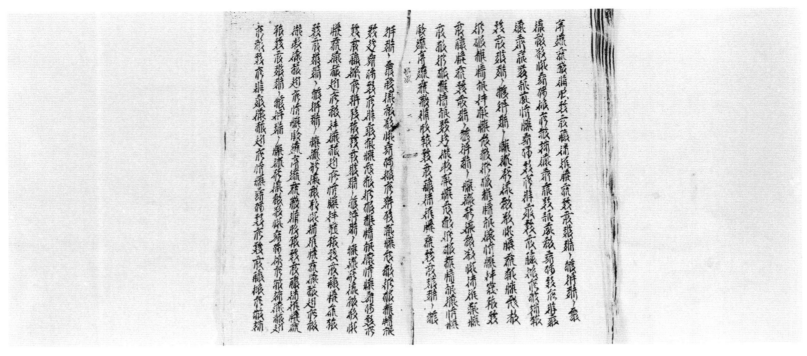

俄 **И**нв.No.2519　大乘修習者入中道大寶纂集要門中卷　　　(35-24)

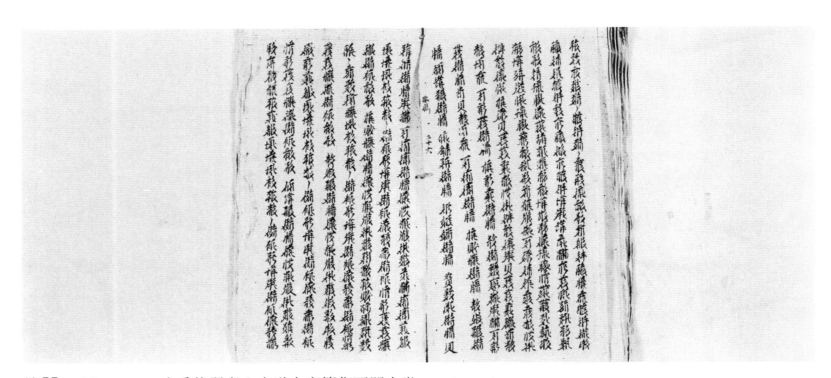

俄 **И**нв.No.2519　大乘修習者入中道大寶纂集要門中卷　　　(35-25)

俄 **И**нв.No.2519　大乘修習者入中道大寶纂集要門中卷　　　(35-26)

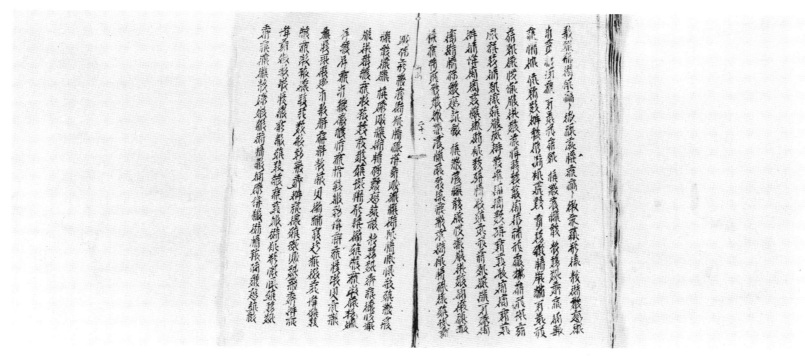

俄 ИНВ.No.2519　大乘修習者入中道大寶纂集要門中卷　　(35-27)

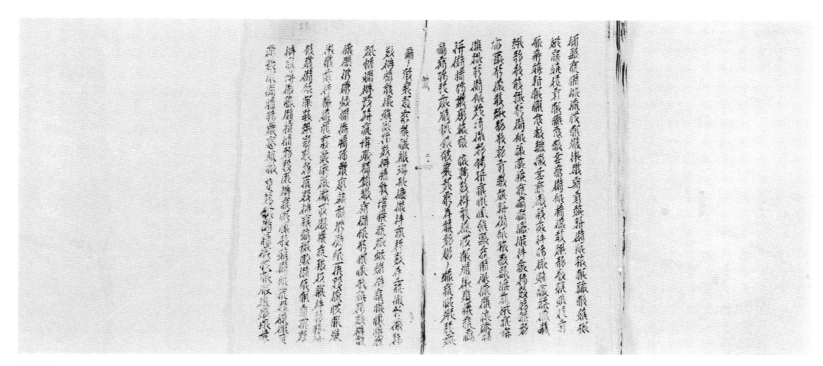

俄 ИНВ.No.2519　大乘修習者入中道大寶纂集要門中卷　　(35-28)

俄 ИНВ.No.2519　大乘修習者入中道大寶纂集要門中卷　　(35-29)

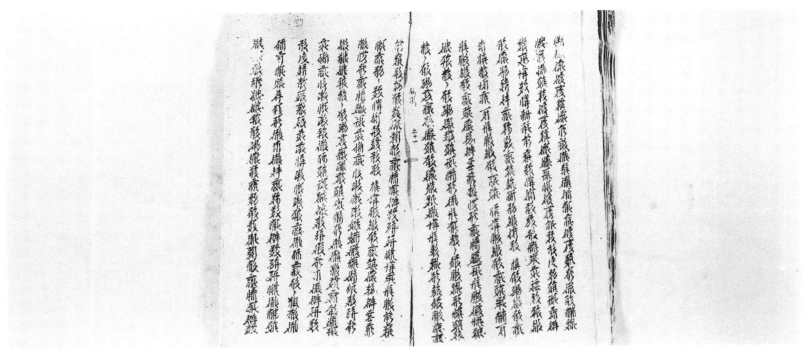

俄Инв.No.2519　大乘修習者入中道大寶纂集要門中卷　　　(35-30)

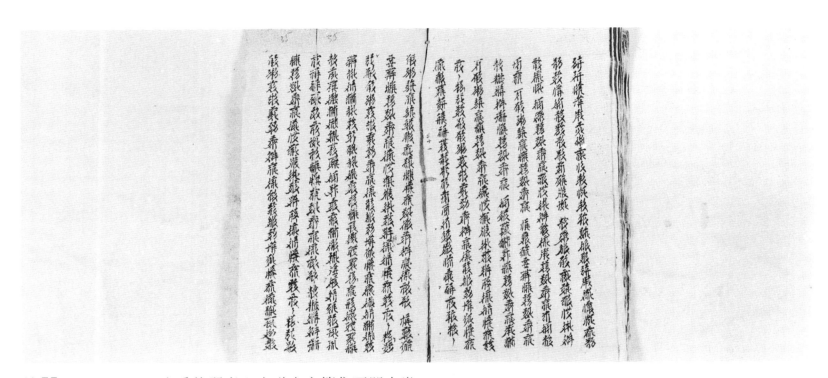

俄Инв.No.2519　大乘修習者入中道大寶纂集要門中卷　　　(35-31)

俄Инв.No.2519　大乘修習者入中道大寶纂集要門中卷　　　(35-32)

俄 **И**нв.No.2519　　大乘修習者入中道大寶纂集要門中卷　　　(35-33)

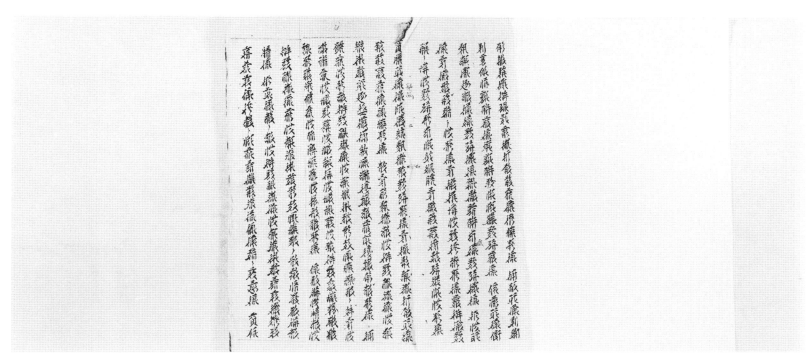

俄 **И**нв.No.2519　　大乘修習者入中道大寶纂集要門中卷　　　(35-34)

俄 **И**нв.No.2519　　大乘修習者入中道大寶纂集要門中卷　　　(35-35)

251

俄ИHB.No.2316　　大乘修習者入中道大寶纂集要門下卷　　　(35-1)

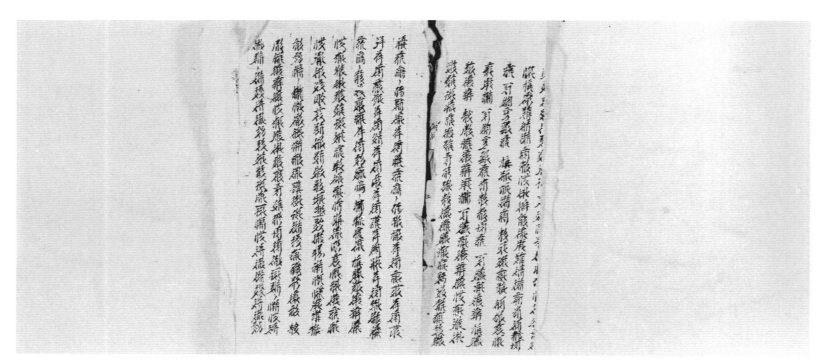

俄ИHB.No.2316　　大乘修習者入中道大寶纂集要門下卷　　　(35-2)

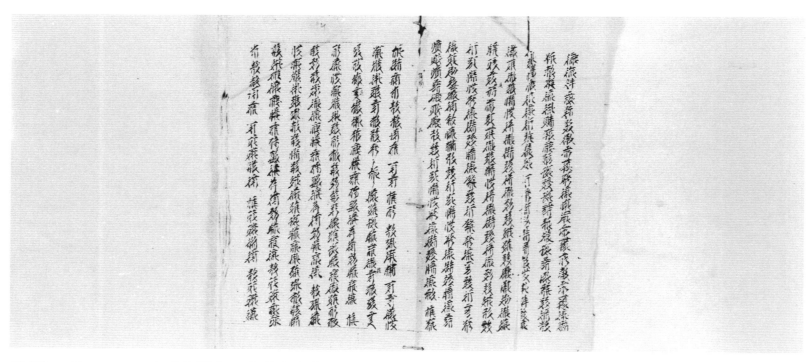

俄ИHB.No.2316　　大乘修習者入中道大寶纂集要門下卷　　　(35-3)

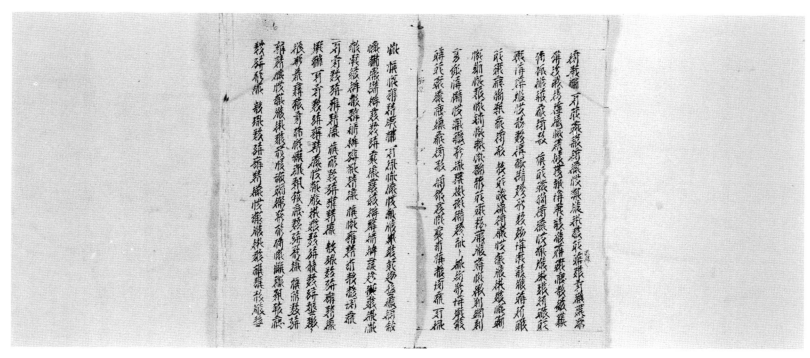

俄Инв.No.2316　大乘修習者入中道大寶纂集要門下卷　　　（35-4）

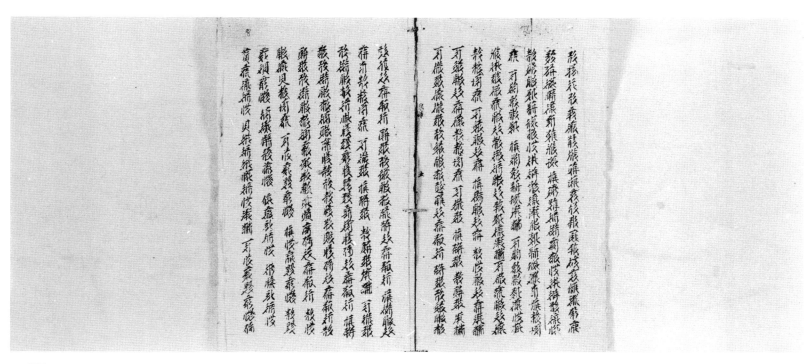

俄Инв.No.2316　大乘修習者入中道大寶纂集要門下卷　　　（35-5）

俄Инв.No.2316　大乘修習者入中道大寶纂集要門下卷　　　（35-6）

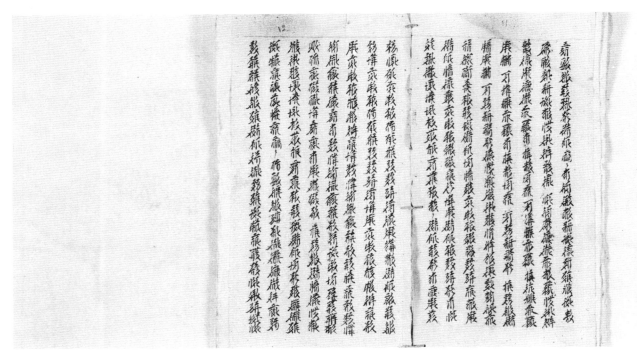

俄 Инв.No.2316　大乘修習者入中道大寶纂集要門下卷　　　（35-7）

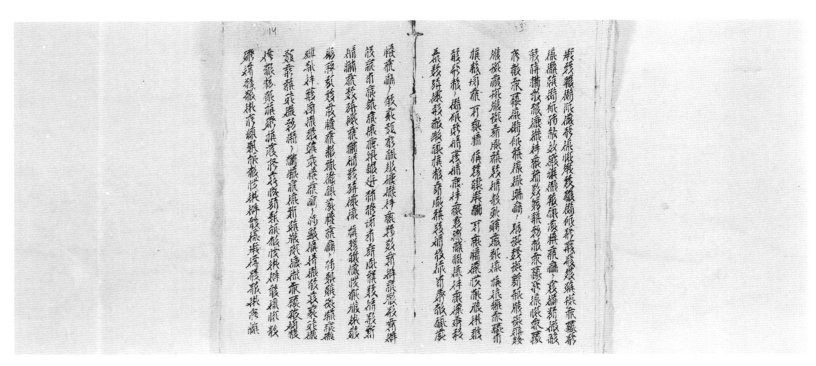

俄 Инв.No.2316　大乘修習者入中道大寶纂集要門下卷　　　（35-8）

俄 Инв.No.2316　大乘修習者入中道大寶纂集要門下卷　　　（35-9）

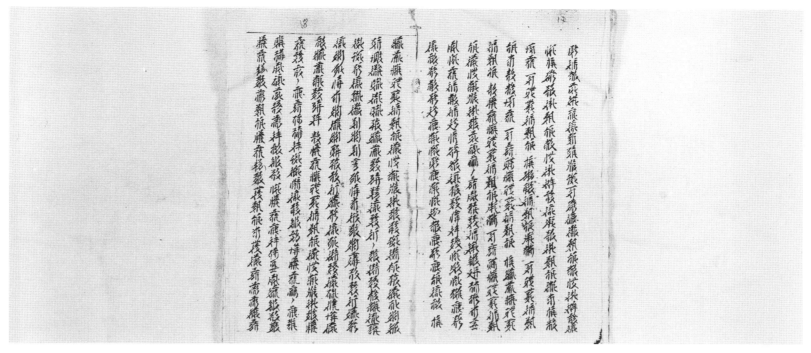

俄 Инв.No.2316　大乘修習者入中道大寶纂集要門下卷　　(35-10)

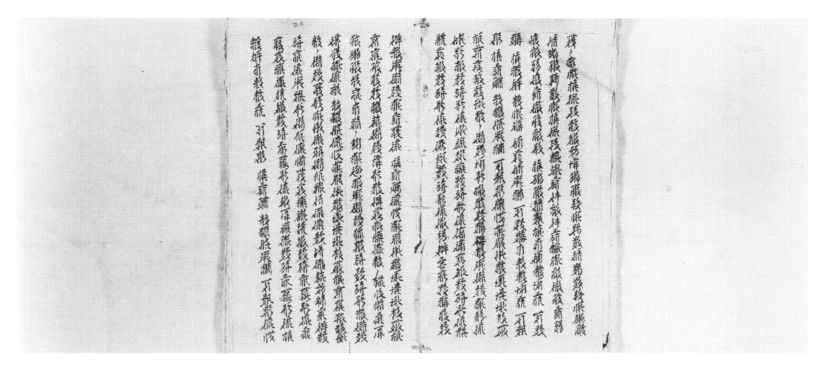

俄 Инв.No.2316　大乘修習者入中道大寶纂集要門下卷　　(35-11)

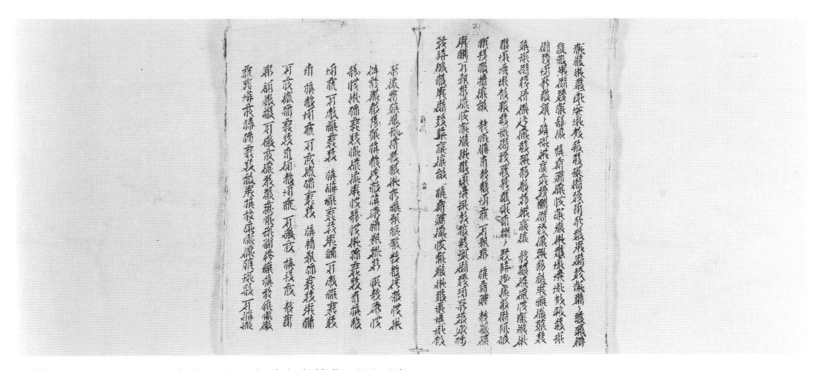

俄 Инв.No.2316　大乘修習者入中道大寶纂集要門下卷　　(35-12)

255

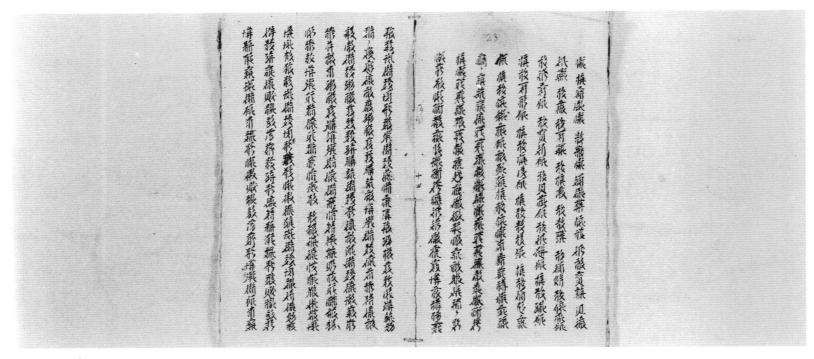

俄 Инв.No.2316　大乘修習者入中道大寶纂集要門下卷　(35-13)

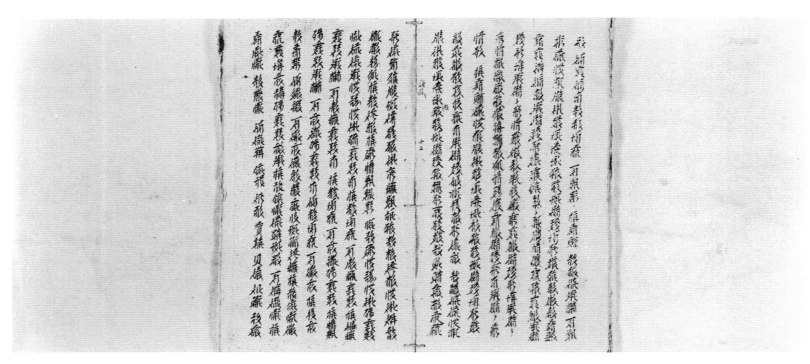

俄 Инв.No.2316　大乘修習者入中道大寶纂集要門下卷　(35-14)

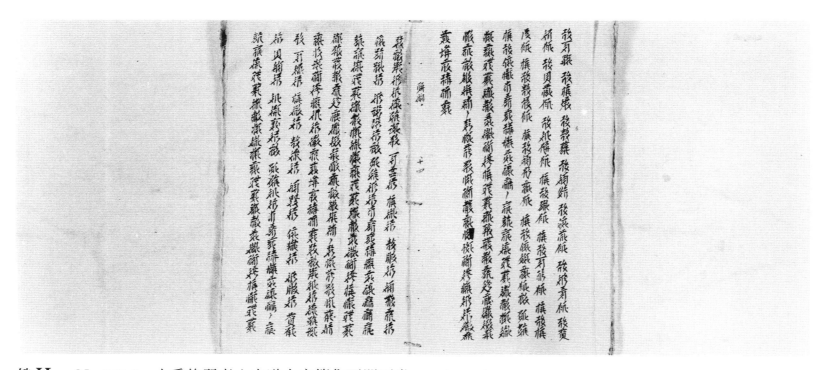

俄 Инв.No.2316　大乘修習者入中道大寶纂集要門下卷　(35-15)

俄 Инв.No.2316　大乘修習者入中道大寶纂集要門下卷　　　(35-16)

俄 Инв.No.2316　大乘修習者入中道大寶纂集要門下卷　　　(35-17)

俄 Инв.No.2316　大乘修習者入中道大寶纂集要門下卷　　　(35-18)

俄 **И**нв.No.2316　　大乘修習者入中道大寶纂集要門下卷　　　(35-19)

俄 **И**нв.No.2316　　大乘修習者入中道大寶纂集要門下卷　　　(35-20)

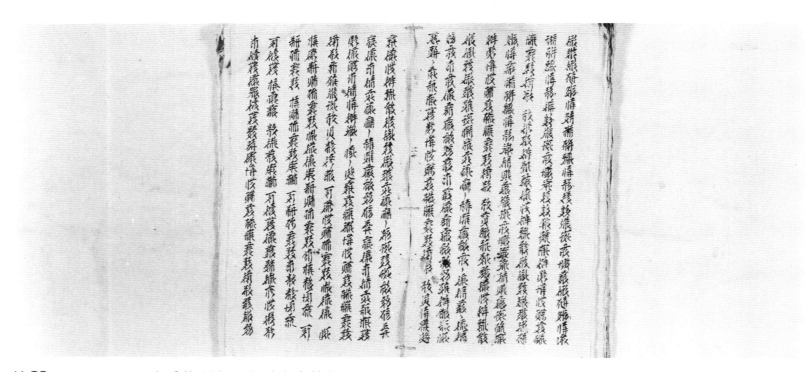

俄 **И**нв.No.2316　　大乘修習者入中道大寶纂集要門下卷　　　(35-21)

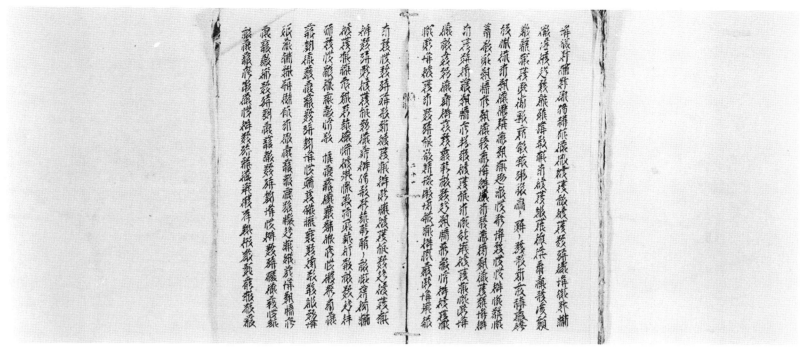

俄 Инв.No.2316　　大乘修習者入中道大寶纂集要門下卷　　(35-22)

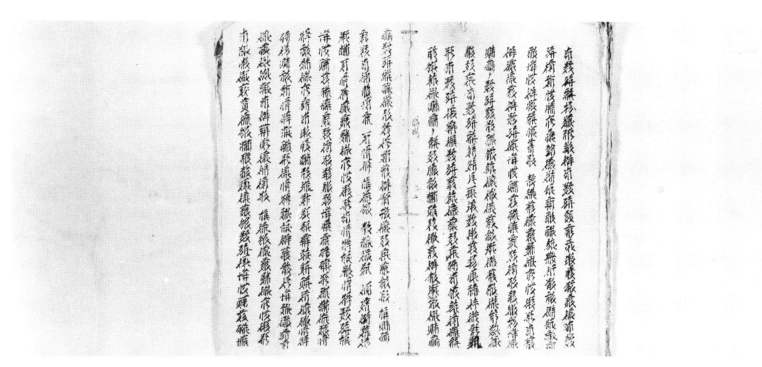

俄 Инв.No.2316　　大乘修習者入中道大寶纂集要門下卷　　(35-23)

俄 Инв.No.2316　　大乘修習者入中道大寶纂集要門下卷　　(35-24)

俄ИНВ.No.2316　大乘修習者入中道大寶纂集要門下卷　　　(35-25)

俄ИНВ.No.2316　大乘修習者入中道大寶纂集要門下卷　　　(35-26)

俄ИНВ.No.2316　大乘修習者入中道大寶纂集要門下卷　　　(35-27)

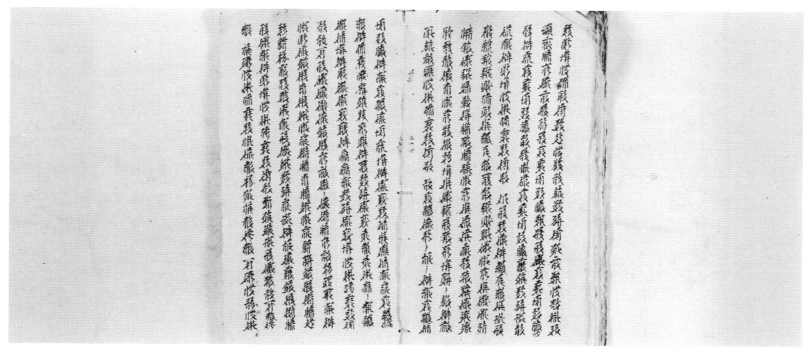

俄 **И**нв.No.2316　　大乘修習者入中道大寶纂集要門下卷　　　(35-28)

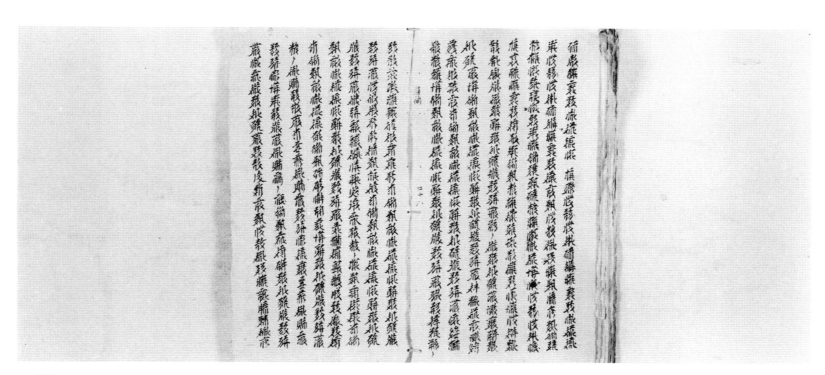

俄 **И**нв.No.2316　　大乘修習者入中道大寶纂集要門下卷　　　(35-29)

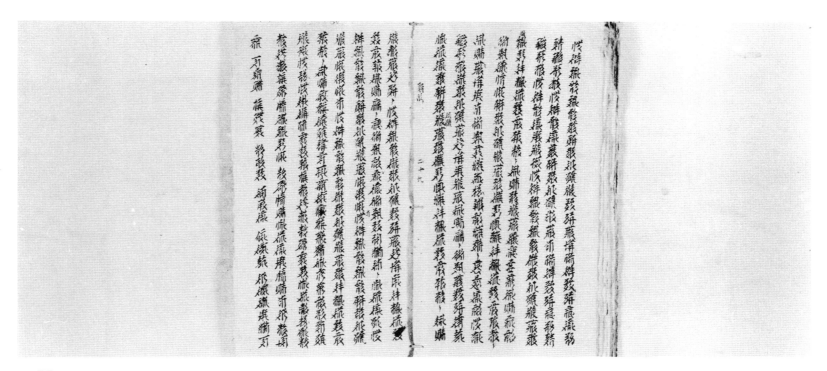

俄 **И**нв.No.2316　　大乘修習者入中道大寶纂集要門下卷　　　(35-30)

261

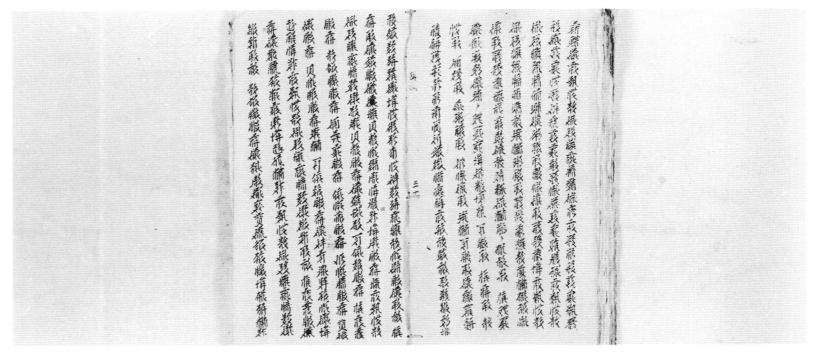

俄 **И**нв.No.2316　　大乘修習者入中道大寶纂集要門下卷　　　　（35-31）

俄 **И**нв.No.2316　　大乘修習者入中道大寶纂集要門下卷　　　　（35-32）

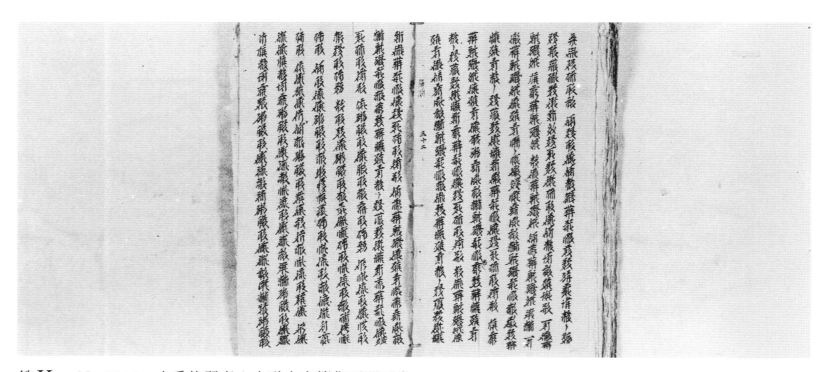

俄 **И**нв.No.2316　　大乘修習者入中道大寶纂集要門下卷　　　　（35-33）

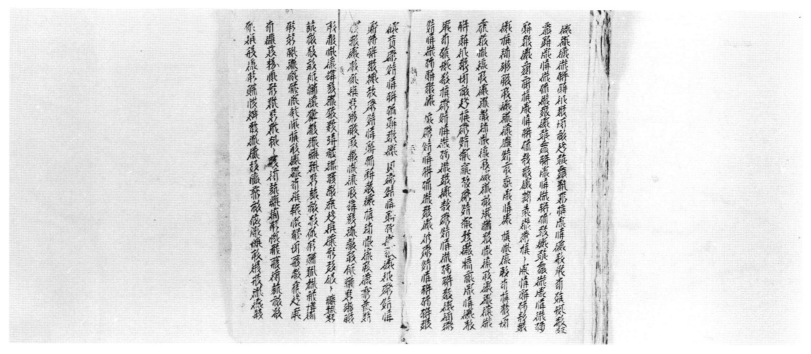

俄 **И**нв.No.2316　大乘修習者入中道大寶纂集要門下卷　　　(35–34)

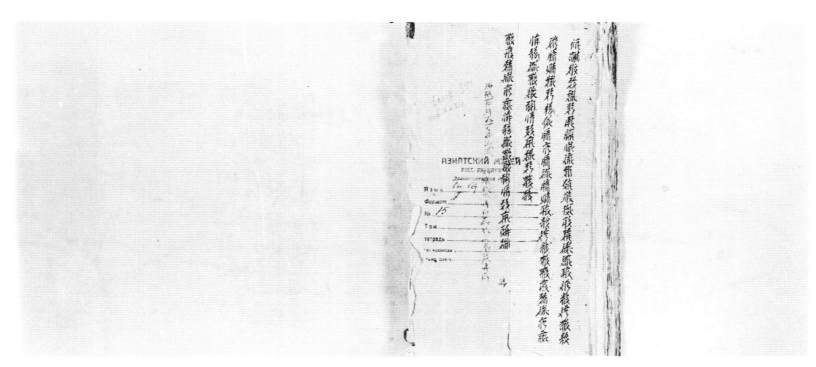

俄 **И**нв.No.2316　大乘修習者入中道大寶纂集要門下卷　　　(35–35)

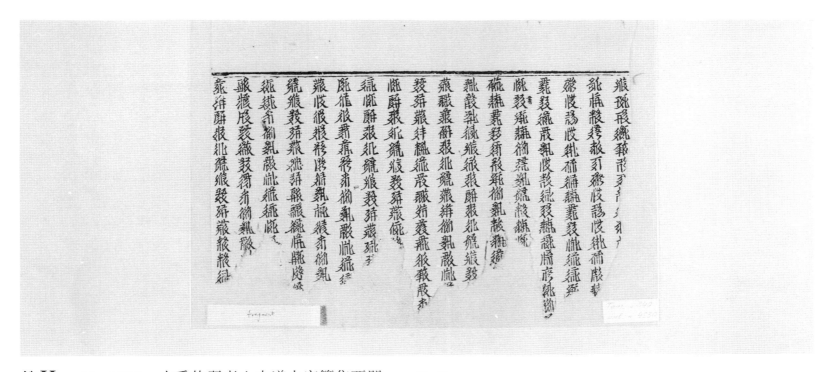

俄 **И**нв.No.4530　大乘修習者入中道大寶纂集要門　　　(6–1)

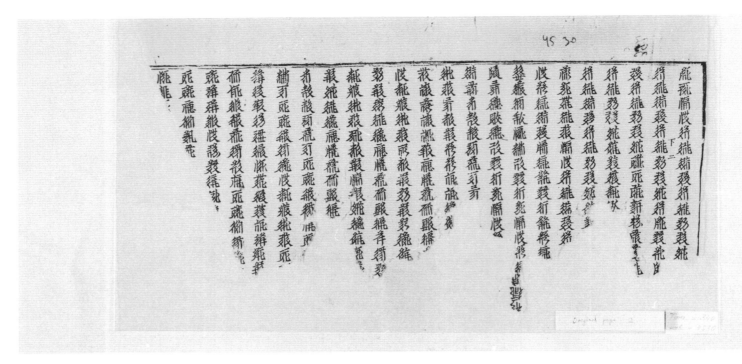

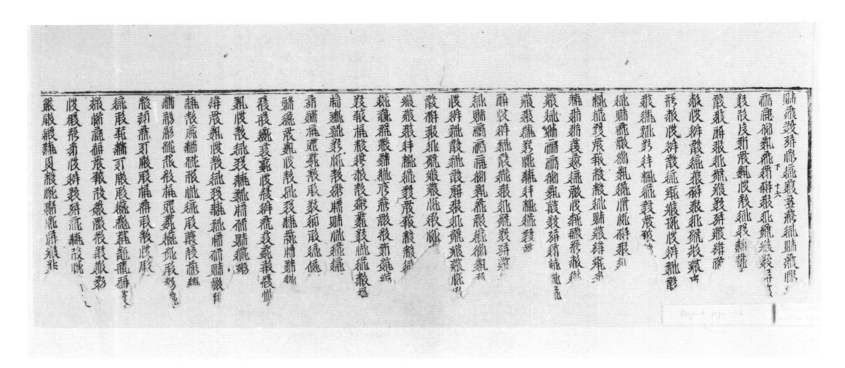

俄Инв.No.4530　大乘修習者入中道大寶纂集要門　　(6-5)

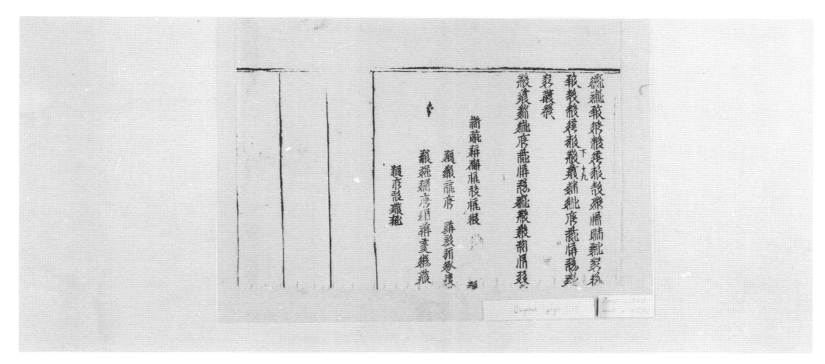

俄Инв.No.4530　大乘修習者入中道大寶纂集要門　　(6-6)

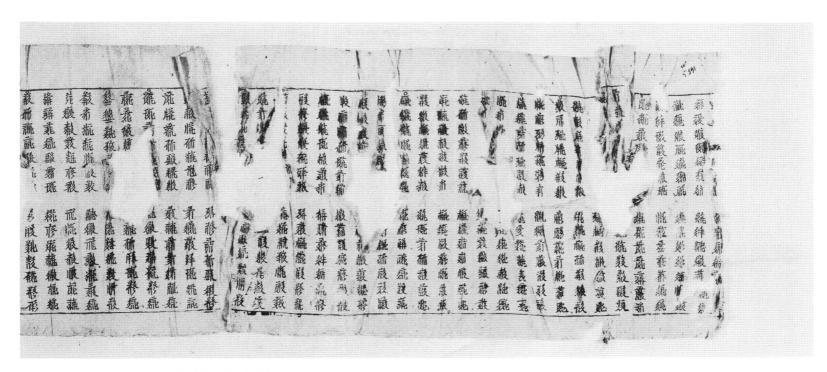

俄Инв.No.5891　入菩提勇識之行　　(5-1)

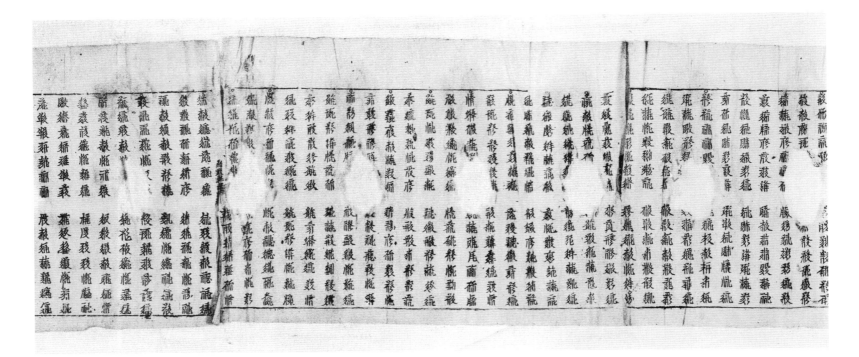

俄 Инв.No.5891　入菩提勇識之行　　（5-2）

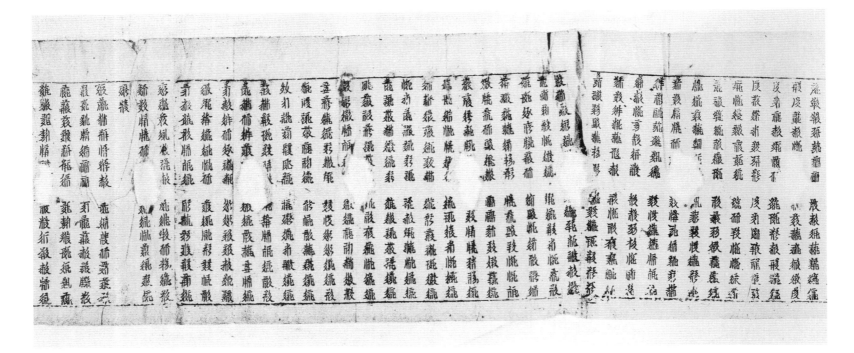

俄 Инв.No.5891　入菩提勇識之行　　（5-3）

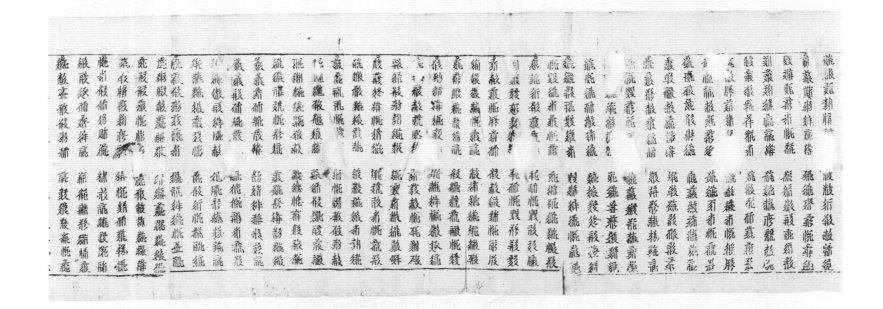

俄 Инв.No.5891　入菩提勇識之行　　（5-4）

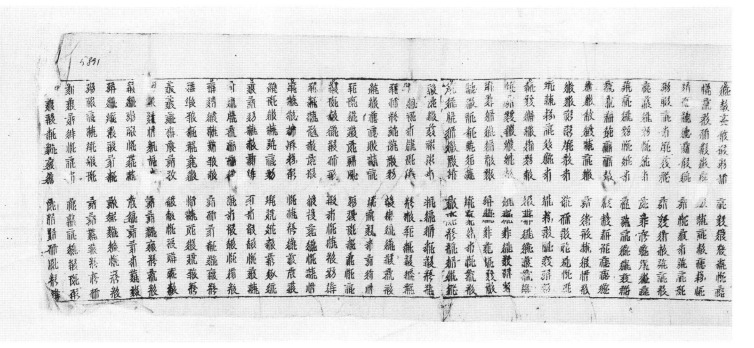

俄 **И**нв.No.5891　入菩提勇識之行　　(5-5)

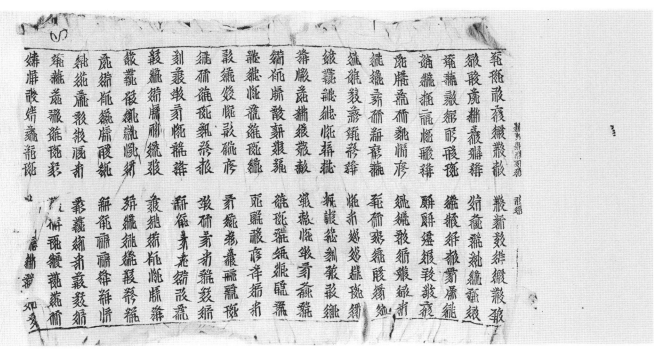

俄 **И**нв.No.5096　入菩提行第一

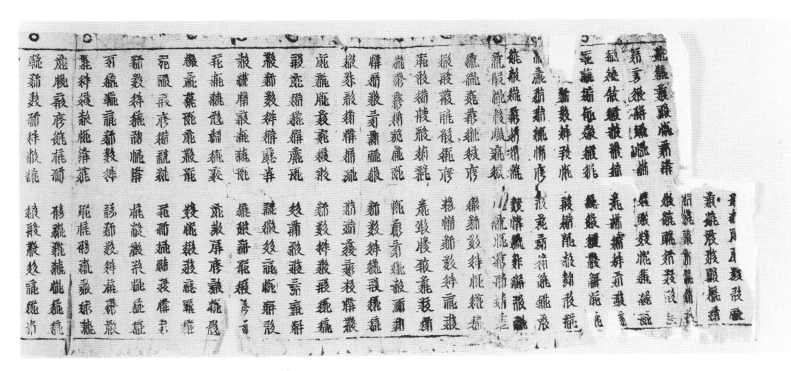

俄 **И**нв.No.781　入菩提勇識之行卷第一　　(14-1)

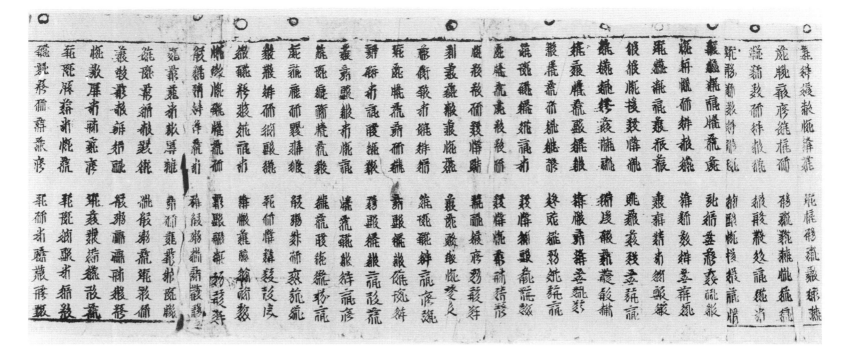

俄Инв.No.781　入菩提勇識之行卷第一　　　(14-2)

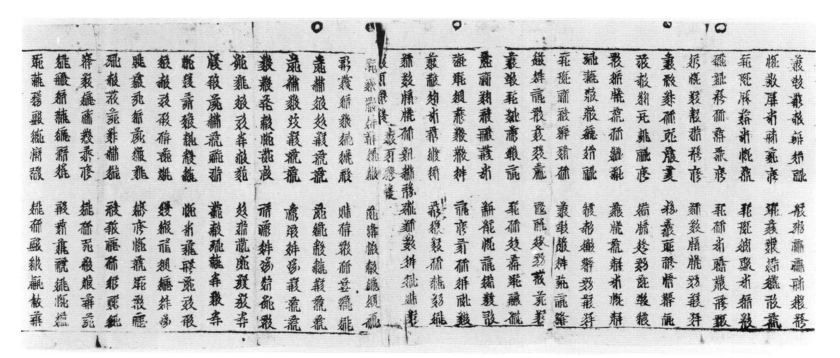

俄Инв.No.781　入菩提勇識之行卷第一　　　(14-3)

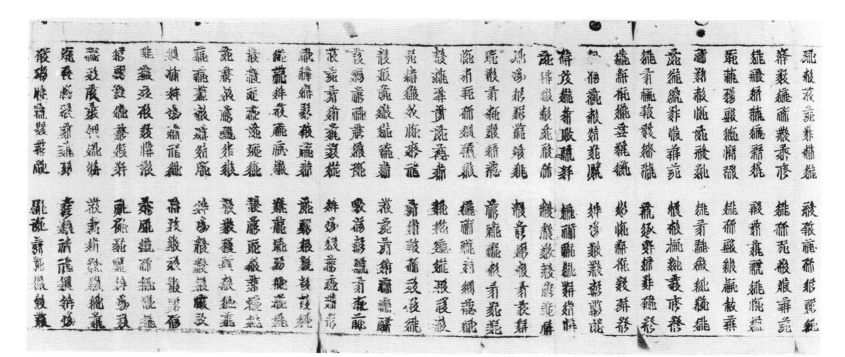

俄Инв.No.781　入菩提勇識之行卷第一　　　(14-4)

俄 **И**нв.No.781　入菩提勇識之行卷第一　　　(14-5)

俄 **И**нв.No.781　入菩提勇識之行卷第一　　　(14-6)

俄 **И**нв.No.781　入菩提勇識之行卷第一　　　(14-7)

俄Инв.No.781　入菩提勇識之行卷第一　　　（14-8）

俄Инв.No.781　入菩提勇識之行卷第一　　　（14-9）

俄Инв.No.781　入菩提勇識之行卷第一　　　（14-10）

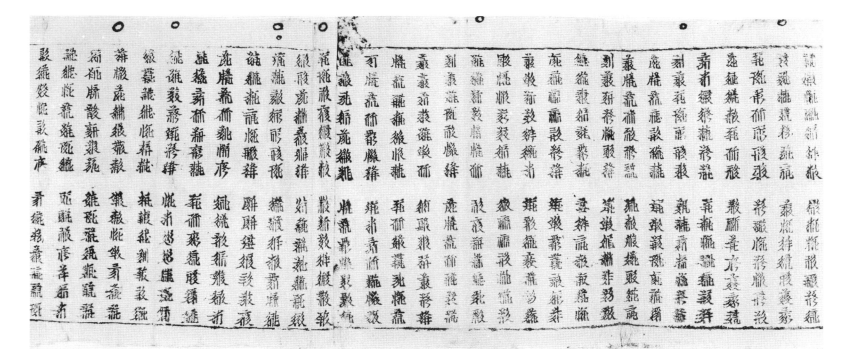

俄 Инв.No.781　入菩提勇識之行卷第一　　　(14-11)

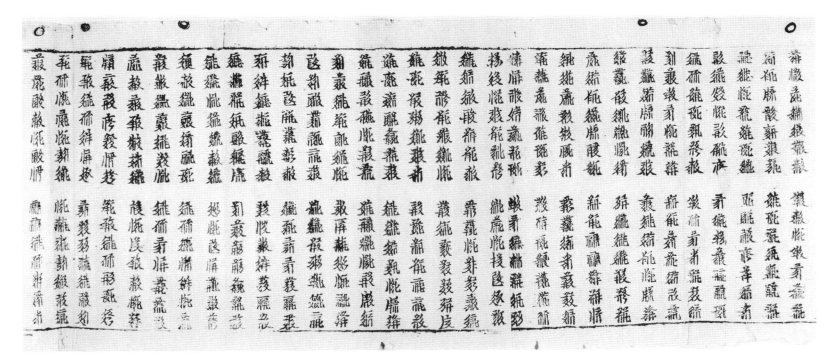

俄 Инв.No.781　入菩提勇識之行卷第一　　　(14-12)

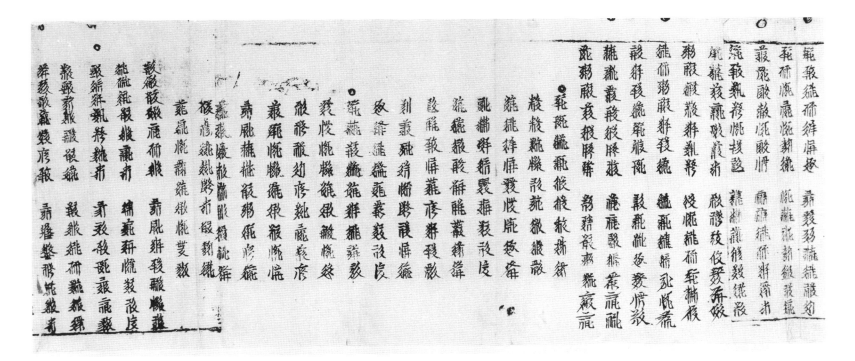

俄 Инв.No.781　入菩提勇識之行卷第一　　　(14-13)

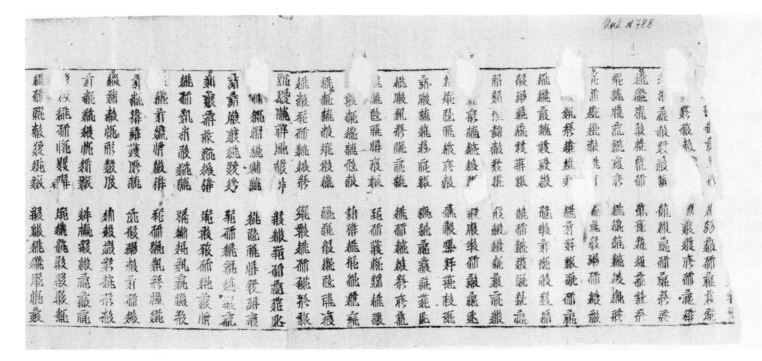

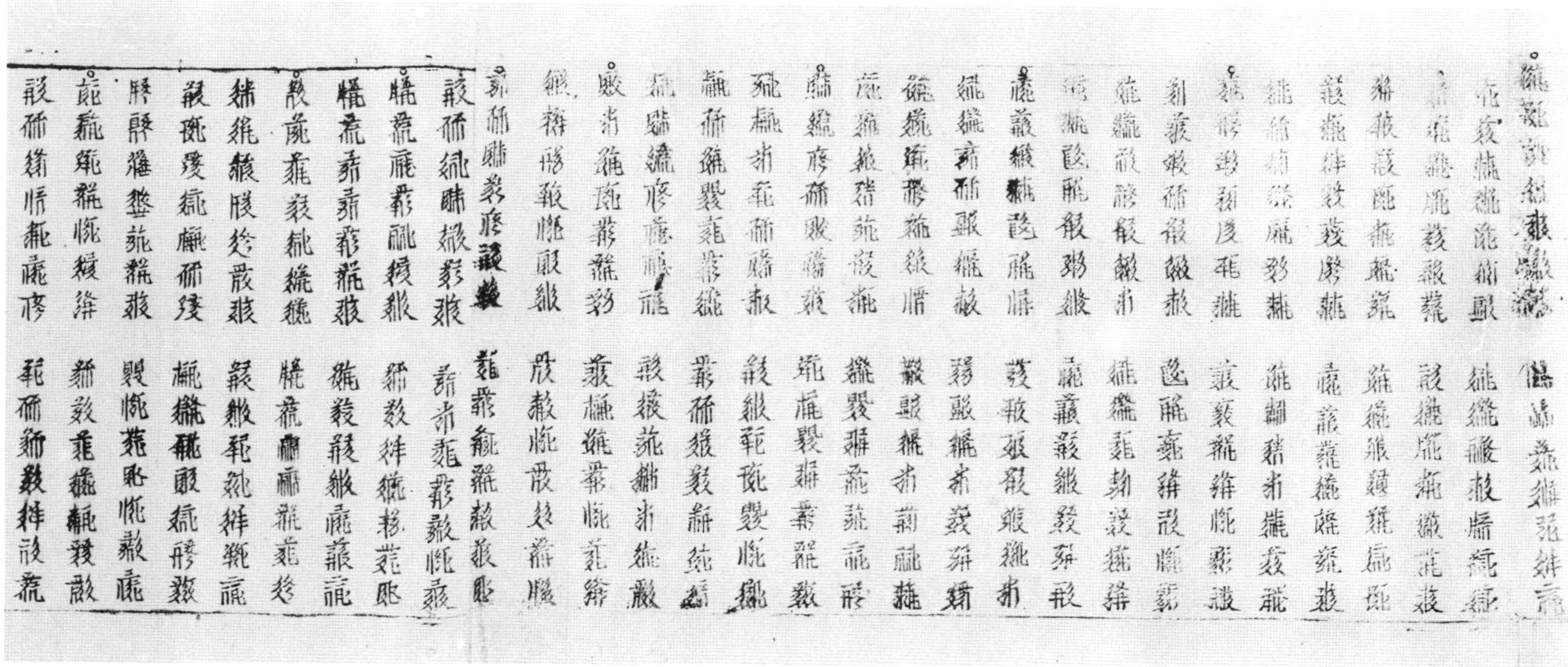

俄 ИНВ.No.788 入菩提勇識之行卷第二 (7-3)

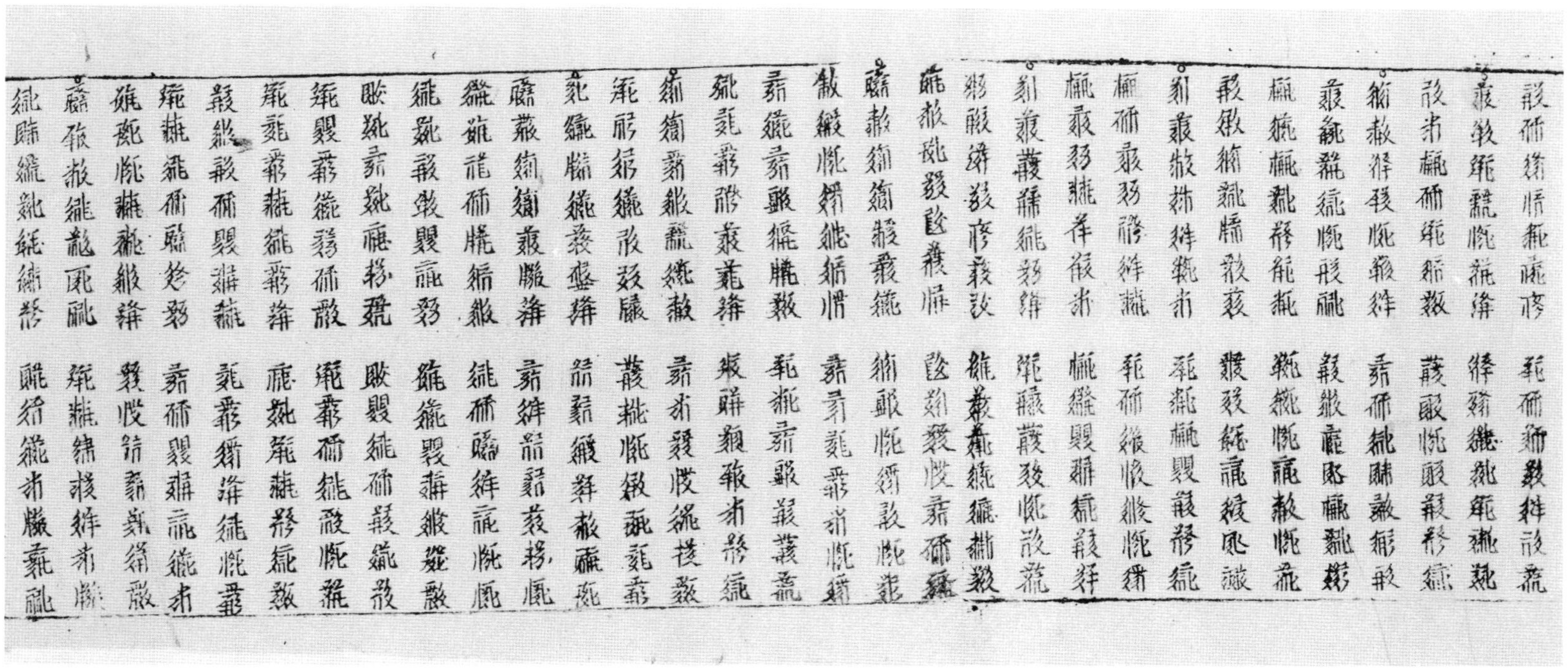

俄 ИНВ.No.788 入菩提勇識之行卷第二 (7-4)

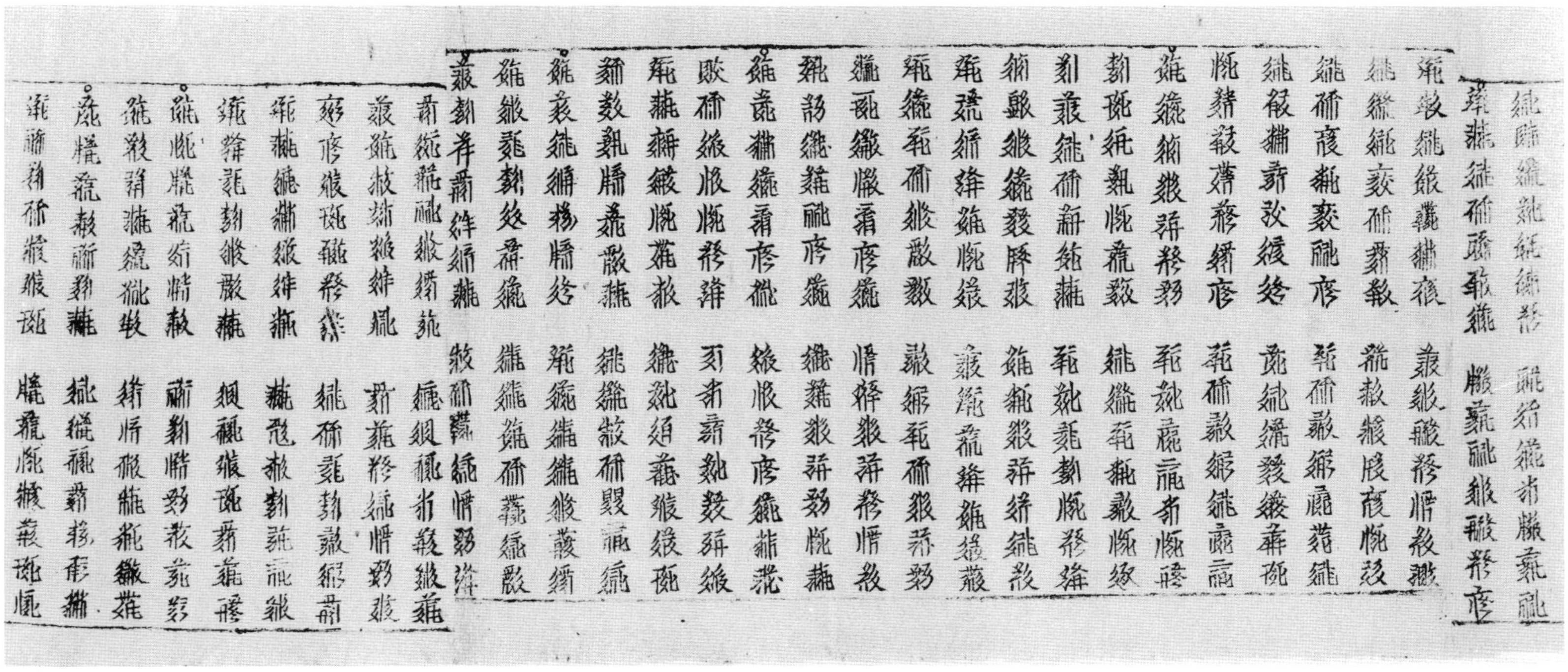

俄 ИНВ.No.788 入菩提勇識之行卷第二 (7-5)

273

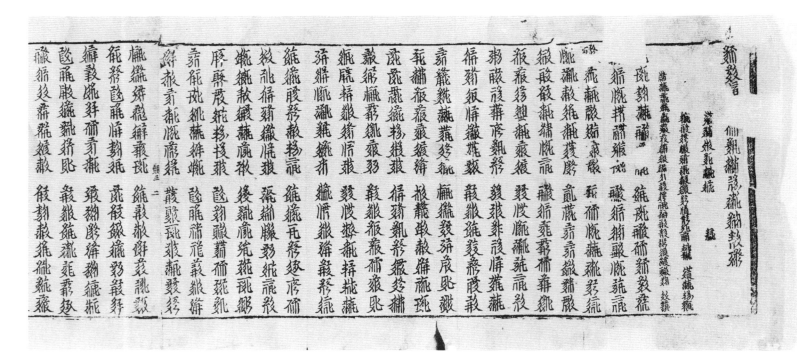

俄Инв.No.788　入菩提勇識之行卷第二　　　(7-6)

俄Инв.No.788　入菩提勇識之行卷第二　　　(7-7)

俄Инв.No.944　入菩提勇識之行卷第三　　　(18-1)

俄Инв.No.944　入菩提勇識之行卷第三　　　(18-2)

俄Инв.No.944　入菩提勇識之行卷第三　　　(18-3)

俄Инв.No.944　入菩提勇識之行卷第三　　　(18-4)

俄 **И**нв.No.944　入菩提勇識之行卷第三　　　(18-5)

俄 **И**нв.No.944　入菩提勇識之行卷第三　　　(18-6)

俄 **И**нв.No.944　入菩提勇識之行卷第三　　　(18-7)

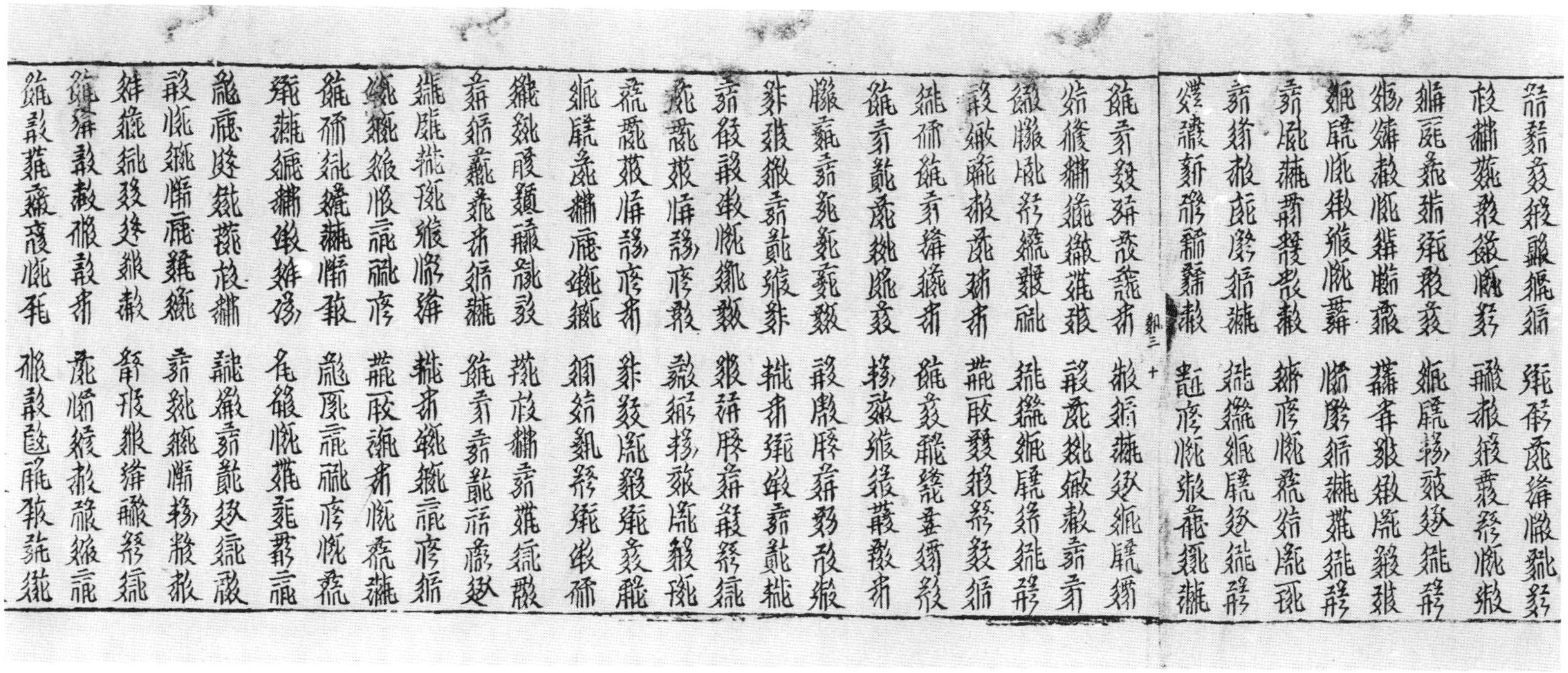

俄 Инв.No.944　入菩提勇識之行卷第三　(18–8)

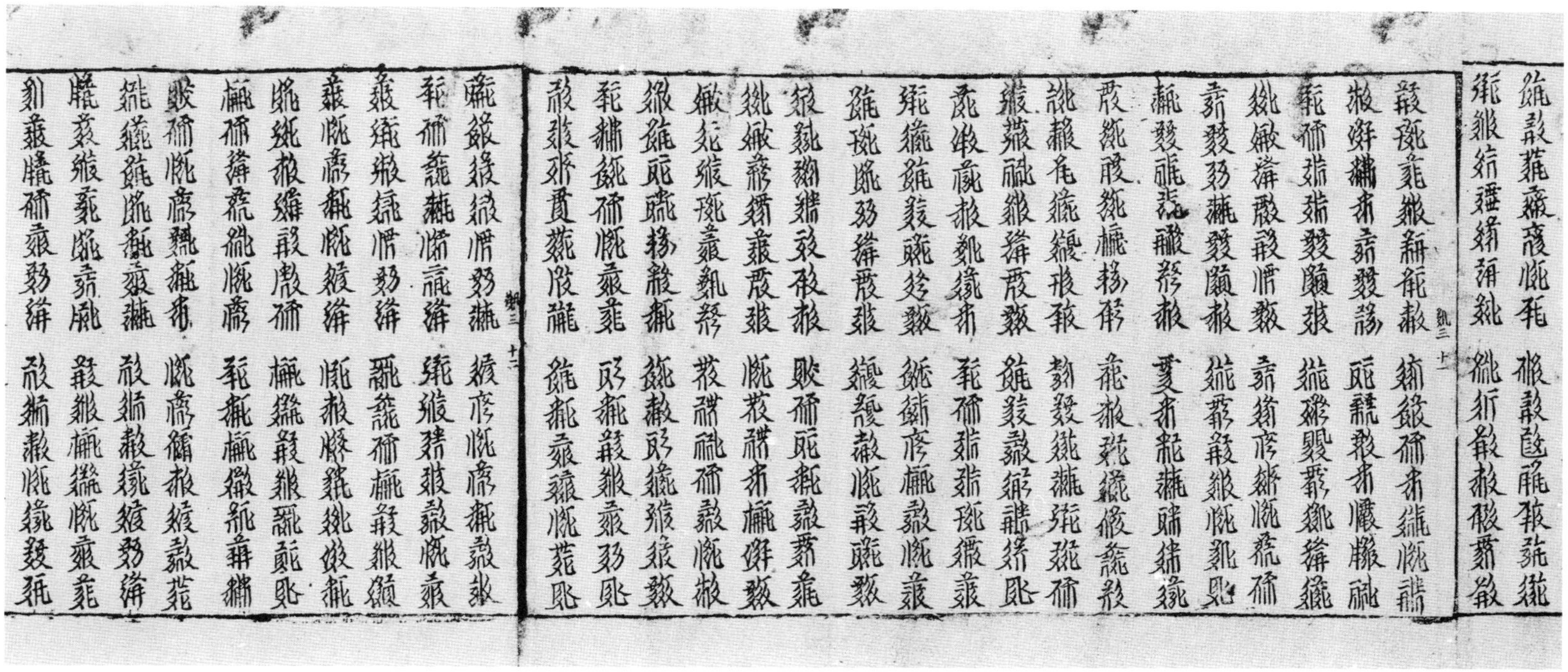

俄 Инв.No.944　入菩提勇識之行卷第三　(18–9)

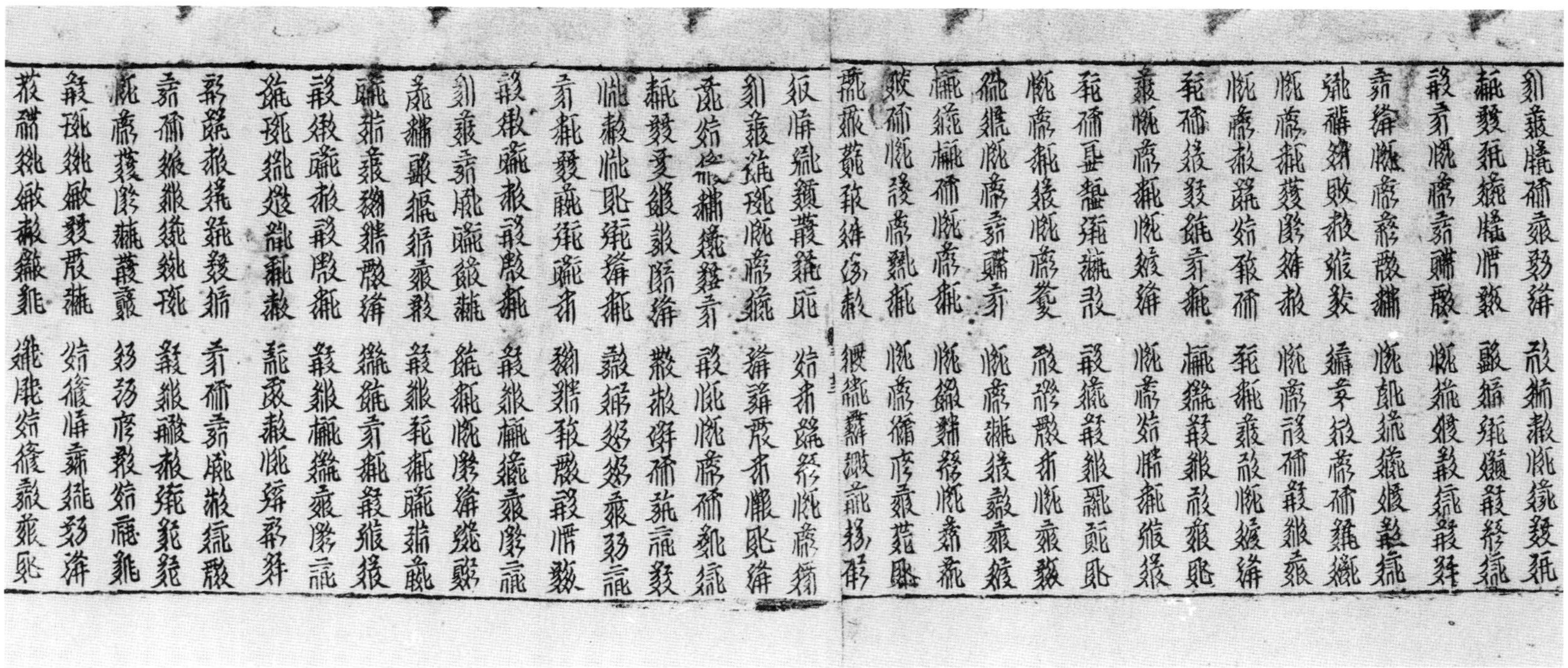

俄 Инв.No.944　入菩提勇識之行卷第三　(18–10)

俄Инв.No.944 入菩提勇識之行卷第三 （18-11）

俄Инв.No.944 入菩提勇識之行卷第三 （18-12）

俄Инв.No.944 入菩提勇識之行卷第三 （18-13）

俄Инв.No.944　入菩提勇識之行卷第三　　　(18-14)

俄Инв.No.944　入菩提勇識之行卷第三　　　(18-15)

俄Инв.No.944　入菩提勇識之行卷第三　　　(18-16)

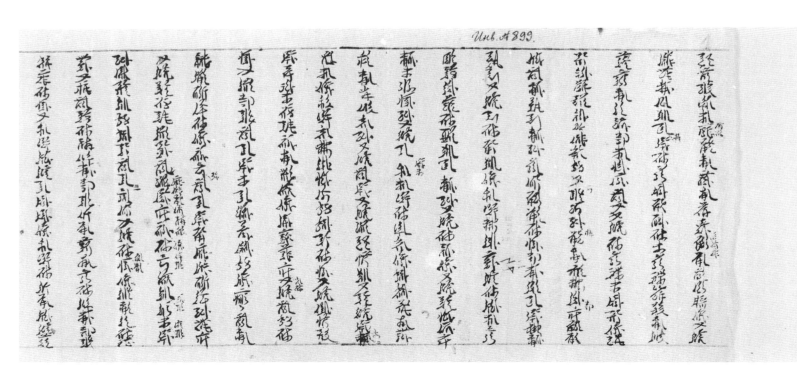

俄 **И**нв.No.944　入菩提勇識之行卷第三　　　(18-17)

俄 **И**нв.No.944　入菩提勇識之行卷第三　　　(18-18)

俄 **И**нв.No.899　入菩提勇識之行記第二　　　(24-1)

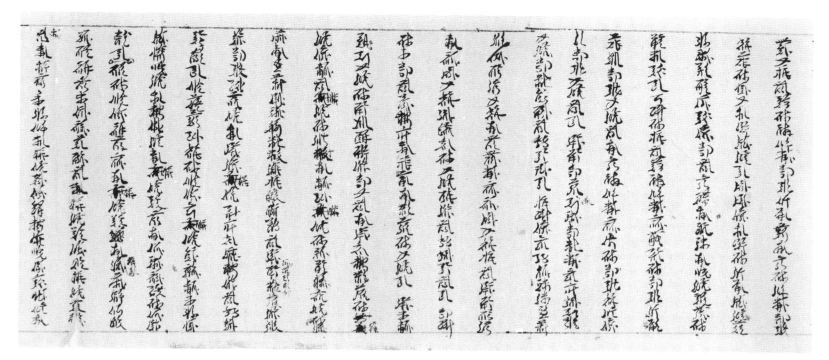

俄 Инв.No.899　入菩提勇識之行記第二　　　(24-2)

俄 Инв.No.899　入菩提勇識之行記第二　　　(24-3)

俄 Инв.No.899　入菩提勇識之行記第二　　　(24-4)

281

俄 ИнB.No.899　入菩提勇識之行記第二　　　(24-5)

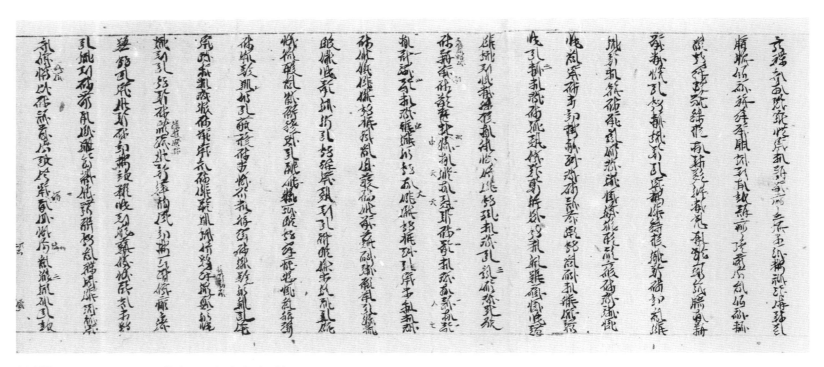

俄 ИнB.No.899　入菩提勇識之行記第二　　　(24-6)

俄 ИнB.No.899　入菩提勇識之行記第二　　　(24-7)

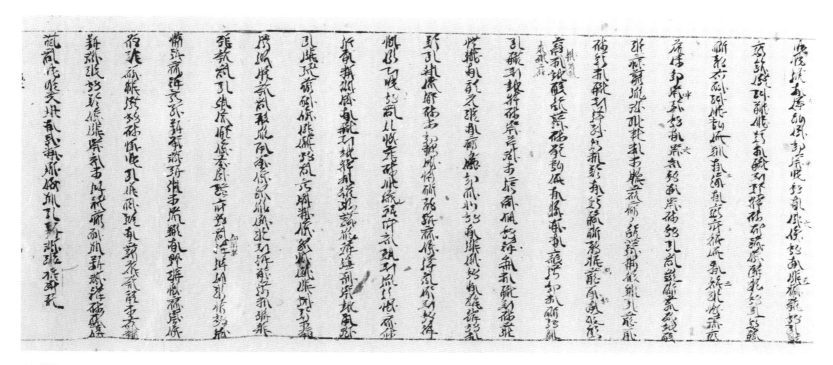

俄Инв.No.899　入菩提勇識之行記第二　　　(24-8)

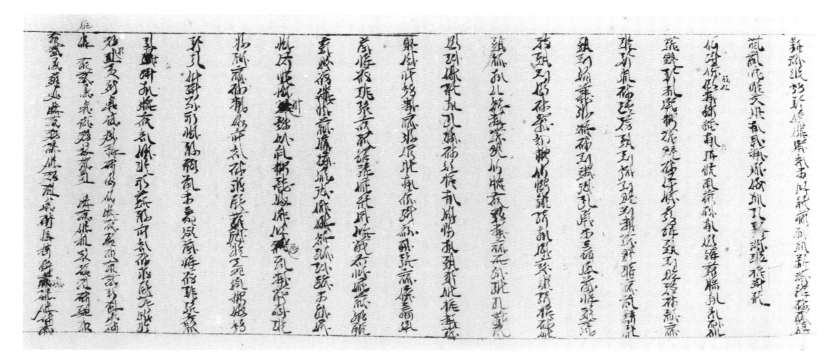

俄Инв.No.899　入菩提勇識之行記第二　　　(24-9)

俄Инв.No.899　入菩提勇識之行記第二　　　(24-10)

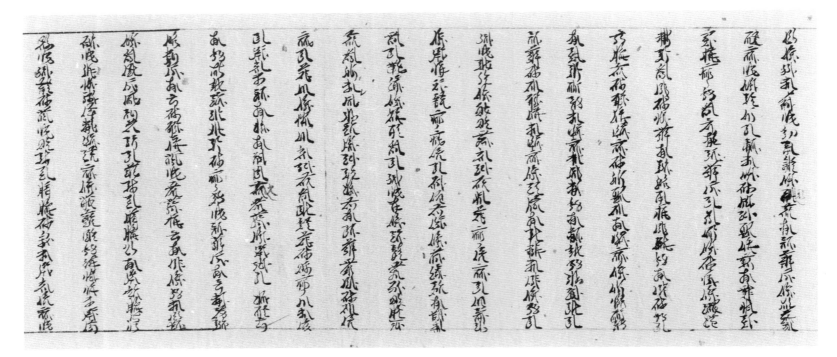

俄 **И**нв.No.899　入菩提勇識之行記第二　　　(24-11)

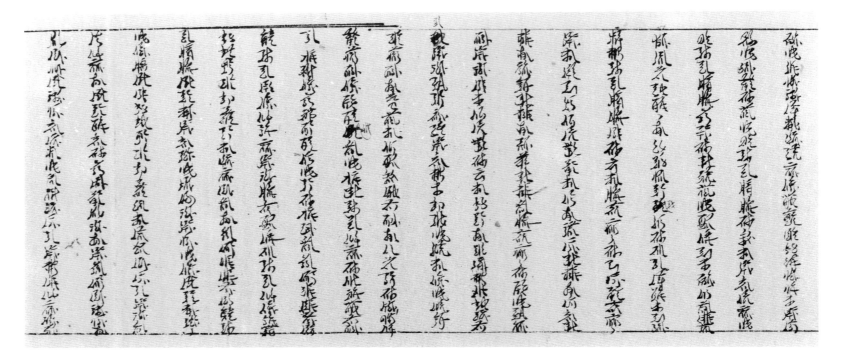

俄 **И**нв.No.899　入菩提勇識之行記第二　　　(24-12)

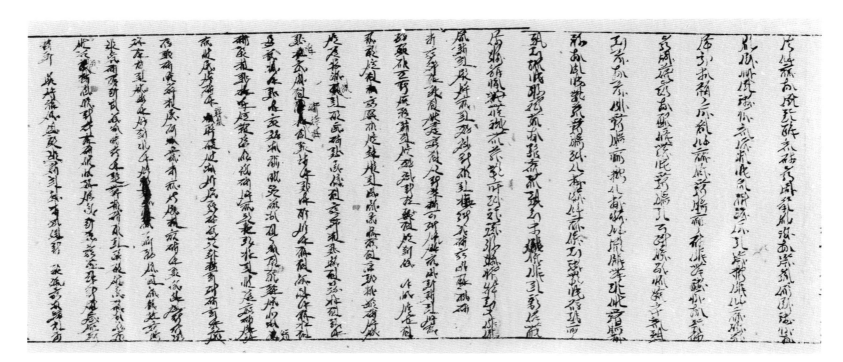

俄 **И**нв.No.899　入菩提勇識之行記第二　　　(24-13)

俄 Инв.No.899　入菩提勇識之行記第二　　　(24-14)

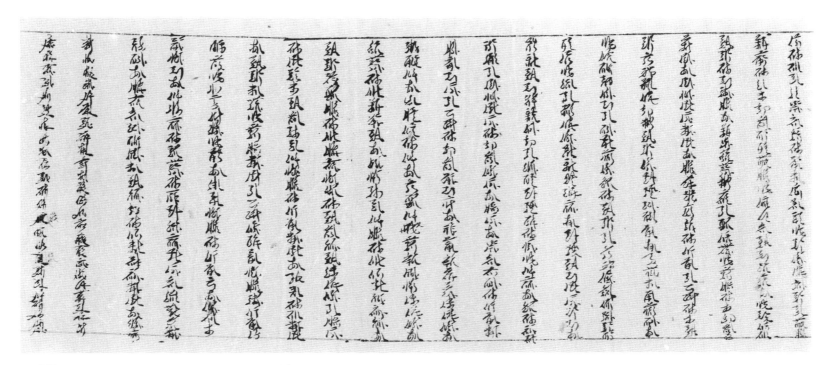

俄 Инв.No.899　入菩提勇識之行記第二　　　(24-15)

俄 Инв.No.899　入菩提勇識之行記第二　　　(24-16)

俄 Ивв.No.899　入菩提勇識之行記第二　　(24-17)

俄 Ивв.No.899　入菩提勇識之行記第二　　(24-18)

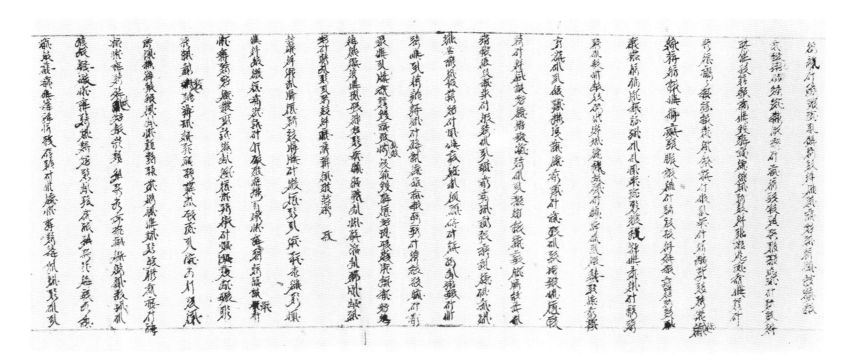

俄 Ивв.No.899　入菩提勇識之行記第二　　(24-19)

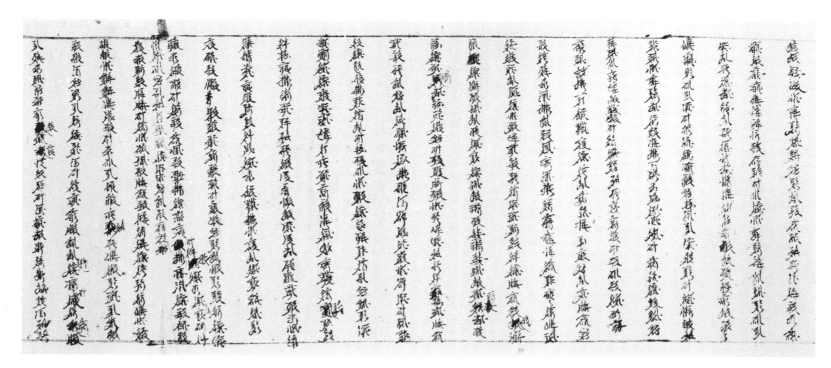

俄 **И**нв.No.899　入菩提勇識之行記第二　　　(24-20)

俄 **И**нв.No.899　入菩提勇識之行記第二　　　(24-21)

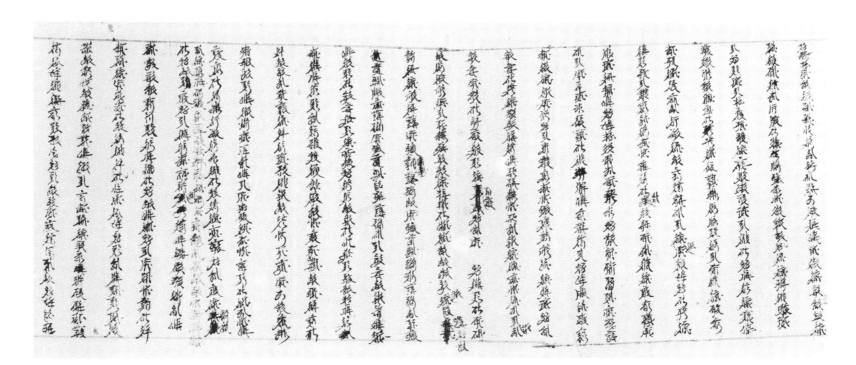

俄 **И**нв.No.899　入菩提勇識之行記第二　　　(24-22)

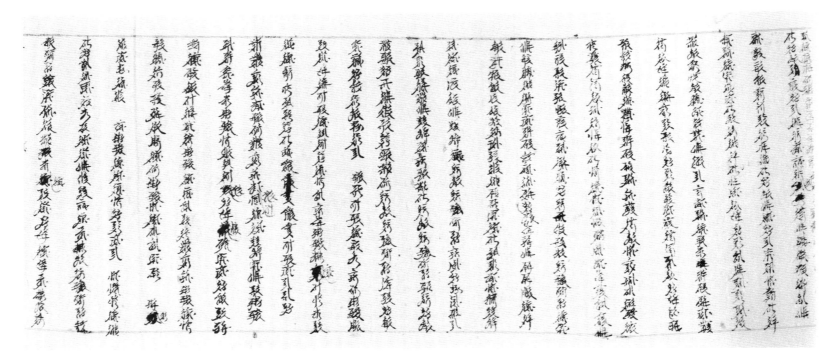

俄 Инв.No.899　　入菩提勇識之行記第二　　　　(24-23)

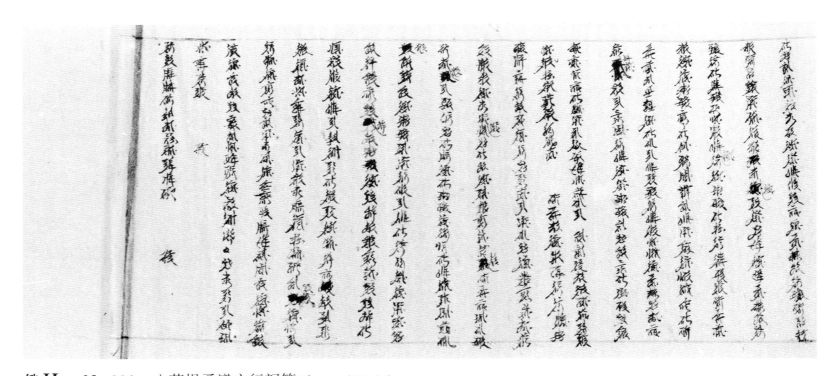

俄 Инв.No.899　　入菩提勇識之行記第二　　　　(24-24)

俄 **И**нв.No.2621　菩提勇識之入行記第二（包首）

俄 **И**нв.No.2621　菩提勇識之所學道和果同一顯釋寶炬之記上卷之下半　　（6-1）

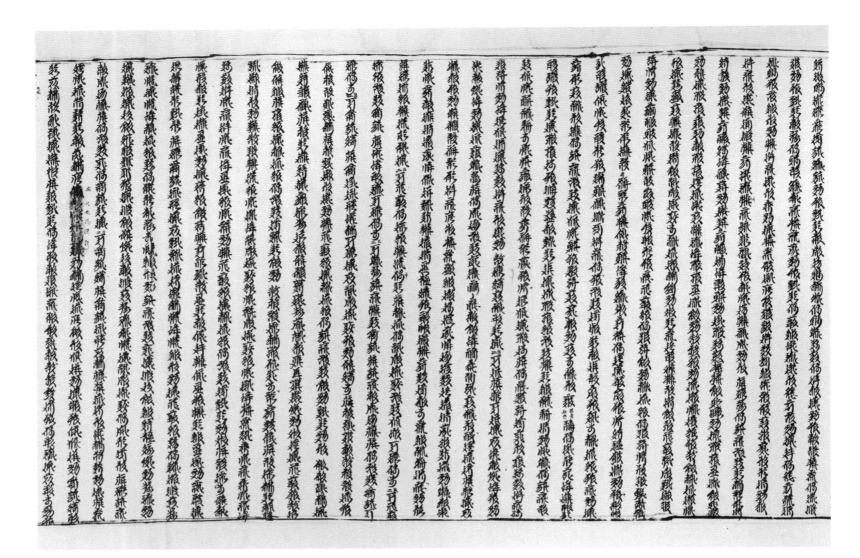

俄 **И**нв.No.2621　菩提勇識之所學道和果同一顯釋寶炬之記上卷之下半　　　(6-2)

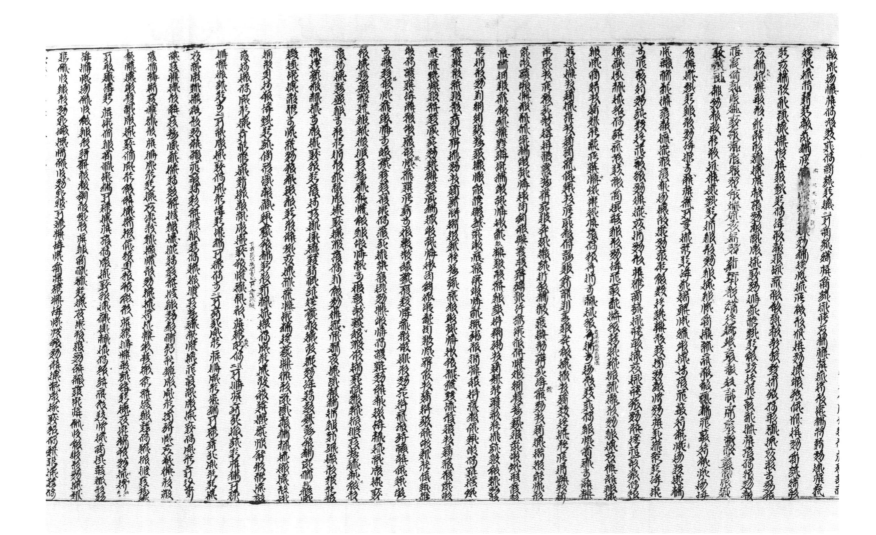

俄 **И**нв.No.2621　菩提勇識之所學道和果同一顯釋寶炬之記上卷之下半　　　(6-3)

俄Инв.No.2621　菩提勇識之所學道和果同一顯釋寶炬之記上卷之下半　　(6-4)

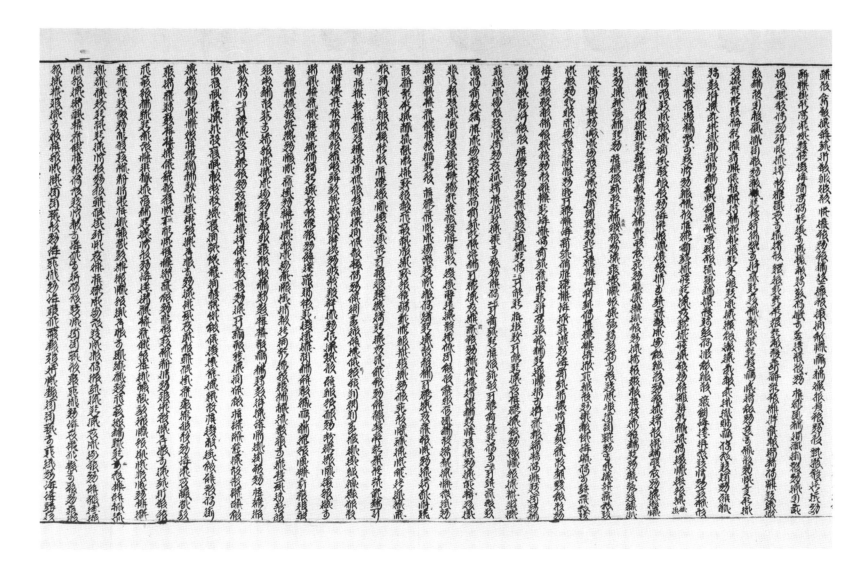

俄Инв.No.2621　菩提勇識之所學道和果同一顯釋寶炬之記上卷之下半　　(6-5)

俄 **И**нв.No.2621　菩提勇識之所學道和果同一顯釋寶炬之記上卷之下半　　　(6-6)

俄ИНВ.No.915　菩提勇識之所學道和果同一顯釋寶炬第二　　　（15-1）

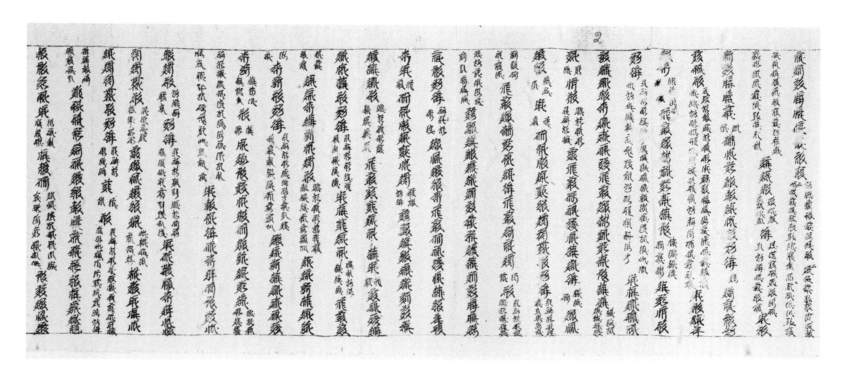

俄ИНВ.No.915　菩提勇識之所學道和果同一顯釋寶炬第二　　　（15-2）

俄ИНВ.No.915　菩提勇識之所學道和果同一顯釋寶炬第二　　　（15-3）

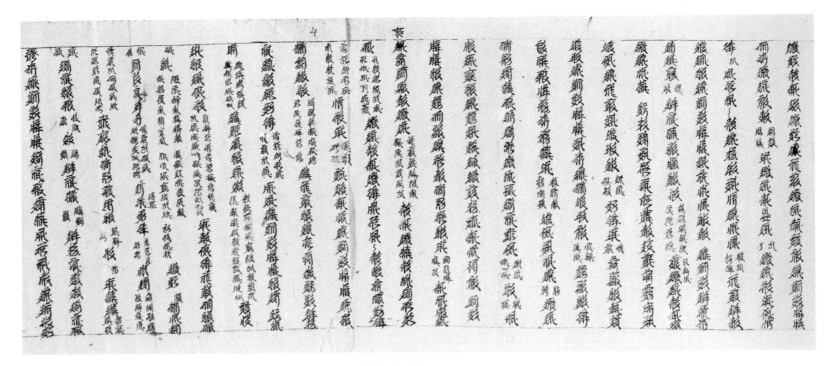

俄 **И**нв.No.915　菩提勇識之所學道和果同一顯釋寶炬第二　　　　(15-4)

俄 **И**нв.No.915　菩提勇識之所學道和果同一顯釋寶炬第二　　　　(15-5)

俄 **И**нв.No.915　菩提勇識之所學道和果同一顯釋寶炬第二　　　　(15-6)

俄Инв.No.915　菩提勇識之所學道和果同一顯釋寶炬第二　　　(15-7)

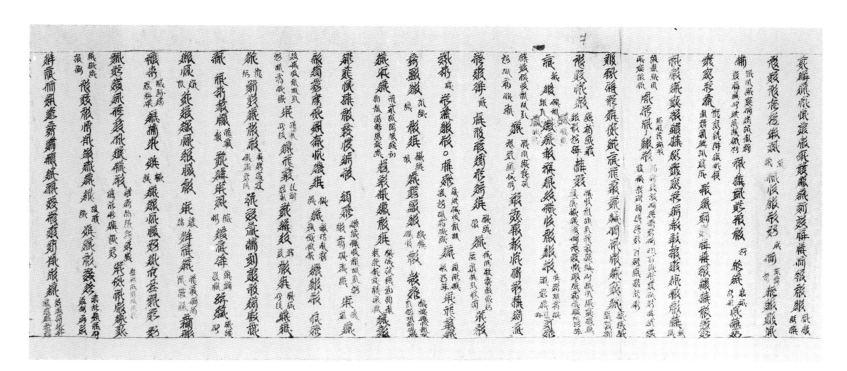

俄Инв.No.915　菩提勇識之所學道和果同一顯釋寶炬第二　　　(15-8)

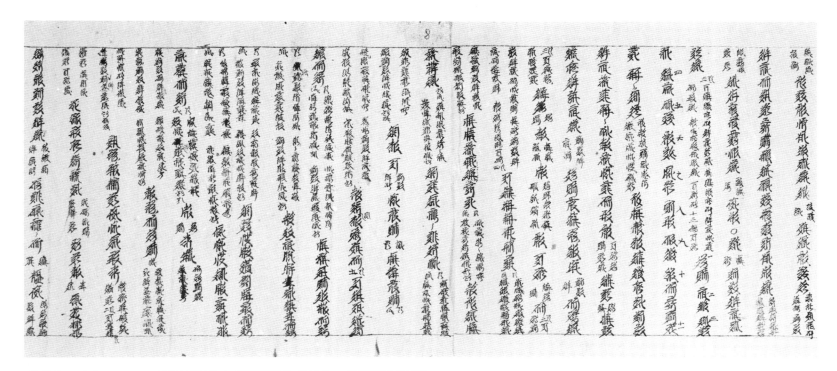

俄Инв.No.915　菩提勇識之所學道和果同一顯釋寶炬第二　　　(15-9)

俄Инв.No.915　菩提勇識之所學道和果同一顯釋寶炬第二　　　(15-10)

俄Инв.No.915　菩提勇識之所學道和果同一顯釋寶炬第二　　　(15-11)

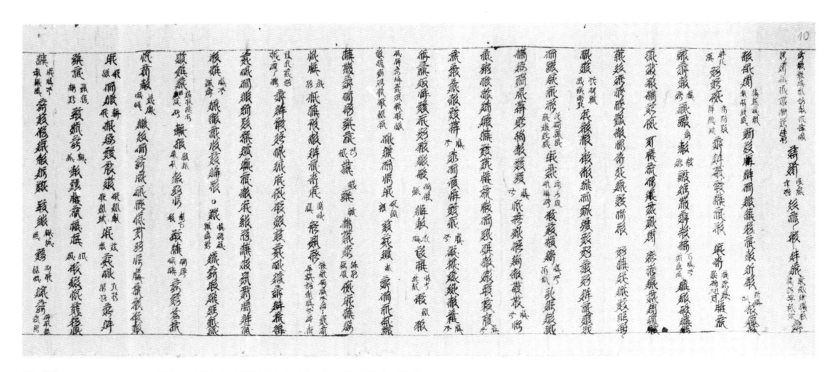

俄Инв.No.915　菩提勇識之所學道和果同一顯釋寶炬第二　　　(15-12)

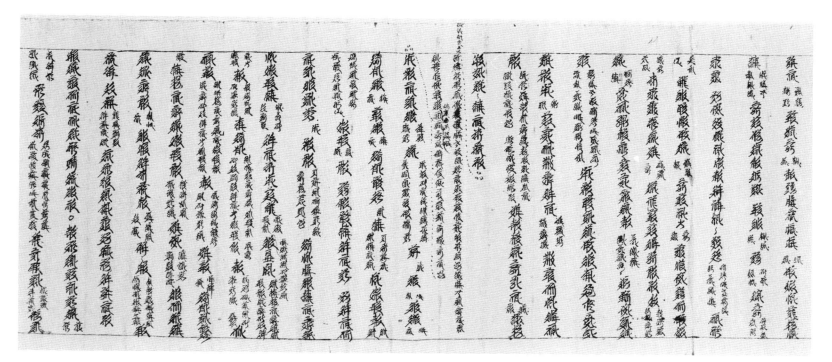

俄Инв.No.915　菩提勇識之所學道和果同一顯釋寶炬第二　　　(15-13)

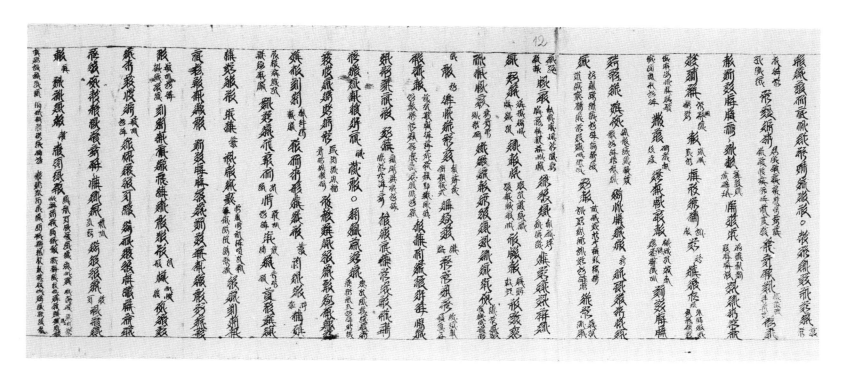

俄Инв.No.915　菩提勇識之所學道和果同一顯釋寶炬第二　　　(15-14)

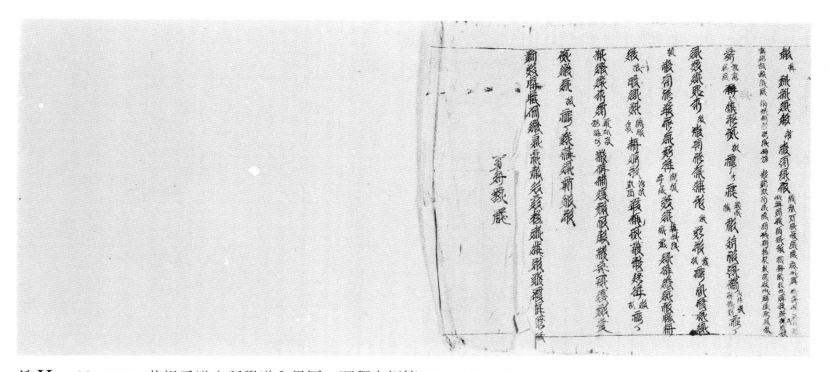

俄Инв.No.915　菩提勇識之所學道和果同一顯釋寶炬第二　　　(15-15)

俄 **И**нв.No.4725　菩提勇識所學道果同一顯釋　　　(5-1)

俄 **И**нв.No.4725　菩提勇識所學道果同一顯釋　　　(5-2)

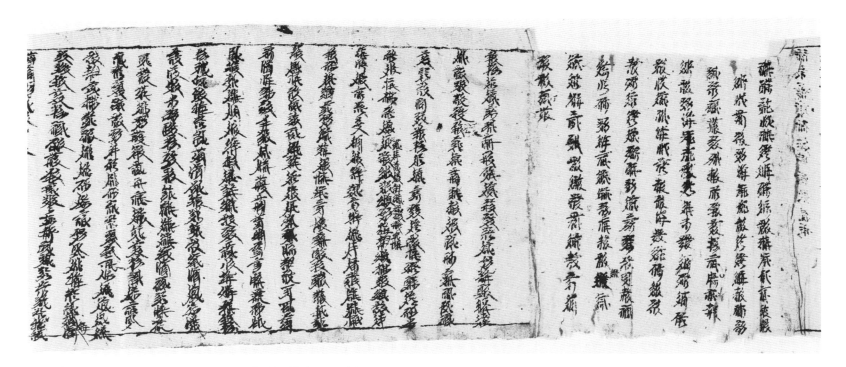

俄 **И**нв.No.4725　菩提勇識所學道果同一顯釋　　　(5-3)

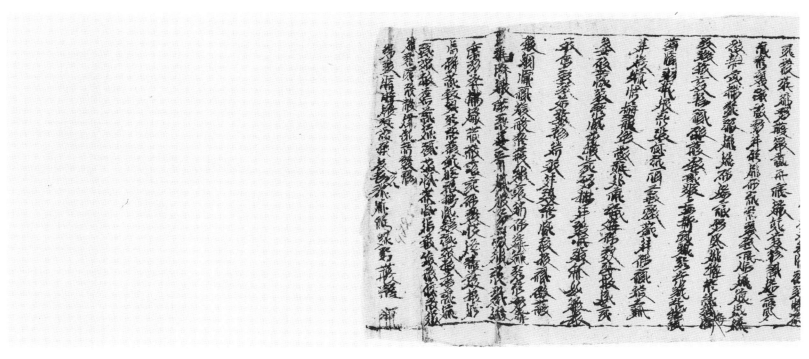

俄 **И**нв.No.4725　菩提勇識所學道果同一顯釋　　　(5-4)

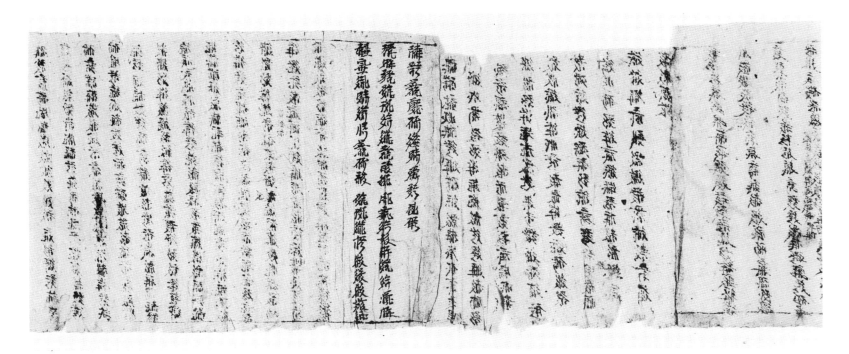

俄 **И**нв.No.4725　菩提勇識所學道果同一顯釋　　　(5-5)

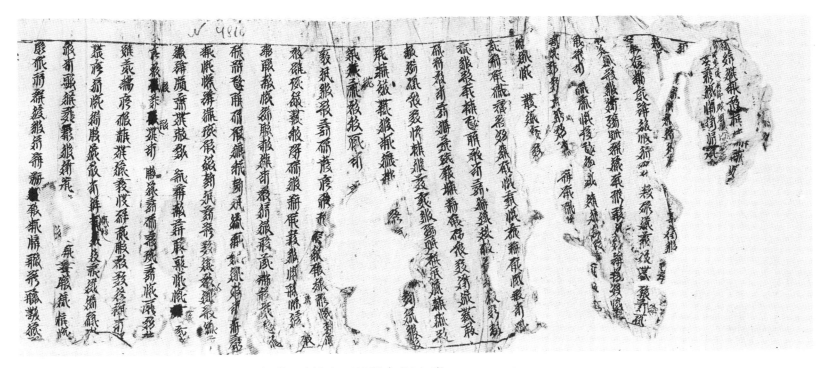

俄 **И**нв.No.4810　菩提勇識之所學道和果同一顯釋寶炬上卷　　(15-1)

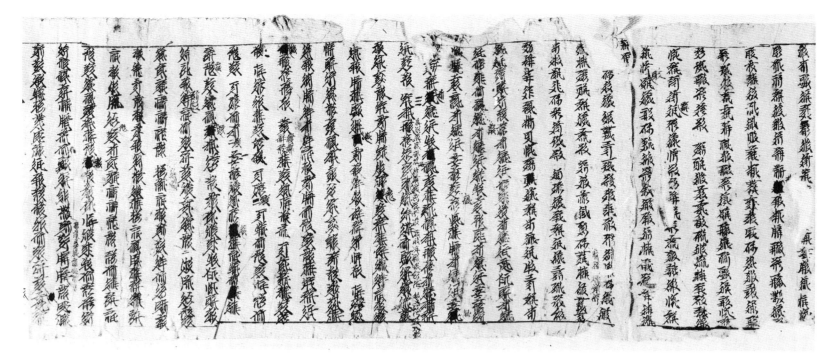

俄 Инв.No.4810　菩提勇識之所學道和果同一顯釋寶炬上卷　　　(15-2)

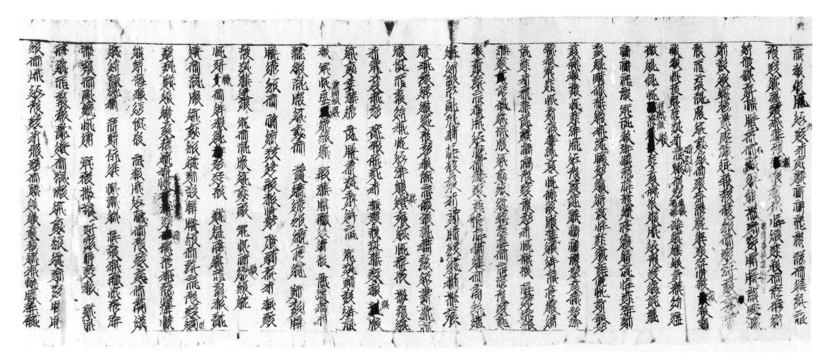

俄 Инв.No.4810　菩提勇識之所學道和果同一顯釋寶炬上卷　　　(15-3)

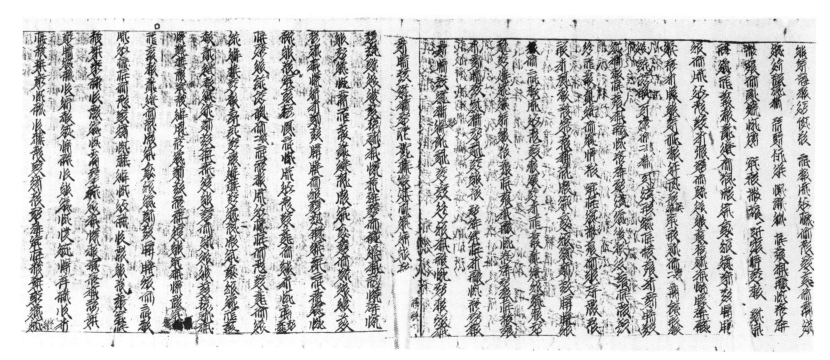

俄 Инв.No.4810　菩提勇識之所學道和果同一顯釋寶炬上卷　　　(15-4)

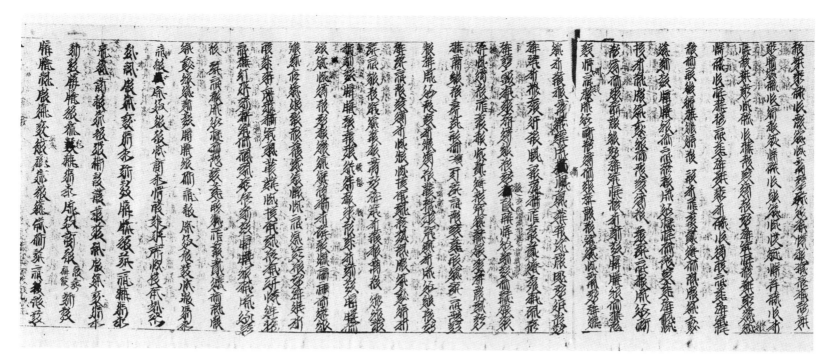

俄 Инв.No.4810　菩提勇識之所學道和果同一顯釋寶炬上卷　　　(15-5)

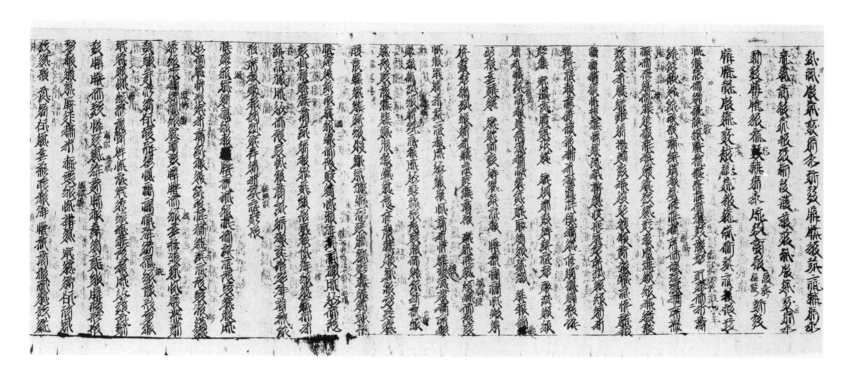

俄 Инв.No.4810　菩提勇識之所學道和果同一顯釋寶炬上卷　　　(15-6)

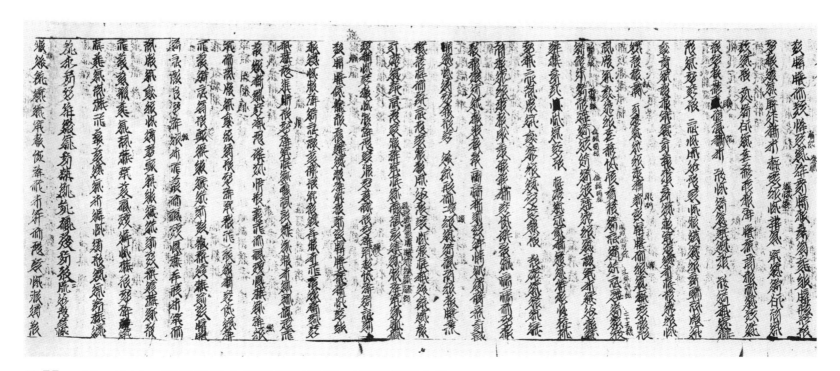

俄 Инв.No.4810　菩提勇識之所學道和果同一顯釋寶炬上卷　　　(15-7)

俄 **И**нв.No.4810　菩提勇識之所學道和果同一顯釋寶炬上卷　　　(15-8)

俄 **И**нв.No.4810　菩提勇識之所學道和果同一顯釋寶炬上卷　　　(15-9)

俄 **И**нв.No.4810　菩提勇識之所學道和果同一顯釋寶炬上卷　　　(15-10)

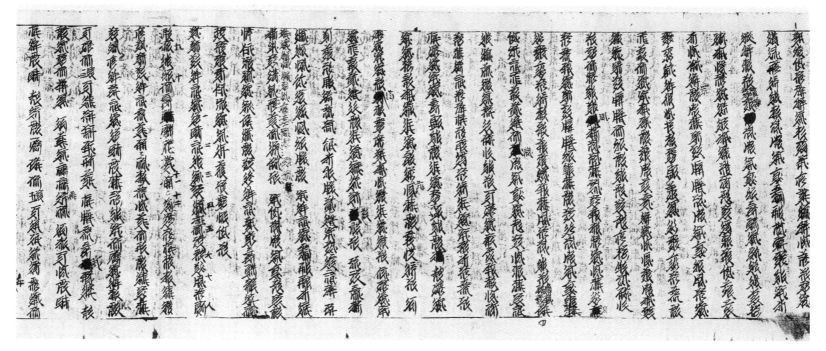

俄ⅠⅤ.No.4810　菩提勇識之所學道和果同一顯釋寶炬上卷　　（15-11）

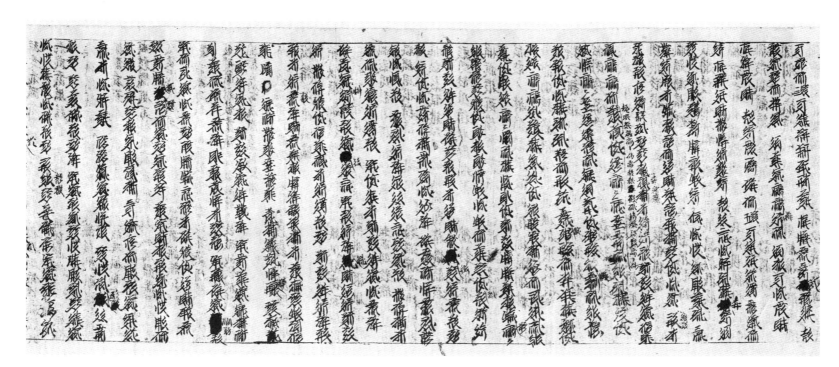

俄ⅠⅤ.No.4810　菩提勇識之所學道和果同一顯釋寶炬上卷　　（15-12）

俄ⅠⅤ.No.4810　菩提勇識之所學道和果同一顯釋寶炬上卷　　（15-13）

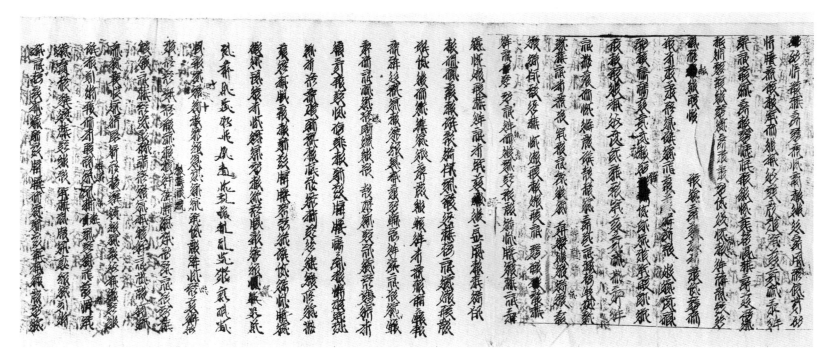

俄 Инв.No.4810　菩提勇識之所學道和果同一顯釋寶炬上卷　　(15-14)

俄 Инв.No.4810　菩提勇識之所學道和果同一顯釋寶炬上卷　　(15-15)

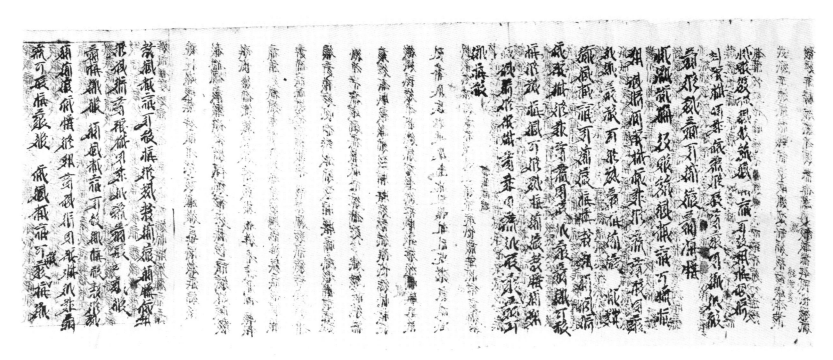

俄 Инв.No.4810V　十二緣生瑞像經上卷　　(11-1)

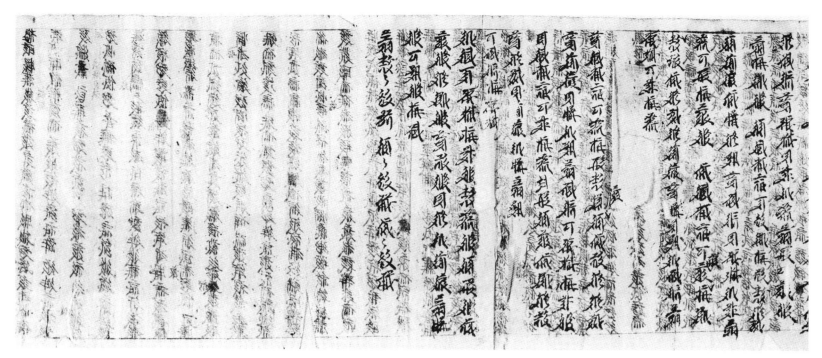

俄Инв.No.4810V　十二緣生瑞像經上卷　　　(11-2)

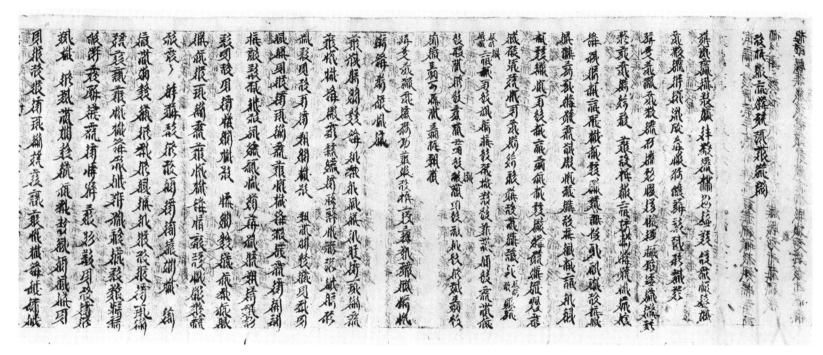

俄Инв.No.4810V　十二緣生瑞像經上卷　　　(11-3)

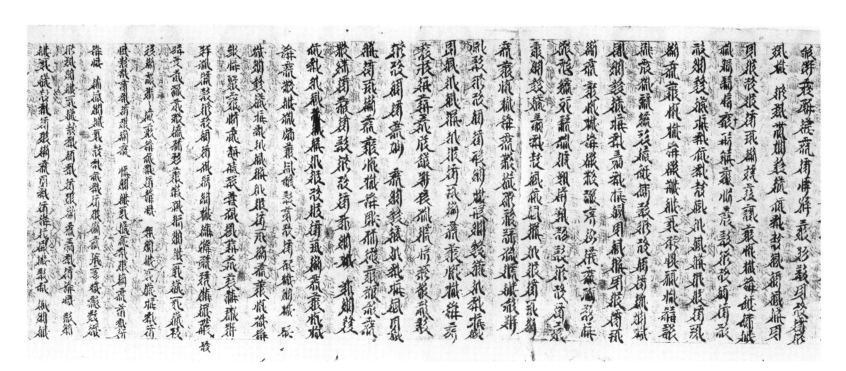

俄Инв.No.4810V　十二緣生瑞像經上卷　　　(11-4)

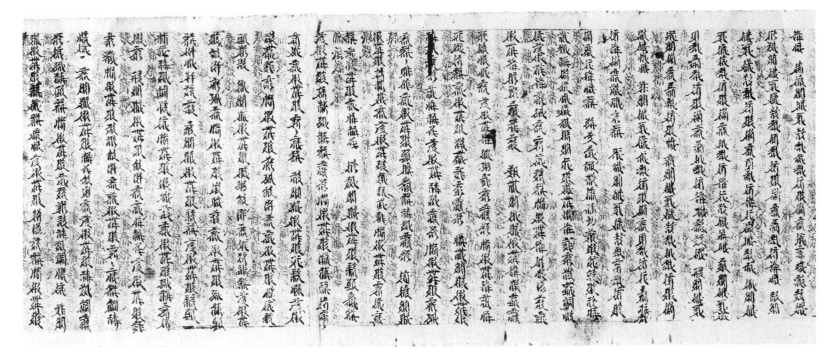

俄Инв.No.4810V　十二緣生瑞像經上卷　　　　(11-5)

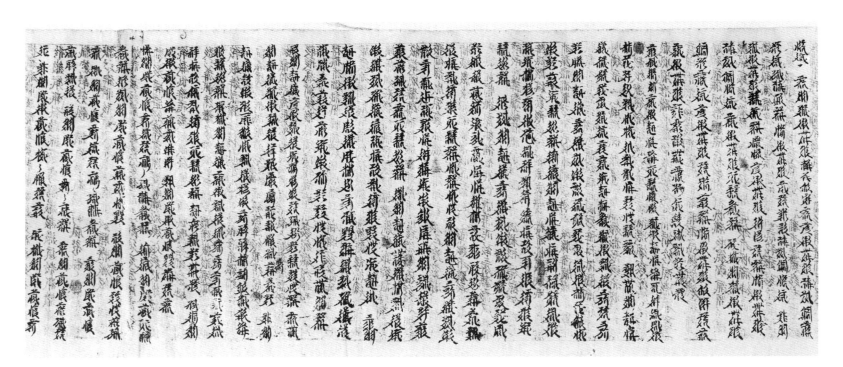

俄Инв.No.4810V　十二緣生瑞像經上卷　　　　(11-6)

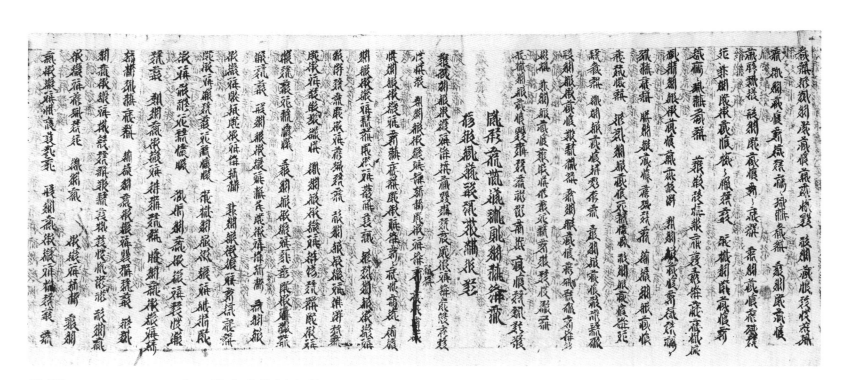

俄Инв.No.4810V　十二緣生瑞像經上卷　　　　(11-7)

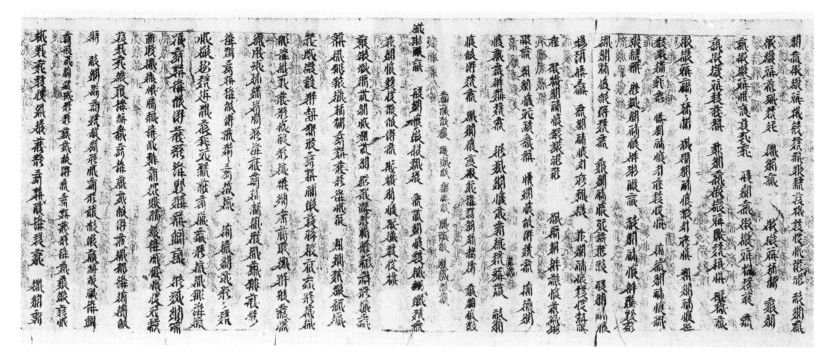

俄**И**нв.No.4810V　十二緣生瑞像經上卷　　　(11-8)

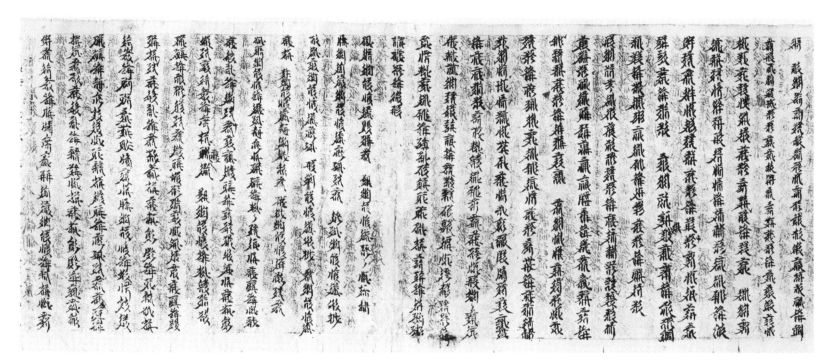

俄**И**нв.No.4810V　十二緣生瑞像經上卷　　　(11-9)

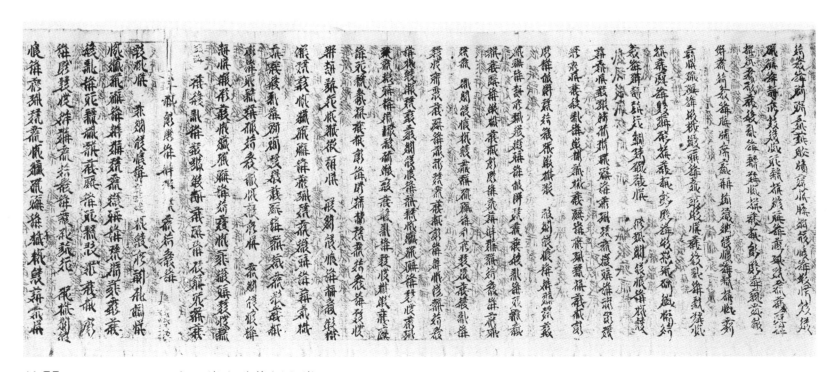

俄**И**нв.No.4810V　十二緣生瑞像經上卷　　　(11-10)

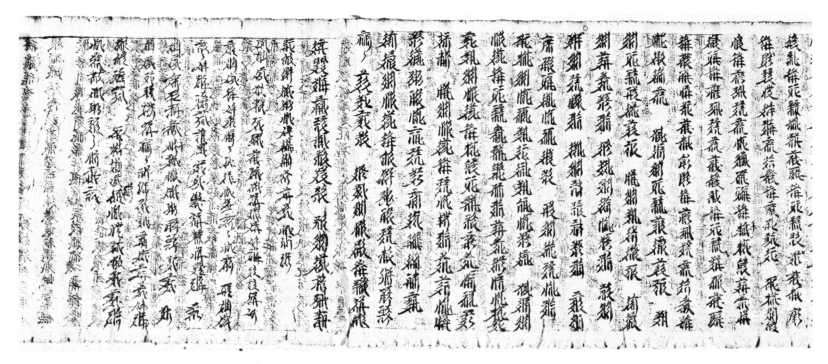

俄 ИнВ.No.4810V　十二緣生瑞像經上卷　　　（11-11）

俄 ИнВ.No.4898　菩提勇識道和果一同顯釋寶炬第四卷（封套）

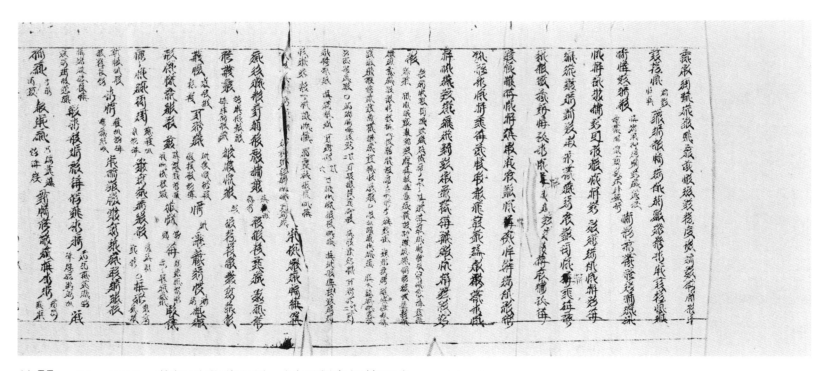

俄 ИнВ.No.4898　菩提勇識道和果一同顯釋寶炬第四卷　　（19-1）

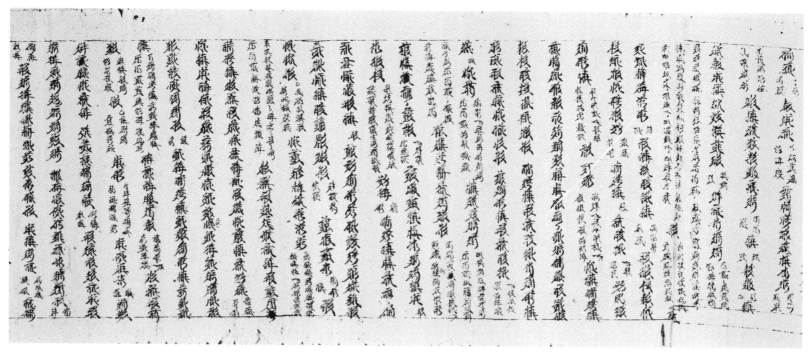

俄Инв.No.4898　菩提勇識道和果一同顯釋寶炬第四卷　　（19-2）

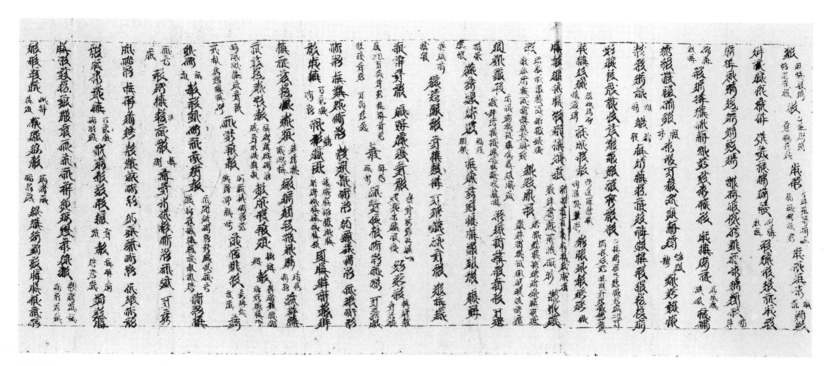

俄Инв.No.4898　菩提勇識道和果一同顯釋寶炬第四卷　　（19-3）

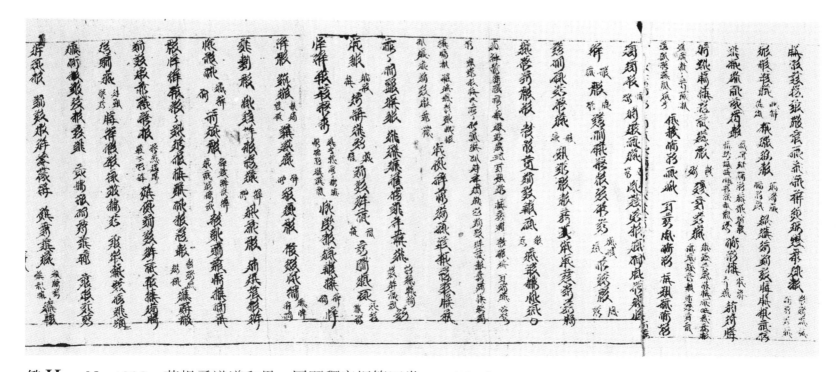

俄Инв.No.4898　菩提勇識道和果一同顯釋寶炬第四卷　　（19-4）

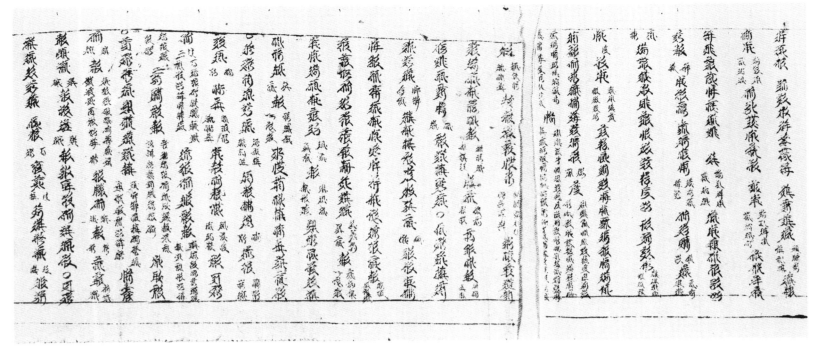

俄 **Инв**.No.4898　菩提勇識道和果一同顯釋寶炬第四卷　　　(19-5)

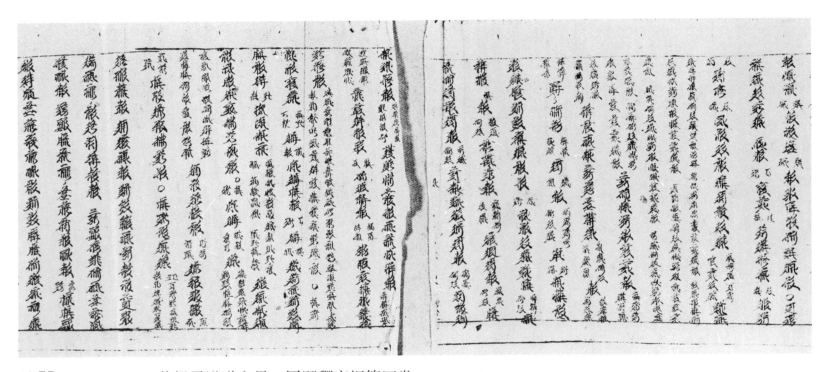

俄 **Инв**.No.4898　菩提勇識道和果一同顯釋寶炬第四卷　　　(19-6)

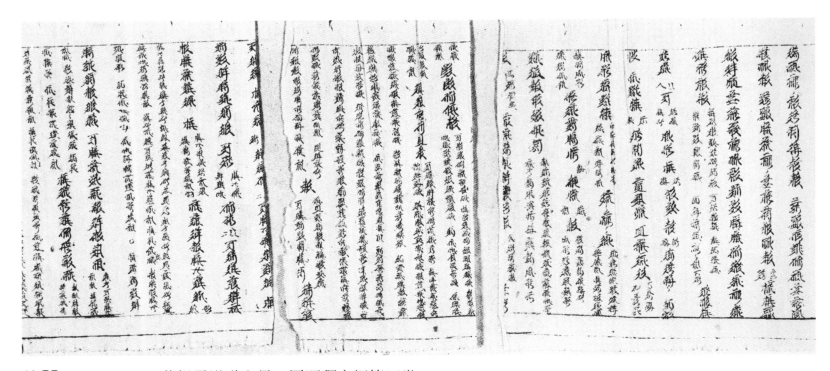

俄 **Инв**.No.4898　菩提勇識道和果一同顯釋寶炬第四卷　　　(19-7)

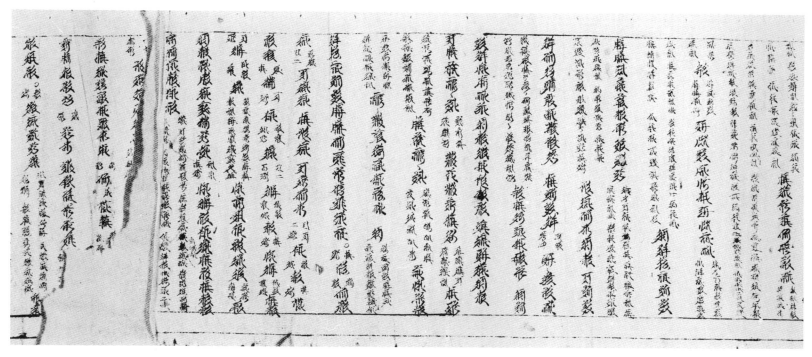

俄 Инв.No.4898　菩提勇識道和果一同顯釋寶炬第四卷　　　(19-8)

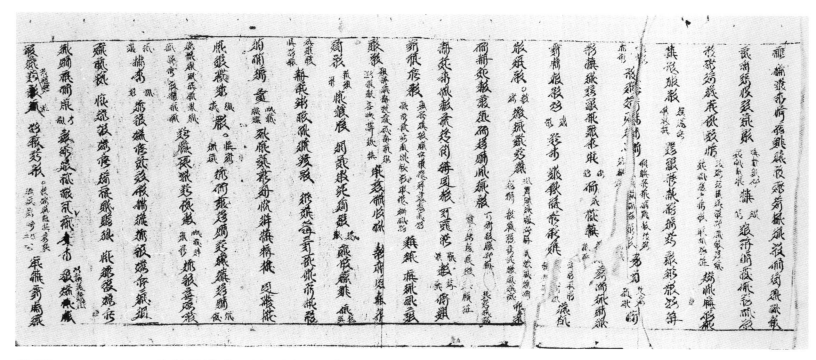

俄 Инв.No.4898　菩提勇識道和果一同顯釋寶炬第四卷　　　(19-9)

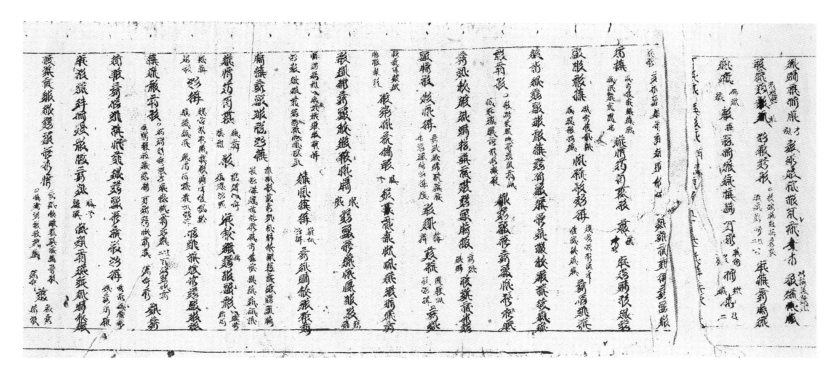

俄 Инв.No.4898　菩提勇識道和果一同顯釋寶炬第四卷　　　(19-10)

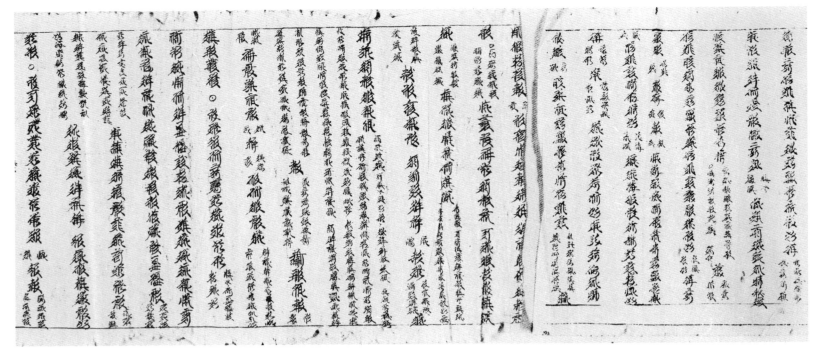

俄 Инв.No.4898 菩提勇識道和果一同顯釋寶炬第四卷 (19-11)

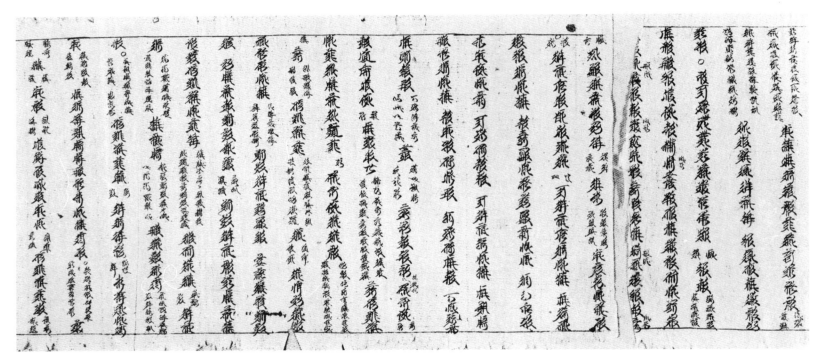

俄 Инв.No.4898 菩提勇識道和果一同顯釋寶炬第四卷 (19-12)

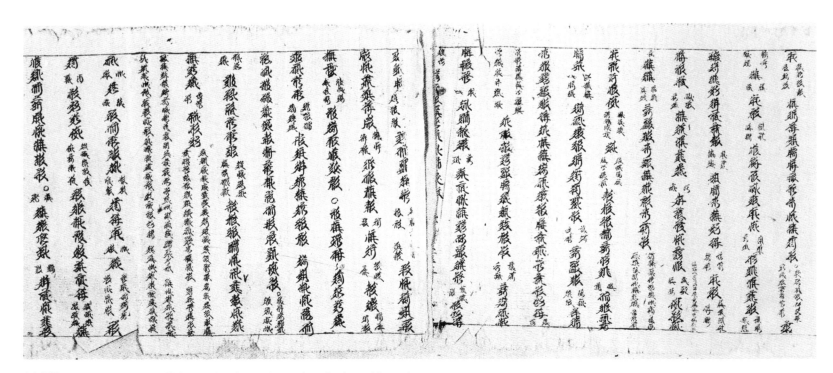

俄 Инв.No.4898 菩提勇識道和果一同顯釋寶炬第四卷 (19-13)

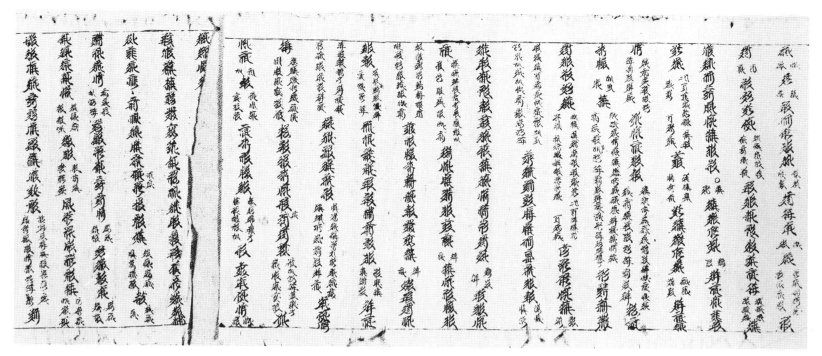

俄Инв.No.4898　菩提勇識道和果一同顯釋寶炬第四卷　　(19-14)

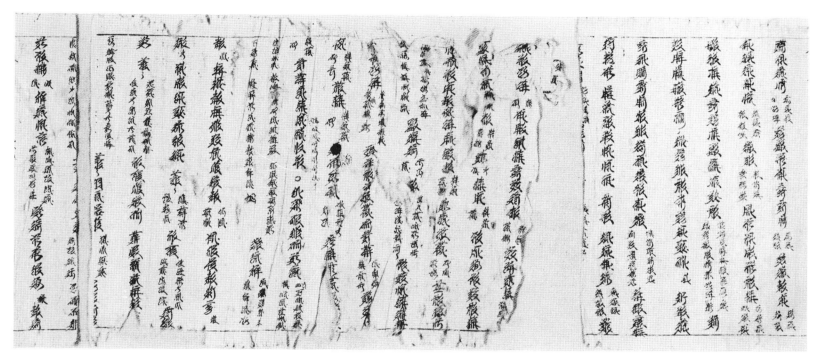

俄Инв.No.4898　菩提勇識道和果一同顯釋寶炬第四卷　　(19-15)

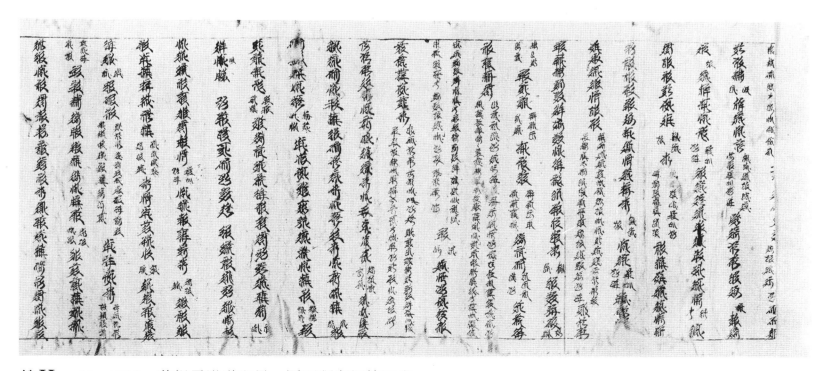

俄Инв.No.4898　菩提勇識道和果一同顯釋寶炬第四卷　　(19-16)

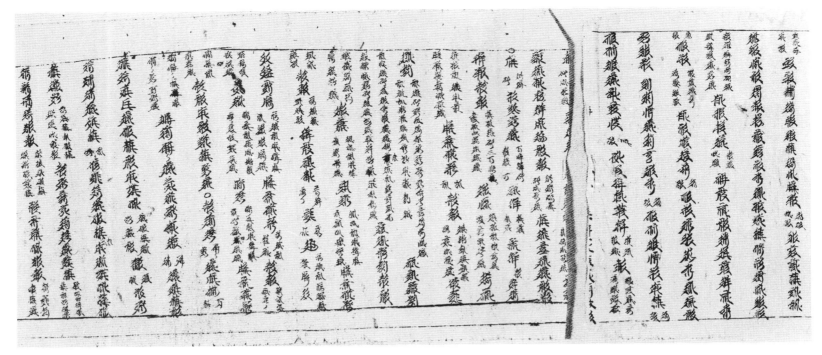

俄 Инв.No.4898　菩提勇識道和果一同顯釋寶炬第四卷　　　（19-17）

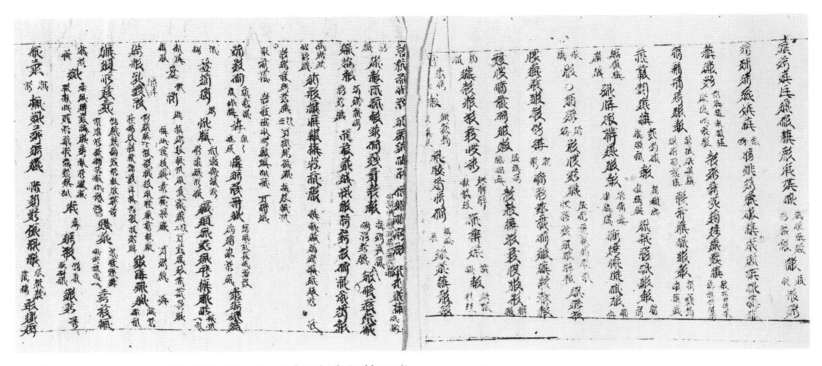

俄 Инв.No.4898　菩提勇識道和果一同顯釋寶炬第四卷　　　（19-18）

俄 Инв.No.4898　菩提勇識道和果一同顯釋寶炬第四卷　　　（19-19）

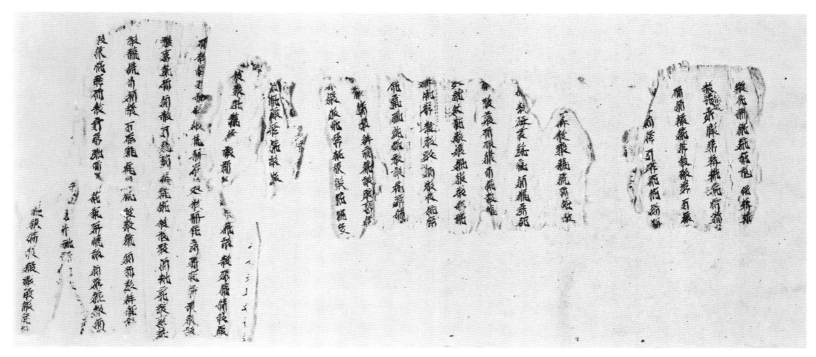

俄Инв.No.5129　菩提勇識所學道和果同一顯釋寶炬下卷　　（20-1）

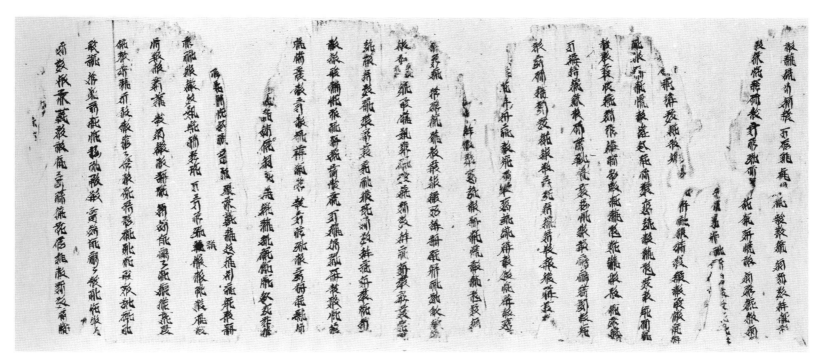

俄Инв.No.5129　菩提勇識所學道和果同一顯釋寶炬下卷　　（20-2）

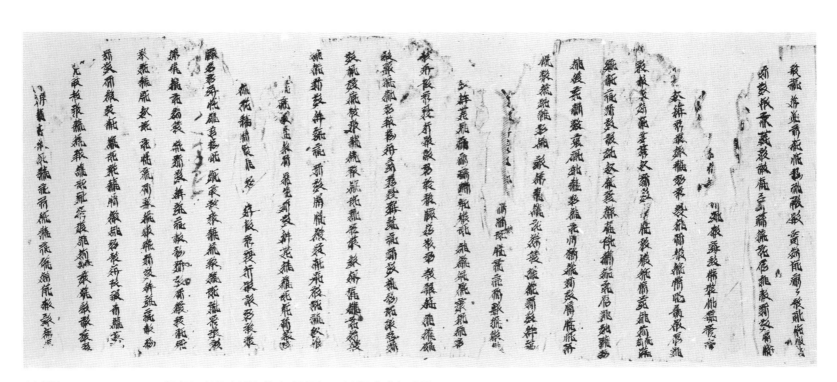

俄Инв.No.5129　菩提勇識所學道和果同一顯釋寶炬下卷　　（20-3）

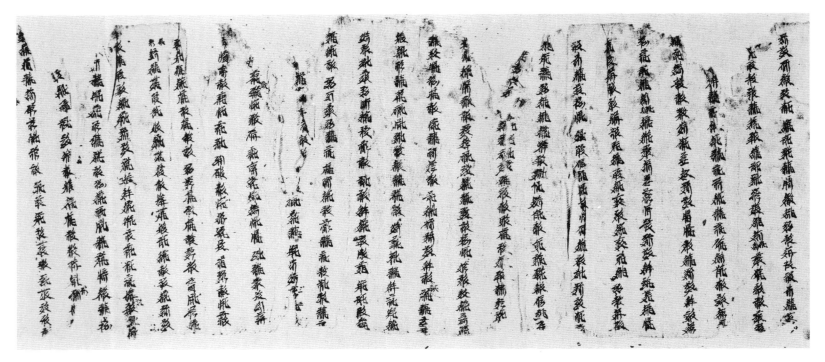

俄 **И**нв.No.5129　菩提勇識所學道和果同一顯釋寶炬下卷　　　(20-4)

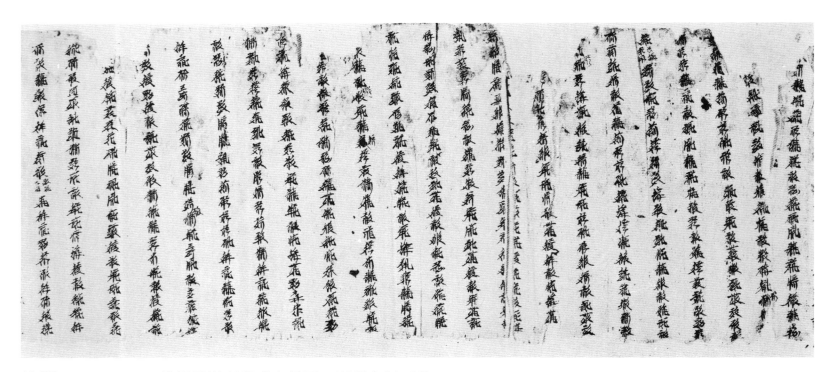

俄 **И**нв.No.5129　菩提勇識所學道和果同一顯釋寶炬下卷　　　(20-5)

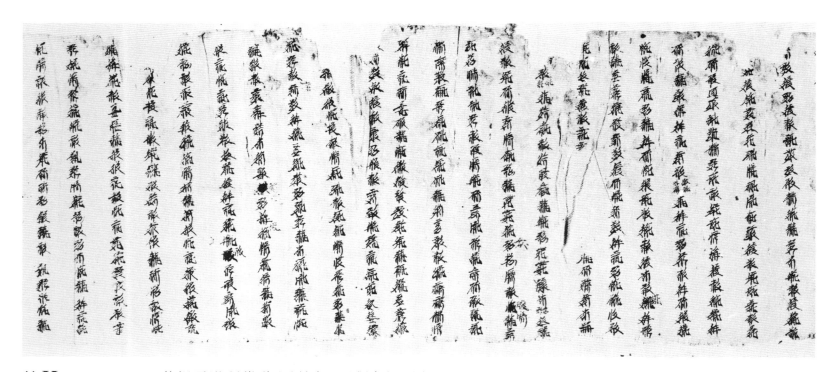

俄 **И**нв.No.5129　菩提勇識所學道和果同一顯釋寶炬下卷　　　(20-6)

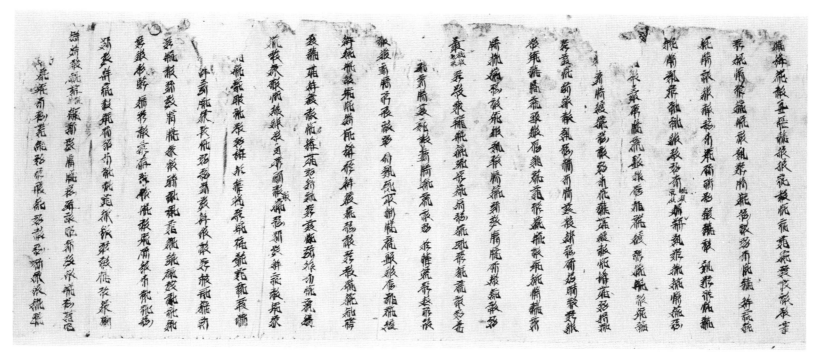

俄 Инв.No.5129　菩提勇識所學道和果同一顯釋寶炬下卷　　（20-7）

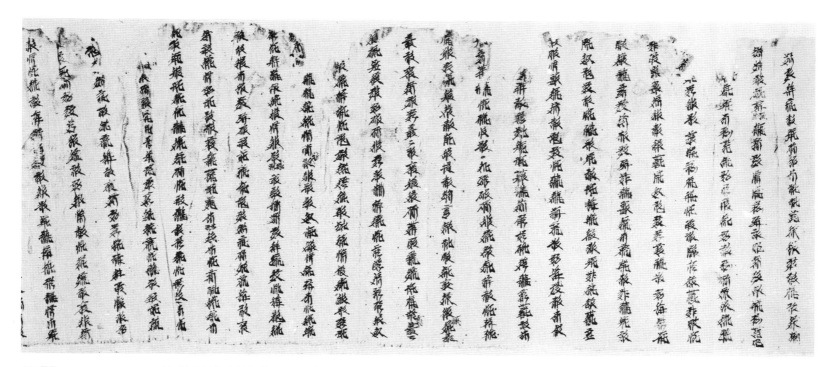

俄 Инв.No.5129　菩提勇識所學道和果同一顯釋寶炬下卷　　（20-8）

俄 Инв.No.5129　菩提勇識所學道和果同一顯釋寶炬下卷　　（20-9）

俄 **И**нв.No.5129　　菩提勇識所學道和果同一顯釋寶炬下卷　　　　（20-10）

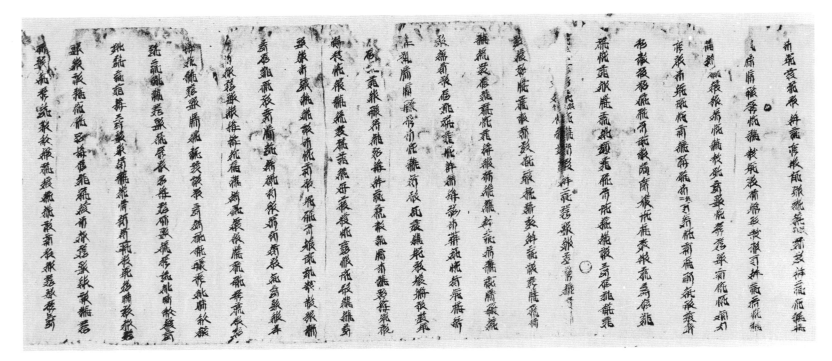

俄 **И**нв.No.5129　　菩提勇識所學道和果同一顯釋寶炬下卷　　　　（20-11）

俄 **И**нв.No.5129　　菩提勇識所學道和果同一顯釋寶炬下卷　　　　（20-12）

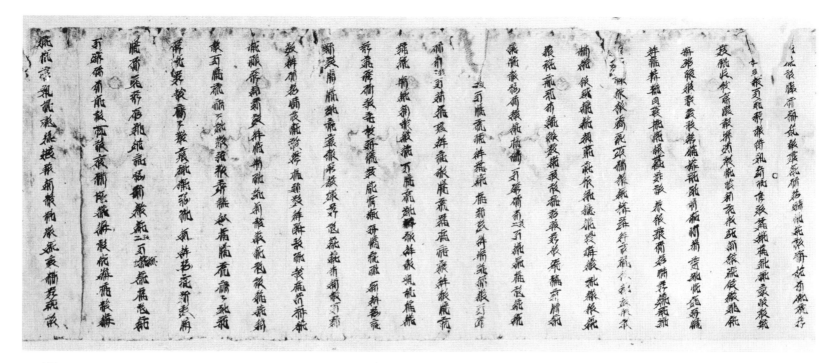

俄ИнB.No.5129　菩提勇識所學道和果同一顯釋寶炬下卷　　(20-13)

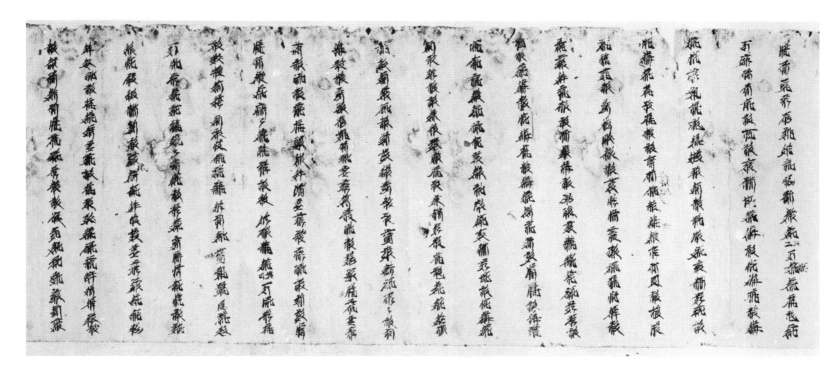

俄ИнB.No.5129　菩提勇識所學道和果同一顯釋寶炬下卷　　(20-14)

俄ИнB.No.5129　菩提勇識所學道和果同一顯釋寶炬下卷　　(20-15)

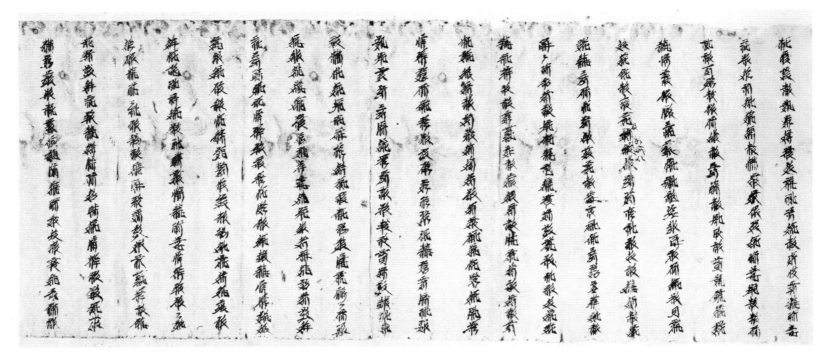

俄 **И**нв.No.5129　菩提勇識所學道和果同一顯釋寶炬下卷　　　(20-16)

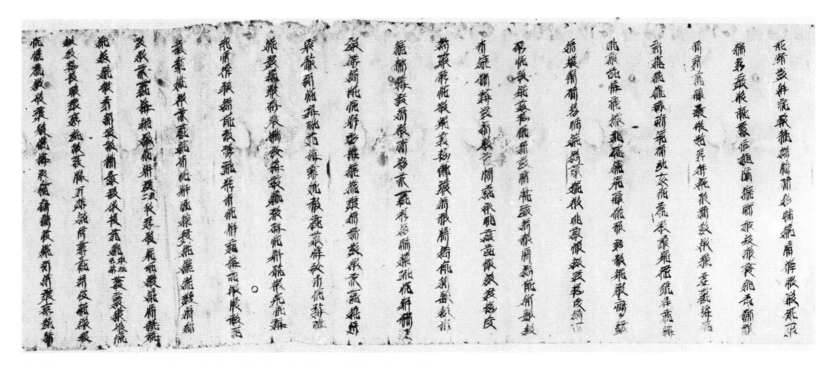

俄 **И**нв.No.5129　菩提勇識所學道和果同一顯釋寶炬下卷　　　(20-17)

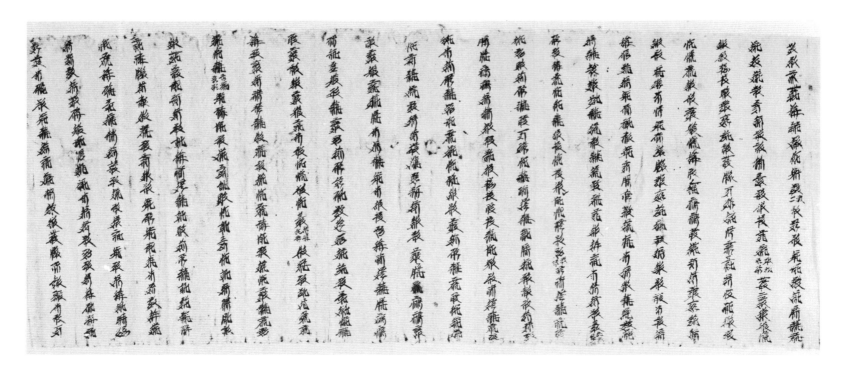

俄 **И**нв.No.5129　菩提勇識所學道和果同一顯釋寶炬下卷　　　(20-18)

俄 **Инв**.No.5129　菩提勇識所學道和果同一顯釋寶炬下卷　　　（20-19）

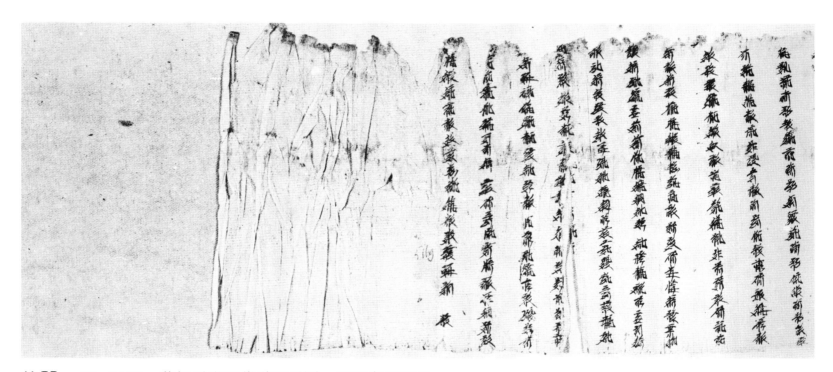

俄 **Инв**.No.5129　菩提勇識所學道和果同一顯釋寶炬下卷　　　（20-20）

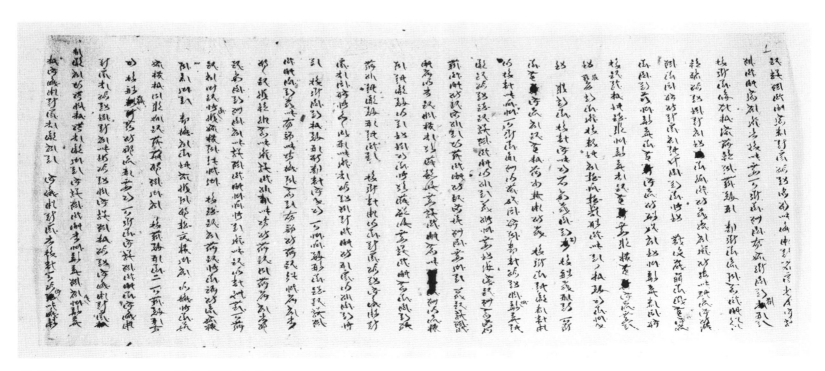

俄 **Инв**.No.4168　現觀莊嚴論現前品　　　（20-1）

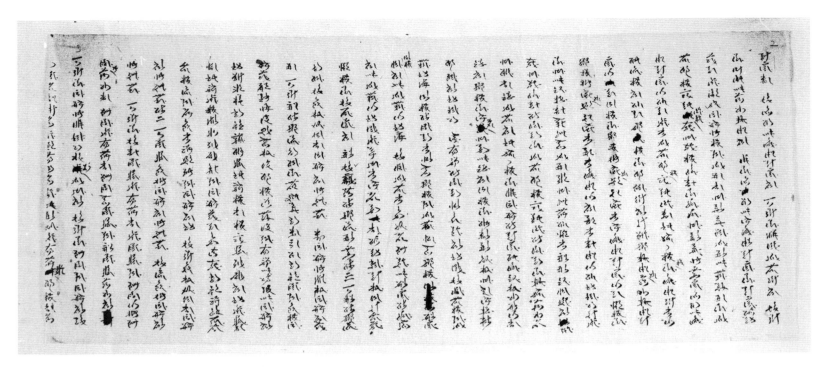

俄 **И**нв.No.4168　現觀莊嚴論現前品　　　(20-2)

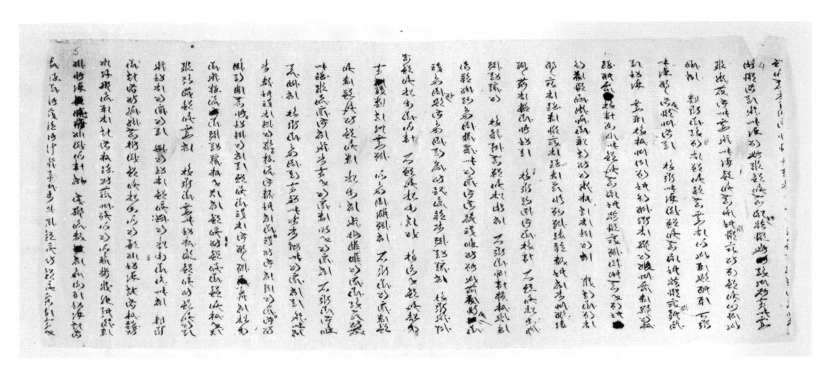

俄 **И**нв.No.4168　現觀莊嚴論現前品　　　(20-3)

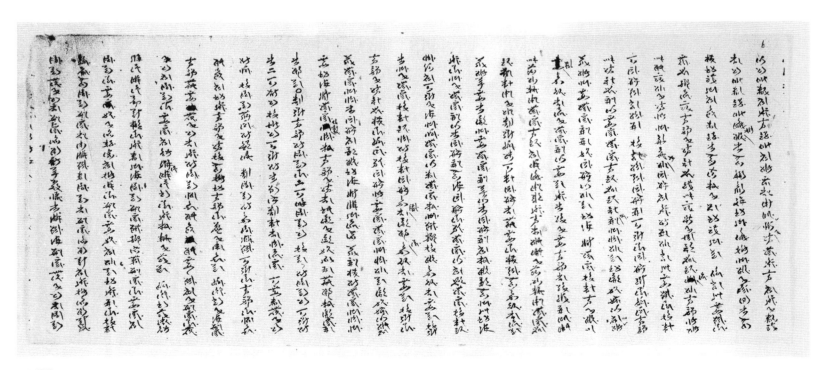

俄 **И**нв.No.4168　現觀莊嚴論現前品　　　(20-4)

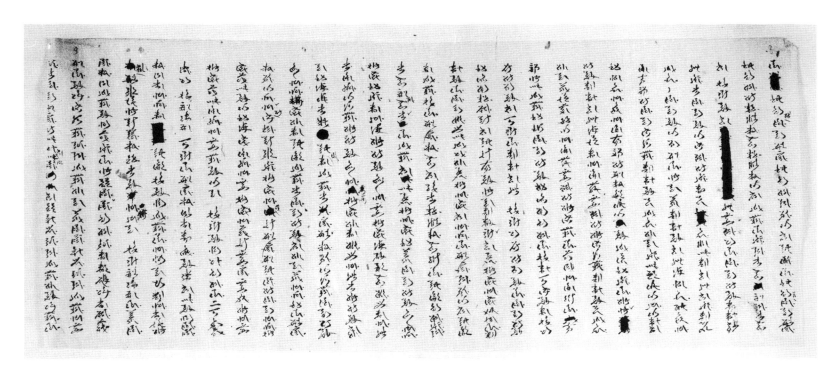

俄 Инв.No.4168　現觀莊嚴論現前品　　　(20-5)

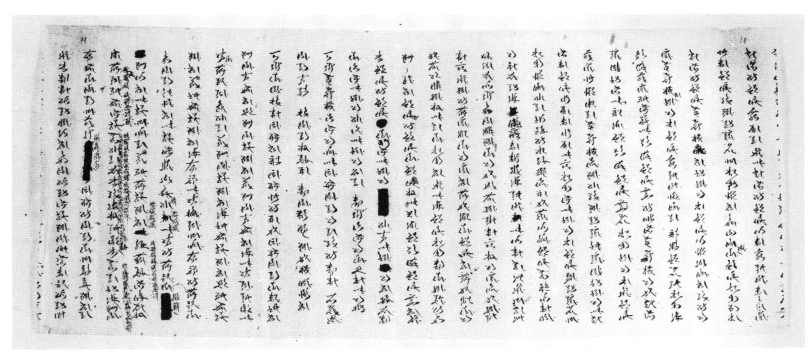

俄 Инв.No.4168　現觀莊嚴論現前品　　　(20-6)

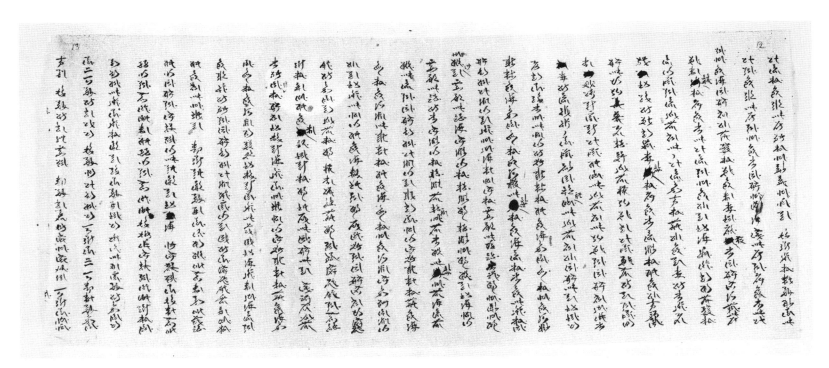

俄 Инв.No.4168　現觀莊嚴論現前品　　　(20-7)

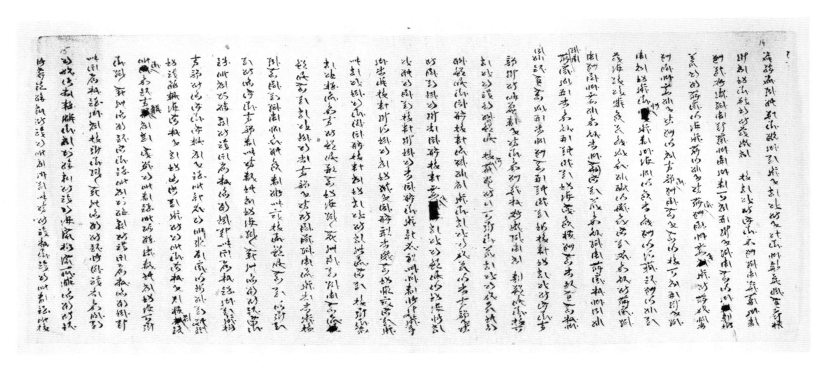

俄 Инв.No.4168　現觀莊嚴論現前品　　　（20−8）

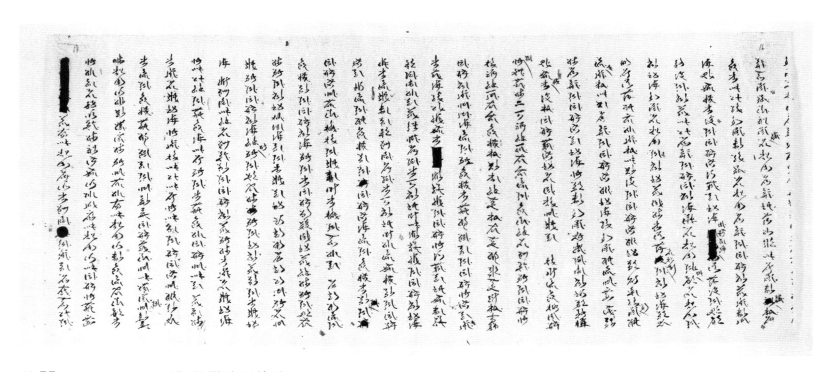

俄 Инв.No.4168　現觀莊嚴論現前品　　　（20−9）

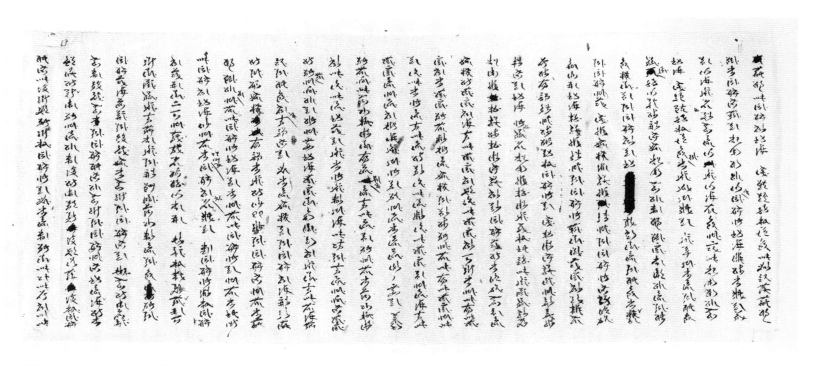

俄 Инв.No.4168　現觀莊嚴論現前品　　　（20−10）

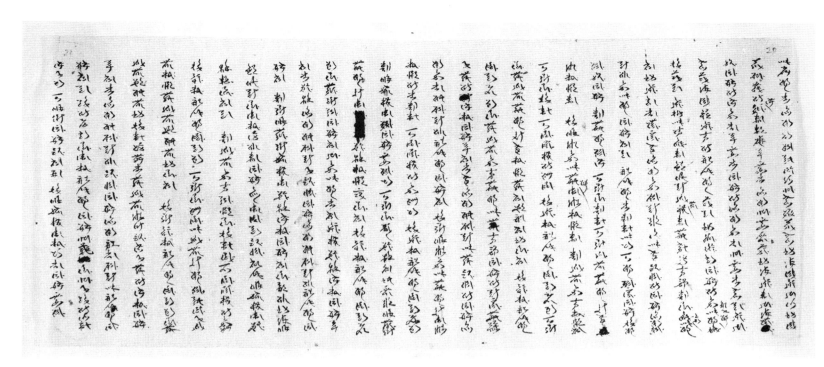

俄 **И**нв.No.4168　現觀莊嚴論現前品　　　(20-11)

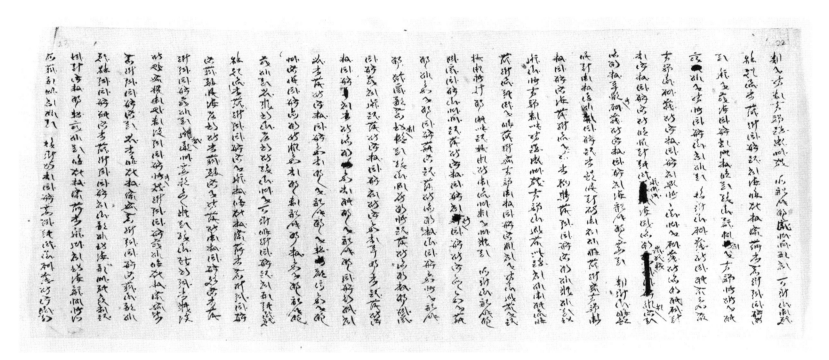

俄 **И**нв.No.4168　現觀莊嚴論現前品　　　(20-12)

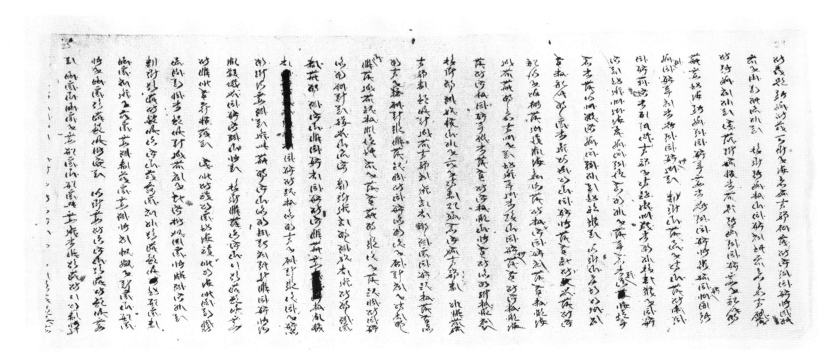

俄 **И**нв.No.4168　現觀莊嚴論現前品　　　(20-13)

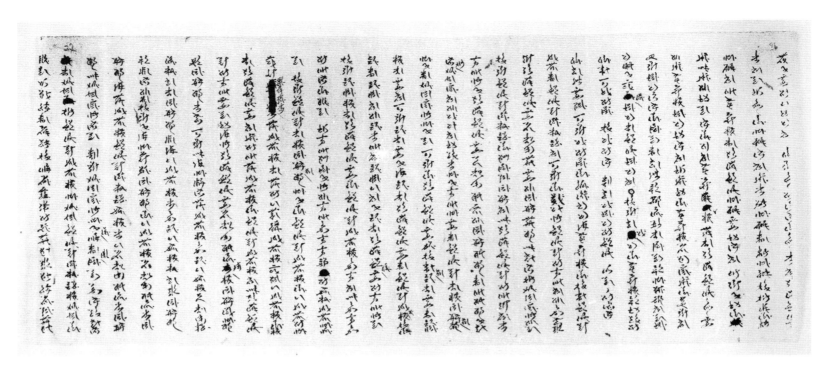

俄 Инв.No.4168　現觀莊嚴論現前品　　　(20-14)

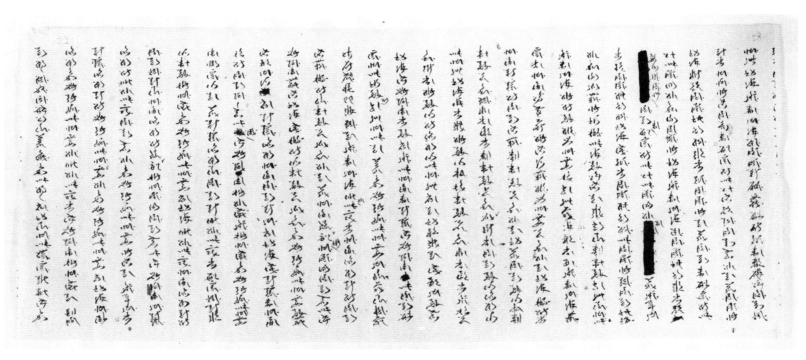

俄 Инв.No.4168　現觀莊嚴論現前品　　　(20-15)

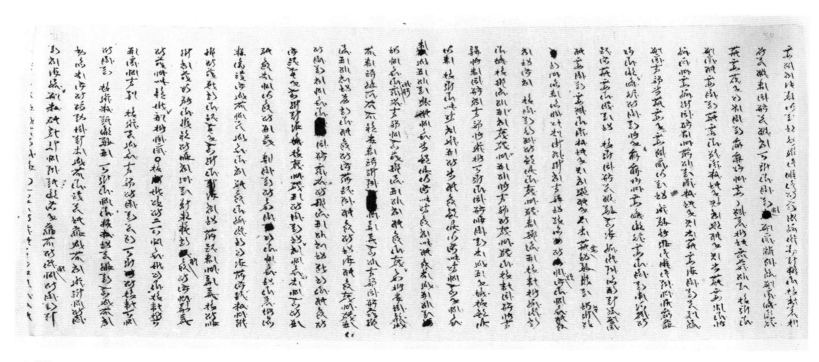

俄 Инв.No.4168　現觀莊嚴論現前品　　　(20-16)

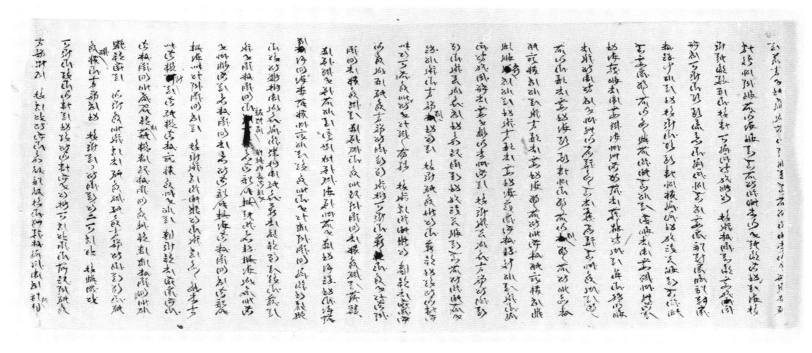

俄 **И**нв.No.4168　　現觀莊嚴論現前品　　（20-17）

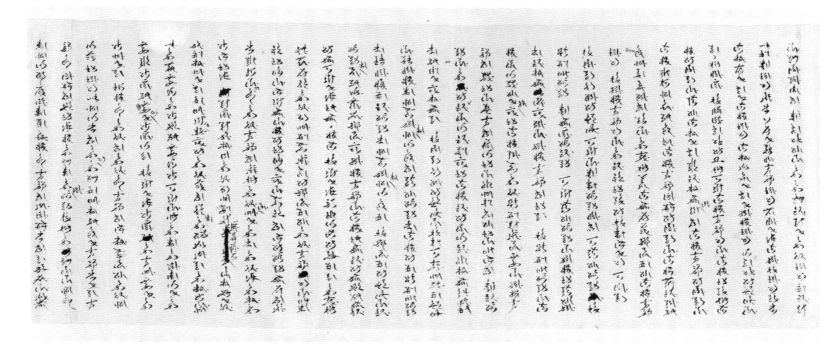

俄 **И**нв.No.4168　　現觀莊嚴論現前品　　（20-18）

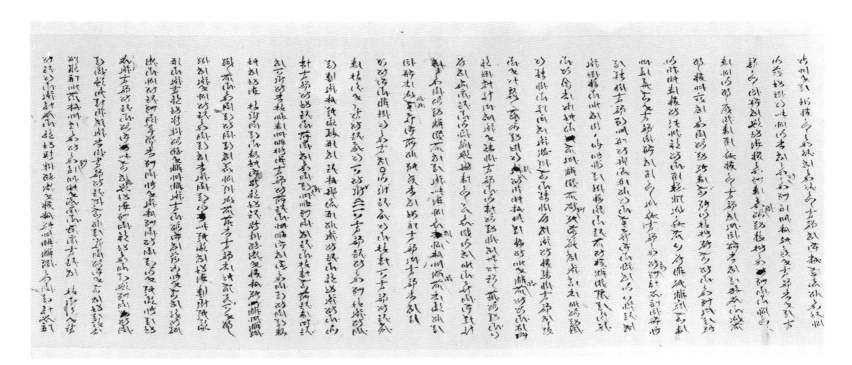

俄 **И**нв.No.4168　　現觀莊嚴論現前品　　（20-19）

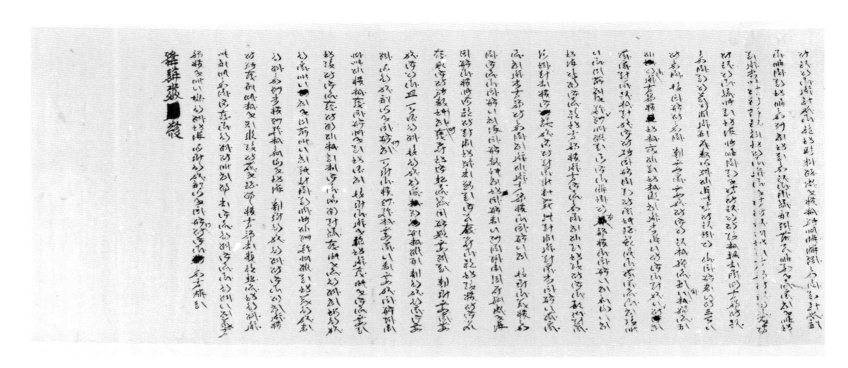

俄 **И**нв.No.4168　　現觀莊嚴論現前品　　　(20-20)

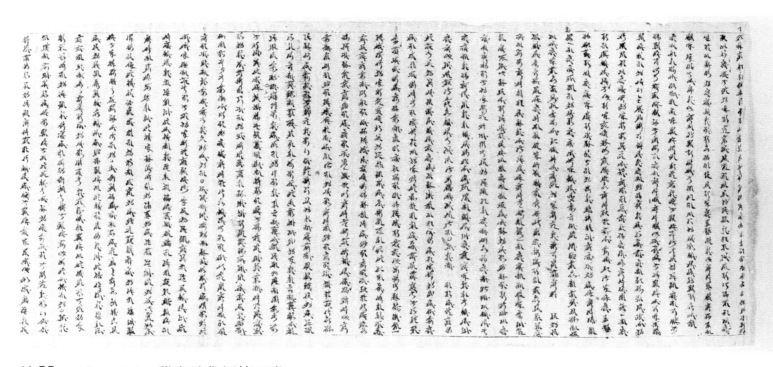

俄 **И**нв.No.4852　　學處總集記第五卷　　　(7-1)

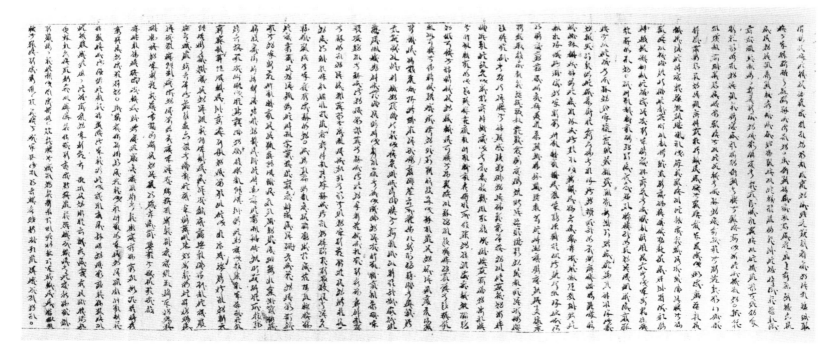

俄 **И**нв.No.4852　　學處總集記第五卷　　　(7-2)

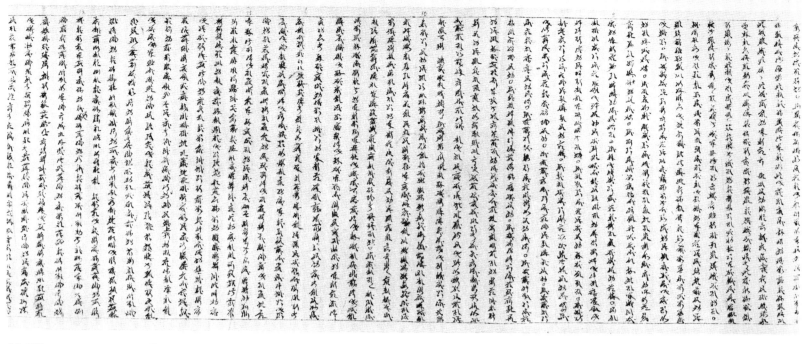

俄ИHB.No.4852　學處總集記第五卷　　　(7-3)

俄ИHB.No.4852　學處總集記第五卷　　　(7-4)

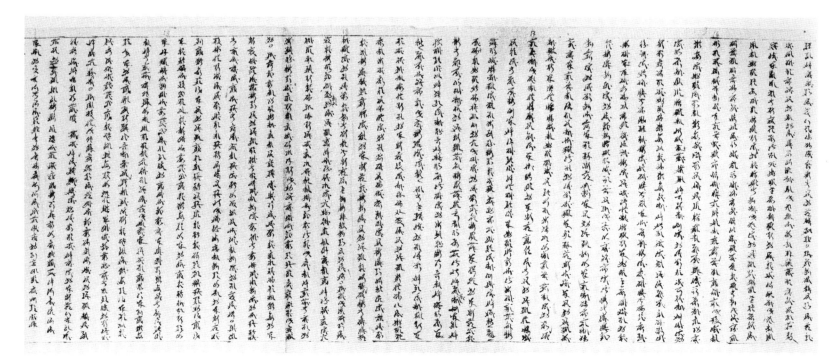

俄ИHB.No.4852　學處總集記第五卷　　　(7-5)

俄 **И**нв.No.4852　學處總集記第五卷　　　(7-6)

俄 **И**нв.No.4852　學處總集記第五卷　　　(7-7)

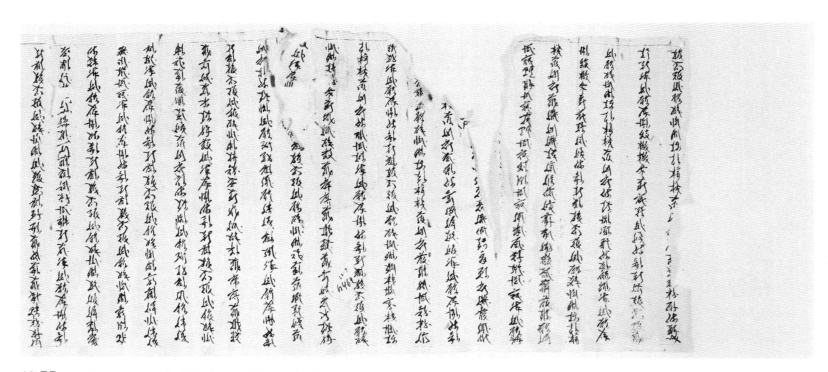

俄 **И**нв.No.6464　學處總集之釋論卷第五　　(13-1)

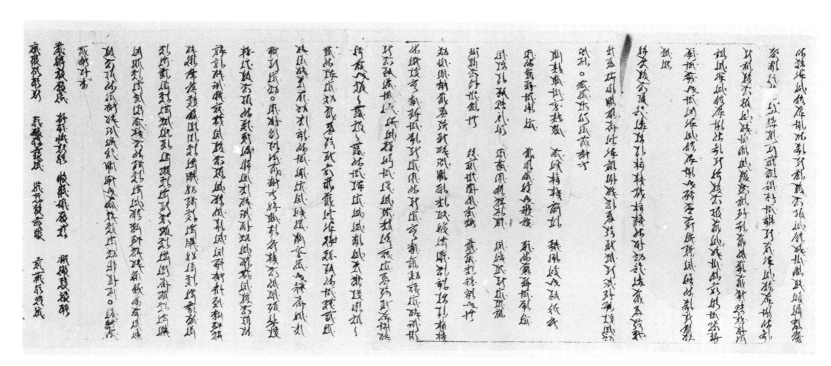

俄Инв.No.6464 學處總集之釋論卷第五 (13-2)

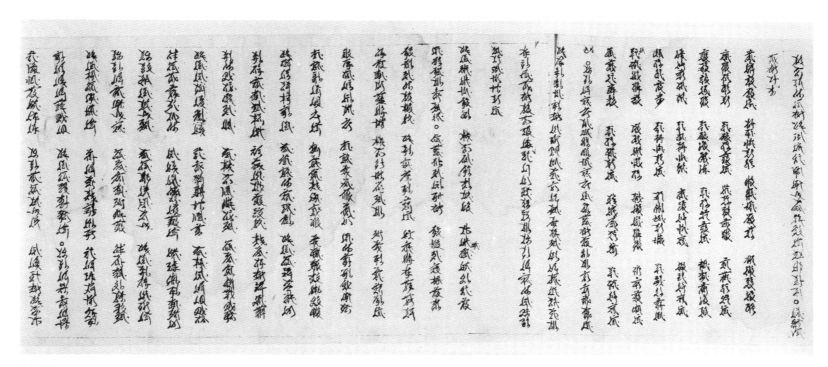

俄Инв.No.6464 學處總集之釋論卷第五 (13-3)

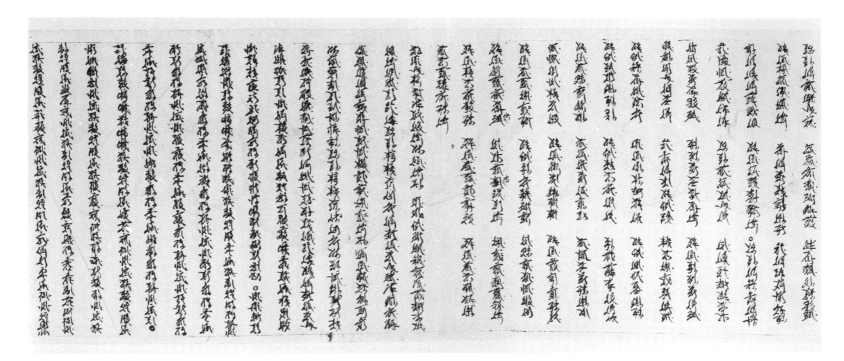

俄Инв.No.6464 學處總集之釋論卷第五 (13-4)

俄 ИНВ.No.6464　學處總集之釋論卷第五　　　　(13-5)

俄 ИНВ.No.6464　學處總集之釋論卷第五　　　　(13-6)

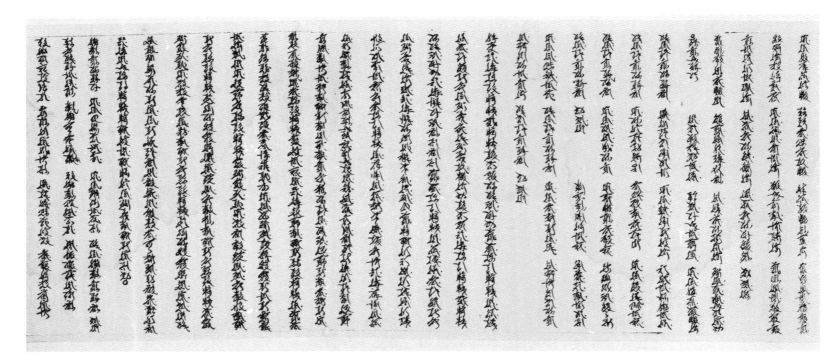

俄 ИНВ.No.6464　學處總集之釋論卷第五　　　　(13-7)

俄 Инв.No.6464　學處總集之釋論卷第五　　　(13-8)

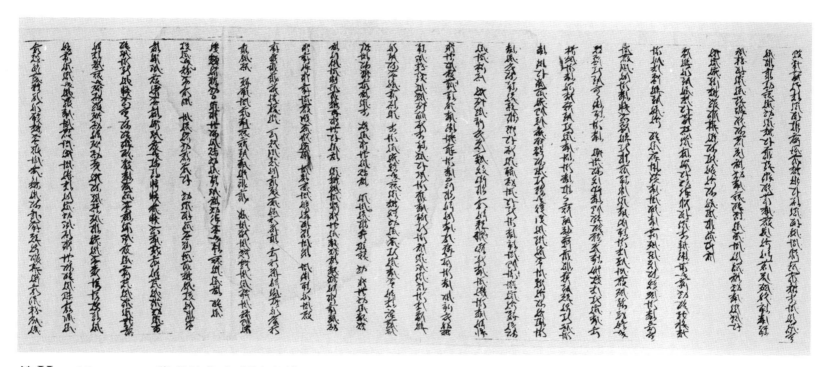

俄 Инв.No.6464　學處總集之釋論卷第五　　　(13-9)

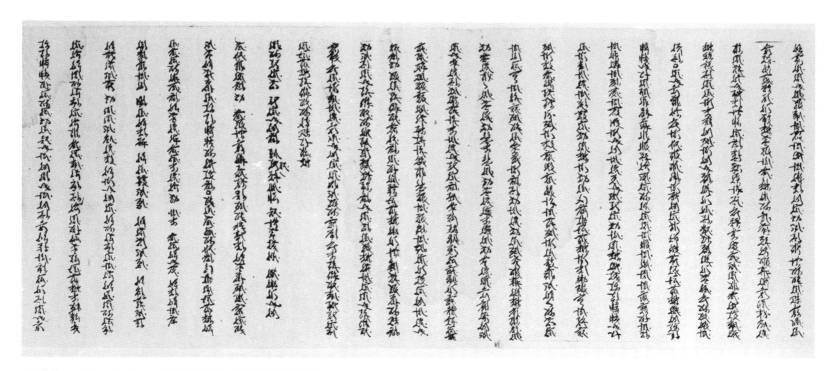

俄 Инв.No.6464　學處總集之釋論卷第五　　　(13-10)

俄 **Инв.**No.6464　學處總集之釋論卷第五　　(13-11)

俄 **Инв.**No.6464　學處總集之釋論卷第五　　(13-12)

俄 **Инв.**No.6464　學處總集之釋論卷第五　　(13-13)

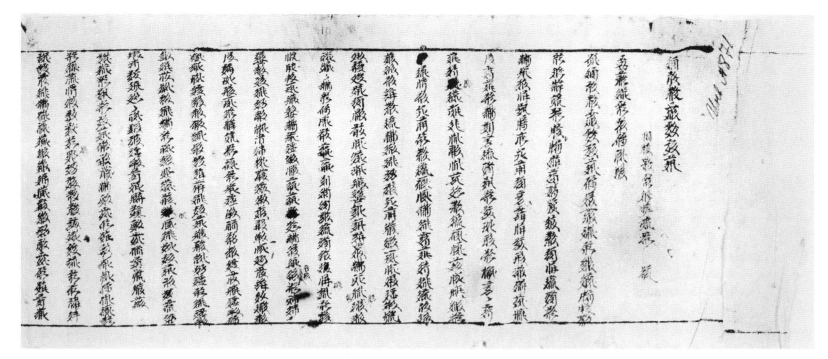

俄 **И**нв.No.871　四十種虛空幢要門　　　(12-1)

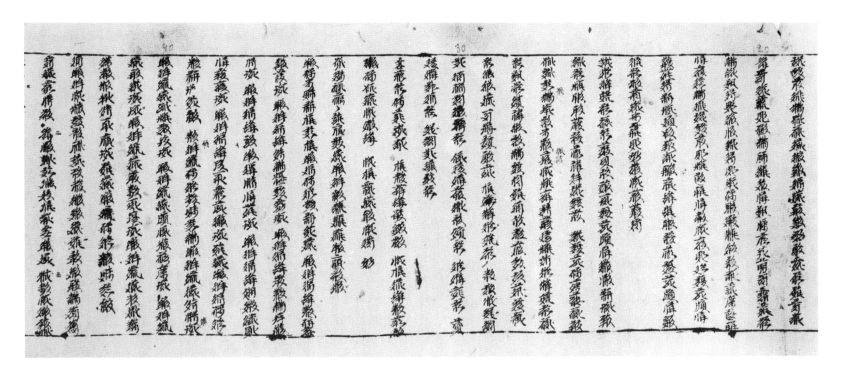

俄 **И**нв.No.871　四十種虛空幢要門　　　(12-2)

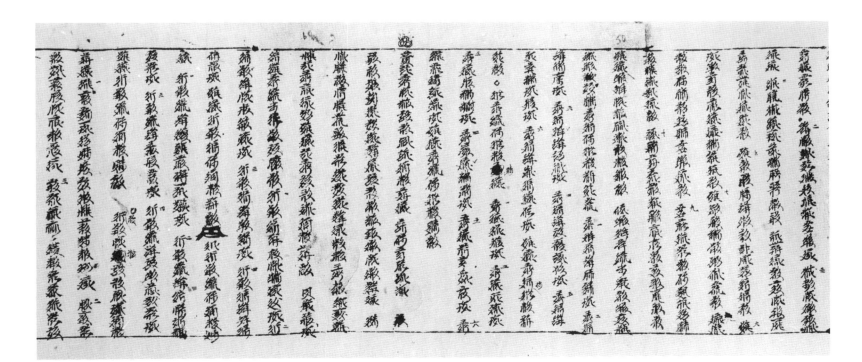

俄 **И**нв.No.871　四十種虛空幢要門　　　(12-3)

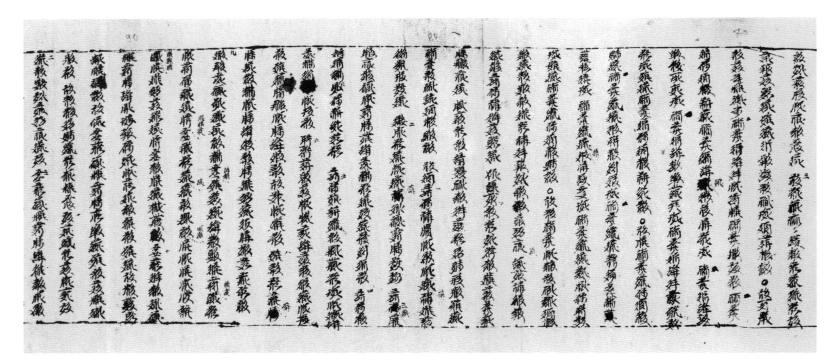

俄 **И**нв.No.871　四十種虛空幢要門　　(12-4)

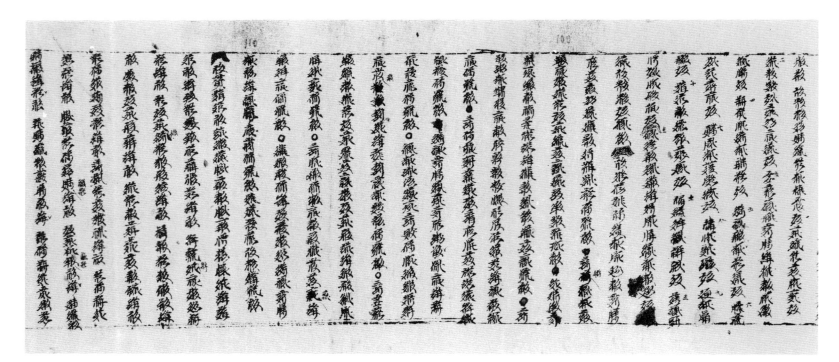

俄 **И**нв.No.871　四十種虛空幢要門　　(12-5)

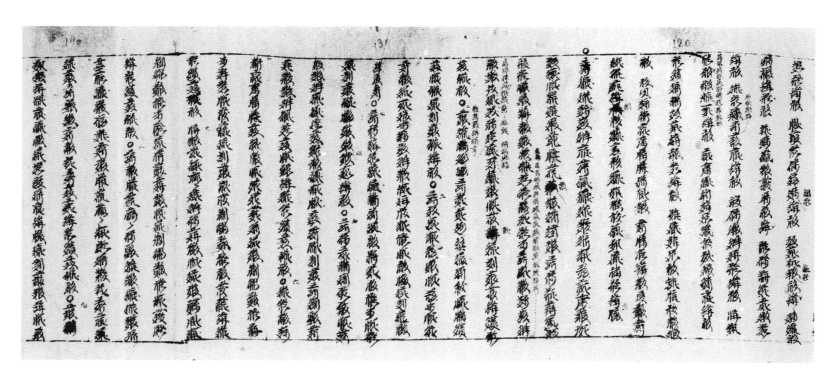

俄 **И**нв.No.871　四十種虛空幢要門　　(12-6)

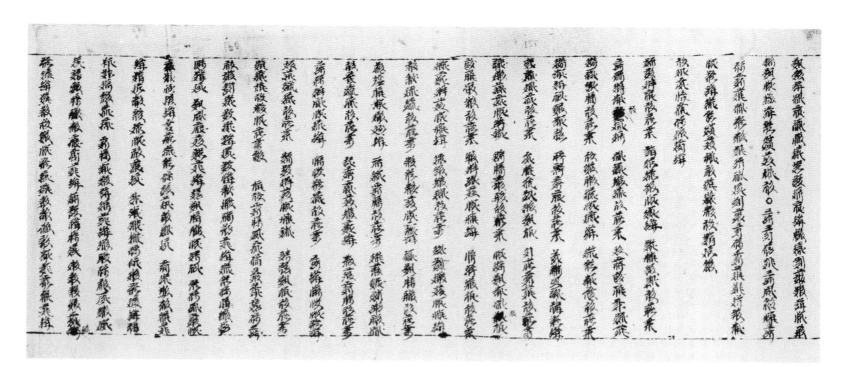

俄 Инв.No.871　　四十種虛空幢要門　　　(12-7)

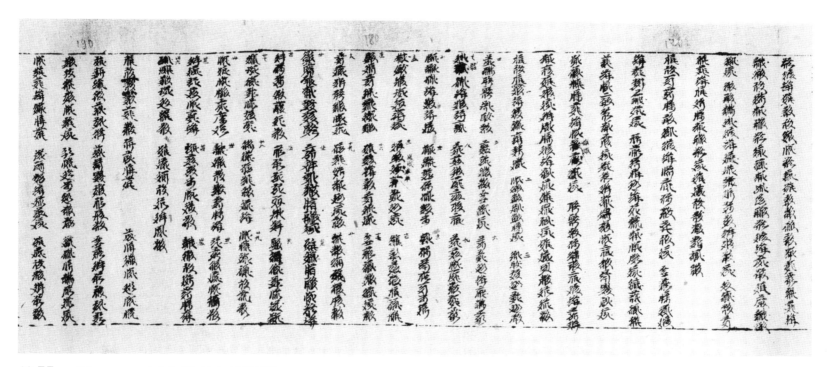

俄 Инв.No.871　　四十種虛空幢要門　　　(12-8)

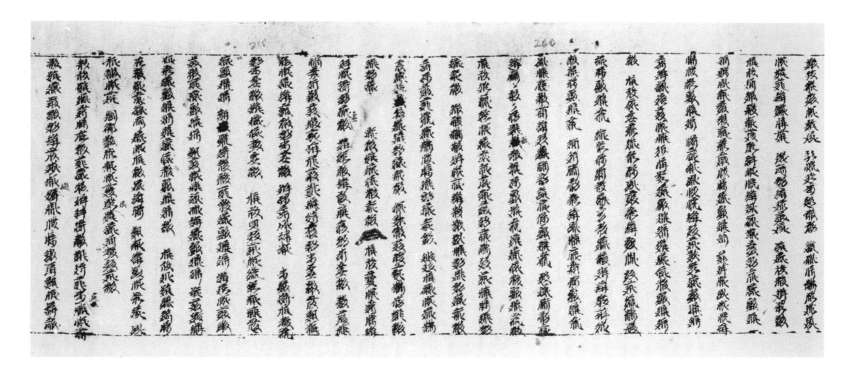

俄 Инв.No.871　　四十種虛空幢要門　　　(12-9)

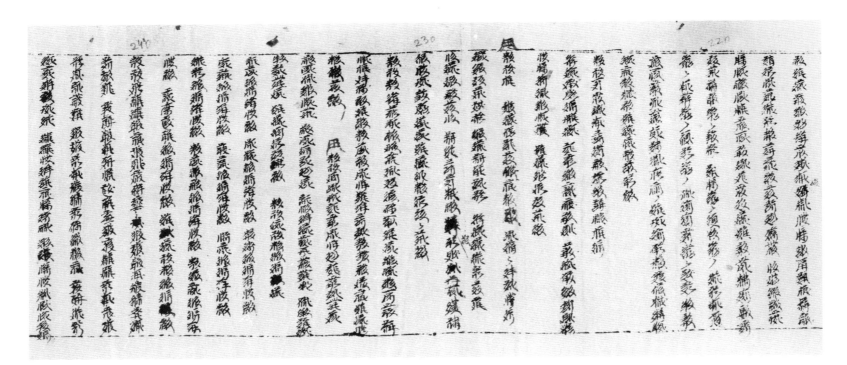

俄 **И**нв.No.871　　四十種虛空幢要門　　　(12–10)

俄 **И**нв.No.871　　四十種虛空幢要門　　　(12–11)

俄 **И**нв.No.871　　四十種虛空幢要門　　　(12–12)

俄 **И**нв.No.5112　菩薩行記上卷之上半　　　(5-1)

俄 **И**нв.No.5112　菩薩行記上卷之上半　　　(5-2)

俄 Инв.No.5112　菩薩行記上卷之上半　　　(5-3)

俄 Инв.No.5112　菩薩行記上卷之上半　　　(5-4)

俄Инв.No.5112　菩薩行記上卷之上半　　(5-5)